走遍全球 GLOBE-TROTTER TRAVEL

# 克罗地亚和斯洛...

## Croatia Slovenia

日本《走遍全球》编辑室 编著

中国旅游出版社

克罗地亚与斯洛文尼亚周边

文前p.4~5

凯斯特海伊
Keszthely

巴拉顿湖
Balaton-tó

塞克萨德
Seksárd

匈牙利

佩奇
Pécs

迈博尔
aribor

普图伊
Ptuj

瓦拉日丁
Varaždin

罗加什卡·斯拉蒂纳
Rogaška Slatina

塞尔维亚

萨格勒布
Zagreb

多瑙河
Dunav

奥西耶克
Osijek

莫博尔
amobor

克罗地亚

卡尔洛瓦茨
Karlovac

贾科沃
Đakovo

武科瓦尔
Vukovar

普利特维采湖群国家公园
Nacionalni park Plitvička jezera

波斯尼亚和黑塞哥维那

文前p.10~11

文前p.8~9

克尔卡国家公园
Nacionalni park Krka

萨拉热窝
Sarajevo

希贝尼克
Šibenik

特罗吉尔
Trogir

斯普利特
Split

塞尔维亚

布拉奇岛
Brač

马卡尔斯卡
Makarska

莫斯塔尔
Mostar

博尔
Bol

赫瓦尔
Hvar

赫瓦尔岛
Hvar

维斯
Vis

维斯岛
Vis

普洛切
Ploče

科尔丘拉岛
Korčula

科尔丘拉
Korčula

斯通
Ston

黑山

姆列特国家公园
Nacionalni park Mljet

杜布罗夫尼克
Dubrovnik

新海尔采格
Herceg Novi

科托尔
Kotor

彼得罗瓦茨
Podgorica

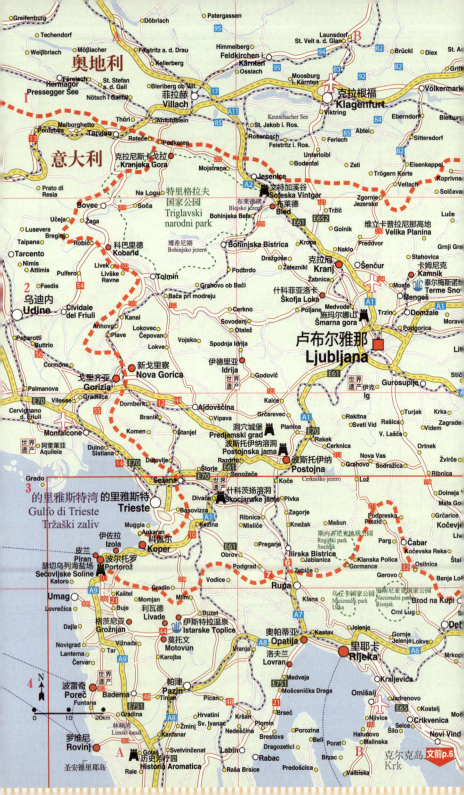

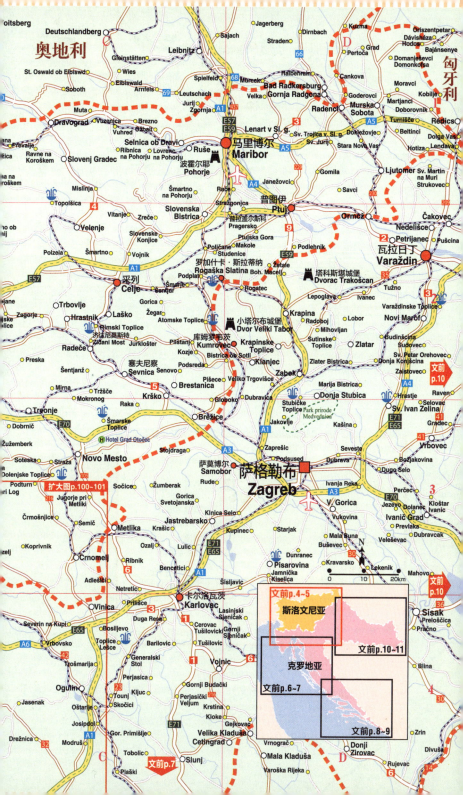

Lovran
Medveja
帕津 Pazin
Moščenička Draga
波雷奇 Porec
世界遗产
Baderna
Funtana
Tinjan
Pican
Brseč
Gradina
Hrvatini
Kršan
Plomin
林峡湾
Limski-kanal
Žminj
Sv. Ivanac
Nedešćina
Porozina
Beli
罗维尼 Rovinj
Kanfanar
Svetvinčenat
Brestova
Porat
Golaš
Dragožetići
Brzac
圣安德里耶岛
otok sv. Andrije
历史芳疗园
Historia Aromatica
Labin
Rabac
Predošćica
Valbis
Bale
Barban
Raša Brsice
Sv. Marina
伊斯特拉半岛
Istarski poluotok
Rakalj
Koromačno
Merag
茨雷斯 Cres
Peroj
Vodnjan
Marčana
Lubenice
Valun
Batajr
Fažana
Galižana
Kavran
茨雷斯岛 Cres
Brijuni
Valtura
布里俄尼
国家公园
Nacionalni park
Brijuni
普拉 Pula
Zlatne Stijne
Šišan
Martinšćica
Vrana
Banjole
Medulin
Štivan
Bele
Premantura
Kaželja
Ustrine
Osor
Kvarner
Nerezine
Punta Križa
Unije
FKK Jakor
Čunski
Vele
Srakane
Susak
Mali Lošinj
Ilov

扩大图p.100~101

文前p.4~5
斯洛文尼亚
文前p.10~11
克罗地亚
文前p.6~7
文前p.8~9

## 凡例

0    10    20km

| | |
|---|---|
| 道速公路 | 首都 |
| 干线公路 | 登载的城市 |
| 一般公路 | 其他城镇 |
| 地方公路 | E71 60 A1 道路编号 |
| 铁路 | 温泉 |
| 航路 | 郊外的景点 |
| 国境线 | 机场/国际机场 |
| 河流 | 世界遗产 列入世界遗产的景点 |
| 湖泊 | |
| 国家公园、自然公园 | |

安科纳
Ancona

意大利

Osimo

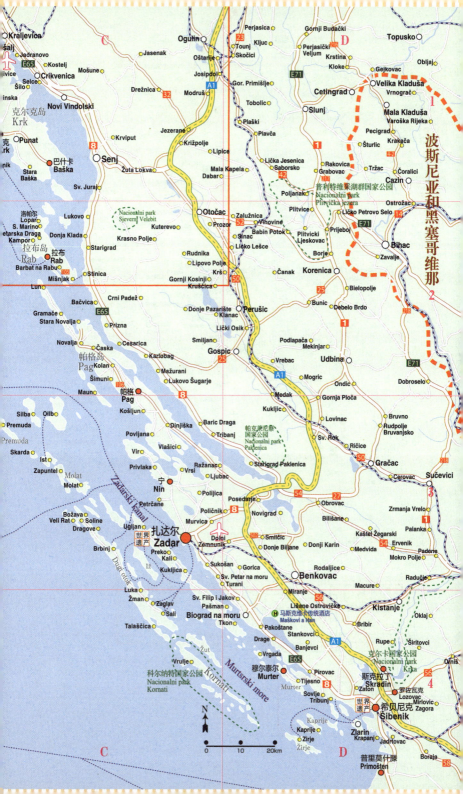

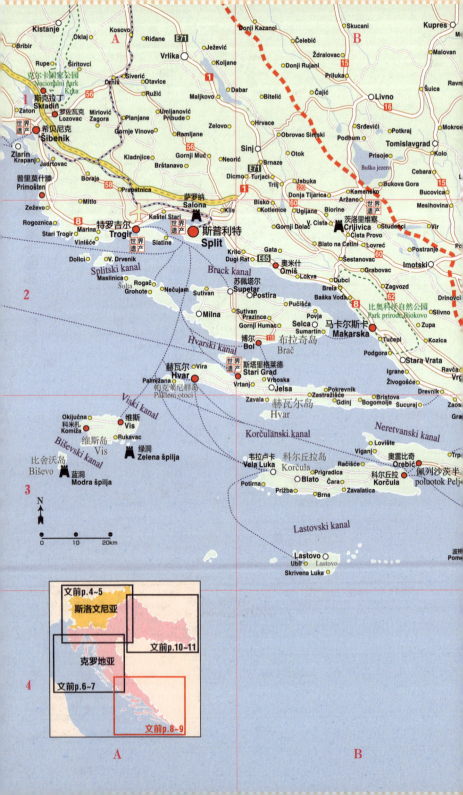

Kistanje  Oklaj  A  Riđane  E71  Skucani  Donji Kazanci  Čelebić  Ždralovac  Kupres

Bribir  Kosovo  Vrlika  Ježević  Koljane  Donji Rujani  15  Priluka  Malovan

Rupe  Širitovci  Siverić  Otavice  Dabar  Bitelić  Čajić  Livno  Šuica  Ravne

克尔卡国家公园  Vacionalni Park  Krka  Drniš  Ružić  Maljkovo  Hrvace  Srđevići  16  Potkraj  Mokro

1  斯克拉丁  56  Mirlović  Zagora  Planjane  Zelovo  Obrovac Sinjski  Podhum  Prisoje  Tomislavgrad  Kolo

罗佐瓦克  Lozovac  Gornje Vinovo  Ramljane  Sinj  Neorić  Otok  Buško jezero  Cebara  15

世界遗产  希贝尼克  Sibenik  Kladnjice  Gornji Muć  Brštanovo  Brnaze  E71  Bisko  Kotlenice  Ugljane  Biorine  茨洛里维察  Crljivica  世界遗产  Studenci  Vir  Bucovica

Zlarin  Krapanj  Jadrtovac  Kladnjice  Dicmo  Turjaci  Trilj  Donja Tijarica  220  Kamensko  Cista Provo  Mesihovina  Ravče

普里莫什滕  Primošten  Boraja  58  Prapatnica  萨罗纳  Salona  Klis  Blato na Cetini  Lovreć  Postranje  Imotski  Po

Zeževo  Mitlo  Stari Trogir  Marina  Kaštel Stari  世界遗产  Krilo  Gata  Grabovac  Zagvozd  Sestanovac  60  Drinovci

Rogoznica  8  特罗吉尔  Trogir  Slatine  斯普利特  Split  Dugi Rat  E65  奥米什  Omiš  Lokva  Dubci  62  比奥科沃自然公园  Park prirode Biokovo  Slivno

2  Dolici  V. Drvenik  Splitski kanal  Maslinica  Rogač  Nečujam  Sutivan  苏佩塔尔  Supetar  Postira  Pučišća  Brela  Baška Voda  8  马卡尔斯卡  Makarska  Zupa

Šolta  Grohote  Milna  Sutivan  Praznice  Gornji Humac  Povja  Sumartin  Tučepi  Kozica

Hvarski kanal  博尔  Bol  119  布拉奇岛  Brač  Podgora  Stara Vrata

赫瓦尔  Hvar  Vira  世界遗产  斯塔里格莱德  Stari Grad  Igrane  Živogošće  Vrg

帕克莱尼群岛  Pakleni otoci  Palmižana  Vrtanj  Jelsa  Pokrevnik  Drevnik  Zaos

Viški kanal  Zavala  Zastražišće  赫瓦尔岛  Gdinj  Bogomolje  Bristova  Sucuraj  Gra

Okijučna  维斯  Vis  Hvar  科米扎  Komiža  Rukavac  绿洞  Zelena špilja  Korčulanski kanal  Neretvanski kanal

维斯岛  Vis  Biševski kanal  韦拉卢卡  Vela Luka  科尔丘拉岛  Korčula  Vigani  Lovište  奥雷比奇  Orebić  Trp

比舍沃岛  Biševo  蓝洞  Modra špilja  Prigradica  Račišće  科尔丘拉  Korčula  佩列沙茨半岛  poluotok Pelj

3  N  Potirna  Blato  Čara  Zavalatica  Prižba  Brna

0  10  20km  Lastovski kanal  Lastovo  Ublr  Lastovo  波...  Pome

Skrivena Luka

4

文前p.4~5  斯洛文尼亚  文前p.10~11  克罗地亚  文前p.6~7  文前p.8~9

A  B

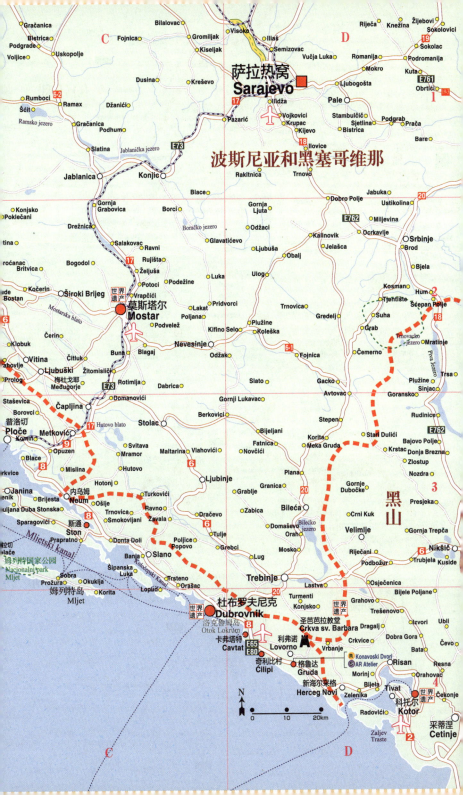

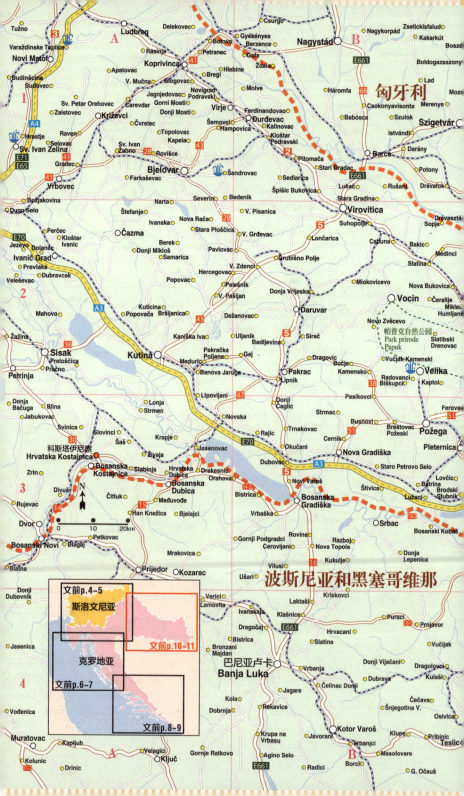

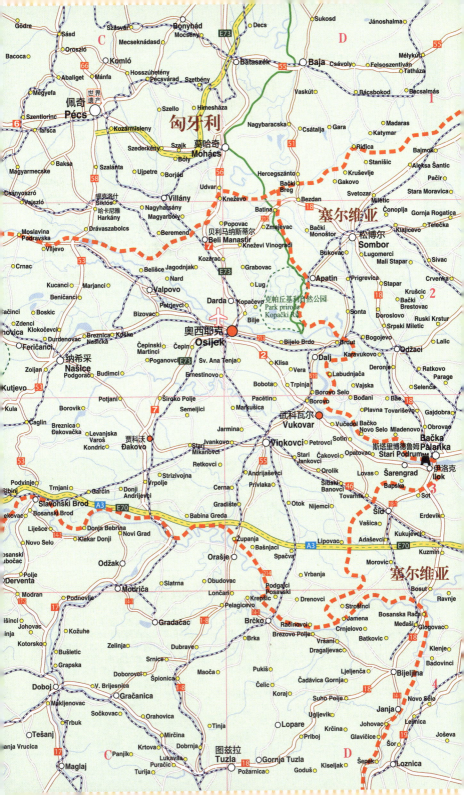

## 本书中所使用的主要图标

指示所介绍地区之内的地点与卷首详细地图中所显示的区域。

- ✈ 飞机
- 🚂 铁路
- 🚌 巴士
- 🚕 出租车
- 🚢 渡轮
- ✉ 地址
- TEL 电话号码
- FAX 传真号码
- email 电子邮箱
- URL 网址
  （省略 http://）
- 开 开门时间
- 休 休息日
- 费 入场费
- 📷 可否拍照
- 可否使用闪光灯

Kvarner i Istra
・卢勃群岛
・拉布

# 拉布 *Rab*

Map 文前 p.7-C2

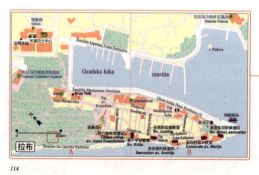

可以眺望拉布老城区的海水浴场

**前往拉布的交通方法**
🚢 从里耶卡乘坐快船，经由拉布，去往帕格岛（Pag）的诺瓦利亚（Novalja）。克罗地亚本土的斯蒂尼采（Stinica）和乌东端的米修尼克（Misnjak）之间有渡轮通航。

**从里耶卡出发**
🚌 每天 1~2 趟车，用时 2 小时 55 分钟，126Kn。
🚢 快船在 17:00 发船（冬季是 15:00），用时 1 小时 40 分钟，60Kn。

**从罗帕鲁出发**
🚢 每天 2~10 趟车，用时约 15 分钟，24Kn。

**拉布的 ❶**
Map p.114-B
✉ Trg Municipium Arba 8
TEL（051）724064
FAX（051）725057
URL www.rab-visit.com
email info@rab-visit.com
开 6~9 月　8:00~21:00
　10 月~次年 5 月 8:00~15:00
休 冬季的周六·周日、法定节假日

拉布是拉布岛的中心城市，位于岛的西岸。城市的起源可以追溯到公元前 15 世纪利布尔尼亚人在此群居的时候，后来第一代罗马皇帝奥古斯都承认这一地区的自治，繁荣一时。老城区有不少历史残留下来的建筑物，其中 4 座钟楼是最具代表性的，大多是建于中世纪的建筑物。

## 拉布 漫步

老城区位于港口南侧半岛的位置。巴士中心位于港口的北侧，首先从这里向靠海的一侧前行，然后到达海岸线旁的道路，然后便可以看到穆尼采皮乌姆·阿尔巴广场（Trg Municipium Arbe）❶ 就位于这个广场旁。老城区靠海而建，坐落在一个小山坡上，从下至上共有三条与海

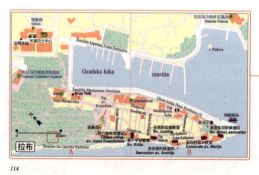

拉布

※为解释符号所用的样本

## ■关于书中所载信息的声明

　编辑部尽最大努力来保证本书所载信息的时效性和准确性，但是旅游地的具体规定以及相关手续等也不可避免地会出现一些变化，对书中的内容也可能存在不同的解读。基于这些原因或者在本社无重大过失的情况下，对读者因使用本书而遭受的损失以及不便，本社不承担任何责任，特此向读者声明。使用本书时，所载信息与建议是否适用于自身情况，请读者自行判断并自负责任。

## ■实地采访与调查时间

　本书所采集的数据是 2020 年的，但是随着时间推移，数据可能会发生改变。尤其是酒店及餐馆的费用，在实际前往时，可能与书中介绍有所不同。因此，请读者将本书所载的各种数据视为一个大致的参考。虽然记载内容对出行提供了很多便利，但是其中也包含了随着时间的推移而发生变化的部分，请在此基础上参考本书。

## 商店

**克罗阿塔领带**
*Croata*

◆ 克罗地亚是众所周知的领带发祥地。品质上乘的光泽是克罗地亚领带的特点。以格拉哥里字母（古斯拉夫语）为图案的领带最受欢迎。此外还有女性使用的丝巾和披肩。

| 时装 | Map p.62-A2 |
|---|---|
| URL www.croata.hr | |
| ✉ Ilica 5　☎ (01) 6457052 | |
| 🗓 周一～周五　8:00～20:00 | |
| 　　周六　　　8:00～15:00 | |
| 🈲 周日、法定节假日 | |
| CC A D M V | |

※为解释符号所用的样本

## 餐馆

**玛丽和我**
*Marley & Me*

◆ 位于老城区的咖啡餐吧。田园风情的吧台和家具，给人一种舒适的感觉。除了斯洛文尼亚菜以外，菜单上还有不少其他选择。也可以跟店员询问今日推荐的菜式。

| 斯洛文尼亚菜 | Map p 226-B2 |
|---|---|
| URL www.marleyandme.si | |
| ✉ Stari trg 9 | |
| TEL 083-806610（手机） | |
| 🗓 11:00～23:00 | |
| 🈲 无休 | |
| CC M V | |

※为解释符号所用的样本

## 酒店

**中央酒店**　★★★★
*Central Hotel*

◆ 正如其名，酒店位于市中心，地理位置优越。客房功能齐备，虽然酒店规模不算大，但是桑拿、酒吧等设施齐全。

🛜 全馆　EV 有

| 高档　客房数：75 | Map p.226-B1 |
|---|---|
| URL www.union-hotels.eu | |
| ✉ central@union-hotels.eu | |
| ✉ Miklosiceva 9 | |
| TEL (01) 3084300　FAX (01) 2301181 | |
| S A C ⛾ 🚿 🚽 € 135 | |
| W A C ⛾ 🚿 🚽 € 160 | |
| CC A D M V | |

※为解释符号所用的样本

---

### 地 图

- 🟡 邮局（克罗地亚）
- 🟡 邮局（斯洛文尼亚）
- ℹ 旅游咨询处
- 🏛 博物馆　　　⛪ 教堂
- 🚌 巴士中心　　🚏 巴士站
- ◈ 扎罗林那船运公司（渡轮公司）的售票窗口
- 🛳 渡轮码头
- Ⓗ 酒店　　　　Ⓡ 餐馆
- ⒽⓇ 酒店兼餐馆　Ⓢ 商店
- Ⓚ Konzum（克罗地亚的超市）
- 🔺 Mercator（斯洛文尼亚的超市）
- ▬ 禁止通行或者行人专用道路

### 酒店设备·付费方法

| D 宿舍 / 合住房间 | 🍽 酒店房费包含早餐 |
|---|---|
| S 单人间 | 🚫 酒店房费不包含早餐 |
| W 双人间或大床房 | 📶 无线网络 |
| A/C 有空调的房间 | EV 电梯 |
| 🚿 房间内有淋浴设备 | 💵 现金 |
| 🚿 公用淋浴设备 | C/C 信用卡 |
| 🛁 客房卫生间内有浴缸 | A 美国运通卡 |
| 🛁 客房卫生间无浴缸 | D 大莱卡 |
| 🚽 房间内有厕所 | M 万事达卡 |
| 🚽 公用厕所 | V VISA 卡 |

---

### ■ 博物馆展出

博物馆内的展品可能因外借或修理而暂时停止展出。

### ■ 休息日

关于圣诞节、复活节等、不定期的休假日没有记载，请到当地自行确认。

### ■ 克罗地亚与斯洛文尼亚的货币

克罗地亚的通用货币为克罗地亚库纳（Croatian Kuna），在本书中用 Kn 标记。关于酒店的住宿费用如果在调查中使用的是欧元（Euro），本书中均用€（欧元）作为货币单位。

本书中斯洛文尼亚的通用货币均用€表示。

## ——Contents

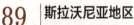

出发前必读!
旅途中的治安与纠纷···39、214

克罗地亚和
斯洛文尼亚的
魅力

# 克罗地亚和斯洛文尼亚
## 最前沿的信息
# News

## 1 扎达尔与科托尔
### 已被列为世界遗产

2017 年，由意大利、克罗地亚、黑山三国共同提出申请，"16 至 17 世纪威尼斯共和国的防御工事"被列为世界遗产。包括克罗地亚的扎达尔防御工事、希贝尼克的圣尼古拉要塞以及黑山的古城科托尔。

扎达尔的城墙正门。圣马可的狮子是威尼斯的象征
➡ p.136

防御海上进攻的圣尼古拉要塞 ➡ p.151

科托尔坚固的城墙 ➡ p.206

科托尔山上的城墙

## 2 里耶卡是 2020 年的
### 欧洲文化首都

欧盟会把重点推进文化活动的加盟国城市指定为欧洲文化首都。文化首都可当选一年，会在戏剧、音乐、美术、演艺等领域举办各种活动，迎接来自世界各地的游客。2020 年的欧洲文化首都是克罗地亚的里耶卡与爱尔兰的戈尔韦。
➡ p.102

里耶卡的特尔萨特城堡

## 3 萨格勒布的新景点
### 观景咖啡馆

位于萨格勒布长途巴士枢纽站附近的 28 层大厦的楼顶，有可以观赏街景的咖啡馆。周五及周六营业至 23:00，可以在观赏夜景的同时享受浪漫的时刻。
➡ p.74

可以看见老城区及圣母升天大教堂

# 4 可以在布莱德湖附近 **体验滑索**

　　布莱德湖附近有户外运动设施 Zipline Dolinka，体验者可以在滑索上跨越萨瓦河。有从布莱德出发的团体游。现在共有 5 条滑索，今后还会增加。可以尽情地体验在空中滑行的乐趣。➡p.246

通过滑索滑向萨瓦河的对岸

# 5 萨格勒布机场 **新航站楼开始使用**

　　2017 年，萨格勒布机场的新航站楼开始使用。建筑设计非常现代，有波浪式的屋顶。购物区内商铺增加，比过去更加方便。➡p.58

# 6 萨格勒布出现了 克罗地亚首个**胶囊酒店**

　　虽然胶囊酒店在亚洲很流行，但是这种住宿设施在欧洲还很少见。不过，萨格勒布已经有了胶囊酒店。这种模仿宇宙飞船内部而建的房间，不知道最终是否能够融入欧洲文化。➡p.71

建筑形似翅膀

左：浴室也为胶囊形
上：像宇宙飞船吗？

# 7 杜布罗夫尼克老城区有 **三星级酒店**开始营业

　　在杜布罗夫尼克基本上不能新建建筑，就连进行改建也很困难，不过 2018 年，继普谢克宫殿酒店、斯塔里格勒酒店之后，这里出现了新的酒店。这座酒店名为普利耶科宫殿酒店。经过数年改建，把 500 年前的建筑变成了带电梯的酒店，住宿环境舒适。酒店内有颇具艺术性的演出。楼顶有餐馆。在老城区，这里能看到最好的景色。➡p.200

左：每个房间的设计都不尽相同　中：可在楼顶享用亚得里亚美食　上：有很多精巧设计的艺术酒店

# 七 天自由组合之旅
## 小编严选

跟着旅游团经典线路
游览一些常规景点

克罗地亚、斯洛文尼亚是什么样的地方？有哪些值得游览的景点？
带着这些疑问，让我们来剖析一些团体游线路的内容，
找出其中最具有代表性的景点重点介绍。
自由行的游客即便是选择乘坐巴士也可以充分享受旅行的乐趣。

**布莱德湖**

斯洛文尼亚

**卢布尔雅那**

 波斯托伊纳溶洞
 什科茨扬溶洞

**萨格勒布**

位于萨格勒布的圣母升天大教堂

**伊斯特拉半岛**

普利特维采湖群
国家公园

波斯尼亚和黑塞哥维

克罗地亚

在伊斯特拉半岛可以体验野
外采摘松露的乐趣

来我们这里
品尝美食吧！

Day 5

希贝尼克
特罗吉尔
**斯普利特**

博尔

赫瓦尔 赫瓦尔岛

科尔丘拉

蓝洞

赫瓦尔岛上的城堡

4

## Day 1

### 卢布尔雅那 ＋ 波斯托伊纳 or 什科茨扬
→p.223　　→p.283　　→p.286

利用半天时间游览卢布尔雅那，半天时间去溶洞。还可以在娱乐性较高的波斯托伊纳和世界遗产什科茨扬溶洞之间选择一个。

卢布尔雅那的城市游船

## Day 2

### 布莱德湖
→p.245

斯洛文尼亚的必去景点是布莱德湖。这片被称为"阿尔卑斯碧瞳"的湖区是阳光明媚的旅游胜地。无论是乘船拜访湖心岛上的教堂，还是攀登湖畔的城堡，都会令你不虚此行。

布莱德湖上可爱的小岛

## Day 3

### 伊斯特拉半岛
→p.98

伊斯特拉半岛的旅程，大多数游客会选择一个海滨小城作为落脚的地方，然后以这里为中心去往内陆参观游览。不过这一地区公共巴士的班次比较少，自由行游客建议选择乘坐出租车出行。

建于山丘之上的莫托文小城

## Day 4

### 萨格勒布 ＋ 普利特维采
→p.58　　→p.85

一早开始游览普利特维采湖群国家公园，然后返回萨格勒布城区入住酒店，城区漫步。如果时间有限也可以不返回萨格勒布，移动至斯普利特。

郁郁葱葱的普利特维采

## Day 5

### 斯普利特 ＋ 希贝尼克 ＋ 特罗吉尔
→p.156　　→p.148　　→p.152

第五天在亚得里亚海沿岸的主要城市斯普利特住宿。而且还可以轻松地用一天的时间游览希贝尼克和特罗吉尔两座小城。夏季的时候也可以在这里连住两晚，出海去岛上玩一玩。

游览亚得里亚海的旅游集散地——
斯普利特

## Day 6

### 杜布罗夫尼克 ＋ 斯通
→p.187　　→p.185

斯通是生蚝的著名产地，可以选择在这里享用午餐，品尝美味的海鲜。然后返回杜布罗夫尼克，在城市中漫步。这座小城处处都是景点，但是因为面积不大，半天就可以游览完毕。

杜布罗夫尼克的老城区

## Day 7

### 莫斯塔尔 or 科托尔
→p.204　　→p.206

乘坐巴士去往莫斯塔尔或者科托尔单程需要2.5~3小时。如果跟团旅行会选择其中一个景点去，自由行的话可以在杜布罗夫尼克连住，然后分别游览这两个地方。

从城墙上俯瞰科托尔城的景色

斯塔尔是位于波斯尼亚和黑塞哥那南部的充满伊斯兰风情的城市

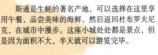

莫斯塔尔

黑山

斯通

杜布罗夫尼克

科托尔

Day 6　Day 7

# Day 1

## Ljubljana 卢布尔雅那与卡尔斯特地区

从卢布尔雅那出发，去往位于西南部的卡尔斯特地区参观溶洞。如果乘坐巴士前往，单程需要 1~1.5 小时。斯洛文尼亚的首都卢布尔雅那是一座小而充实的城市，徒步游览的话 1 小时就足够了。

**卢布尔雅那**
Ljubljana ➡p.223

p.223

1 可以乘坐缆车登山居高临下地欣赏市区风景 2 龙之桥上共有 4 条龙 3 卢布尔雅那河的观光船

### Gourmet

位于内陆地区的卢布尔雅那的肉类菜肴味道非常地道。因距离匈牙利很近，所以炖牛肉（雅古什）在这一地区也备受喜爱。此外，城区内还有不少冰激凌名店。

6

**波斯托伊纳溶洞**
Postojnska Jama
➡p.284
**1** 建于悬崖峭壁上的洞穴城堡 **2** 去往洞穴的内部需要乘坐小火车 **3** 从洞顶上垂下来的钟乳石被命名为意面岩

**什科茨扬溶洞**
Škocjanske jame ➡p.286
**4** 被列入世界遗产的著名洞穴,无论是深度还是规模都令人震撼 **5** 被葱郁绿植所覆盖的维利卡河谷,河谷的地下100~200米的位置是庞大的钟乳洞群

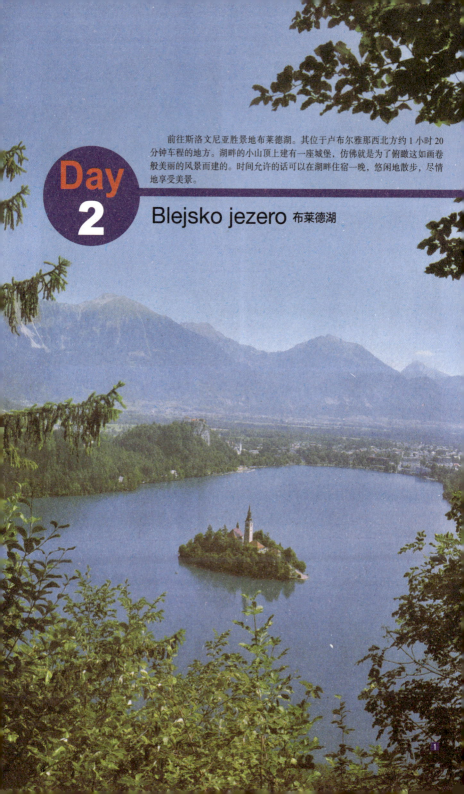

**Day**

**2**

前往斯洛文尼亚胜景地布莱德湖。其位于卢布尔雅那西北方约1小时20分钟车程的地方。湖畔的小山顶上建有一座城堡，仿佛就是为了俯瞰这如画卷般美丽的风景而建的。时间允许的话可以在湖畔住宿一晚，悠闲地散步，尽情地享受美景。

## Blejsko jezero 布莱德湖

这里便是布莱德城堡

### 布莱德湖
**Blejsko jezero** ➡p.245

1 布莱德湖被称为"阿尔卑斯碧瞳"。可以乘船去往建在湖心岛上的圣母升天教堂 2 可以徒步或者乘坐马车前往建于湖畔崖壁上的布莱德城堡 3 在布莱德城堡可以领取印有城堡印章的参观证书，还可以欣赏16世纪的活版印刷真人秀

**memo**

布莱德城内有小型的博物馆可以参观，内部还并设有餐馆。此外，逛一逛附近的小商店也是一个不错的选择。既可以试饮葡萄酒的地方，也有可以制作纪念印章的活动。在咖啡馆喝上一杯咖啡，还可以顺便欣赏湖畔的美景，拍照留念。

### 文特加溪谷 Blejski vintgar ➡p.247
4 位于布莱德湖以北5公里处的溪谷。游步道整修得非常好，全程徒步约需2小时。沿途是澄清的小溪流和接连不断、变化万千的瀑布，这种小而精致的自然风光深受游客喜爱

_____ Gourmet _____

这一地区的名物是产自附近清流中的鳟鱼料理。可以在城内找一家餐馆，一边享受美食一边欣赏美景。天气好的时候还可以选择在露台就餐。还有一种使用卡仕达酱烘焙而成的糕点也是当地的名吃，蛋味十足，充满了家庭烘焙的味道，而且甜度适中，吃起来非常爽口。

離開布萊德湖前往伊斯特拉半島。這裡是亞得里亞海畔的度假勝地，城市風貌深受威尼斯共和國的影響。在這裡度假除了美味的海鮮之外，還有橄欖和美酒等富有當地特色的優良食材可供品嘗。

# Day 3

## Istrski polotok 伊斯拉特半島

里耶卡的幸運護身符
摩爾琪琪"Morčić"

## memo

　伊斯拉特半岛盛产松露。而且这里的白松露价格要比意大利和法国便宜很多，每逢收获季会有来自世界各地的食客来这里品尝松露。还可以选择参加去野外采摘松露的团体游项目。

4

### 伊斯拉特半岛 Istrski polotok

1 建有威尼斯风格钟楼的**罗维尼（Rovinj）** ➡p.121 2 **皮兰（Piran）** ➡p.271 的建筑风格绚丽多彩 3 比周边小镇历史悠久的**波尔托罗（Portorož）** ➡p.273，很早便是著名的度假胜地，因此有许多可供旅游团入住的大型酒店 4 伊斯拉特半岛是著名的松露产地，在**利瓦德（Livade）** ➡p.131 每年秋天都会举办秋季松露采摘祭 5 **普拉（Pula）** ➡p.116 保留有罗马时代的圆形剧场 6 **奥托文（Motovun）** ➡p.128 是一座经常被迷雾环绕的山顶小镇 7 **波雷奇（Poreč）** ➡p.124 建有被列入世界遗产的埃乌普拉希乌斯教堂，这里有黄金马赛克拼贴画 8 **里耶卡（Rijeka）** ➡p.102 的特尔赛特城堡 9 **奥帕蒂亚（Opatija）** ➡p.106 拥有美丽的人工入海口 10 **皮兰（Piran）** ➡p.271 老城区的塔尔蒂尼广场

5

7 8

9 10

6

名特产蜂蜜的罐子也非常可爱

离开伊斯拉特半岛，乘坐巴士历时 2~3 小时到达被列入世界遗产的普利特维采湖群国家公园。尽情地享受治愈系的碧蓝湖水与唯美自然景观之后，前往克罗地亚首都萨格勒布。在可爱的老城区漫步

## Zagreb 萨格勒布

### 萨格勒布 Zagreb ➡p.58

1 圣马可教堂前的卫兵仪式 2 有美丽红叶的米罗沟（mirogoj）墓园。万圣节（11月1日）的时候会有很多来这里参拜墓地的人 3 圣诞节前的耶拉契奇总督广场。蒙特谢瓦茨喷泉（Fontana Manduševac）也被装饰一新 4 萨格勒布市民的"厨房"多拉茨露天市场。这里有新鲜的蔬菜和水果

## Gourmet

　　普利特维采地区是喀斯特地貌，水资源比较丰富，过去这里曾经是鳟鱼养殖地。因此这里的鳟鱼非常美味，既可以放在铁板上烤着吃，也可以用炭火烤。普利特维采的餐馆十分稀少，就餐大多是在酒店或者度假村内并设的餐馆。

　　下图中的美食是萨格勒布风的炸肉排。特点是薄切的肉片中间夹着乳酪和火腿。在地处内陆的萨格勒布匈牙利风味的美食比较盛行。

**普利特维采湖群国家公园**
Nacionalni park Plitvička jezera
➡ p.85
**1** 共有大小 16 个湖和 92 座瀑布相互交织的自然景观被列入了联合国教科文组织的《世界遗产名录》 **2** 游步道有多种线路组合，最短的约需 1 小时 30 分钟

### memo

　　这种桃心形状的吊坠被称作"利兹伊塔尔"，原本是圣诞节时染色后的曲奇。近几年来也被做成了项链坠和手链等各种非常适合做伴手礼的饰品。最传统的做法是中间夹了一面镜子的。

旅程的中段开始进入到亚得里亚海沿岸的海滨城市。我们会以斯普利特为基点巡游周边的世界遗产。这一阶段既能享受海滨度假胜地的惬意，又能感受历史风情，更可以品尝美味的海鲜。可以说是这趟旅行中最有情调的一段。在这里你一定会留下一些难忘的回忆。

# Day 5

## Split 斯普利特

____ Gourmet ____

番茄炖鱼是一道当地的家常菜，主要是选用一些当天打捞的杂鱼或者贝类烹制而成的。吃的时候不用考虑过多，鱼刺、贝壳都可以上手十分豪爽地吃。

**1** 斯普利特（Split）➡p.156 大教堂的钟楼十分唯美 **2** 在斯普利特还有可能遇见无伴奏合唱男团的现场表演 **3** 希贝尼克（Šibenik）的圣雅各布大教堂也被列入了世界遗产 **4** 圣雅各布大教堂洗礼池内精美的雕塑

1 特罗吉尔（Trogir）➡p.152 的圣劳伦斯大教堂拱门上的狮子和夏娃的雕像 2 圣劳伦斯大教堂➡p.153内的三层钟楼每一个窗户的装饰都各有千秋 3 扎达尔（Zadar）有罗马时代的遗址 4 可以体验游泳乐趣的克尔卡国家公园（Nacionalni park Krka）➡p.147

# Day

**+**

如果你准备夏季出游，一定要去亚得里亚海的小岛上看一看。美丽的薰衣草田对面是碧蓝色的大海，白沙滩上有蓝洞，总是可以在这里充分地体验大自然的乐趣。

## Otoci u Jadranskom moru 亚得里亚海上的小岛

**1** 只有在赫瓦尔（Hvar）➡p.172 才能欣赏到的美景，由薰衣草草田和大海组成的如画般的风景 **2** 克罗地亚的海滩上大多是小石子，因此海浪打过来的时候海水的透明度依旧很高。布拉奇岛上的博尔（Bol）➡p.170 的海滩是最受欢迎的海滩 **3** 从斯普利特驱车2小时便可到达维斯（Vis）➡p.177，这里是人气很高的度假海岛。可以以维斯为基点去往位于比舍沃岛（Biševo）上的蓝洞（Modra špilja）➡p.178 去蓝洞的团体游项目人气相当高 **4** 科尔丘拉（Korčula）➡p.180 至今仍然保留着夏季的传统表演，每周有1~2次的公演 **5** 从赫瓦尔岛上的城堡➡p.174 可以俯瞰整个岛的风貌

## Gourmet

来亚得里亚海的海岛旅行就必须要品尝这里的海鲜。赫瓦尔岛上的名吃是炖杂鱼（格雷嘎达），在当地的餐馆都可以品尝到。午餐建议尝尝当地的海鲜意面和意式烩饭等，不仅价格便宜还很美味。这一地区的菜肴深受意式料理的影响，很美味。

17

在旅程接近尾声时，来到了杜布罗夫尼克的老城区。这是一片四周被城墙环绕的六角形区域，橘红色的屋顶高低错落，这一景象令人十分震撼，会给本次旅行画上一个圆满的句号。可以从各个角度欣赏这座老城，真是美不胜收。

# Day 6

## Dubrovnik 杜布罗夫尼克

memo

杜布罗夫尼克还是著名的游轮停靠港口。游轮上的客人会在上午的时候游览老城区，届时老城区会十分热闹。如果想要静静地享受这份美景，建议下午开始游览。晚上的夜景也是不错的。

**杜布罗夫尼克 Dubrovnik** ➡p.187

**1** 从位于城墙西北侧的明阙达堡垒俯瞰的老城区风景 **2** 从赛德山上可以眺望完整的老城区轮廓 **3 4** 围绕城墙徒步一周大约需要 1 小时 30 分钟。靠海一侧的景色超赞 **5** 可以乘坐缆车登上赛德山 **6** 也有通往赛德山的登山步道。推荐下山时选择走步道，沿途可欣赏老城区风景

——— Gourmet ———

　　杜布罗夫尼克所在的达尔马提亚地区南北狭长，盛产奶酪、生火腿、大虾、鱿鱼、章鱼等，海产资源和食材丰富。达尔马提亚鼠尾草是受到高度好评的香草，做菜的时候加入这种香草可以充分地将本地食材的鲜味提出来。这一地区烹饪方法的特点是充分利用食物本身的特色，简单烹饪，怎么都吃不腻。

**斯通 Ston** ➡p.185

**7** 将一种叫作"佩卡"的铁锅埋在热炭灰中蒸烤的烹饪手法 **8** 放入"佩卡"中的食材是羊肉和章鱼等。充分吸收了其他食材鲜味的土豆美味至极 **9** 生蚝是位于近郊的斯通的名特产，每年春分的时候斯通会举行生蚝祭 **10** 因盐田、城墙养殖生蚝而闻名的城镇——斯通

# Day 7

杜布罗夫尼克可以辐射到的短途旅行是游览波斯尼亚和黑塞哥维那的莫斯塔尔或黑山的科托尔。这两座城市各有特色，如果时间允许可以两边都去。

## Mostar i Kotor 莫斯塔尔和科托尔

DON'T FORGET '93

—— Gourmet ——

莫斯塔尔古城深受奥斯曼时代的影响，城市景观至今仍旧残留有大量奥斯曼帝国的影子。左图中的菜肴是使用葡萄叶包卷食材放入番茄酱中炖煮的菜肴，酷似土耳其料理。

**莫斯塔尔 Mostar** ➡p.204

**1** 架在内雷特瓦河上的莫斯塔尔古桥。波黑战争期间桥梁被毁，后于 2004 年在联合国教科文组织的帮助下重建，并且被列为了世界遗产 **2** 夜色下的莫斯塔尔古桥，如今周边已经变得很和平了，老桥的周围是一些纪念品商店 **3** 美丽的土耳其风格的清真寺——科斯基莫哈默德帕夏清真寺（Koski Mehmed Paša Mosque）**4** 莫斯塔尔古桥上滑溜溜的石阶陡坡。很容易滑倒，请格外小心

**科托尔 Kotor** ➡p.206

**1** 科托尔是天然的深水避风良港，岸边的断崖被建成了要塞堡垒 **2** 圣特里芬大教堂隶属于罗马教廷，是一栋罗马式建筑 **3** 位于老城区的钟楼 **4** 登山城墙城下美景尽收眼底。登城墙的路有些地方比较狭窄，还有比较陡峭的上坡，尽量穿运动鞋

memo

无论是去莫斯塔尔还是斯托尔都需要出境，千万不要忘记带上护照。乘坐公共巴士前往莫斯塔尔需要3小时，去往科托尔需要2小时30分钟。每天的车次有限，夏季的时候可以参加从杜布罗夫尼克出发的一日团体游项目。

# 从可以成为基点的城市出发一日游

　　如果你是第二次游览克罗地亚和斯洛文尼亚，那么可以先定下旅行的基点城市，然后围绕周边进行深度游。就是一座很小的城镇也有着古老的历史，即便没有那么著名，也有着最天然的风景。可以在旅行中发现属于你自己的克罗地亚、斯洛文尼亚的记忆，DIY 属于你自己的旅程！

### 一日游建议

- [ ] 将行李放在酒店，轻便出行
- [ ] 尽量连住
- [ ] 选择巴士线路丰富、移动方便的地方

斯普利特的长途巴士中心

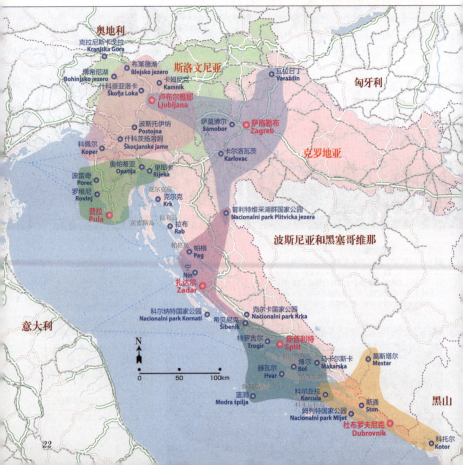

奥地利

克拉尼斯卡戈拉
Kranjska Gora

斯洛文尼亚

希莱德湖
博希尼湖　Blejsko jezero
Bohinjsko jezero
什科菲亚洛卡　卡姆尼克
Škofja Loka　Kamnik

卢布尔雅那
Ljubljana

瓦拉日丁
Varaždin

匈牙利

波斯托伊纳
Postojna
什科茨扬溶洞
Škocjanske jame

萨莫博尔
Šamobor

萨格勒布
Zagreb

科佩尔
Koper

奥帕蒂亚　里耶卡
Opatija　Rijeka

卡尔洛瓦茨
Karlovac

克罗地亚

波雷奇
Poreč
罗维尼
Rovinj

克尔克岛
克尔克
Krk

普拉
Pula

沃雷斯岛

拉布岛
拉布
Rab

普利特维采湖群国家公园
Nacionalni park Plitvicka jezera

波斯尼亚和黑塞哥维那

帕格岛
帕格
Pag

意大利

宁
Nin

扎达尔
Zadar

科尔纳特国家公园
Nacionalni park Kornati

希贝尼克
Šibenik

克尔卡国家公园
Nacionalni park Krka

特罗吉尔
Trogir

斯普利特
Split

马卡尔斯卡
Makarska

莫斯塔尔
Mostar

N

0　　50　　100km

赫瓦尔　博尔
Hvar　Bol

蓝洞
Modra špilja

科尔丘拉
Korcula

姆列特国家公园
Nacionalni park Mljet

斯通
Ston

黑山

杜布罗夫尼克
Dubrovnik

科托尔
Kotor

22

## 从**卢布尔雅那**出发

从斯洛文尼亚的首都卢布尔雅那出发到布莱德湖大约需要 1 小时 30 分钟。如果是去山岳度假胜地克拉尼斯卡戈拉（照片中）大约需要 2 小时。游览这些自然景观，可以尽量选择天气好的日期出行，一日游就可以轻松完成。

| 波斯托伊纳 ➡p.283 | 布莱德湖 ➡p.245 |
| 克拉尼斯卡戈拉 ➡p.256 | 什科茨扬 ➡p.286 |

## 从**扎达尔**出发

扎达尔是相对比较大的城市，有一些可以供旅游团使用的大型酒店。可以以这里为基点游览克罗地亚王朝最早的首都宁（照片中），还可以拜访以编织蕾丝而闻名的帕格等个性小镇。还有从扎达尔出发去往科尔纳特的游船。

| 宁 ➡p.142 | 帕格 ➡p.144 |
| 普利特维采 ➡p.85 | 科尔纳特 ➡p.146 |

## 从**萨格勒布**出发

从萨格勒布市乘坐巴士便可以到达萨莫博尔，这里的卡什达蛋糕非常美味。瓦拉日丁（照片中）曾经一度成为克罗地亚的首都。还可以游览克罗地亚最具代表性的啤酒酿造厂所在地卡尔洛瓦茨。

| 萨莫博尔 ➡p.76 | 瓦拉日丁 ➡p.78 |
| 卡尔洛瓦茨 ➡p.83 | 普利特维采 ➡p.85 |

## 从**斯普利特**出发

以拥有罗马皇帝宫殿的斯普利特为代表，希贝尼克、特罗吉尔也拥有世界遗产，有时间的话一定要去看一看。如果是在夏季旅行，可以以斯普利特为基点游览周边的小岛（照片中是布拉奇岛的博尔），渡轮的班次也比较多。

| 希贝尼克 ➡p.148 | 特罗吉尔 ➡p.152 |
| 克尔卡 ➡p.147 | 博尔 ➡p.170 |

## 从**里耶卡**出发

里耶卡是克罗地亚的第三大城市。因里耶卡狂欢节而闻名，届时会有大量的游客涌入。里耶卡与克尔克岛（照片中）之间有大桥连接，岛上存在着古老的教堂，这些教堂仍保留有格拉哥里字母。奥帕蒂亚是从奥匈帝国时代就十分著名的度假胜地。

| 奥帕蒂亚 ➡p.106 | 克尔克 ➡p.110 |
| 拉布 ➡p.114 | |

## 从**杜布罗夫尼克**出发

一般来说，从杜布罗夫尼克出发去往邻国的莫斯塔尔和科托尔是比较普遍的选择，也可以去科尔丘拉岛（照片中）游览，这座岛据说与马可·波罗颇有渊源。姆列特国家公园是一处植被茂盛的地方，夏季出游的话可以从杜布罗夫尼克乘坐快船去公园，大约需要 2 小时。

| 莫斯塔尔 ➡p.204 | 科托尔 ➡p.206 |
| 科尔丘拉 ➡p.180 | 姆列特 ➡p.184 |

# 很想体验入住的
# 个性酒店

如果旅途中的酒店只是用来落脚，就显得太过于无聊了。
下面为大家介绍一些
除了以住宿为目的外还有额外小惊喜的酒店

## 奇格勒奥托亚克酒店
*Hotel Grad Otočec*

酒店是利用一栋建于13世纪的古堡改建而成的，
这座古堡浮于克尔卡河的小岛上。前南斯拉夫总统
铁托、摩纳哥大公、挪威国王夫妇、法国总统密特
朗、历代詹姆斯·邦德的扮演者等众多世界名流都曾
经在这里入住。酒店用品全部选用产自斯洛文尼亚
的特供品。其内的餐馆也受到了很高的评价，也有
不少来这里就餐的访客。

**1** 面朝克尔卡河而建的房子庄严而肃穆　**2** 舒适庄重
的套房　**3** 餐馆是传统和现代相结合的风格

## 马斯克维卡传统酒店
*Maškovića Han*

这家酒店是利用建于17世纪的伊斯兰商队宿舍
改建而成的，2018年新开业。酒店内并设有SPA和
餐馆、酒吧等设施。每天早晚有从附近的Biograd na
Moru出发的两趟巴士可以到达这里，建议提前预约
出租车或者租车前往。

Map p.7-D4

✉ Vrana Marina 1, Vrana,
　Pakoštane
☎ (023) 333230
URL www.maskovicahan.hr
费 S■W€ 80~140
C/C A D M V

**1** 共有16间客房　**2** 四周被
厚厚的墙壁环绕的伊斯兰商队宿
舍　**3** 可以在中庭就餐　**4** 酒
店内并设有一个博物馆

# 灯塔酒店
## *Lighthouse Verudica*

这是一家2012年开业的公寓酒店，所在建筑是利用一栋建于1877年的灯塔改建而成的。目前独占周边的海域，共有3间卧室、2个浴室，可供6人住宿。厨房和起居室都非常宽敞。

酒店位于普拉的郊外，可以以这里作为基点游览近郊的一些景点。

1 只有入住灯塔才能享受这海景　2 浪头打过来的时候露台的模样　3 共有3间卧室

✉ Verudica bb  **Map p.118-2**
（44° 49′ 59.7″ N 13° 50′ 01.2″ E ）
☎（098）1820719
🔗 www.lighthouse-croatia.com
💲 一栋一晚 €150~500　CC 不可

✉ Grajska cesta 2  **Map 文前 p.5-C3**
☎（08）2050300　🔗 www.grad-otocec.com
💲 S €190~500　W €280~900
CC A D M V

# 斯普利特豪华古风旅馆
## *Antique Split*

这是一家古迹旅馆，位于世界遗产城市斯普利特的老城区中心地带。地理位置优越，既有面朝培里兹提尔广场的房间，也有可以眺望附近大教堂塔楼的房间。房

1 每间客房的内装修都各有千秋
2 大教堂的塔楼矗立于眼前

间的内饰使用了产自达尔马提亚地区的豪华石材，彰显奢华气质。使用的布料也很讲究。

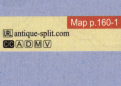

✉ Poljana G. Ninskog 1  **Map p.160-1**
☎ 095-5654075（手机）　🔗 antique-split.com
💲 S W €150~500　CC A D M V

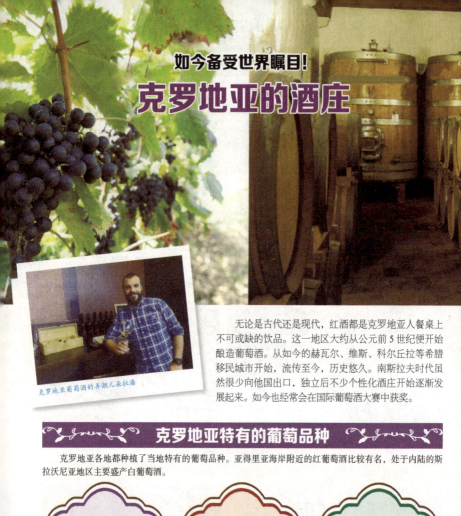

# 如今备受世界瞩目！
# 克罗地亚的酒庄

无论是古代还是现代，红酒都是克罗地亚人餐桌上不可或缺的饮品。这一地区大约从公元前 5 世纪便开始酿造葡萄酒。从如今的赫瓦尔、维斯、科尔丘拉等希腊移民城市开始，流传至今，历史悠久。南斯拉夫时代虽然很少向他国出口，独立后不少个性化酒庄开始逐渐发展起来。如今也经常会在国际葡萄酒大赛中获奖。

克罗地亚葡萄酒的弄潮儿朵拉潘

## 克罗地亚特有的葡萄品种

克罗地亚各地都种植了当地特有的葡萄品种。亚得里亚海岸附近的红葡萄酒比较有名，处于内陆的斯拉沃尼亚地区主要盛产白葡萄酒。

### 普拉瓦茨马里
#### *Plavac Mali*

克罗地亚最好的红葡萄酒都是由这种葡萄酿造而成的，拥有众多粉丝。虽然酒体饱满，但是酸味和涩味的平衡感很好，水果香味。吃牛羊排的时候特别适合搭配这种酒。

**主要产地：**
达尔马提亚地区佩列沙茨半岛（丁加克 Dingač 和保斯塔 Postup）

### 特朗
#### *Teran*

伊斯特拉半岛的喀斯特红土培育出来的品种，整体感觉酸味较重。酿造出来的葡萄酒拥有丰富香味和非常有特点的酸味。是搭配伊斯特拉半岛名特产生火腿、松露等的最佳选择。

**主要产地：**
伊斯特拉半岛斯洛文尼亚西部（亚得里亚海一侧）

### 格拉斯维纳
#### *Graševina*

说到克罗地亚的白葡萄酒，首屈一指的品种便是格拉斯维纳。产地大多位于内陆地区，跟德国的雷司令比较相似。酒体芳香清爽。可以搭配鸡肉或者白身鱼饮用。

**主要产地：**
斯拉沃尼亚东部地区（伊洛克 Ilok 等）

### 享受斯拉沃尼亚的白葡萄酒
## 斯塔里
## 博德鲁姆

**Stari Podrum**

一家位于塞尔维亚边境附近的伊洛克小镇的大型酒庄。酒庄辖地内还拥有建于 15 世纪和 18 世纪的酒窖，如果跟团参观酒庄还可以参观古董酒窖。酒庄内并设酒店、餐馆和葡萄酒商店，如果时间充裕不妨在这里住上一晚。

拥有大型的酒窖

巴士的起点是奥西耶克（p.91），但大多数车次都需要经由武科瓦尔（p.95）。从武科瓦尔出发至伊洛克的巴士是 1~2 小时一趟车，所需时间 45 分钟，35Kn。
Šetalište O.M.Barbarića 4, Ilok
TEL（032）590088 　URL www.ilocki-podrumi.hr
10:00~22:00（参观时需要预约）
12/25 　30~100Kn（参观团）

`Map p.11-D3`

---

### 追求味道特别的葡萄酒
## 特拉普酒庄

**Trapan Wine Station**

2005 年由 Bruno Trapan 一手创办的新晋精锐酒庄。这家酒庄主打"摇滚"有机酿造法，追求至今绝无仅有的美味。酒标的设计风格也比较独特。

时尚前卫的试饮室

位于普拉（p.116）近郊的 Šišan。从普拉至 Šišan 可以乘坐市内巴士 25b 路，1~2 小时 1 趟车（周六 · 周日减班次），所需时间 30 分钟，15Kn。
Giordano Dobran 63, Šišan 　TEL 098 244457（手机）
URL trapan.hr 　11:00~19:00（试饮需要预约）
周日、10 月～次年 3 月
100~200Kn（试饮）

`Map p.100-B3`

---

### 布拉奇石风格的酒标十分有特色
## 斯蒂娜维诺

**Stina Vino**

2009 年开业的酒庄。在博尔的中心地区拥有较大型的酒窖，顾客可以在时尚的吧台旁品尝各种杯装葡萄酒（20~85Kn）。酿酒所用的葡萄均产自布拉奇岛，主要以普拉瓦茨马里和保斯塔（Postup）为主。酒瓶的酒标是以布拉奇石为灵感设计的。仔细观察一下，酒名和生产年份等都是立体突出的，设计十分精美。

店员会耐心细致地讲解

位于博尔（p.170）的中心地区。 　Bračka cesta 13
TEL（021）306220 　URL www.stina-vino.hr
4、5、10 月 14:00~22:00 　6~8 月 10:00~24:00 　9 月 11:00~23:00
11 月～复活节
100~345Kn（参观团）

`Map p.170-B`

---

### 由船乘精心酿造的王道葡萄酒
## 施卡尔酒庄

**Škar Winery**

这间酒庄是利用一家建于 400 年前的造船厂改造而成的。酒庄庄主以前是做船乘工作的，在工作休息的时候苦心钻研酿酒。庄主一家在佩列沙茨半岛上拥有葡萄田，可以使用品质上乘的普拉瓦茨马里酿造葡萄酒，Lekri 是这家的酒庄的主推。酒庄辖地内除了葡萄酒酿酒坊之外，还有白兰地蒸馏厂。白兰地是装在五角星形的瓶子里，非常适合做伴手礼。

除了葡萄酒之外，白兰地的品种也很丰富

位于杜布罗夫尼克（p.187）格鲁兹地区。
Lapadska obala 17
TEL 098 787705（手机） 　URL www.lekri.eu
9:00~13:00 　18:00~22:00（参观需要预约）
11 月～次年 3 月
200Kn（参观团）

`Map p.188-B1`

## 轻松地接触大自然
# 漫步于朱利安阿尔卑斯

在斯洛文尼亚旅行一定要体验一下徒步健走的乐趣。
从朱利安阿尔卑斯流出的河水打造了这一地区独特的地形，
也正是这一点吸引了众多徒步爱好者前来此地。
在新鲜的空气和风景如画的自然风光中漫步是旅行中的一大乐事。

文特加溪谷的游步道震撼力十足

## 线路 1

# 文特加溪谷
→ p.247

### 起点城市：p.245 布莱德湖

最大的看点是小溪沿岸的游步道！一边欣赏翠绿色的溪水一边漫步

#### 参考线路

欣赏完布莱德湖美景之后，去往近郊的溪谷散步。6月下旬~8月期间有旅行专用巴士，此外的时间可以选择徒步或者骑车前往。

| | |
|---|---|
| 9:50 | 从布莱德湖出发 |
| 10:09 | 到达文特加溪谷的入口。从这里开始徒步 |
| 11:10 | 到达圣凯瑟琳教堂。从这里开始进入山道上 |
| 12:10 | 到达山谷入口。乘坐巴士 |
| 12:29 | 到达布莱德湖 |

0     50

N

售票处

溪谷沿岸的溪水是翠绿色的

这里的中间

初级徒步爱好者也可以轻松走完的线路

去往布莱德湖的巴士

售票处

**Start & Goal**

这一带的游步道比较狭窄，存在危险性，请注意

圣凯瑟琳
Sv. Kata

参观完圣凯瑟琳教堂之后，进入森林游步道

线路2

# 维立卡普拉尼那高地 → p.238

起点城市：p.236 卡姆尼克

→ p.238

## 参考线路

起点城市是卡姆尼克。然后乘坐巴士到达山脚下，再换乘缆车或者缆椅登山。春秋季的工作日缆椅停运。

| 13:15 | 从卡姆尼克出发 |
|---|---|
| 13:30 | 到达缆车乘车处，向高原出发 |
| 14:30 | 到达咖啡馆，小憩一会儿 |
| 15:30 | 到达牛圈，感受田园牧歌的氛围 |
| 17:30 | 到达缆车乘车处，返回巴士站 |
| 19:30 | 从大山的巴士站乘车出发 |
| 19:45 | 到达卡姆尼克 |

东侧是养牛的集结地，可以一边欣赏田园牧歌的风景一边散步

去往巴士站、停车方向的缆车站

缆椅站

Start & Goal

既可以休息又可以品尝传统菜肴

从这里可以眺望牛群集结地的风景

咖啡馆 R

缆椅站

观景台

缆椅站

N

500m

通往山顶的游步道比较险陡而且沟沟壑壑的，对体力没有自信的人建议选择乘坐缆椅前往

俺是帅气的放牛郎。可以跟我拍照留念哦

牛群的集结地

大山漫步的最美景观地，有很多可爱的小屋子

从山脚下乘坐缆车

有很多牛哦

沿途还可以看到许多高山植物，有一些野花只有在这附近才能见到

大山的风景超赞！从沿途的游步道还可以欣赏卡姆尼克小镇周边的群山

29

## ●铁路

除了意大利和黑山之外，有从邻近各国出发可以到达克罗地亚和斯洛文尼亚的列车。尤其是连接奥地利的维也纳、匈牙利的布达佩斯等地的列车，乘坐起来十分方便。

## ●巴士

这两个国家都有多条与邻国相连接的国际巴士线路。尤其是前南斯拉夫圈的一些国家，例如塞尔维亚、黑山、波斯尼亚和黑塞哥维那等。这些国际巴士比火车速度更快、更准时。此外，也有连接奥地利、意大利、匈牙利主要城市的巴士线路，但是比铁路的车次少，车程较长，费用便宜。

## ●船

全年都有从意大利安科纳出发的渡轮，夏季时还有从威尼斯出发的渡轮。

德国

奥地利
萨尔茨堡 Salzburg
格拉茨 Graz
马里博尔 Maribor

斯洛文尼亚
卢布尔雅那 Ljubljana
萨格勒布 Zagreb

意大利
的里雅斯特 Trieste
威尼斯 Venezia
的里雅斯特湾
里耶卡 Rijeka
克罗地亚
拉韦纳 Ravennna
普拉 Pula
扎达尔 Zadar
里米尼 Rimini
佩萨罗 Pesaro
安科纳 Ancona
亚得里亚海
佩斯卡拉 Pescara

—— 国际巴士线路
--- - 国际渡轮的航路

可以乘船前往的周边城市
**威尼斯** 意大利
威尼斯水城，享有"亚得里亚海女王"的美誉。夏季的时候有从斯洛文尼亚的皮兰，克罗地亚的波雷奇、普拉和奥帕蒂亚等地出发的一日游项目。

---

## 实用信息

**■从周边诸国出发的国际列车**

●奥地利～斯洛文尼亚
维也纳～卢布尔雅那 每天1趟
EC 所需时间：约6小时15分钟

●匈牙利～斯洛文尼亚
布达佩斯～卢布尔雅那 每天1趟
D 所需时间：约8小时10分钟

●瑞士～斯洛文尼亚
苏黎世～卢布尔雅那 每天1趟
EN（国际夜行列车）所需时间：约11小时30分钟

●奥地利～克罗地亚
维也纳～萨格勒布 每天1趟
EC 所需时间：约6小时45分钟

●匈牙利～克罗地亚
布达佩斯～萨格勒布 每天1趟
IC 所需时间：约5小时30分钟

●瑞士～克罗地亚
苏黎世～萨格勒布 每天1趟
EN（国际夜行列车）所需时间：约14小时

**可以乘坐火车前往的周边城市** 萨尔茨堡 奥地利

因是莫扎特出生地而闻名的城市。每年夏季都会举办音乐节。从斯洛文尼亚的卢布尔雅那乘坐火车前往大约需要 4 小时 20 分钟。

**可以乘坐火车前往的周边城市** 格拉茨 奥地利

格拉茨是一座位于穆尔河畔的美丽城市，也是奥地利的第二大城市。老城区被列为了世界遗产，整座城市的地标建筑是建于小山丘上的钟楼。从斯洛文尼亚的马里博尔乘坐火车到达此地大约需要 1 小时。

**可以乘坐火车前往的周边城市** 布达佩斯 匈牙利

位于多瑙河沿岸的美丽城市。耸立在布达附近小山丘上的王宫、铁索桥是著名的观光景点，这里的温泉也十分有名，整座城市共有近 50 家温泉浴场。从克罗地亚的萨格勒布乘坐火车大约需要 5 小时 30 分钟便可到达。

**可以乘坐巴士前往的周边城市** 萨拉热窝 波斯尼亚和黑塞哥维那

萨拉热窝是一座拥有多民族、多种宗教和文化的魅力城市。市中心有各种各样的宗教设施，有一种独特的城市氛围。从萨格勒布乘坐巴士到达这里约需 6 小时 15 分钟。

**可以乘坐巴士前往的周边城市** 贝尔格莱德 塞尔维亚

贝尔格莱德是巴尔干半岛的交通要塞，也是一座历史悠久的古城。城区内有不少历史性建筑，萨瓦河和多瑙河合流的小山丘上有一个公园叫作卡莱梅格丹公园，从这里眺望的城市全景超赞。从萨格勒布乘坐巴士到达贝尔格莱德约需 5 小时 30 分钟。

■周边诸国的铁路公司
● 奥地利联邦铁路（ÖBB）
URL www.oebb.at
● 匈牙利铁路（MÁV Start）
URL elvira.mav-start.hu
● 塞尔维亚铁路（ŽS）
URL www.zeleznicesrbije.com
● 波斯尼亚和黑塞哥维那联邦铁路（ŽFBH）
URL www.zfbh.ba

■克罗地亚长途巴士
● 克罗地亚国内长途巴士／国际长途巴士的时刻表
URL www.buscroatia.com
● 萨格勒布的巴士中心
URL www.akz.hr

■斯洛文尼亚的长途巴士
● 卢布尔雅那的巴士中心
URL www.ap-ljubljana.si

■拥有国际航路的主要渡轮公司
● Jadrolinija
URL www.hadrolinija.hr
● SNAV
URL www.snav.it
● Venezia Lines
URL www.venezialines.com

| 月份 / 地域 | 12 | 1 | 2 | 3 | 4 | 5 |
|---|---|---|---|---|---|---|
| 日落 | 7:31 | 7:33 | 7:00 | 6:09 | 6:10 | 5:25 |
| 日出 | 16:12 | 16:38 | 17:21 | 18:02 | 19:43 | 20:21 |

**萨格勒布、斯拉沃尼亚地区**

气候: 很多时候气温低于0℃，非常寒冷。城市地区也会下雪。
服装: 需要穿着羽绒服等防寒服装。还要准备防滑、防水的鞋。
旅游提示: 酒店客人不多。

气候: 4月多降雨。晴朗时日照较强，需要考虑防紫外线。
服装: 穿着半袖即可的日子增加。应准备可随时脱掉的服装。
旅游提示: 实行夏令时，需要注意。

**伊斯特拉半岛与克瓦内尔地区**

气候: 多降雨，但沿海地区不会降雪。
服装: 需准备有防水功能的外套及雨具。
旅游提示: 沿海地区的度假酒店在冬季多停业。2月时举办里耶卡嘉年华。

气候: 5月之前多降雨，晴朗时天气状况很稳定。
服装: 夜间降温，需准备外套。
旅游提示: 可以品尝伊斯特拉半岛松露的季节也从此时开始。

**杜布罗夫尼克、斯普利特等所在的达尔马提亚地区**

气候: 多雨多雾。气温不会降至零下，但也非常寒冷。
服装: 多降雨，需要准备有防水功能的外套及雨具。还需要带上抓绒外套。
旅游提示: 海滨度假地的酒店及民宿多停业。

气候: 4月还有略感寒冷的日子，5月天气已接近夏季。
服装: 春季也需要准备防晒霜、帽子及太阳镜。
旅游提示: 5月下旬进入旅游季节，游船及团体游服务也开始。

**斯洛文尼亚（朱利安阿尔卑斯）**

气候: 气温很低，积雪很多。平均气温总在零下。
服装: 需要准备厚外套及手套等防寒服装。
旅游提示: 朱利安阿尔卑斯山区的滑雪场开始营业。

气候: 白天温暖，日落后气温降低。
服装: 早晚较冷，需准备外套。有时可只穿一件衬衫。
旅游提示: 进入登山季节，但天气仍比较寒冷，需准备防寒装备。

## 行程计划建议　最佳旅游季节

最佳旅游季节为6~9月。这一时期，所有地区的天气都很舒适，雨天也较少，很适合旅游。

### ●克罗地亚中部、斯拉沃尼亚地区、斯洛文尼亚东部

萨格勒布等内陆地区为大陆性气候，冬冷夏热。冬季最低气温有时可达零下10℃。夏季有时刮风，会感到凉意，所以最好准备一件长袖衬衫。

### ●亚得里亚海

包括杜布罗夫尼克等地的亚得里亚海沿岸地区为地中海气候。夏季干燥少雨，平稳的天气一直持续至晚秋。不过冬季较为寒冷。日照总是很强，需要准备帽子及太阳镜。

### ●朱利安阿尔卑斯

布莱德湖所在的朱利安阿尔卑斯地区属于高原，夏季凉爽，冬季寒冷。无论冬夏都应准备有防水功能的外套。冬季前往高原时，一定要穿着防寒服装。

※ 日出/日落数据为萨格勒布的数据

| 6 | 7 | 8 | 9 | 10 | 11 |
|---|---|---|---|---|---|
| 5:05 | 5:21 | 5:56 | 6:34 | 7:13 | 6:56 |
| 20:48 | 20:43 | 20:04 | 19:07 | 18:10 | 16:25 |

**气候：** 夏季相对凉爽，但有时气温也会升至35℃左右。

**服装：** 白天可穿半袖服装，夜间会感到有些冷。应准备一件长袖衬衫或薄外套。

**旅游提示：** 正值旅游季节，萨格勒布会举办各种活动。只有在夏季能见到卫兵列队行进。

**气候：** 身体会感到寒冷，雨天增多。比东亚地区的秋季稍冷。

**服装：** 可以准备长袖衬衫、抓绒服装及薄外套。

**旅游提示：** 10月后半段至11月在萨格勒布及普利特维采湖群国家公园可以观赏到红叶。

**气候：** 有近一个月的时间气温超过30℃，但海滨度假地的气候还是比较舒适的。

**服装：** 如果打算去海边，应带上泳衣。如前往内陆地区，应准备薄外套。

**旅游提示：** 正值旅游季节，参加团体游及乘坐游船的游客非常多。

**气候：** 一年中降雨最多的季节。早晚较冷，需要注意。

**服装：** 需带上薄外套及雨具。

**旅游提示：** 伊斯特拉半岛处于品尝白松露的季节，如果此时能够前往，是比较幸运的。山区多雾，宛如幻境。

**气候：** 到了6月，气温升至30℃左右。降雨较少，很适合旅游。

**服装：** 应带上度假休闲服装及泳衣。

**旅游提示：** 有团体游、游船，夜间还有音乐会等娱乐活动。

**气候：** 海风变冷，雨天增多。气温与东亚地区差不多。

**服装：** 需准备长袖衬衫或薄外套以及雨具。

**旅游提示：** 有的度假酒店会停业。从11月开始进入淡季，价格比较便宜。

**气候：** 白天较热，日落后凉爽。雨天相对较多。

**服装：** 可准备长袖衬衫。建议再带上薄外套。

**旅游提示：** 适合登山的季节。山上有美丽的野花开放。博希尼铁路只在夏季开行，很值得体验。

**气候：** 白天有时较暖和，但总体来说天气较寒冷。11月后进入真正的冬季。

**服装：** 应准备抓绒服装及厚外套。

**旅游提示：** 布莱德湖的大型酒店也有停业的，需事先确认。

## 行程计划建议　合理预订酒店

　　克罗地亚与斯洛文尼亚的住宿设施数量多、类型齐全，廉价旅馆也很多。酒店基本上都为中档以上，如果想节省住宿费用，建议入住民宿（→ p.45、p.217）。设备及费用上差别较大，有的距离市区较远，需事先仔细确认。

| 预订酒店的例文（E-mail） |
|---|
| I would like to know whether the room described below is available<br>我想了解一下是否有满足以下条件的客房<br><br>Name: Li Lei　姓名：李雷<br><br>Number of persons: 2　入住人数：2名<br><br>Type of rooms: ○○ room　准备预订的客房类型<br>例：single room（1名）<br>　　double room（只有一张大床的双人房）<br>　　twin room（双床房） | Total nights: Two nights　入住天数：2晚<br><br>Arrival Date: 1st March, 2020<br>到达日期：2020年3月1日<br><br>Departure Date: 3st March, 2020<br>出发日期：2020年3月3日<br><br>Could you let me know the price in return?<br>请告知住宿费用<br><br>Sincerely,<br>Li Lei |

# 克罗地亚
## *Croatia*

位于杜布罗夫尼克老城区的普利耶科宫殿酒店楼顶餐馆（一·p.200）

## 国旗

红、白、蓝三色旗中带有国徽

## 正式国名

克罗地亚共和国（Republika Hrvatska）

## 国歌

《我们美丽的祖国》（Lijepa Naša Domovina）

## 面积

约5.66万平方公里

## 人口

约412万（2017年）

## 首都

萨格勒布（Zagreb）

## 国家元首

总统：佐兰·米拉诺维奇
总理：安德烈·普连科维奇

## 国家政体

共和制（2013年7月加入欧盟）

## 民族构成

主要民族为克罗地亚族（90.4%），其余为塞尔维亚族、波什尼亚克族、意大利族、匈牙利族、阿尔巴尼亚族、斯洛文尼亚族等，共22个少数民族。

## 宗教

罗马天主教徒占88%。还有塞尔维亚正教徒。

## 语言

官方语言为克罗地亚语（斯拉夫语系）。与塞尔维亚语、波斯尼亚语的区别仅为不同的方言而已。文字使用拉丁字母。许多当地人也能讲德语及英语。

## 货币与汇率

克罗地亚的货币为克罗地亚库纳（Croatian Kuna）。本书以Kn标记。辅助货币为利帕（Lipa），1库纳=100利帕。1库纳=1.0325元人民币，1欧元=7.5733库纳。

纸币有1000Kn、500Kn、200Kn、100Kn、50Kn、20Kn、10Kn、5Kn※。

硬币有25Kn※、5Kn、2Kn、1Kn、50Lipa、20Lipa、10Lipa、5Lipa、2Lipa※、1Lipa※。

※ 表示流通量较少，很难见到

【信用卡】

在餐馆及中档以上酒店、商店都可以使用信用卡。ATM也有很多。

【货币兑换】

如果在货币兑换处兑换货币，需要注意是否有手续费。即便公布的汇率较高，有时可能还要支付高额的手续费，一定要事先确认。

1库纳　2库纳　5库纳　10库纳
20库纳　50库纳　100库纳
200库纳　500库纳　1000库纳
5利帕　10利帕　20利帕　50利帕

## 出入境

【签证】

中国公民前往克罗地亚需要办理签证。

【护照】

从克罗地亚出境时，所持护照的剩余有效期应超过3个月。

【可免税带入的物品】

卷烟200根或雪茄50根，葡萄酒2升，蒸馏酒1升，香水50克，淡香水250毫升。

携带外汇入克罗地亚或从克罗地亚出境，对金额没有特别的限制，但如果金额超过1万欧元，则通关时应该申报。

## 如何拨打电话

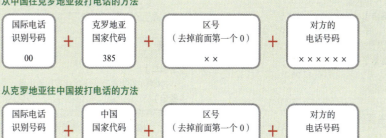

**从中国往克罗地亚拨打电话的方法**

| 国际电话<br>识别号码<br>00 | + | 克罗地亚<br>国家代码<br>385 | + | 区号<br>（去掉前面第一个0）<br>×× | + | 对方的<br>电话号码<br>××××× |
| --- | --- | --- | --- | --- | --- | --- |

**从克罗地亚往中国拨打电话的方法**

| 国际电话<br>识别号码<br>– | + | 中国<br>国家代码<br>86 | + | 区号<br>（去掉前面第一个0）<br>×× | + | 对方的<br>电话号码<br>××××× |
| --- | --- | --- | --- | --- | --- | --- |

## 飞行时间

目前，没有从中国直飞克罗地亚的航班，前往时需换乘。从中国飞至克罗地亚周边国家大约需要10小时。从周边国家飞往克罗地亚需1~3小时。如上午出发，经维也纳、法兰克福、慕尼黑等城市前往，可当天到达。

## 时差和夏令时

当地时间比北京时间晚7小时。也就是说，当北京20:00时，克罗地亚为13:00。实行夏令时后，时间晚6小时，当北京20:00时，克罗地亚为14:00。3月最后一个周日的AM2:00（=AM3:00）至10月最后一个周日的AM3:00（=AM2:00）为夏令时的实行期间。

## 气候

内陆腹地为大陆性气候，亚得里亚海沿岸地区为地中海气候。亚得里亚海沿岸直至晚秋天气都比较温和，冬季略为寒冷，但内陆地区的冬季要经历严寒。亚得里亚海沿岸的夏季，虽然晴天比例很高，但是到了夜间有时也非常冷，需要准备一件长袖衬衫。

**萨格勒布的月平均气温及降水量**

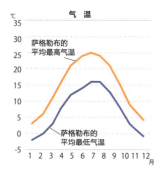

气温

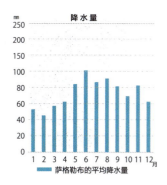

降水量

## 营业时间

以下所列办公时间仅供参考。

【银行】

周一～周五 7:30~19:00、周六 8:00~12:00，周日及法定节假日休息。

**【邮局】**

邮局非节假日 7:00~19:00，周六营业时间缩短，周日休息。萨格勒布中央火车站旁的邮局24 小时营业。

**【商店】**

周一～周五 8:00~20:00、周六~13:00，周日及法定节假日基本上休息。

**【餐馆】**

开门时间 8:00~12:00 都有。关门时间大多在深夜。

## 主要的节日

注意，有的节日有变动（※）

| | |
|---|---|
| 1/1 | 新年 |
| 1/6 | 显现节 |
| 4/12 | ※ 复活节 |
| 4/13 | ※ 复活节后的星期一 |
| 5/1 | 劳动节 |
| 6/11 | ※ 基督圣体节 |
| 6/22 | 反法西斯斗争纪念日 |
| 6/25 | 建国日 |
| 8/5 | 国家感恩日 |
| 8/15 | 圣母升天节 |
| 10/8 | 独立日 |
| 11/1 | 万圣节 |
| 12/25・26 | 圣诞节 |

## 电压与插头

电压为 230 伏（V），频率为50 赫兹（Hz），电源插头为 C 型。但是插头类型与中国不同，需要带转换插头。

## 视频制式

**【DVD 播放格式】**

克罗地亚的电视信号播放格式为 PAL，DVD 的地区代码为 2，使用时需注意。

## 小费

**【出租车】**

如乘车距离不远，可将找零作为小费。

**【餐馆】**

在高级餐馆用餐，如对服务比较满意，一般可支付相当于餐费 10% 的费用作为小费。

**【酒店】**

呼叫客房服务或让门童帮助搬运行李时，需支付 10~20Kn。

**【厕所】**

公共厕所的数量很少，而且使用时需支付2~7Kn 的费用。餐馆及咖啡馆的厕所大多可以免费使用。

## 饮用水

原则上不要直接饮用自来水。应购买矿泉水。在超市或售货亭购买，500 毫升瓶装水的价格一般为人民币 5 元～。

## 邮政

邮局被称为 HP（Hrvatska Posta），基本上无论多小的城镇都有。邮寄也基本上不会出现什么差错。

**【邮寄费用】**

航空邮件寄至东亚地区，明信片 5.80Kn，信件 15Kn，大概 4~7 天可寄到。1 千克的包裹（Paket）212Kn，EMS（国际快递）500 克以内200Kn、1 千克以内 216Kn、2 千克以内 384Kn、5 千克以内 480Kn。最高可邮寄 30 千克。

## 网络

**【网吧】**

网吧数量正在减少。有的住宿设施内有公共上网区域，客人可以免费使用，但是电脑操作系统的语言一般为当地语言或英语。

**【Wi-Fi】**

提供 Wi-Fi 的酒店及咖啡馆的数量正在增加，基本上都可以免费使用。个别连锁高级酒店提供收费的服务。另外，有的城市，在市中心区域提供公共的 Wi-Fi 信号。

## 税金

在克罗地亚购买商品时，需支付相当于商品购买价格 25% 的增值税，这种税在当地被称为 PDV。一次性购买商品价值超过 740Kn 的，可获部分退税。需要注意，有的商品不在退税商品范围内。

办理相关手续的方法为，在可免税的商店获取专用的表格并填写，出境时在机场等地的海关加盖相关公章。可退税商品不包括香烟及油脂类商品，葡萄酒仅限 1 瓶。可将已加盖公章的表格提交给机场内的邮局并获取退税。

## 旅途中的治安与纠纷

与周边国家相比，克罗地亚的治安状况非常不错。但是，随着外国游客人数的增加，针对外国游客的偷盗案件以及伪装成警察的诈骗案件时有发生。因此应加强警惕，要将行李时刻都放于自己可观察到的范围内，尽量不要在深夜外出。警察在当地被称为 Policija。

### 【扒窃】

乘坐巴士及有轨电车时应注意防备扒窃。

### 【顺手牵羊】

在酒店大堂及餐馆里要注意顺手牵羊式的偷盗犯罪。应注意人与行李不要分开。

### 【假警察】

罪犯伪装成警察，让游客出示护照或以搜身、检查钱包为名骗取钱财。所以应随身携带护照的复印件并注意不要携带大量现金出行。

警察　192
消防　193
急救　194

## 年龄限制

不满 18 岁者不能购买酒类及香烟。可在机场租赁汽车，但对年龄有限制，有时还会被要求出示信用卡来确认本人身份。

## 度量衡

长度单位采用米，重量单位采用克、千克，液体采用升来进行度量。服装及鞋的尺码表示方式也与中国不同，而且男式与女式之间可能也有差异，需要特别注意。

## 其他

### 【吸烟】

2009 年 5 月开始克罗地亚实行禁烟法。除了特别设置的吸烟区，原则上在室内吸烟均属违法，违法者会被处以 1000Kn 的罚款。

### 【厕所】

厕所的标识，男厕为 Gospoda 或 Muški，女厕为 Gospode 或 Ženski。

# 克罗地亚的世界遗产

克罗地亚拥有丰富的旅游资源，面朝美丽的亚得里亚海，沿岸有很多历史悠久的城镇。杜布罗夫尼克等中世纪就成为重要海上贸易据点的城市分布在沿岸各地，其中很多地点已被列为世界遗产。位于内陆的普利特维采湖群国家公园等地的自然风光也非常值得一看。

当地以杜布罗夫尼克为代表的世界遗产

➡p.125

**世界遗产❶**
## 波雷奇地区的
## 尤弗拉西苏斯大教堂建筑群
Eufrazijeva bazilika u Poreču

波雷奇位于伊斯特拉半岛，曾为古罗马城市，景观优美。尤弗拉西苏斯大教堂建于6世纪，建筑包括中庭、洗礼室、礼拜堂等部分。内部墙壁有用金箔装饰的马赛克图案及雕刻，是艺术价值极高的宗教艺术作品。

➡p.85

**世界遗产❷**
## 普利特维采湖群国家公园
Nacionalni park Plitvička jezera

位于萨格勒布以南110公里处的国家公园。大小16个湖泊之间有92处瀑布，有大量的游客来此观赏美景。森林广阔，面积达200平方公里，有熊、狼、多种鸟类等野生动物栖息在那里。

奥地利

菲拉赫
Villach

克拉根福
Klagenfurt

布莱德游
Blejsko jezero

斯洛文尼

卢布尔雅那
Ljubljana

乌迪内
Udine

戈里齐亚
Gorizia

波斯托伊纳
Postojna

维琴察
Vicenza

的里雅斯特
Trieste

皮兰
Piran

里耶卡
Rijeka

帕多瓦
Padova

威尼斯
Venezia

克尔克岛
Krk

拉布
Rab

威尼斯湾
Golfo di Venezia

波雷奇
Poreč ❶

普拉
Pula

拉布岛
Rab

意大利

茨雷斯岛
Cres

帕格岛
Pag

**伊斯特拉半岛与
克瓦内尔地区
Kvarner i Istra**

旅游胜地很多，有位于克罗地亚最大的港口城市里耶卡一带的贵族度假地奥帕蒂、世界遗产尤弗拉西苏斯大教堂所在的波雷奇以及松露产地莫托文。

安科纳
Ancona

**达尔马提亚地区　Dalmacija**

克罗地亚旅游的一大亮点。位于亚得里亚海沿岸，有很多岛屿及军事防御城市。地区的中心为由罗马皇帝的宫殿改建而成的城市斯普利特。港口有开往赫瓦尔岛及维斯岛的渡轮。南边是被誉为"亚得里亚海之珠"的杜布罗夫尼克。

亚得里亚
Jadransko mo
Mar Adriatic

佩斯卡拉
Pescara

➡p.149

**世界遗产❸**
## 希贝尼克的圣雅各布大教堂
Katedrala sv. Jakova u Šibeniku

15~16世纪，北意大利、达尔马提亚、托斯卡纳三个地区的文化在此交融，产生了哥特式建筑风格与文艺复兴式建筑风格相结合的圣雅各布大教堂。只用石材修建，屋顶为拱形，显示出高超的建筑技术。建筑四周还有很多独具一格的雕像。

●克罗地亚的世界遗产

## 世界遗产 ❹
## 特罗吉尔的历史中心

Romanički grad Trogir　　➡p.152

　　公元前 385 年时成为希腊的殖民地。当地保存着许多历史建筑，圣劳伦斯大教堂建于 13 世纪，融合了罗马式建筑风格与哥特式建筑风格。

斯拉沃尼亚地区　Slavonija

　　土地肥沃，是克罗地亚的粮仓。最著名的是使用红辣椒粉制作的斯拉沃尼亚菜肴。产自当地的葡萄酒也很好喝。中心城市奥西耶克保存着巴洛克式建筑。

萨格勒布与克罗地亚中部
Zagreb i Središnja Hrvaska

　　以首都萨格勒布为中心的地区。市内有很多深受奥地利文化影响的中欧式建筑。普利特维采湖群国家公园是克罗地亚的陆地区域具有代表性的公园。祖母绿的湖泊让游客流连忘返。

## 世界遗产 ❺
## 戴克里先宫和斯普利特中世纪古城

Split s Dioklecijanovom palačom　　➡p.156

　　斯普利特是亚得里亚海沿岸地区主要的港口城市。古罗马皇帝戴克里先于 300 年修建了戴克里先宫，7 世纪时宫殿毁于斯拉夫人的进攻。

当地居民利用宫殿废墟的建筑材料重建了住宅与道路。现在，宫殿遗址已成为历史遗迹，附近的广场是市民休闲的场所。

## 世界遗产 ❻
## 杜布罗夫尼克老城区

Stari grad Dubrovnik　　➡p.187

　　杜布罗夫尼克是伸向亚得里亚海的军事防御城市。城墙始建于 8 世纪，随着城市的扩大而被扩建。可在城墙上徒步绕城一周，从高处观赏这座被誉为"亚得里亚海之珠"的美丽城市。

## 世界遗产 ❼
## 斯塔里格勒平原

Starogradsko polje　　➡p.175

　　斯塔里格勒意为"古城"，公元前 384 年古希腊人在此修建了港口城市。周边地区从那时起就开始种植葡萄和橄榄，现在在平原地区仍能见到这些产业。还保存着未划分区域而建的石墙。

## 世界遗产 ❾
## 16 至 17 世纪威尼斯的防御工事

Venecijanski obrambeni sustav 16. i 17. stoljeća
➡p.136、p.151

　　通过贸易获得巨大财富的海洋国家威尼斯共和国为了抵御外敌入侵，于 16 至 17 世纪在此修建的军事防御工事。共有 6 个地点被列为世界遗产，位于克罗地亚境内的是扎达尔城墙与希贝尼克的圣尼古拉要塞两处。

## 世界遗产 ❽
## 中世纪斯特茨奇墓葬群

Stećci-srednjovjekovni nadgrobni spomenici
➡p.164

　　位于克罗地亚与波斯尼亚和黑塞哥维那共和国边境附近的中世纪墓碑群。在克罗地亚境内被列为世界遗产的是位于斯普利特郊外的茨洛里维察（Crljivica）与杜布罗夫尼克郊外的圣芭芭拉大教堂。

# 克罗地亚的国内交通

## ◆◆◆◆ 城市间交通 ◆◆◆◆

### 飞机

克罗地亚航空在萨格勒布与奥西耶克、普拉、扎达尔、斯普利特、杜布罗夫尼克之间，普拉与扎达尔之间，斯普利特与杜布罗夫尼克之间（仅限夏季）有航班开行。萨格勒布与普拉之间的航班经由扎达尔，所以花费时间会长一些。

**克罗地亚航空**
URL www.croatiaairlines.com

### 火车

克罗地亚的铁路以货物运输为主，客运列车不多。车票价格一般比巴士便宜，但是行驶时间也会相对长一些。列车分为5个

类型，包括普通"Putnički"、快速"Brzi"、特快"Ekspresni"、城际"InterCity"以及开行于萨格勒布与斯普利特间的ICN（InterCity Nagibni）。座位分1等与2等，1等座的票价是2等座的1.5倍。可在车站的售票窗口

*萨格勒布中央火车站站内*

购买车票，大多支持信用卡支付。

**克罗地亚铁路**
URL www.hzpp.hr

### 巴士

长途线路、短途线路的车次很多。不过，伊斯特拉半岛上连接各村庄的线路非常少，需要注意。亚得里亚海沿岸各城市间，在旅游淡季也有大量车次开行。萨格勒布与斯普利特间有高速公路，乘坐开行于高速公路的巴士，可以快捷地从一个城市前往另一个城市。座椅很舒适，基本上没有晚点的现象。

可在巴士枢纽站内的售票窗口购票。可提前一天购票，也可在乘车当天购票，如在中途乘

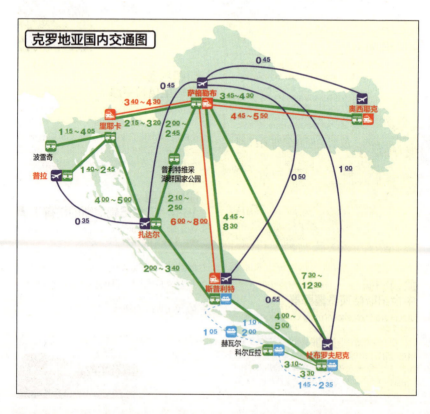

## 车票内容（火车）

1 出发车站　2 到达车站　3 座位等级　4 有效期　5 票价

## 车票内容（长途巴士）

1 线路　2 出发时间　3 站台　4 座位号　5 票价

---

托运行李基本上需要交费

车，可向司机购票。座位实行对号入座，但是如果乘客不多可任意选择座位。中途乘车时不对号入座。如随车托运行李则需要另外支付 8~10Kn。

如果行车时间超过 3 小时，中途会停车休息。再出发时不会有广播提示，所以应事先向司机询问发车时间，以免赶不上车。

### 船

可在前往赫瓦尔岛、维斯岛等亚得里亚海上的岛屿时乘坐。有可搭载汽车的渡轮以及搭载乘客的快船。并非一定要去乘客大厅购票，在港口的售票点也可购买。本书会以◇标记亚德洛里尼亚 Jadrolinija 轮船公司的售票点。

**亚德洛里尼亚**
URL www.jadrolinija.hr

### 租车自驾

可在国内预约赫兹、AVIS、Europcar 等租车公司的车。需要事先办理好可在当地驾驶的相关证件。

### ◆◆◆◆◆ 市内交通 ◆◆◆◆◆

### 公共交通

当地城市公共交通工具一般都只有市内公交巴士。萨格勒布与奥西耶克还有有轨电车开行。在巴士车站及火车站附近的售货亭都可以购票。有的城市也可以上车后购票。在车内购票的票价

可能会比事先购票的票价要高一些。

上车后，应把车票放到司机旁边的自动检票机上检票。

### 出租车

很少有在市内空车行驶的出租车。一般要在火车站或酒店旁边的乘车地点乘车，或者打电话叫车。

萨格勒布巴士枢纽站内的出租车价格表。打车时可以参考

---

## 值得推荐的克罗地亚铁路线路

※ 随着时间推移，数据可能会发生变化，到达当地后应进行确认

| ●萨格勒布～瓦拉日丁 | 萨格勒布出发 5:41~22:32 期间 1~2 小时 1 班（周日 7:33、14:25、15:36、19:54、21:25、22:32） |
| --- | --- |
| | 瓦拉日丁出发 2:30~19:22 期间 1~4 小时 1 班（周日 3:18、6:47、16:00、17:52、19:22） |
| ●萨格勒布～奥西耶克 | 萨格勒布出发　6:52、9:49、16:38 |
| | 奥西耶克出发　5:27、12:02、16:18 |
| ●萨格勒布～里耶卡 | 萨格勒布出发　8:12、17:05 |
| | 里耶卡出发　5:35、13:58 |
| ●萨格勒布～斯普利特 | 萨格勒布出发　15:20、22:56 |
| | 斯普利特出发　8:33、21:54 |

# 连接本土与亚得里亚海上岛屿的渡轮航线

※ 随着时间推移，数据可能会发生变化，到达当地后应进行确认

## 里耶卡

票价：60~80Kn ｜ 用时：1小时45分钟

| | 里耶卡出发 | | 赫瓦尔出发 | |
|---|---|---|---|---|
| 夏季 | 每天 | 17:00 | 周一~周六 | 6:55 |
| | | | 周日 | 9:55 |
| 冬季 | 每天 | 15:00 | 周一~周六 | 6:55 |
| | | | 周日 | 9:55 |

## 斯普利特～赫瓦尔

票价：40~110Kn ｜ 用时：1小时5分钟

| | 斯普利特出发 | | 赫瓦尔出发 | |
|---|---|---|---|---|
| 夏季 | 每月航班数不同，6~9月为1天9~10班 | | 每月航班数不同，6~9月为1天9~10班 | |
| 冬季 | 周三~周一 | 14:00 | 周一·周三~周六 | 6:35 |
| | 周二 | 14:00、15:00 | 周二 | 6:35、8:00 |
| | | | | 9:15 |

## 斯普利特～斯塔里格勒（赫瓦尔岛）

票价：39~47Kn ｜ 用时：2小时

| | 斯普利特出发 | | 斯塔里格勒出发 | |
|---|---|---|---|---|
| 夏季 | 每天 1:30（6/29~9/2）、5:00、8:30、11:00、14:30、17:00（6/14~9/14）、20:30 | | 每天 5:30、7:45、11:30、14:00、17:30、20:00（6/14~9/14）、23:00（6/28~9/1） | |
| 冬季 | 每天 6:00（4/15~5/30）、8:30、14:30、20:30 | | 每天 5:30、11:30、14:30（4/15~5/30）、17:30 | |

## 斯普利特～维斯

票价：45~54Kn ｜ 用时：2小时20分钟

| | 斯普利特出发 | | 维斯出发 | |
|---|---|---|---|---|
| 夏季 | 5/31~6/27、9/2~9/29 | | 6/2~29、9/4~10/1 | |
| | 周六~周四 | 11:00、18:30 | 周一~周四·周六 | 5:30、15:30 |
| | 周五 | 10:00、17:00 | 周五 | 5:30、14:00 |
| | 6/28~9/1 | | 周日 | 7:30、15:30 |
| | 周三~周一 | | 6/28~9/1 | |
| | | 9:00、15:00、21:00 | 周三~周一 | |
| | 周二 | 11:00、18:30 | | 5:30、12:00、18:00 |
| | | | 周二 | 5:30、15:30 |
| 冬季 | 周六~周四 | 11:00、18:30 | 周一~周四·周六 | 5:30、15:30 |
| | 周五 | 10:00、17:00 | 周五 | 5:30、14:00 |
| | | | 周日 | 7:30、15:30 |

## 斯普利特～苏配塔尔（波雷奇岛）

票价：28~33Kn ｜ 用时：50分钟

| | 斯普利特出发 | | 苏配塔尔出发 | |
|---|---|---|---|---|
| 夏季 | 5/31~6/27、9/2~9/29 | | 5/31~6/27、9/2~9/29 | |
| | 每天 5:15、6:15、7:45、9:00、11:15、12:45、14:15、16:45、18:00、19:30、21:00、23:59 | | 每天 5:00、6:30、7:45、9:00、10:30、12:30、14:00、15:30、18:00、19:30、20:45、22:45 | |
| | 6/28~9/1 | | | |
| | 每天 5:00~21:00 期间1~2小时1班左右，23:59 | | 每天 5:00~22:45 期间1~2小时1班 | |
| 冬季 | 每天 6:15（除周日）、9:00、11:00、12:30（除周日）、14:15、16:30、18:15、20:30、23:59 | | 每天 6:30（除周日）、7:45、10:30、12:30、14:30（除周日）、15:30、18:00、20:00、22:45 | |

## 斯普利特～博尔（波雷奇岛）

票价：40~55Kn ｜ 用时：1小时5分钟

| | 斯普利特出发 | | 博尔出发 | |
|---|---|---|---|---|
| 夏季 | 每天 | 16:30 | 每天 | 6:30 |
| 冬季 | 周六~周四 | 16:00 | 周一~周五 | 6:25 |
| | 周五 | 16:30 | 周六 | 7:25 |
| | | | 周日 | 13:25 |

## 斯普利特～科尔丘拉

票价：60~130Kn ｜ 用时：2小时30分钟

| | 斯普利特出发 | | 科尔丘拉出发 | |
|---|---|---|---|---|
| 夏季 | 每天 10:00、13:45、17:00 | | 每天 6:00、9:15、13:00 | |
| 冬季 | 每天 | 16:00 | 周一~周六 | 6:00 |
| | | | 周日 | 13:00 |

## 斯普利特～韦拉卢卡（科尔丘拉岛）

票价：50~60Kn ｜ 用时：2小时5分钟~3小时30分钟

| | 斯普利特出发 | | 韦拉卢卡出发 | |
|---|---|---|---|---|
| 夏季 | 每天 10:15（周二·周四10:45）、15:00、17:30 | | 周一~周六 5:30、6:15、13:45 | |
| | | | 6:15、8:05、13:45 | |
| 冬季 | 周一~周四 | | 周一·周三~周四 | |
| | | 10:30、14:00、15:30 | | 5:30、6:15、15:00 |
| | 周五 | | 周二·周五 | |
| | | 10:30、14:00、17:00 | | 6:15、17:45 |
| | 周六 | 14:00、15:30 | 周六 | 5:30、6:15 |
| | | 14:00、18:00 | 周日 | 8:05、14:30 |

## 赫瓦尔～科尔丘拉

票价：40~120Kn ｜ 用时：1小时25分钟

| | 赫瓦尔出发 | | 科尔丘拉出发 | |
|---|---|---|---|---|
| 夏季 | 每天 | 17:55 | 每天 | 6:00、9:15 |
| 冬季 | 每天 | 16:55 | 周一~周六 | 6:00 |
| | | | | 13:30 |

## 赫瓦尔～韦拉卢卡（科尔丘拉岛）

票价：35~40Kn ｜ 用时：55分钟

| | 赫瓦尔出发 | | 韦拉卡出发 | |
|---|---|---|---|---|
| 夏季 | 每天 | 16:15 | 周一~周六 | 5:30 |
| | | | 周日 | 8:05 |
| 冬季 | 每天 | 15:10 | 周一~周六 | 5:30 |
| | | | 周日 | 8:05 |

## 杜布罗夫尼克～科尔丘拉

票价：130Kn ｜ 用时：约2小时

| | 杜布罗夫尼克出发 | | 科尔丘拉出发 | |
|---|---|---|---|---|
| 夏季 | 每天 | 7:00 | 每天 | 19:25 |
| 冬季 | 停运 | | 停运 | |

## 杜布罗夫尼克～波拉切（姆列特岛）

票价：70Kn ｜ 用时：1小时40分钟

| | 杜布罗夫尼克出发 | | 波拉切出发 | |
|---|---|---|---|---|
| 夏季 | 6/28~9/1 | | 6/28~9/1 | |
| | 周二·周四 | 8:00 | 每天 | 16:55 |
| | 周一·周三·周五·周六 | 9:15 | | |
| 冬季 | 停运 | | 停运 | |

44

# 克罗地亚的酒店

近年来，随着当地旅游热度的升高，酒店数量也在增加，其中很多都增加了最新的设备。在亚得里亚海沿岸，夏季游客非常多，因此酒店价格也会上涨，而且从10月中旬到复活节期间很多酒店都会停业。

在主要城市及沿海景区，还有很多利用普通家庭空余房子开设的民宿。这样的民宿被称为"Sobe"，❶或旅行社都可为游客提供相关介绍，也可以通过订房网站预订房间。

民宿的标牌

## 酒店

克罗地亚的酒店用星级来区分等级，从1星级到5星级。4星级、5星级酒店大多原为社会主义时期的大型酒店，后来因外资的投入而改建。设备、服务都非常好，价格基本上都在1晚1000元人民币以上。属于中档酒店的2星级、3星级酒店，种类很多，有在社会主义时期的基础上未经大规模改建的酒店，也有新建的酒店。酒店之间在设备及服务上有很大的差别，是否能住到满意的酒店，往往要凭运气。1晚的费用为400~1000元人民币。

1星级酒店基本上找不到，如想入住价格便宜的地方，可以考虑民宿。

## 民宿

到达亚得里亚海沿岸的杜布罗夫尼克、斯普利特等著名景区后，会遇到很多为民宿招揽客人的人。当游客从巴士或渡轮上走下时，会有中年妇女凑上来呼喊"Sobe""Private Room"。这种揽客行为会让人有些反感，但如果去实地看一看，会发现住宿环境大多不错。

有的民宿距离市区较远，应在地图上确认好具体地点。很多揽客者都有民宿房间的照片，可以先看一看。有的民宿只接待住宿3晚以上的客人，有的民宿如果只住1晚需多支付20%~30%的费用。基本上所有民宿都不提供早餐。根据季节以及浴室、厕所是单独使用还是共用，住宿费用会有很大差别。

如果是政府认证的民宿，会悬挂着蓝底且在上面写着SOBE的牌子。

现在已经可以在网上预订房间了，比过去方便许多，但是很多房主都住在其他地方，如果遇到这样的房主，应在完成订房后通过电子邮件或电话跟房主商定交接房间钥匙的时间。

很多民宿的环境都非常舒适

## 公寓

公寓（APARTMAN）的面积比民宿大，家具齐全，设有厨房。有的公寓有客厅及多个卧房，很适合长时间入住。

跟民宿一样，得到政府认证的公寓，会悬挂着蓝底且在上面写着APARTMAN的牌子。

公寓内的厨房

## 旅舍

旅舍大致可分为加盟国际青年旅舍协会的青年旅舍及独立的旅舍两类。

在克罗地亚，青年旅舍被称为奥兰丁斯基旅舍 Omladinski Hostel，出示青年旅舍会员证，可以享受打折优惠。

因游客越来越多，独立旅舍的数量也随之增加。很多旅舍位于市中心的公寓楼内，规模都不太大，床位数一般都不超过20个。往往都没有洗衣房及厨房。

# 克罗地亚的餐馆

## 在哪里用餐?

与周边国家相比,克罗地亚菜肴的种类要丰富得多。餐饮店铺也很多样,既有高级餐馆,也有快餐店。

克罗地亚距离意大利很近,所以餐馆的菜品也深受意大利菜的影响,比萨、意大利面等菜品很常见。如果想品尝地道的当地菜,最好前往店面挂有戈斯提奥尼查或卡瓦纳招牌的店铺。

点菜时可以参考p.50~53的菜肴图鉴,品尝各个地区的特色乡土菜肴。

### 莱斯托兰 Restoran

被称为莱斯托兰的餐馆没有什么特指,一般包括中餐厅及意大利餐馆。主要提供意大利面、比萨的意大利餐馆较多。价格有高有低。

### 戈斯提奥尼查 Gostionica

可品尝到乡土菜肴的小餐馆。功能多样,公司职员会选择在这样的店里吃午餐,也会有客人成群结队来这里吃晚餐。价格比较便宜,午餐套餐的分量很足。

### 科诺巴 Konoba

科诺巴是指达尔马提亚风味的海鲜餐厅。提供葡萄酒等酒精饮料,可以跟新鲜的海鲜菜肴一起享用。在景区有很多氛围很好的店铺,价格比普通的餐馆略高。

### 卡瓦纳 Kavana

咖啡馆。早上有很多当地人光顾,也是当地人的一个社交场所。只出售饮品,有咖啡、瓶装果汁及啤酒等。最近出售蛋糕的店铺也开始变多。

### 斯拉斯提查尔纳 Slastičarna

蛋糕店。有的卡瓦纳也会提供蛋糕,斯拉斯提查尔纳多指出售萨莫博尔名吃奶油蛋糕的店铺。可以吃到刚刚做好的蛋糕,所以顾客总是很多。

### 佩卡拉 Pekara

面包店。是克罗地亚人生活中不可或缺的存在。商品种类很多,有三明治、面包、比萨等。有的店内摆放有桌椅,可以坐下来吃午餐,非常方便。

### 番外篇

### 超市 Supermarket

超市的副食区能给游客提供很大的便利。再买上一点面包,就能解决一顿晚餐。克罗地亚最大的超市连锁企业是孔祖姆(Konzum),在克罗地亚国内有700多家店,很容易找到,十分便利。本书的地图中用 K 来标记。

# 可以品尝到哪些菜肴?

由于受到周边临近的匈牙利、奥地利、意大利等国的影响,菜肴的口味和样式中都有这些国家的影子。

内陆地区主要以肉菜和使用匈牙利红辣椒炖煮的菜肴为主。

亚得里亚海沿岸地区菜肴深受意大利菜的影响。

## 生火腿 Pršut

达尔马提亚产或者伊斯特拉产的生火腿是前菜的必选食材。

**深受奥地利菜肴的影响
(炸肉排等)**

## 萨格勒布风炸肉排
### Zagrebački Odrezak

在维也纳香肠中夹入奶酪和火腿炸制而成。

**深受匈牙利菜肴的影响
(使用匈牙利红辣椒炖煮的菜肴等)**

**深受意大利菜肴的影响
(使用番茄酱烹制的菜肴,有意面、比萨等)**

■萨格勒布

斯洛文尼亚地区

伊斯特拉半岛

斯洛文尼亚地区

## 海鲜意式烩饭
### Rizoto s plodovima mora

海鲜意式烩饭是亚得里亚海沿岸城市的必尝菜肴。

## 海鲜汤
### Brudet

将鱼类、贝类和蔬菜等佐以番茄等辅料煮制而成的菜肴。

## Information 在机场必买的伴手礼

克罗地亚的伴手礼品种多样,充满魅力,到底该买些什么好呢?

在此小编为大家介绍一些在机场就可以购买的克罗地亚最具人气的伴手礼。把这些礼物带回国,小伙伴们一定非常开心。

其他土特产详情可以参考各地区的综合信息介绍。

### 巧克力

Kraš 是克罗地亚知名的巧克力品牌(→ p.75),是一家创办于 1911 年的老店

### 克罗阿塔领带

克罗地亚是领带的发源地。克罗地亚领带的特点是拥有上乘的光泽,花纹也是设计独特(→ p.75)

### 松露

Zigante 是克罗地亚知名的松露生产厂商。松露制品多种多样

### 花草茶

克罗地亚全国各地都种植花草,根据不同的组合有不用的功效

### 葡萄酒

各地区有各式各样的品牌。不妨多试试,寻找适合自己口味的

很好吃！

# 探访美食的产地

萨格勒布
奥西耶克
伊斯特拉半岛
帕格岛
宁
斯通
杜布罗夫尼克

## 松露

提起松露当数法国和意大利的比较有名，不过克罗地亚也盛产松露。每逢秋季便会有大量采集松露的达人会聚于此。

**1** 夏季是收集黑松露的季节 **2** 松露采集达人拉德米拉先生和其爱犬熊伦科是知名的组合

伊斯特拉半岛
（→p.97）

帕格
（→p.144）

## 乳酪和羊

帕格地区的羊是吃着盐分比较高的草长大的，因此羊肉拥有独特的味道。桃心形的乳酪是克罗地亚菜的前菜必备品。

**1** 饲养在吹着海风的险峻山丘的羊群，从这些羊群身上挤切做成的乳酪 **2** 一个大约是3千克 **3** 经过多次漂洗晾干制成的乳酪

亚得里亚海市场上新鲜的海鲜

克罗地亚全境

## 蜂蜜

Honey

克罗地亚全境都盛行养蜂。王浆和蜂蜜护肤品既便宜质量又好，可以考虑入手。

**1** 给我们展示蜂蜜的杰里科先生 **2** 这是一家小型的养蜂场，装瓶、贴标都是夫妻二人独立完成的

**①** 沉甸甸的葡萄串 **②** 克罗地亚十分受欢迎的葡萄品种玛尔维维萨酿造的葡萄酒储存在橡木桶中 **③** 卡博拉葡萄酒压（p.131）

## 葡萄酒

克罗地亚是一个葡萄酒盛行的国家，几乎家家都可以自酿。普拉瓦茨马里（Plavac Mali）是欧洲最近比较流行的葡萄品种。

**克罗地亚全境**

## 盐

斯通（→p.185）
宁（→p.142）
帕格（→p.144）

将海水注入盐田内，通过太阳光的照射蒸发，然后移至往下流淌的盐田。通过这种做法逐渐提高盐田的浓度。这种制盐的方法是从罗马时代流传下来的，生产出来的盐富含矿物质。

**①** 制盐会选择在没有降雨的夏季进行 **②** 高品质的盐的结晶除了食用以外还被用作工业

## 生蚝、贻贝

斯通（→p.185）

生蚝和贻贝的养殖全年都可以进行，因此无论何时都可以品尝到新鲜的生蚝和贻贝。

**①** 渔民推荐夏季的生蚝，最美味 **②** 贻贝是家常菜的必备食材，蒜香味的红酒蒸贻贝是家常菜

**克罗地亚全境**

## 橄榄

帕格岛北部的 Lun 地区拥有 2000 年以上的橄榄原始种。其他地区橄榄也是主要农作物。

**①** 带领我们参观 Lun 橄榄田的郇蓝先生 **②** 收莪前 1 个月的橄榄 **③** 放牛和这一地区特有的石堆 **④** 接近古代品种的橄榄（右）和现代的橄榄

49

　　克罗地亚紧邻亚得里亚海，因此海鲜比较有特色，此外还有伊斯特拉半岛的松露、帕格岛的乳酪等各地方的名特产，根据地域的不同，菜肴的味道也是各有特色。

　　亚得里亚海的对岸便是意大利，因此克罗地亚菜跟意大利菜多少有些相似之处。很多餐馆都有比萨或者意面等比较大众的菜肴，在这里就餐完全不用担心吃不惯。

　　除此之外，内陆地区的菜肴深受奥地利菜的影响，炸肉排、炖牛肉等肉类菜肴比较丰富。

**乳酪　Sir**

克罗地亚各地都有乳酪工坊，其中最著名的还要数帕格岛上的乳酪，充分地利用了盐分的特点

**羊奶乳酪　Kozji sir**

与牛奶乳酪相比，羊奶的味道比较重一些，也正是因为味道浓厚所以特别适合搭配葡萄酒一起食用

**火腿、萨拉米、熏肉拼盘　Naresci**

集达尔马提亚产的火腿、萨拉米、熏肉等美味于一盘的超实惠的套餐

**生火腿　Pršut**

达尔马提亚或者伊斯特拉产的生火腿是克罗地亚菜式中前菜的必备，冰凉口感的生火腿特别适合搭配白葡萄酒

**章鱼沙拉　Salata od hobotnice**

达尔马提亚地区的知名凉菜，是一道注重食材新鲜程度的菜肴

**生蚝　Kamenice**

斯通当地产的生蚝最为知名。斯通距离杜布罗夫尼克较近，周边的餐馆全年都可以品尝到新鲜的生蚝

**松露蛋包饭　Omlet s tartufima**

近乎奢侈地使用伊斯特拉产松露烹制而成的蛋包饭。入口瞬间松露的风味即在口中融化

**鱼汤　Riblja juha**

将清蒸过的鱼加入汤中炖煮的菜肴，鱼的鲜味被充分地挥发了出来

**口蘑汤　Juha od gljiva**

克罗地亚全境都可以品尝到的蘑菇汤。味道质朴

## 前菜・浓汤

　　章鱼沙拉（Salata od hobotnice）是比较常规的前菜。使用从亚得里亚海刚刚打捞上来的章鱼烹制而成的菜肴真是奢华的一品。此外，产自亚得里亚海上帕格岛的乳酪也是比较常规的前菜。羊群啃食了每天沐浴在亚得里亚海潮下的嫩草，所产的奶水有着独特的味道，用这种羊奶发酵的乳酪更是别有一番风味。

　　塔尔玛提亚地区和伊斯特拉半岛的名特产生火腿（Pršut）也是前菜中不可或缺的美食。内陆地区的前菜除了火腿（Šunka）、熏制生火腿（Špek）之外，还有伊斯特拉半岛产的盐渍猪五花（Pančeta）。

　　根据旅行的时节还可以尝试品尝产自伊斯特拉半岛山里的松露。有些意式焗饭、意面中会加入松露，加入松露的蛋包饭味道也是别具一格。

　　杜布罗夫尼克近郊小镇斯通盛产生蚝。这里养殖的生蚝大都是马蹄生蚝。这种生蚝鲜度很高，可以直接淋上柠檬汁食用。

常规菜

### 炖牛肉 Gulaš

匈牙利菜中的名吃，使用红辣椒粉烹制而成的炖牛肉。内陆地区的家常菜

常规菜

### 土豆丸子炖牛肉 Čobanac

使用Q弹的土豆丸子和牛肉一起炖煮而成的农家菜。菜肴中加入了大量的小牛肉，味道浓厚

秋冬必吃

### 卷心菜卷 Sarma

使用番茄汁炖煮的美味卷心菜卷肉馅。这道家常菜在克罗地亚全境都可以品尝到

常规菜

### 小肉饼 Ćevapi

流行于巴尔干半岛的典型美食，其实就是一种小型的烤肉饼，也是克罗地亚比较普遍的快餐。也被称作"Cevapcici"

### 牛排 Biftek

牛排在克罗地亚也是十分受欢迎的菜肴。搭配番茄酱或者奶油酱食用更加美味

### 汉堡肉饼（普列卡维察） Pljeskavica

这道菜与小肉饼同样是巴尔干半岛非常受欢迎的肉菜

### 烤鸡 Piletina na žaru

使用鸡胸肉烤制而成的菜肴。调味仅用了盐和胡椒

### 烤羔羊肉 Pečena janjetina

使用烤箱将羔羊肉烤制成五分熟的程度

春夏必吃

### 彩椒包肉馅 Punjena paprika

将肉馅包入彩椒中，然后使用番茄酱炖煮而成的菜肴。一般会搭配土豆泥食用

常规菜

### 萨格勒布风炸肉排 Zagrebački odrezak

萨格勒布名吃炸肉排是使用猪肉或者鸡肉包裹乳酪和火腿炸制而成的美食

### 铁锅蒸烤羔羊肉和小牛肉 Janjetina i teletina pod pekom

将所有食材放入铁锅中使用炭火烹制而成的菜肴

### 红辣椒炖香肠 Kotlovina

使用红辣椒粉炖煮的香肠和猪肋条

## 肉菜

肉菜在内陆地区比较受欢迎，深受奥地利和匈牙利菜的影响。例如，萨格勒布风炸肉排（Zagrebački odrezak）就是使用维也纳名产炸肉排改良而成的美食。在奥西耶克等克罗地亚东部地区城市也经常可以吃到使用匈牙利

红辣椒酱炖煮而成的肉和鱼，这种菜被称作炖牛肉（Gulaš），是一种从匈牙利流传过来的菜肴。

将食材放入一种叫作"佩卡"的铁锅内蒸烤而成的菜肴，是亚得里亚海沿岸最具代表性的肉菜。

小肉饼（Ćevapi）是巴尔干半岛比较常见的菜肴，是一种没

有外皮的小肉肠。经常会搭配大饼或者汉堡皮食用，是最常见的快餐。

卷心菜卷（Sarma）也是巴尔干半岛比较普遍的菜肴，主要是使用盐渍的卷心菜包卷大米和肉馅等食材炖煮而成的菜肴。一般的餐馆会在秋冬季推出这道菜。

**烤鳟鱼** Pastrva na žaru

使用产自当地的鳟鱼烤制而成的菜肴，也是普利特维采湖群国家公园的名菜

亚得里亚海名菜

**烤红虾** Škampi na žaru

使用亚得里亚海红虾烤制而成的菜肴

亚得里亚海名菜

**炸小虾** Pržene kozice

使用达尔马提亚地区比较常见的小虾炸制而成的菜肴

**烤鱿鱼** Lignje na žaru

在亚得里亚海沿岸城市，鱿鱼是一种比较受欢迎的食材。尤其是用炭烤的方法，更能突出鱿鱼的柔软口感

常规菜

**炸鱿鱼** Pržene lignje

将鱿鱼切成小块软嫩地炸制而成的菜肴，特别适合搭配啤酒一起食用

**白葡萄酒蒸海虹**
Dagnje na buzaru

加入白葡萄酒蒸伊斯特拉半岛产贻贝的菜肴，味道清新

亚得里亚海名菜

**海鲜汤** Brudet

这道菜是赫瓦尔岛和斯普利特的名菜，主要使用番茄炖煮。菜肴中加入的海鲜会因季节的改变而不同，是一道味道淳朴的家常菜

**烤鲈鱼** Brancin na žaru

将鱼的外侧烤透，再加入香草

**炸小鱼** Pržene ribice

流行于亚得里亚海沿岸城市的小菜。路边小摊比较常见的菜肴

伊斯特拉名菜

**黑松露配鳕鱼翅**
Filet od bakalara s crnim tartufima

添加了松露的鳕鱼美食

**海鲜意面**
Špageti s plodovima mora

新鲜的海鲜意面

**海鲜比萨**
Pizza s plodovima mora

比萨是比较普遍的快餐

## 海鲜

亚得里亚海沿岸渔业比较发达，因此海产品是当地餐桌上不可或缺的食材。近乎奢侈地加入海产品的海鲜意式焗饭（Rižot od plodova mora）和烤红虾（Škampi）是比较普遍的菜肴。此外，炸鱿鱼（Pržene lignje）也是比较常见的下酒菜。

可以品尝的鱼类根据季节的不同略有变化，在餐馆可以选择炭火烤、水煮、番茄汁炖等烹调方法。配菜经常使用一种叫作Blitva（布里特瓦"唐莴苣"）的菜。金枪鱼是世界人民都喜爱的美味，在沿海地区很多餐馆都可以品尝到烤金枪鱼。盐渍鳕鱼干（Bakalar）也是在沿海地区经常使用的食材。

内陆地区大多是使用淡水鱼烹制的菜肴。鳟鱼是普利特维采湖群国家公园的名物，推荐烤着吃。

**海鲜意式焗饭**
**Rižoto s plodovima mora**

在沿海地区经常可以品尝到的一道菜

**墨鱼汁焗饭 Crno rižoto**

沿海地区比较常见的菜肴。虽然好吃，但是吃完后牙齿可能会变黑

**克雷姆舒妮提 Kremšnite**

萨格勒布近郊萨莫博尔的名产。口感松软美味的一款甜品

常规菜

**帕拉清凯 Palačinke**

蛋饼包果酱等食材的一种类似可丽饼的甜品。除了克罗地亚之外，在中欧各地也比较普遍

常规菜

**施多尔朵拉 Strudla**

夹心了乳酪、果酱、水果等的蛋糕，是手工烘焙甜品中最普遍的一种

**乳酪蛋糕 Kolač od sira**

餐后吃一块乳酪蛋糕是最好的清口方法。味道香甜爽口，入口即化

亚得里亚海
名菜

**达尔马提亚风布丁 Rožata**

达尔马提亚地区比较传统的一道菜，口味浓厚的卡仕达布丁

伊斯特拉
名菜

**松露冰激凌**
**Sladoled s tarutufima**

加入松露的奢华冰激凌

**炸苹果 Jabuke u šlafroku**

夹心Q弹，外壳酥脆的炸苹果

**葡萄酒 Vino**

普拉瓦茨马里（Plavac Mali）（左）是酿造红葡萄酒比较受欢迎的品种，马尔泽亚（Malvazija）（右）是酿造白葡萄酒比较受欢迎的品种

**白兰地 Rakija**

白兰地跟葡萄酒一样也是克罗地亚人民热爱的美酒，一般自家就可以酿造。大多是使用洋李子来酿造

**啤酒 Pivo**

Ožujsko 共有原味（右）和柠檬味（左）两种。比较常见的品牌是 Karlovačko

---

## 甜品

　　帕拉清凯（Palačinke）是中欧地区比较普遍的甜品，达尔马提亚风布丁（Rožata）也是比较常见的甜品。这种布丁上经常被装点上意式冰激凌。克雷姆舒妮提（Kremšnite）是萨莫博尔当地的特色甜品。

## 酒精饮品

　　克罗地亚产的葡萄酒品质非常好，达尔马提亚地区和伊斯特拉半岛是知名的葡萄酒产地。使用普拉瓦茨马里（Plavac Mali）和巴比奇（Babić）这两种葡萄酿造的红葡萄酒最适合搭配肉菜。使用伊斯特拉半岛产的马尔泽亚

（Malvazija）酿造的白葡萄比较适合搭配海鲜。

　　白兰地是使用洋李子等水果酿造而成的蒸馏酒，也是克罗地亚国民酒。这种酒会因酿造材料的不同而表现出不同的风味。

　　啤酒的品牌有很多种，本国产的啤酒也有出售。

# 收集旅行信息

## 旅行信息

克罗地亚各主要城市及亚得里亚海沿岸景区都设有政府运营的❶。里面可以提供地图、旅行手册，有的地方还可以为游客介绍酒店、民宿以及办理当地旅行项目的报名，非常方便。

斯普利特的❶

## 旅行社

首都萨格勒布及亚得里亚海沿岸城市有许多旅行社的门店。举办前往近郊的一日游，很适合时间不够充足的游客参加。

## 文明规范

教堂也接受游客参观，但毕竟是宗教场所，所以夏季参观时应注意不要穿着过于暴露的服装，要脱帽进入，参观要保持安静。不要在做弥撒时参观。

进入教堂等宗教场所时应穿着得体

## 楼层的数法

1层被称为底层（以PR表示），2层才被称为1层，之后以此类推。

## 吸烟

克罗地亚实行禁烟法，除了特别设置的吸烟区，原则上在室内吸烟属于违法行为，会被处以罚款。有的咖啡馆在室外座位旁放置了烟灰缸，这种地方可以吸烟。

店内原则上禁烟

## 酒

啤酒及葡萄酒等酒精饮料的价格不算贵。可在超市及酒类商店购买。

## 治安

在斯普利特、杜布罗夫尼克等旅行区，经常会发生针对游客的偷盗等犯罪，旅行时一定要提高警惕。不过只要注意，例如视线不要离开自己的行李、夜间不独自经过无人的街道，就能做到防患于未然。

## 当地的通信

基本上所有旅馆、酒店以及大部分咖啡馆都有Wi-Fi可供客人使用。可以向工作人员询问密码。

可在T-Hrvatski Telekom、Vipnet等当地通信公司的门店购买SIM卡，然后就能使用自己的手机在当地通话及上网。如对设置方法不太了解，可以请店员帮忙。

---

## 有用的联系方式

**【在国内了解相关信息】**

● 克罗地亚驻中国大使馆

✉ 北京市朝阳区建国门外大街9号院齐家园外交公寓别墅5-2

TEL（010）6532-6242

🕐 9:00~12:00（领事业务） URL cn.mvep.hr

休 周六·周日、中国和克罗地亚的法定节假日

**【紧急时刻】**

● 急救医院 Klinička bolnica Merkur

✉ Zajčeva 19，Zagreb TEL（01）2431390

URL www.kb-merkur.hr（克罗地亚语）

🕐 24小时

**【驻外使馆】**

● 中国驻萨格勒布大使馆

✉ Mlinovi 132，10000 Zagreb

TEL（01）4637011 FAX（01）4637012

URL hr.china-embassy.org

🕐 8:30~12:00、14:00~17:00

休 周六·周日、法定节假日

**【其他】**

● 萨格勒布中央邮局　　　　　Map p.62-B2

✉ Jurišičeva 13

TEL（01）6626452

URL www.posta.hr

🕐 7:00~20:00

休 周六、周日

**【航空公司】**

● 克罗地亚航空

TEL（01）6676555

URL www.croatiaairlines.com

# 萨格勒布与克罗地亚中部

## Zagreb i Središnja Hrvatska

从萨格勒布360°（→ p.67）眺望到的圣马可教堂

# 萨格勒布与克罗地亚中部、普利特维采

Zagreb i Središnja Hrvatska, Plitvička

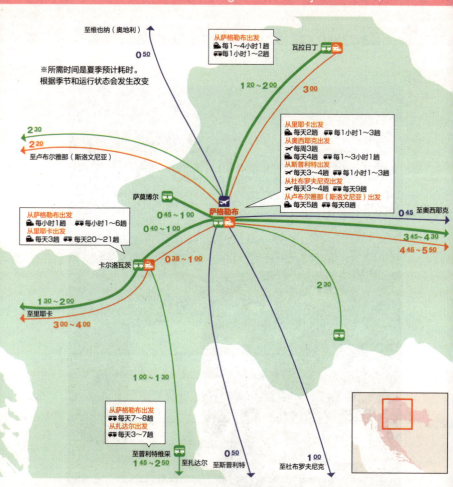

至维也纳（奥地利）

0 50

从萨格勒布出发
🚌 每1~4小时1趟
🚆 每1小时1~2趟

瓦拉日丁

※所需时间是夏季预计耗时。
根据季节和运行状态会发生改变

1 20 ~ 2 00    3 00

2 30
2 20
至卢布尔雅那（斯洛文尼亚）

从里耶卡出发
🚌 每天2趟 🚆 每1小时1~3趟
从奥西耶克出发
🚌 每周3趟
🚌 每天4趟 🚆 每1~3小时1趟
从斯普利特出发
✈ 每天3~4趟 🚆 每1小时1~3趟
从杜布罗夫尼克出发
✈ 每天3~4趟 🚌 每天9趟
从卢布尔雅那（斯洛文尼亚）出发
🚌 每天5趟 🚆 每天8趟

萨莫博尔

萨格勒布

0 45 ~ 1 00

0 45 至奥西耶克

0 40 ~ 1 00

3 45 ~ 4 30
4 45 ~ 5 50

从萨格勒布出发
🚌 每小时1趟 🚆 每小时1~6趟
从里耶卡出发
🚌 每天3趟 🚆 每天20~21趟

卡尔洛瓦茨

0 35 ~ 1 00

2 30

1 30 ~ 2 00
至里耶卡
3 00 ~ 4 00

1 00 ~ 1 30

从萨格勒布出发
🚆 每天7~8趟
从扎达尔出发
🚆 每天3~7趟

至普利特维采
1 45 ~ 2 50    0 50
至扎达尔  至斯普利特

1 00
至杜布罗夫尼克

## ●地理

　　以萨格勒布为中心的克罗地亚中部，连接着西边的亚得里亚海沿岸地区与东边的斯拉沃尼亚地区。亚得里亚海沿岸各城市的文化深受意大利的影响，而首都萨格勒布所在的地区则看上去完全是中欧的景象，感觉更受匈牙利及奥地利的影响，与沿海地区有着不同的风土人情。平缓的山丘延绵在大地上，夏季气候宜人

的大自然是这里的魅力之一。特别是萨莫博尔，距离萨格勒布很近，每到周末都会有大量游客光顾。

在萨莫博尔的观景台上远眺街景

## ●气候

　　萨格勒布周边地区的气候温暖湿润、四季分明。夏季气温有时会超过30℃，冬季气温经常会在零下，还会降雪。但是，当地气候的一个特点是降水较多，春季至秋季经常降雨。服装方面，按季节正常着装即可，但每个季节都会下雨，所以应准备雨衣等雨具。

## ● 线路规划 1

### 从萨格勒布出发的一日游

**第 1 天：**前往萨格勒布。可在萨莫博尔体验徒步游览。之后，可以去品尝萨莫博尔著名甜品——萨莫博尔奶油蛋糕。当地的水晶工艺品很受欢迎，可作为伴手礼购买。

**第 2 天：**前往瓦拉日丁。瓦拉日丁曾为克罗地亚的首都，有利用过去的宫殿开设的博物馆。可以在政府设立的市场购买蜂蜜白兰地、蜂巢蜜等蜂蜜制品，价格便宜。

## ● 线路规划 2

### 从萨格勒布前往亚得里亚海

**第 1、2 天：**前往萨莫博尔及瓦拉日丁的一日游。

**第 3 天：**前往赫尔瓦次卡·科斯塔伊尼察的一日游。可在高地的餐馆俯瞰村庄，还能看见邻国波黑的城市。在餐馆能品尝到板栗及鳟鱼等当地美食。

**第 4~6 天：**在萨格勒布市内观光。在第 4 天购买有效期为 72 小时的萨格勒布卡（→ p.64），可以凭卡免费乘坐公共交通工具，在博物馆、美术馆购票时，还可以享受打折优惠。在著名商店及餐馆消费时，也可凭卡打折，所以最好在该卡有效期内购买想要的东西。第 6 天下午前往卡尔洛瓦茨，参观星形要塞遗址。

**第 7 天：**前往普利特维采湖群国家公园。当天可到游客较少的上湖群徒步游览。

**第 8 天：**在游客最少的早晨游览下湖群。之后前往扎达尔。

普利特维采湖群国家公园内建有步道

## ● 伴手礼

### 蜂蜜制品

瓦拉日丁的公共市场和萨格勒布的多茨拉露天市场都可以买到当地产的蜂蜜制品

### 毛毡制品

毛毡帽子和靴子，是当地人可以温暖过冬的必备品，当然是纯手工制作了。在萨格勒布的纪念品商店也可以买到

### 桃心形制品

被称为"利兹伊塔尔"的红心姜糖饼是克罗地亚的传统小吃。这项烘焙技术也被列入了联合国教科文组织的非物质文化遗产中。在萨格勒布和瓦拉日丁等城市还可以购买到以桃心造型为灵感设计而成的首饰（照片左、中央）、鼠标垫（照片右）等周边产品

### 木质玩具

色彩鲜艳的木质迷你小摆件让人难以忘记。位于瓦拉日丁郊外萨歌利埃的 Drvene igračke Hrvatskog zagorja 是这可爱小物件的发祥地。这项制作工艺也被列为了非物质文化遗产

在机场必买的伴手礼 → p.47

# 萨格勒布 *Zagreb*

融合了历史与现代的城市

Map 文前 p.5-D3

## ■ 前往萨格勒布的方法

🚄 有从维也纳（奥地利）、布达佩斯（匈牙利）等地出发的国际列车以及克罗地亚国内的车次

🚌 有从欧洲各主要城市及克罗地亚国内各城市出发的车次

● **从卢布尔雅那（斯洛文尼亚）出发**

🚄 6:20 8:25 14:45 18:36 21:05 出发。用时约2小时20分，€9。

🚌 5:00~次日 1:45 期间1天8班，用时约2小时30分钟，€12。

● **从卡尔洛瓦茨出发**

🚄 1~2小时1班，用时35分钟~1小时，2等座 36.20~54.20Kn，1等座 61.30~72.30Kn。

🚌 1小时1~5班，用时50分钟~1小时，38~48Kn。

● **从里耶卡出发**

🚄 5:35 13:58 出发。用时4小时~4小时30分钟，2等座111.10~118.10Kn，1等座173.70Kn。

🚌 1小时1~3班，用时2小时15分钟~3小时，56~124Kn。

● **从普利特维采出发**

🚌 1天5~6班，用时2小时~2小时45分钟，86~105Kn。

● **从瓦拉日丁出发**

🚄 1天5~12班，用时1小时55分钟~3小时20分钟，2等座 64.60~80.70Kn。

🚌 1小时1~2班，用时1小时20~45分钟，65~87Kn。

● **从扎达尔出发**

✈ 7:00 出发（周日停运），用时约40分钟。

🚌 1小时1~3班，用时3小时30分钟~5小时10分钟，83~120Kn。

● **从斯普利特出发**

✈ 1天3~4班，用时约50分钟。

🚄 8:33 21:54 出发，用时6小时15分钟~8小时，2等座200.80~208Kn，1等座303Kn。

🚌 1小时1~3班，用时4小时45分钟~8小时30分钟，102~170Kn。

● **从杜布罗夫尼克出发**

✈ 1天3~4班，用时约1小时。

🚌 8:00~21:30 期间1天9班，用时7小时30分钟~12小时30分钟，203~225Kn。

萨格勒布中央车站前的托米斯拉夫国王广场与艺术展亭

萨格勒布 360° 俯瞰

克罗地亚的首都萨格勒布发源于建在山丘之上的卡普托尔与格拉代茨（现在的上格拉德）这两个中世纪城市。卡普托尔原为宗教城市，源自1094年匈牙利国王拉蒂斯拉夫一世在此修建的罗马天主教主教教堂。而格拉代茨242年作为自由城市受到匈牙利国王贝拉四世承认，成为工商业地区。

17世纪时，两个城市被合称为萨格勒布，不过正式合并是在进入19世纪以后。合并后，城市发展迅速，第二次世界大战结束后，城市范围扩大到萨瓦河南岸的诺维萨格勒布。

现在的萨格勒布，是全欧洲发展速度最快的城市之一。除了卡普托尔、格拉代茨两座保持着中世纪风貌的古城，萨格勒布还有很多博物馆、美术馆、剧场，是克罗地亚的文化中心，要了解克罗地亚这个国家，就不能不到这里。

## ◎ 到达萨格勒布后前往市内

### 飞机降落后

萨格勒布弗拉尼奥·图季曼国际机场位于市中心以南约17公里处。到达大厅、出发大厅均在1层，有可以兑换货币的银行及邮局、ATM、租车公司服务窗口、机场 ❶ 。

#### ◆从机场前往市内的方法◆
##### ●机场巴士 Autobus
　　普莱索普利耶沃兹公司（Pleso Prijevoz）有巴士开行于机场与萨格勒布长途巴士总站之间。从机场出发的车次，7:00 时有 1 班，8:00~22:30 期间每 30 分钟 1 班。从长途巴士总站开往机场的车次，4:00~20:30 期间每 30 分钟 1 班。从机场到达大厅出来就是巴士车站，可从司机处直接购票。用时 35~40 分，单程 30Kn。

##### ●市内巴士 ZET bus
　　有 290 路市内巴士开往市中心偏东的克瓦泰尔尼科夫广场（Kvaternikov trg）（Map p.61-D1），用时 35 分钟。可直接在司机处购买车票，1 次乘车票 15Kn，1 日通票 30Kn。到达广场后，换乘有轨电车，去往市中心。

##### ●出租车 Taksi
　　从到达大厅的正门出来，会看到右侧有出租车在等待客人。实行打表计费，从机场到市区大约需要 200Kn。

### 乘火车到达
　　国际列车均在萨格勒布中央火车站出发并到达。从车站到市中心的耶拉契奇总督广场（Trg bana Josipa Jelačića），步行约 15 分钟，站前有出租车乘车处。

##### ●萨格勒布中央火车站 Zagreb Glavni kolodvor
　　萨格勒布中央火车站的建筑，地上部分共两层。1 层设有铁路问询处、国内·国际航班售票处、货币兑换处、ATM。
　　从正门出来后，就是 Trg kralja Tomislava。

### 乘巴士到达
　　长途巴士的终点站为萨格勒布长途巴士总站（Autobusni kolodvor），该站位于市区东部，从萨格勒布中央火车站步行约 20 分钟可至。总站大楼共 3 层，1 层为乘车大厅，2 层设有 ❶、巴士 ❶、售票处、快餐店等。信息牌上标明每辆巴士开往何处。

#### ◆从长途巴士总站前往市内的方法◆
　　从长途巴士总站出来徒步前往萨格勒布中央火车站，可向左沿德尔日奇大街（Avenija Marina Držića）前行，之后左转进入布拉妮米拉大街（Kneza Branimira）。在长途巴士总站前乘坐 2 路、6 路有轨电车，5 分钟可至中央火车站。6 路有轨电车经过火车站后开往耶拉契奇总督广场。

## 萨格勒布的市内交通

### 飞机降落后
　　萨格勒布市内的公共交通工具包括有轨电车、巴士、缆车（→ p.65 边栏）三种。各类车辆的车身有行车线路图，有轨电车的车站还设有电子线路牌，方便游客。三种公共交通工具使用通票，分为纸质车票与储值交通卡，均可在售货亭购买。车票价格为 30 分钟票 4Kn、60 分钟票 7Kn、90 分钟票 10Kn、1 日通票 30Kn。无论使用何种票，均要在首次乘车时自行通过检票机给车票做乘车记录，自该乘车时刻起，

车辆前端及尾部设有
自动检票机

开往萨格勒布机场的巴士停
在长途巴士总站 1 层

■萨格勒布弗拉尼奥·图季曼国际机场
✉ Rudolfa Fizira，Velika Gorica
TEL（01）4562222
URL www.zagreb-airport.hr

■机场巴士
●普莱索普利耶沃兹
TEL（01）6331982
URL www.plesoprijevoz.hr

■萨格勒布中央火车站
Map p.62-B3
✉ Trg kralja Tomislava 12
🕐 24 小时

■中央火车站的投币寄存箱
🕐 24 小时
💰 15Kn

萨格勒布中央火车站内

■长途巴士总站
Map p.61-D2
✉ Avenija Marina Držića 4
TEL 072-500400（国内）
URL（01）6471100（国外）
　　可在网上搜索长途巴士主要线路的时刻表及票价。

■长途巴士总站的行李托运处
🕐 6:00~22:00
💰 4 小时之内每小时 5Kn，之后 1 小时 2.50Kn

行李托运处的设计非常特别

■有轨电车、巴士
URL www.zet.hr（克罗地亚语）
　　4:00~24:00 期间开行。0:00~4:00 开行的夜间车次行车线路与白天不同。

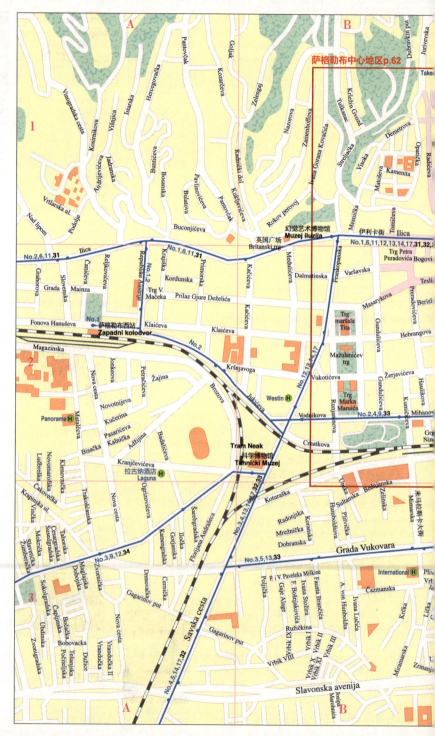

萨格勒布中心地区p.62

A
B
I

Take

Dubravkina
Jurišina
Radićeva

Pantovčak
Goljak
Zelengaj
Nazorova
Zamenhoffova
Tuškanac
Strejačka
Visoka
Demetrova
Opatička
Kamenita
Matoševa

Vinogradska cesta
Kosirnikova
Višnjica
Istarska
Jadranska
Hercegovačka
Kozarčeva
Radnički dol
Ivana Gorana Kovačića
Križin Gvozd

Vrtlarska ul.
Podolje
Buntićeva
Bosanska
Pavlinovićeva
Bulavoa
Kukljevićeva
Pantovčak

Nad lipom
Buconjićeva
Rokov perovoj

幻觉艺术博物馆
Muzej iluzija

伊利卡街 Ilica
Tomićeva

英国广场
Britanski trg
No.1,6,11,12,13,14,17,**31,32**,:

No.2,6,11,**31**
Ilica
No.1,6,11,**31**
Trg Petra
Peradovića Bogovi

Grabrova
Grada
Slovenska
Mainza
Reljkovićeva
Čanićeva
Republike Austrije
No.1,2
Krajiška
Kordunska
Primorska
Kačićeva
Medulićeva
Dalmatinska
Varšavska
Tesli
Preradovićeva
Berislavi

Prilaz Gjure Deželića
Trg V.
Mačeka
Kačićeva
Masarykova

Fonova Hanuševa
No.1
萨格勒布西站
Zapadni kolodvor
Klaićeva
Klaićeva
Trg
maršala
Tita
Gundulićeva
Hebrangova

Magazinska
No.2
Kršnjavoga
Mažulanićev
trg
Žerjavićeva

Jonkovica
Nova cesta
Petračićeva
Žajina
Brozova
Jukićeva
Vukotićeva
No.12,13,14,17
Gundulićeva
Haulikova
Kumičićeva

Panorama H
Matačeva
Novotnijeva
Kučerina
Westin H
Vodnikova
Trg
Marka
Marulića
Runjaninova
Mihanov
Gr
Nin
No.2,4,9,**33**

Bisačka
Pasarićeva
Kalnička
Adžijina
Badalićeva
Crnatkova

Novomarošica
Klenovečka
Kranjčevićeva
Tram Neak
科学博物馆
Tehnički Muzej

Ljuderačka
Čakovečka
Trakošćanska
Nova cesta
Logrizovićeva
拉古纳酒店
Laguna H

Krapinska ul.
Vinčka
Mokriška
Taborska
Cesaričeva
Susedgradska
Iločka
Gorjanska
Florijana Andrašeca
Sarebgradska
Kamengradska
Unka
Bedenjanska
Zelinska
Mimaraska
米马斯卡大街

Slavečka
Zamberska
Mogilaška
Zvonmjača
Drenovarska
Černika
No.3,4,13,14,17,**25,33**
Koturaška
Sultanska
Pliivica
Humboltova
Plitvička

No.3,9,12,**34**
No.3,5,13,**33**
Grada Vukovara

Sokolgradska
Ubdinska
Čaplinska
Bobovacka
Bačačka
Dužlce
Tešinjska
Pečlteljska
Radonjska
Mrežnička
Dobranska
P. i V. Paveleka Miškine
Poljička
International H
Čazmanska
Pli
Vrt
Ja

Zvonmgradska
Vranđačka II
Vranđačka I
Nova cesta
Gagarinov put
Savska cesta
Gagarinov put
Ivana Stožira
Fausta Brančića
F. Bošnjakovića
Gaje Alage
XI Vrbik II
Ivana Lučića
A. von Humbolta
Ivana Mačekinca
Josipa
Kròka
Vrt
Miramanska

No.4,5,14,17,**32**
Vrbik VIII
Vrbik XI
Vrbik XI
Vrbik IX
Vrbik X
Ružičkina
Vrbik III
Vrbik IV
Zrmanja

Slavonska avenija

A
B

60

萨格勒布

N

| | 1,6 有轨电车线路 |
|---|---|
| | 34 有轨电车深夜线路 |
| | 巴士线路 |
| | 禁止车辆通行道路 |

0    200    400米

米罗沽墓园
(约1.7公里)

No.8路

No.8,14,33

Zeleni dol

Klanjčić

Trg Otokara Keršovanija

耶罗契奇总督广场
Trg bana Josipa Jelačića

No.1,11,12,14,17,32

库瓦泰尔尼科夫广场
Kvaternikov trg

卡萨布兰卡卡民宿
Casablanca

Maksimirska cesta
No.4,5,7,11,12,34

至马克西米尔公园
(约2公里)

去往机场方向的市内巴士210路

Old Town Zagreb

Trg Žrtava fašizma

Kralja Zvonimira

Sheraton

市中央车站
Zagreb Glavni kolodvor

Radnička cesta

花园观景台
Belvedere Rooftop Garden

长途巴士总站

斯利斯可酒店
Sliško

9酒店

子午线16酒店
Meridijan 16

瓦特罗斯拉夫·利辛斯基音乐厅
Koncertna dvorana Vatroslava Lisinškog

布克瓦尔大道

普拉尼米尔公共大道

No.3,5,13,33

Slavonska avenija

Fala

萨格勒布国际机场
(约17公里)

Avenija Marina Držića

61

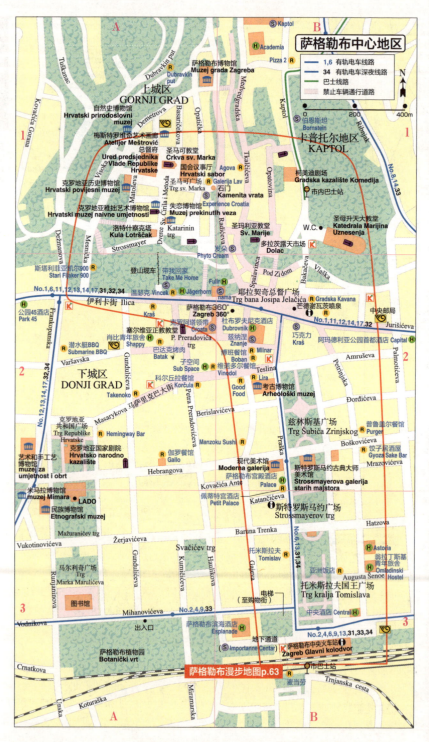

萨格勒布中心地区

**B**

S Kaptol

H Academia

Pizza 2 S

1,6 有轨电车线路
34 有轨电车深夜线路
巴士线路
禁止车辆通行道路

N

0 100 200 400m

**A**

Dubravkin put

萨格勒布博物馆
Muzej grada Zagreba

上城区
GORNJI GRAD

自然史博物馆
Hrvatski prirodoslovni muzej

Demetrova

Dubravkin put

梅斯特罗维奇艺术画廊
Atelijer Meštrović

总督府
Ured predsjednika Vlade Republike Hrvatske

圣马可教堂
Crkva sv. Marka

国会议事厅
Hrvatski sabor

圣马可广场
Trg sv. Marka

克罗地亚历史博物馆
Hrvatski povijesni muzej

克罗地亚稚拙艺术博物馆
Hrvatski muzej naivne umjetnosti

失恋博物馆
Muzej prekinutih veza

洛特什察克塔
Kula Lotrščak

Katarinin trg

圣玛利亚教堂
Sv. Marije

Dvorce Sv. Cirila i Metoda

石门
Kamenita vrata

Experience Croatia

S 伯恩斯坦
Bornstein

卡普托尔地区
KAPTOL

Galerija Lav

Agova

Tkalčićeva

Opatovina

柯美迪剧场
Gradska kazalište Komedija

市内巴士站

圣母升天大教堂
Katedrala Marijina Uznesenja

W.C. K

多拉茨露天市场
Dolac

Radićeva

发朵
Phyto Cream

斯塔利菲亚机尔900
Stari Flaker 900 R

登山缆车
带我回家
Take Me Home

温瑟克 Vincek

Strossmayer

Mesnička

Visoka

Matoševa

Basaričekova

Opatička

Pod Zidom

Spalnivica

Bakačeva

Vlaška

子空间
Sub Space

Fulir H

Fulir

Jägerhorn H

nama

耶拉契奇总督广场
Trg bana Josipa Jelačića

Gradska Kavana R

芒德留瓦喷泉 K

中央邮局

伊利卡街 Ilica

Kraš

萨格勒布360°
Zagreb 360°

克罗阿塔领带
Croata

塞尔维亚正教教堂
P. Preradovića

肖比青年旅舍
Shappy

巴�烤肉店
Batak

杜布罗夫尼克酒店
Dubrovnik S

兹纳涅
Znanje

Milnar R

No.1,11,12,14,17,32

Jurišićeva

巧克力
Kraš S

阿玛德利亚公园首都酒店 Capital H

博班餐馆
Boban R

维若兹多尔餐馆
Vinodol

Teslina

Lira R

考古博物馆
Arheološki muzej

Amruševa

Petrinjska

Đorđićeva

Palmotićeva

No.1,6,11,12,13,14,17,31,32,34

下城区
DONJI GRAD

Takenoko K

科尔丘拉餐馆
Korčula

Good Food

满足寿司 Manzoku Sushi R

Gundulićeva

Masarykova 马萨里克巴士大街

Petra Preradovićeva

Berislavićeva

Praška

Boškovićeva

Purger 普鲁莱尔餐厅

饺子星酒屋
Gyoza Sake Bar

Mrazovićeva

No.12,13,14,17,32,34

Varšavska

克罗地亚共和国广场
Trg Republike Hrvatske

海明威酒吧 Hemingway Bar R

克罗地亚国家剧院
Hrvatsko narodno kazalište

艺术和手工艺博物馆
muzej za umjetnost i obrt

米马拉博物馆
muzej Mimara

LADO

民族博物馆
Etnografski muzej

Frankopanska

Dežmanova

加罗餐馆
Gallo R

Hebrangova

现代美术馆
Moderna galerija

萨格勒布宫廷酒店
Palace H

佩蒂宫酒店
Petit Palace

Kovačića Ante

Katančićeva

Baruna Trenka

兹林斯基广场
Trg Šubića Zrinjskog

斯特罗斯马约古典大师美术馆
Strossmayerova galerija starih majstora

斯特罗斯马约广场
Strossmayerov trg

Mažuranićev trg

Žerjavićeva

Svačićev trg

Kumičićeva

Haulikova

Gajeva

托米斯拉夫
Tomislav

Hatzova

Astoria H

翁拉丁斯基青年旅舍
Omladinski Hostel

Augusta Šenoe

亚洲饭店

托米斯拉夫国王广场
Trg kralja Tomislava

Vukotinovićeva

马尔利奇广场
Trg Marka Marulića

Runjaninova

图书馆

电梯
(至购物街)

Mihanovićeva

No.2,4,9,33

中央酒店
Central H

No.2,4,6,9,13,31,33,34

Vodnikova

出入口

萨格勒布滨海酒店
Esplanade

地下通道

Importanne Centar S

萨格勒布中央火车站
Zagreb Glavni kolodvor

市巴士站

Crnatkova

Crnatkova

Unska

Koturaška

萨格勒布植物园
Botanički vrt

**萨格勒布漫步地图p.63**

Miramarska

Trnjanska cesta

麦当劳

**A**

**B**

62

广场周边虽说有不少博物馆和美术馆,但是咖啡馆、商店等设施较少

圣马可教堂
总督府　国会大厦

柯美迪剧场

克罗地亚博物馆

圣马可广场
Trg sv. Marka

石门

克罗地亚稚拙艺术博物馆

时尚餐厅和酒吧相对集中的区域。年轻人喜欢在此聚集

克罗地亚各地的蕾丝制品和刺绣汇集的市场

失恋博物馆
罗特尔许查克塔

Mesnička

Tkalčića

多拉茨露天市场
Dolac

木工小物件汇集的市场

圣母升天大教堂

登山缆车

Radićeva

这条路上有不少出售传统手工艺品的纪念品商店

斯塔利菲亚凯尔900
Stari Fijaker 900

温瑟克
Vincek

带我回家
Take Me Home

城市的主广场,北侧是银行等设施,南侧是快餐店等

萨格勒布的主要大街。街面上有咖啡馆、商店、银行等,总是十分热闹

伊利卡街　Ilica

耶拉契奇总督广场
Trg bana Josipa Jelačića

领带
Croata

萨格勒布360°

Jurišićeva

博班
Boban

巧克力
Kraš

Amruševa

公园的中央地带是绿荫大道,也是市民们经常休息的场所

Ljudevita Gaja

考古博物馆

兹林斯基广场
Trg Šubića Zrinskog

普鲁盖尔
Purger

有很多快餐店和咖啡吧

Boškovićeva

斯特罗斯马约古典大师美术馆

现代美术馆

Praška

Petrinjska

佩蒂特宫酒店
Petit Palace

有轨电车通行的道路,两旁有不少咖啡吧

斯特罗斯马约广场
Strossmayerov trg

## 萨格勒布漫步地图

这一区域分布着不少比萨店、面包店等适合边走边吃的小快餐店,还有不少特别值得推荐的纪念品商店,游客们在这里闲逛,如果看到喜欢的店就可以进去看看。

Baruna Trenka
艺术帕韦利安

托米斯拉夫
Tomislav

Gajeva

亚洲饭店
Kineski Restoran Asia

托米斯拉夫国王广场
Trg kralja Tomislava

| | 餐馆 | | 巧克力 |
|---|---|---|---|
| | 甜品 | | 杂货铺 |
| | 教堂 | | 领带 |

地下有餐饮区

站前有些露天的菜摊和杂货摊,会在特定的日子出摊

萨格勒布中央车站

■出租车
●广播出租车
TEL 1717
URL radiotaxizagreb.com
●埃科出租车
TEL 1414
URL ekotaxi.com
●萨格勒布卡梅奥出租车
TEL 1212
URL cammeo.hr（克罗地亚语）

上述出租车公司均可通过专用手机APP叫车。此外，也可以使用Uber叫车。

■萨格勒布的❶
URL infozagreb.hr
●老城区
Map p.62-B2
✉ Trg bana Josipa Jelačića 11
TEL（01）4814051
⏰ 夏季
　　周一～周五 8:30~21:00
　　周六·周日 9:00~18:00
　　冬季
　　周一～周五 8:30~20:00
　　周六　　　 9:00~18:00
　　周日　　　 10:00~16:00
休 法定节假日

萨格勒布❶的主要办公地点。

●火车站
Map p.62-B3
✉ Trg kralja Tomislava 12
⏰ 周一～周五 9:00~21:00
　 周六·周日 10:00~17:00
休 无
●长途巴士总站
Map p.61-D2
✉ Avenija Marina Držića 4
TEL（01）6115507
⏰ 周一～周五 9:00~21:00
　 周六·周日 10:00~17:00
休 无

■可享受多种优惠的萨格勒布卡

除了可凭卡在指定区域任意乘坐有轨电车、缆车、巴士之外，购买博物馆、美术馆门票时可获5~7折优惠，在有合作关系的餐馆、商店付款时可获8~9折优惠。可在老城区的❶以及各酒店购卡。

URL zagrebcard.com
💳 24小时　98Kn
　　72小时　135Kn

在一定时间范围内可不限次数乘车。但是不能重复乘坐同一线路的车次。在司机处只能购买90分钟票15Kn及1日通票30Kn。1日通票仅限购票当日有效并非24小时有效，需要注意。

储值交通卡（E-vjijedonosna karta）的价格为40Kn，购卡时，卡内已预存30Kn。可在售货亭储值。在车上的触摸屏式检票机上选择相应的按钮（参考下一页内容）。无论乘坐哪种交通工具，都要在上车后立即检票。会经常需要检票。

●有轨电车 Tramvaj

有轨电车开行于萨格勒布市区，有19条（白天15条，夜间4条）线路。其中以耶拉契奇总督广场一带的线路最多，有10条线路经过。而且线路设置并不复杂，游客乘坐也很方便。可在❶免费获取线路图。

在耶拉契奇总督广场停车的11路有轨电车

●巴士 Autobus

如在萨格勒布郊外住宿或者前往米罗沟墓园等距离市内稍远的地方时，乘坐巴士会比较方便。主要巴士车站都位于萨格勒布火车站南侧。

从萨格勒布中央火车站发车的巴士

●出租车 Taksi

行驶于道路上的空车非常少。如果想要乘坐，可以打电话叫车，或者去中央火车站、巴士总站、高级酒店门前寻找待客空车。实行打表收费。各出租车公司的起步价格不同，但大致为10Kn左右。超出起步价后，1公里6Kn左右。

## 储值交通卡的使用方法

**1 寻找售货亭**
先要寻找售货亭购卡。常见的售货亭有Tisak及iNovine等。

**2 购卡**
一张储值交通卡的价格为10Kn。可在售货亭办理储值。很适合在当地短期旅行时使用。

**3 使用卡**
如果不按任何选择键就进行刷卡，会被视为购买Zone 1的90分钟票并被扣除10Kn。在市区乘车，购买价格为4Kn的30分钟票最划算，所以应按30 MINUTA按键来进行设定。前往郊外及多人乘车时，设定方法如下所示。

**选择语言**
可设定为英语，游客也不会感到不便。

**显示卡内余额**
按下该键后，在刷卡时会显示余额。

**选择区间及人数**
打算购买30分钟票、60分钟票、1日通票及去往Zone 2~4等郊区时需进行此设定。1张卡可为两人付款。

**4 刷卡**
完成上述设定后，在读卡机上刷卡。所有步骤结束。

## 萨格勒布　漫　步

　　萨格勒布的主要景点分布于中央车站以北的区域。从中央车站至伊利卡街（Ilica）（Map p.60-A2~B1）的下城区（多尼格拉德 Donji grad），规划非常整齐，大小道路纵横交错。老城区分为三个区域，包括市区北部从中心 ❶ 所在的耶拉契奇总督广场（Trg bana Josipa Jelačića）至山丘一带、东部的卡普托尔地区（Kaptol）及西部的上城区（Gornji grad）。从中央车站步行 15 分钟左右可到达耶拉契奇总督广场。用半天时间可游逛老城区。

　　从耶拉契奇总督广场前往老城区，有多条线路可走。最主要的线路有 3 条。①乘缆车去往老城区西部的上城区。②进入广场东侧的巴卡切瓦大街（Bakačeva）之后往圣母升天大教堂方向的线路。③从有许多卖花人及街头艺人的斯帕拉夫尼采大街（Spalavnica）沿阶梯前行并去往水果蔬菜市场的线路。

## 萨格勒布　主要景点

### 耶拉契奇总督广场
### Trg bana Josipa Jelačića
Map p.62-B2

Ban Josip Jelačić Square

　　这个广场位于萨格勒布的市中心，是前往老城区卡普托尔地区的必经之路。面积有一个足球场大，人很多，夜晚也充满活力。广场周围的大楼看上去就像是围墙，一层有咖啡馆、餐馆、商铺。这些建筑均建于 20 世纪之后，但广场自 17 世纪时就已存在，被誉为萨格勒布的发源地。

热闹的广场

　　"萨格勒布"意为"沟"，从位于山丘之上的旧城区俯瞰，广场及伊利查大街就像是沟渠，城市因此得名。此外，还有一种说法认为，耶拉契奇总督从战场凯旋后，在广场所在的蒙特谢瓦茨泉（Fontana Manduševac）边对美丽女子说"萨格勒比（打水来）"，之后这里便被命名为萨格勒布。

### 圣母升天大教堂
### Katedrala Marijina Uznesenja
Map p.62-B1

The Cathedral of Assumption of the Blessed Virgin Mary

　　建于 13 世纪至 18 世纪的美丽教堂，是萨格勒布的地标性建筑。地处卡普托尔地区的这个大教堂，有两个高度超过 100 米的尖塔，从市内任何地方都能看见。现在的建筑经过了 1880 年大地震后的修复，融入了新哥特式建筑风格。内部有文艺复兴式的祭坛及巴洛克式的讲坛，还有 16 世纪时顽强抵抗奥斯曼帝国入侵的克罗地亚勇士的墓葬。另外，围绕大教堂的白墙是为防御奥斯曼帝国而建的。

### 圣马可教堂
### Crkva sv. Marka
Map p.62-A1

Church of St. Mark

　　这座教堂是上城区的标志性建筑。从伊利查大街的车站乘坐缆车上行，前方有狭窄的德维尔采大街（Dverce），之后是圣西里尔与圣美多德

■开往上城区的缆车
　　从耶拉契奇总督广场沿伊利采大街西行 200 米左右，可以看见路右侧写着"Zet Uspinjača"的车站。缆车线路有 20 米左右的高低落差。单程 30 秒可到达终点。
🕐6:30~21:50 左右 10 分钟 1 班
🚫无
💰单程 5Kn（可使用市内交通的车票及储值交通卡）

列队行走于耶拉契奇总督广场的卫兵

■卫兵换岗仪式
　　4-9 月的周六、周日，卫兵会在老城区进行换岗仪式。周六与周日的行进线路不同，天气不好时会取消仪式。可到 ❶ 了解具体的时间。
🔗www.kravatpukovnija.com

■圣母升天大教堂
✉Kaptol 31
☎（01）481427
🕐周一~周六 10:00~17:00
　　周日 13:00~17:00
🚫无
💰免费
📷可 📹不可

最近几年来，圣母升天大教堂一直在进行整修工程

■圣马可教堂
✉Trg sv. Marka
🕐仅限弥撒时
🚫弥撒之外的时间
💰免费
📷可 📹不可

屋顶上的徽章图案非常显眼

■ **洛特什察克塔**
✉ Strossmayerovo šetalište 9
☎ (01) 4851768　🕐 4~9月
　周一~周六　　9:00~21:00
　周日　　　　10:00~21:00
　10~12月
　周一~周五　　9:00~19:00
　周六·周日　　10:00~19:00
　1~3月
　周一~周五　　9:30~17:00
　周六·周日　　10:00~17:00
🈲 1/1、11/1、12/25
💰 20Kn　📷 可　📹 可

巍然屹立的洛特什察克塔

■ **石门**
✉ Kamenita
🕐 随时　🈲 无　💰 免费
📷 可　📹 可

石门内的礼拜堂

■ **多拉茨露天市场**
✉ Dolac　🕐 8:00~14:00
（根据店铺、行情会有变化）
📷 可　📹 可

威风凛凛的托米斯拉夫国王塑像

■ **克罗地亚国家剧院**
✉ Trg Republike Hrvatske 15
☎ (01) 4888415
🌐 www.hnk.hr　🕐 售票处
　周一~周五　10:00~19:00
　周六　　　　10:00~13:00
　周日　开演之前1小时
　　　　30分钟~
🈲 无
　　　基本上每天18:00~20:00
开演。
📷 不可

66

大街（Sv. Ćirila i Metoda）。继续前行150米左右，可以到达屋顶上铺着马赛克的圣马可教堂。

圣马可教堂的标志是有一个美丽的屋顶。有两个大型徽章图案，用深蓝色及红褐色的瓷砖铺成。左边的徽章代表克罗地亚王国、达尔马提亚地区、斯拉沃尼亚地区，右边的徽章为萨格勒布市的市徽。该教堂始建于13世纪，现存建筑及屋顶上的徽章为1880年整修时修建的。另外，教堂内还有克罗地亚雕塑家伊凡·梅斯特罗维奇（Ivan Meštrović）的作品。

## 洛特什察克塔　　　　　　　Kula Lotrščak　　Map p.62-A1
Lotrščak Tower

　　乘坐缆车到达上城区，首先看到的就是这座塔。该塔建于13世纪，是一座观景塔，在塔上可以远眺风景。每天中午会鸣炮，发出震耳欲聋的轰鸣声。

## 石门　　　　　　　　　　Kamenita vrata　　Map p.62-A1
Stone Gate

　　上城区在中世纪时名为格拉德茨，是一个自由城市王国，为了防止外敌入侵，修建了城墙。石门为当时为数不多的城门之一，最初为木质结构，18世纪时用石材加固，成为现在的样子。门的内部有礼拜堂，安放着圣母玛利亚肖像，有很多人到此朝拜，献上蜡烛及鲜花。1731年城门被大火烧塌，但圣母像却毫发无损。

## 多拉茨露天市场　　　　　　Dolac　　Map p.62-B1
Dolac Farmer's Market

新鲜的水果蔬菜

　　多拉茨露天市场建于1926年，位于老城区，被誉为"萨格勒布之胃"，是萨格勒布现存历史最久的露天市场。市场周围的小巷里有出售杂货及古玩的摊位，就算只听听摊主对商品的介绍，也非常有趣。

## 托米斯拉夫国王广场　　Trg kralja Tomislava　　Map p.62-B3
King Tomislav Square

　　从萨格勒布中央火车站正门出来，就是这座广场。有绿色的草坪以及美丽的花坛。广场出现于19世纪末，中央有克罗地亚国王托米斯拉夫的骑马像。

## 克罗地亚国家剧院　　　　Hrvatsko narodno kazalište　　Map p.62-A2
Croatian National Theatre

　　位于克罗地亚共和国广场旁。建于1894年，由维也纳建筑师海尔梅尔及费尔内尔设计，黄色的外墙反射阳光，看上去非常美丽。

位于克罗地亚共和国广场旁的国家剧院

## 萨格勒布 360°
Zagreb 360°     **Zagreb 360°**    **Map p.62-B2**

    位于伊利卡街旁 16 层大楼最顶层的观景台。从大楼的 1 层乘坐电梯前往。可以 360° 环看耶拉契奇总督广场、老城区、新城区等萨格勒布的街景。观景台也是咖啡馆。门票在一天之内有效，可以白天前往参观，晚上再去观赏夜景。

## 米罗沟墓园
Mirogoj Cemetery    **Groblie Mirogoj**    **Map p.61-C1 外**

    位于耶拉契奇总督广场以北约 2.5 公里处。建于 19 世纪，被称为欧洲最美的墓园之一，有爬满常春藤的教堂及回廊。墓园中埋葬着克罗地亚的名人以及普通民众，周日会有许多市民造访。

米罗沟墓园的红叶

■萨格勒布 360°
⊠ Ilica 1a
TEL（01）4876587
URL www.zagreb360.hr
⏰ 10:00~24:00
休 无   费 60Kn
□可 ☑可

■米罗沟墓园
🚌 在圣母升天大教堂前的巴士车站乘坐 106 路市内巴士约 10 分钟，在米罗沟 Mirogoj 下车
⊠ Mirogoj 10
TEL（01）4696700
⏰ 夏季 6:00~20:00
    冬季 7:30~18:00
休 无   费 免费
□可 ☑可

# 萨格勒布的博物馆与美术馆

## 萨格勒布博物馆
Muzej grada Zagreba           **Map p.62-A1**

◆ 整修了建于 17 世纪的修道院开设的博物馆。展出过去的日常用品、家具等民俗展品以及在萨格勒布出土的陶器等文物，可以通过这些展品来了解古代萨格勒布人是如何生活的。另外，这座博物馆还有很多近代展品。馆内面积很大，内容丰富多彩。

展出有大量的宗教画

⊠ Opatička 20
TEL（01）4851361
URL www.mgz.hr
⏰ 周二~周六          10:00~19:00
   周日               10:00~14:00
休 周一、法定节假日
费 30Kn 学生 20Kn   □不可

## 自然史博物馆
Hrvatski prirodoslovni muzej        **Map p.62-A1**

◆ 展出栖息于克罗地亚的动植物的标本。展品中包括许多的矿石及化石，还有许多克罗地亚特有动物的标本。姥鲨的标本最值得一看。

⊠ Demetrova 1   TEL（01）4851700
URL www.hpm.hr（克罗地亚语）
⏰ 周二、周三、周五      10:00~17:00
   周四 10:00~20:00   周六 10:00~19:00
   周日              10:00~13:00
休 周一、法定节假日
费 30Kn 学生 20Kn   □可 ☑不可

## 失恋博物馆
Muzej prekinutih veza          **Map p.62-A1**

◆ 展出以失恋为主题的展品。展品都是来自世界各地的捐赠。每件展品的解说词中都有物品原主人的逸事或充满自嘲的留言。如此特别的展出曾获得欧洲博物馆年度奖。

每件展品都有自己的故事

充满幽默感的失恋博物馆。有很多深受人们喜欢的特色展品

⊠ Sv. Ćiril i Metoda 2
TEL（01）4851021   URL brokenships.com
⏰ 6~9 月           9:00~22:30
   10 月~次年 5 月     9:00~21:00
休 1/1、11/1、12/25、复活节
费 40Kn 学生 30Kn
□可 ☑不可

## 克罗地亚稚拙艺术博物馆
Hrvatski muzej naivne umjetnosti     **Map p.62-A1**

◆ 在克罗地亚等前南斯拉夫加盟国，非常流行稚拙艺术。克罗地亚稚拙艺术的特点是使用油画颜料在玻璃的背面精细地描绘大自然。馆内有伊凡·拉布赞（Ivan Rabuzin）及伊凡·拉科维奇·科罗阿塔（Ivan Lacković Croata）等具有代表性的克罗地亚稚拙艺术家的作品。

伊凡·拉布赞创作的《岛》

⊠ Sv. Ćiril i Metoda 3
TEL（01）4851911
URL www.hmnu.hr

展出有许多著名的稚拙艺术作品

⏰ 周一~周六        10:00~18:00
   周日           10:00~13:00
休 法定节假日   费 25Kn
□可 ☑不可

## 幻觉艺术博物馆
*Muzej iluzija*

◆ 展出许多幻觉艺术作品。这些作品可以令人眼产生错觉，非常奇妙。馆内商店出售世界各国的智力游戏。

摄影作品非常有趣

- ✉ Ilica 72　☎ ( 01 ) 7999609
- URL www.muzejiluzija.com
- 开 9:00~22:00
- 休 法定节假日
- 费 40Kn
- ◉ 可　🚫 不可

## 梅斯特罗维奇艺术画廊
*Atelijer Meštrović*

◆ 利用 20 世纪前期克罗地亚著名雕塑家伊凡·梅斯特罗维奇的工作室设立的美术馆。1920~1942 年，梅斯特罗维奇曾在这个工作室进行创作。这里展出有大量梅斯特罗维奇的作品。在前南斯拉夫地区，他的作品经常可以见到。

《海边的女子》（左）《母与子》（中）《福音作者路加》（右）

- ✉ Mletačka 8　☎ ( 01 ) 4851123
- URL www.mestrovic.hr（克罗地亚语）
- 开 周二～周五　　　　　10:00~18:00
- 　周六、周日　　　　　10:00~14:00
- 休 周一、法定节假日
- 费 30Kn　学生 15Kn
- ◉ 可　🚫 不可

## 考古博物馆
*Arheološki muzej*

◆ 介绍从史前时代到中世纪的克罗地亚历史，展品中以在克罗地亚东部武科瓦尔近郊出土的心形陶器（照片）最为著名。这件陶器是公元前 3000~ 公元前 2000 年期间存在于多瑙河流域的武切多尔文明极具代表性的文物，20 库纳纸币上也有其图案。还有曾流通于地中海地区的硬币及古埃及的文物。

安放于 4 层的心形陶器

- ✉ Trg Šubića Zrinskog 19
- ☎ ( 01 ) 4873000　URL www.amz.hr
- 开 周二、周三、周五、周六
- 　　　　　　　　　　　10:00~18:00
- 　周四　　　　　　　　10:00~20:00
- 　周日　　　　　　　　10:00~13:00
- 休 周一、法定节假日
- 费 30Kn　学生 15Kn　◉ 可　🚫 不可

## 克罗地亚历史博物馆
*Hrvatski povijesni muzej*

◆ 利用建于 18 世纪末的巴洛克式建筑设立的博物馆。藏品丰富，数量超过 14 万件。展出只限特展。

- ✉ Matoševa 9
- ☎ ( 01 ) 4851900　URL www.hismus.hr
- 开 周一～周五　　　　　10:00~18:00
- 　周六、周日　　　　　10:00~13:00
- 休 法定节假日　费 15Kn　学生 10Kn
- ◉ 可　🚫 不可

## 现代美术馆
*Moderna galerija*

◆ 展出 19 世纪、20 世纪克罗地亚绘画的美术馆。东亚地区对克罗地亚画家的介绍可能并不多，所以这里可以说是一座杰出作品的宝库。

- ✉ Hebranga 1　☎ ( 01 ) 6041040
- URL www.moderna-galerija.hr
- 开 周二～周五　　　　　11:00~19:00
- 　周六、周日　　　　　11:00~14:00
- 休 周一、法定节假日
- 费 40Kn　学生 30Kn　◉ 可　🚫 不可

---

## Information　伊凡·梅斯特罗维奇

伊凡·梅斯特罗维奇（1883~1962 年）是克罗地亚具有代表性的雕塑家。曾在著名的维也纳美术学院学习，1905 年就举办了个展。

其作品风格深受罗丹及维也纳分离派的影响，在前南斯拉夫地区及美国留下了大量的作品。代表作有位于斯普利特的宁斯基像（→p.157）及克罗地亚国家剧院（→p.66）前的《生命之泉》等。

其作品大多在萨格勒布的梅斯特罗维奇艺术画廊（→p.68）及斯普利特的梅斯特罗维奇美术馆（→p.163）展出。

克罗地亚国家剧院前的《生命之泉》

## 斯特罗斯马约古典大师美术馆
*Strossmayerova galerija starih majstora*

◆ 主要展出与天主教主教、政治家斯特罗斯马约有关的艺术品。展品多为 14~19 世纪意大利、荷兰的作品。

作品多以基督教为主题

✉ Trg Šubića Zrinskog 11
☎ (01) 4895111　URL info.hazu.hr
🕐 周二　　　　　　　　10:00~19:00
　 周三～周五　　　　　10:00~16:00
　 周六、周日　　　　　10:00~13:00
休 周一、法定节假日
费 30Kn　学生 10Kn　📷 可　🚭 不可

## 艺术和手工艺博物馆
*Muzej za umjetnosti obrt*

◆ 展出克罗地亚国内外的装饰艺术、手工艺品的美术馆。建筑建于 19 世纪末。藏品种类丰富，有家具、瓷器、玻璃器、壁毯等。风格多样，包括哥特艺术、新艺术、装饰派艺术、现代艺术等。可以通过展品了解从中世纪到现在的克罗地亚历史。

展出中世纪的家具

✉ Trg Republike Hrvatske 10
☎ (01) 4882111　URL www.muo.hr
🕐 周二～周六　　　　　10:00~19:00
　 周日　　　　　　　　10:00~14:00
休 周一、法定节假日
费 40Kn　学生 20Kn　📷 可　🚭 不可

## 米马拉博物馆
*Muzej Mimara*

◆ 展出安特·米马拉捐赠的文物。玻璃器、瓷器、纺织品等展品来自欧洲、中近东地区、印度、中国、日本，极具国际色彩。还有很多弗拉斐尔、乔尔乔内等意大利文艺复兴时期画家的作品。

美丽的装饰

✉ Rooseveltov trg 5
☎ (01) 4828100　URL www.mimara.hr
🕐 7~9 月
　 周二～周五　　　　　10:00~19:00
　 周六 10:00~17:00　　周日 10:00~14:00
　 10 月～次年 6 月
　 周二、周三、周五、周六 10:00~17:00
　 周四 10:00~19:00　　周日 10:00~14:00
休 周一、法定节假日
费 40Kn　学生 30Kn　📷 可　🚭 不可

## 民族博物馆
*Etnografski muzej*

◆ 介绍传统习俗及生活文化的博物馆。有克罗地亚以及拉丁美洲、非洲的展品。馆内摆放着很多穿着克罗地亚传统民族服装的人体模型。

✉ Trg Mažuranića 14
☎ (01) 4826220　URL www.emz.hr
🕐 周二～周四　　　　　10:00~18:00
　 周五　　　　　　　　10:00~13:00
休 周一、法定节假日
费 20Kn　学生 15Kn　📷 可　🚭 不可

克罗地亚 ● 萨格勒布

---

## 萨格勒布　短途旅行

## 小塔尔布城堡　Dvor Veliki Tabor
*Velili Tabor Castle*

外形可爱的城堡

这座城堡建于萨格勒布近郊迪士尼其村的小山丘上。城堡以五角形哥特式建筑为中心，四周被四座文艺复兴式的高塔环绕。最初是由采列伯爵即弗里德里克二世（1378~1454 年）所建造的，之后历经多次重建才形成了现在的规模。城内现在作为博物馆对外开放，主要展示了这座城堡的历史和城内挖掘的遗物等展品。

■小塔尔布城堡
🚌 从长途巴士中心乘坐去往 Desinić 方向的巴士，每天有 8 趟车（周六·周日减少车次）。所需时间约 2 小时，车费 58~65Kn。从 Desinić 到城堡徒步约需 40 分钟。
☎ (049) 374970
URL www.veliki-tabor.hr
🕐 4~9 月
　 周二～周五 9:00~17:00
　 周六·周日 9:00~19:00
　 3、10 月
　 周二～周五 9:00~16:00
　 周六·周日 9:00~17:00
　 11 月～次年 2 月 9:00~16:00
休 3 月～次年 3 月的周一、周二、1/1、复活节、11/1、12/25·26
费 25Kn　学生 15Kn
📷 可　🚭 可

# 萨格勒布的酒店
## Hotel

　　萨格勒布作为克罗地亚的首都，住宿可以选择的种类比较多样化，既有世界级的连锁酒店，又有中档酒店和青年旅舍。旅行社也会介绍一些特色民宿，但每逢夏季就会人满为患，建议提早预约。

---

### 萨格勒布滨海酒店
**Esplanade Zagreb** ★★★★★

◆这座酒店是在 1925 年为了东方快车的乘客而建的。拥有高格调和最新的设备。各国驻萨格勒布大使馆也经常在这里举办各种活动。

全馆　EV 有

| 高档　客房数：208　Map p.62-B3 |
| --- |
| URL www.esplanade.hr |
| email info@esplanade.hr |
| ✉ Mihanovićeva 1 |
| TEL（01）4566666　FAX（01）4566050 |
| S W A/C 🛗 📶 ⛎ ➔ ⛶ € 129~ |
| C/C A D M V |

---

### 萨格勒布宫殿酒店
**Palace Hotel Zagreb** ★★★★

◆利用贵族宅邸改建而成的酒店。室内装潢采用了新艺术派的设计，陈设和酒店用品也很考究，整体氛围时尚而又舒适。

全馆　EV 有（个别客房只能通过楼梯到达）

| 高档　客房数：120　Map p.62-B2 |
| --- |
| URL www.palace.hr　email palace@palace.hr |
| ✉ Strossmayerov trg 10 |
| TEL（01）4899600　FAX（01）4811357 |
| S A/C 🛗 📶 ➔ ⛶ € 80~ |
| W A/C 🛗 📶 ➔ ⛶ € 120~ |
| C/C A D M V |

---

### 杜布罗夫尼克酒店
**Hotel Dubrovnik** ★★★★

◆位于耶拉契奇总督广场附近的现代高层建筑式酒店。在广场一侧的客房可以观看到圣母升天大教堂的风景。

全馆　EV 有

| 高档　客房数：222　Map p.62-B2 |
| --- |
| URL www.hotel-dubrovnik.hr |
| email reservation@hotel-dubrovnik.hr |
| ✉ Gajeva 1 |
| TEL（01）4863555　FAX（01）4863506 |
| S A/C 🛗 📶 ➔ ⛶ € 105~ |
| W A/C 🛗 📶 ➔ ⛶ € 128~ |
| C/C A D M V |

---

### 阿玛德利亚公园首都酒店
**Amadria Park Hotel Capital** ★★★★

◆从耶拉契奇总督广场徒步至酒店仅需 4 分钟，地理位置优越。也是 2018 年 12 月新开业的历史建筑酒店。酒店内除了个性化的餐馆和咖啡馆，还有供住客使用的健身房。

全馆　EV 有

| 高档　客房数：112　Map p.62-B2 |
| --- |
| URL www.amadriapark.com |
| email hotel.capital@amadriapark.com |
| ✉ Jurišićeva 22 |
| TEL（01）5562700 |
| S A/C 🛗 📶 ➔ ⛶ € 130~549 |
| W A/C 🛗 📶 ➔ ⛶ € 144~565 |
| C/C A D M V |

---

### 9 酒店
**Hotel 9** ★★★★

◆位于巴士中心附近的精品酒店。每层的壁纸、家具和色调都不相同，整体给人感觉时尚而又稳重。一层有酒吧。

全馆　EV 有

| 高档　客房数：20　Map p.61-D2 |
| --- |
| URL www.hotel9.hr　email info@hotel9.hr |
| ✉ Avenija Marina Držića 9 |
| TEL（01）5625040　FAX（01）5625041 |
| S A/C 🛗 📶 ➔ ⛶ € 110~120 |
| W A/C 🛗 📶 ➔ ⛶ € 130~140 |
| C/C A D M V |

---

### 公园 45 酒店
**Hotel Park 45** ★★★★

◆从耶拉契奇总督广场徒步至酒店仅需 7 分钟，位于从伊利卡街进入公共停车场的位置。距离国立剧场和兹林斯基广场也非常近。全年营业。

全馆　EV 有

| 高档　客房数：45　Map p.62-A2 |
| --- |
| URL www.hotelpark45.hr |
| email info@hotelpark45.hr |
| ✉ Ilica 45　TEL（01）4095999 |
| S A/C 🛗 📶 ➔ ⛶ € 56~90 |
| W A/C 🛗 📶 ➔ ⛶ € 70~150 |
| C/C A M V |

## 拉古纳酒店
*Hotel Laguna* ★★★

◆ 位于市中心的大型酒店。房型分为标准房和豪华房两种。酒店内设有旅行社，设备齐全。

 全馆　EV 有

| 中档　客房数：165 | Map p.60-A2 |
| --- | --- |

URL www.hotel-laguna.hr
email info@hotel-laguna.hr
✉ Kranjčevićeva 29
TEL（01）3047000　FAX（01）3047077
S A/C 605Kn
W A/C 650Kn
C/C A D M V

---

## 斯利斯可酒店
*Hotel Slišsko* ★★★

◆ 位于巴士中心附近的中档酒店。客房的设施比较新，面积也很大。分为舒适房和廉价房两种。

全馆　EV 有

| 中档　客房数：49 | Map p.61-D2 |
| --- | --- |

URL slisko.hr
email hotel@slisko.hr　✉ Bunićeva 7
TEL（01）6184777
S A/C € 79~99
W A/C € 119~149
C/C A D M V

---

## 叶盖尔赫伦酒店
*Hotel Jägerhorn* ★★★

◆ 酒店位于从伊利卡街进入一座小拱门后巷子的深处，入住体验非常舒适。酒店大堂位于一层。酒店内设有喷泉，露台环境也很舒适。

 全馆　EV 无

| 中档　客房数：18 | Map p.62-A2 |
| --- | --- |

URL www.hotel-jagerhorn.hr
email info@hotel-jagerhorn.hr　✉ Ilica 14
TEL（01）4833877　FAX（01）4833573
S A/C 950Kn
W A/C 1050Kn
C/C A D M V

---

## 中央酒店
*Hotel Central* ★★★

◆ 酒店位于萨格勒布中央车站正前方。虽然房间不算是十分宽敞，但是各项功能齐全，有点类似国内的商务酒店。

全馆　EV 有

| 中档　客房数：67 | Map p.62-B3 |
| --- | --- |

URL www.hotel-central.hr
email info@hotel-central.hr
✉ Kneza Branimira 3
TEL（01）4841122　FAX（01）4841304
S A/C € 75~110
W A/C € 97~120
C/C A D M V

---

## 子午线 16 酒店
*Hotel Meridijan 16* ★★★

◆ 从巴士中心徒步至酒店仅需 5 分钟，是一间相对比较新的酒店。客房的设施齐全，舒适。

全馆　EV 有

| 中档　客房数：33 | Map p.61-D3 |
| --- | --- |

URL www.meridijan16.com
email desk@meridijan16.com
✉ Grada Vukovara 241
TEL（01）6065200　FAX（01）6065202
S A/C 440.70Kn
W A/C 587.60Kn
C/C A D M V

---

## 卡萨布兰卡民宿
*B&B Casablanca*

◆ 这间民宿位于大道旁的小巷子里。客房简单，时尚清洁。民宿内有共用的厨房和吧台。桑拿房还在建设中，住客可以花费 € 4 使用。

全馆　EV 有

| 民宿　客房数：10 | Map p.61-D1 |
| --- | --- |

URL www.casablancazagreb.com
email info@casablancazagreb.com
✉ Vlaška 92　TEL（01）4641418
S € 49
W € 79
C/C A D M V

---

## 子空间
*Sub Space*

◆ 以宇宙飞船为设计灵感的一家新式的胶囊酒店。共有 3 种房型，虽然大小各不相同，但是内部都带有电视、耳机等设备。

全馆　EV 有

| 胶囊酒店　客房数：22 | Map p.62-A2 |
| --- | --- |

URL www.subspacehostel.com
email booking@subspacehostel.com
✉ Nikole Tesle 12/1　TEL（01）4819993
D € 13.50~25
C/C M V

## 翁拉丁斯基青年旅舍
*Omladinski Hostel*

◆这家青年旅舍位于中央车站附近，徒步仅需 5 分钟。夏季的时候经常满房，十分受年轻人的欢迎。没有厨房。

📶全馆　EV无

青年旅舍　客房数：215　Map p.62-B3
URL www.hfhs.hr　email zegreb@hfhs.hr
✉ Petrinjska 77　TEL（01）4841261
D 🚿🚽📶📺🛏 77~99Kn
S 🚿🚽📶📺🛏 215~250kn
S 🚿📶📺🛏 250~265Kn
W 🚿🚽📶📺🛏 246~288Kn
W 🚿📶📺🛏 288~332Kn　C/C M V

## 肖比青年旅舍
*Hostel Shappy*

◆这家旅舍位于耶拉契奇总督广场附近，地理位置优越。服务台面朝建筑物中庭，入口位于南侧。客房时尚简洁，家具功能性强。

📶全馆　EV无

青年旅舍　客房数：42　Map p.62-A2
URL www.hostel-shappy.com
email info@hostel-shappy.com
✉ Varšavska 8　TEL（01）4830483
D 🚿🚽📶📺🛏 120~180Kn
S 🚿 W 📶📺🛏 300~570Kn
C/C M V

# 萨格勒布的餐馆
## *Restaurant*

　　萨格勒布城区内的餐馆数量不算多。咖啡馆和酒吧倒是比较常见。尤其是耶拉契奇总督广场、兹林斯基广场和克罗地亚共和国广场附近，有不少时尚的咖啡馆，即便是走马观花地看一看也是一件非常开心的事情。

## 斯塔利菲亚凯尔 900
*Stari Fijaker 900*

◆这是一家经营克罗地亚传统菜肴的餐馆，在 2010 年时被克罗地亚旅游局指定为"值得推荐的传统菜肴餐馆"一号店。平时会推出一些萨格勒布周边地区的农家菜，周五有鱼类菜肴。主菜的价格在50~140Kn。

克罗地亚菜　　　　　Map p.62-A2
URL starifijaker900.hr
✉ Mesnička 6
TEL（01）4833829
开 周一～周六　11:00~23:00
　　 周日　　　 11:00~22:00
休 法定节假日
C/C A D M V

## 普鲁盖尔餐馆
*Gostionica Purger*

◆位于兹林斯基广场、斯特罗斯马约广场附近的餐馆兼咖啡吧。主菜是肉类菜肴等。最受欢迎的菜是红椒包肉馅，夏季限定。店内的氛围也比较舒适，老顾客众多。

克罗地亚菜　　　　　Map p.62-B2
URL www.purger.hr
✉ Petrinjaka 33
TEL（01）4810713
开 6:00~23:00
休 周日、1/1、12/25
C/C A D M V

## 维诺多尔餐馆
*Restaurant Vinodol*

◆位于考古博物馆附近的农家菜馆。石砌的梁柱使餐馆看起来有一种历史感。菜谱主要以肉菜为主，价格在 80~150Kn。最受欢迎的菜肴是克罗地亚风汉堡肉饼，90Kn。

克罗地亚菜　　　　　Map p.62-A2
URL www.vinodol-zg.hr
✉ Teslina 10　TEL（01）4811427
开 11:30~24:00
休 1/1、复活节、12/25
C/C A D M V

## 科尔丘拉餐馆
*Korčula*

◆这家餐馆以经营达尔马提亚地区海鲜菜肴而知名。内装修以白色为基调，给人一种简洁舒适的感觉。小编推荐使用烤箱烤制的章鱼135Kn，墨鱼汁意式焗饭85Kn等。

克罗地亚菜　　　　　Map p.62-A2
URL www.restoran-korcula.hr（克罗地亚语）
✉ Teslina 17　TEL（01）4811331
开 11:00~23:00
休 周日、1/1、复活节、12/25
C/C A D M V

## 博班餐馆
### *Kavana & Restaurant Boban*

◆这是一家萨格勒布数一数二的意大利餐馆。中庭有露台座席，氛围极好。意面类的菜肴价格是 65~120Kn，其他菜肴品种也很丰富。每日更替的菜肴数量也多，前菜和甜品种类也十分丰富。

意大利菜　　　　　　　　Map p.62-B2
URL www.boban.hr
✉ Gajeva 9
TEL（01）4811549
🕐 11:30~24:00
休 1/1、复活节、12/25
C/C A D M V

## 巴达克烤肉
### *Batak Grill Centar Cvjetni*

◆这家烤肉店在萨格勒布市内拥有多家分店。塞尔维亚莱斯科瓦茨风的切巴契契 46Kn（右图）是这店的招牌菜，再加上乳酪酱，味道好极了。主菜的价格是42~169Kn。

克罗地亚菜、塞尔维亚菜 Map p.62-A2
URL www.batak-grill.hr
✉ Trg Petra Preradovića 6
TEL（01）4833370
🕐 10:00~23:00
休 无休
C/C A D M V

## 伽罗餐馆
### *Gallo Restaurant*

◆餐馆面朝所在大厦的中庭而建，穿过 Hebrangova 便可以看到。店内氛围高档考究，主营意大利菜，主菜的预算在150Kn 左右，虽然主菜大多数是海鲜，但也有少量的肉菜。即便是点菜单上没有的菜，大厨也会尽量满足顾客的要求。

意大利菜　　　　　　　　Map p.62-A2
✉ Hebrangova 34
TEL（01）4814014
🕐 12:00~23:00
休 无
C/C A D M V

## 托米斯拉夫
### *Pivnica Tomislav*

◆这是一家小酒馆兼食堂形式的餐馆，位于托米斯拉夫国王广场西侧。由于味美价廉，总是客满。虽然菜单上也可以单点很多菜，但是最受欢迎的还是每日更替套餐 35~45Kn。

克罗地亚菜　　　　　　　Map p.62-B3
✉ Trg kralja Tomislava 18
TEL（01）4922255
🕐 周一～周五　　7:00~22:00
　　周六　　　　7:00~20:00
　　周日　　　 11:00~20:00
休 无　 C/C A M V

## 亚洲饭店
### *Kineski Restoran Asia*

◆萨格勒布的老牌中餐馆。距离车站不远，地理位置便利。餐馆的装修稳重大气，菜的味道也不错，有人气。肉菜大约在45Kn，豆腐类菜肴是 49Kn。可以外卖。

中餐　　　　　　　　　　Map p.62-B3
URL www.asia.hr（克罗地亚语）
✉ Augusta Šenoe 1
TEL（01）4841218
🕐 11:30~23:30
休 无
C/C A D M V

## 饺子居酒屋
### *Gyoza Sake Bar*

◆这是一家居酒屋式酒吧。菜单会根据季节而变化，常备菜肴是饺子、炸鸡、咖喱等。也有每日更替菜肴。每周六会有拉面。

日本料理　　　　　　　　Map p.62-B2
URL www.destinatio-tokyo.hr
✉ Boškoviće eva 6
TEL（01）5584088
🕐 12:00~22:00
休 周日
C/C 不可

## 潜水艇 BBQ
### *Submarine BBQ*

◆主营汉堡包和精酿啤酒的人气餐馆。汉堡包的价格是 40Kn 起，可以添加的小料种类非常齐全。啤酒主要是伊斯特拉产的精酿啤酒。

快餐　　　　　　　　　　Map p.62-A2
URL submarineburger.com
✉ Frankopanska 11　TEL（01）4831500
🕐 周一～周五　　11:00~23:00
　　周六　　　　11:00~24:00
　　周日　　　 11:00~21:00
休 无　 C/C A D M V

## 佩蒂特宫酒店
*Petit Palace*

◆ 酒店内并设有咖啡馆。萨格勒布上流社会的人们喜欢在这里就餐，政治家们也常来这里。咖啡馆的内装修是新艺术运动风格。咖啡的价格是18Kn起。除了咖啡之外，还有正餐，主菜的价格是95~145Kn。

咖啡餐馆　　　　　　　　　Map p.62-B2

URL www.palace.hr
✉ Strossmayerov trg 10
TEL（01）4899600
开 周一～周五 8:00~23:00
　　周六·周日 9:00~23:00
休 无
C/C A D M V

## 花园观景台
*Belvedere Rooftop Garden*

◆ 从长途巴士中心徒步至此约需8分钟。这家咖啡吧位于26层，是萨格勒布最高层建筑的最高层，可以将市区街景尽收眼底。咖啡10Kn起，啤酒20Kn起。

咖啡吧　　　　　　　　　　Map p.61-C2

✉ Strojarska 20
TEL 098-352992（手机）
开 周一～周四 8:00~22:00
　　周五 8:00~23:00
　　周六 17:00~23:00
休 周日
C/C A D M V

## 温瑟克
*Slastičarnica Vincek*

◆ 位于伊利卡街上的蛋糕店兼冰激凌店。该店拥有40多年的历史，在当地十分知名。进入店内首先映入眼帘的是柜台，可以购买外带的蛋糕和冰激凌。

咖啡餐馆　　　　　　　　　Map p.62-A2

URL www.vincek.com.hr
✉ Ilica 18
TEL（01）4833612
开 8:30~23:00
休 周日、法定节假日
C/C A M V

# 萨格勒布的商店
## *Shop*

主要的商业区集中在以耶拉契奇总督广场、伊利卡街和马萨里克巴大街（Masarykova）为中心的地区，这里有各式各样的商店。在这一地区可以选购伴手礼。

## 克罗阿塔领带
### *Croata*

◆ 克罗地亚是众所周知的领带发祥地。品质上乘的光泽是克罗地亚领带的特点。以格拉哥里字母（古斯拉夫语）为图案的领带最受欢迎。此外还有女性使用的丝巾和披肩。

| 时装 | Map p.62-A2 |
|---|---|

URL www.croata.hr
✉ Ilica 5　TEL（01）6457052
🕐 周一～周五　8:00~20:00
　　周六　　　　8:00~15:00
🚫 周日、法定节假日
CC A D M V

## 发朵
### *Phyto Cream*

◆ 位于绵延石子路面老街区上的化妆品店。店内产品都是使用产自克罗地亚的纯天然高级花草萃取制成的面霜、身体乳等。橙子味和薰衣草味的精油也很适合作为伴手礼。

| 化妆品 | Map p.62-B1 |
|---|---|

URL phytocream.hr/natural-products
email info@phytocream.hr
✉ Radićeva 14
🕐 周一～周五　9:30~20:00
　　周六　　　　9:30~19:00
　　周日　　　　12:00~18:00
🚫 1/1、复活节当天和第二天、12/24~
　　26・31　CC A D M V

## 带我回家
### *Take me Home*

◆ 这家店铺内收集了克罗地亚本地的知名设计师和年轻设计师的艺术作品。从厨房用品到文具等，各式各样，每一样都个性十足。

| 杂货 | Map p.62-A2 |
|---|---|

URL www.takemehome.hr
email info@takemehome.hr
✉ Tomićeva 4　TEL（01）7987632
🕐 周一～周五　9:30~20:00
　　周六　　　　10:00~15:00
🚫 周日　CC A D M V

## 伯恩斯坦
### *Vinoteka Bornstein*

◆ 这家酒窖位于砖造建筑物的地下室，共收藏了来自世界各地的400多瓶葡萄酒。馆内同时设有葡萄酒吧，可以试饮。

| 葡萄酒 | Map p.62-B1 |
|---|---|

URL www.bornstein.hr（克罗地亚语）
email bornstein@bornstein.hr
✉ Kaptol 19　TEL（01）4812361
🕐 10:00~20:00
🚫 周日、法定节假日
CC M V

## Kraš 巧克力
### *Kraš*

◆ 克罗地亚最知名的巧克力品牌直营店，特别适合作为伴手礼送给的同事。位于伊利卡街上的直营店还同时设有咖啡馆。

| 甜品 | Map p.62-B2 |
|---|---|

URL www.kras.hr
✉ Trg bana J.Jelačića 13
TEL（01）2396041　🕐 7:00~21:00
🚫 周日、法定节假日
CC A D M V

## 兹纳涅
### *Znanje*

◆ 这家书店位于杜布罗夫尼克酒店的旁边。店内有英文等各式外文书籍，还有克罗地亚相关的地图和旅行手册、照片集等。

| 图书 | Map p.62-B2 |
|---|---|

URL znanje.hr（克罗地亚语）
✉ Gajeva 1　TEL（01）5577953
🕐 周一～周五　8:00~21:00
　　周六　　　　9:00~20:00
🚫 周日、法定节假日
CC A D M V

# 萨莫博尔 *Samobor*

Map 文前 p.5-D3

刚刚出炉的克雷姆舒妮提

■前往萨莫博尔的交通方法
●从萨格勒布出发
🚌 每小时 1~4 趟车，所需时间 45 分钟 ~1 小时，31Kn

■萨莫博尔的 ❶
Map p.76 扩大图
✉ Trg kralja Tomislava 5
☎ (01) 3360044
URL www.samobor.hr
email tourist@samobor.hr
🕐 周一~周五　8:00~16:00
　　周六　　　10:00~13:00
休 周日、法定节假日

HOTEL　酒店

**Lavica Hotel**
Map p.76 扩大图
✉ Ferde Livadića 5
☎ & FAX (01) 3368000
URL www.lavica-hotel.hr（克罗地亚语）
email info@lavica-hotel.hr
费 SA/C📶🚿257Kn
　 WA/C📶🚿364Kn
CC A D M V

从托米斯拉夫国王广场望去的圣阿纳斯塔西娅教堂

去斯塔格莱德需要走一段徒步线路

托米斯拉夫国王广场周边有不少餐馆和咖啡馆

　　萨莫博尔位于萨格勒布以西约 20 公里处，是一座靠近斯洛文尼亚国境附近山区小镇的小山村。如果想游览萨格勒布周边，欣赏舒适的田园风光的话，来这里再合适不过了。此外这里还因美食而闻名，拥有克雷姆舒妮提（Kremšnite）、萨拉米、炸肉排等众多美食。

## 萨莫博尔　漫 步

　　从长途巴士中心向西南方徒步大约 15 分钟，便可以到达托米斯拉夫

国王广场（Trg kralja Tomislava），这里便是小镇的中心地带，**❶** 和咖啡馆大多分布在附近。与托米斯拉夫国王广场隔河相望的是圣阿纳斯塔西娅教堂（Crkva sv. Anastazije）。从教堂右转，然后沿着坡路一路往上爬，会到达去往古堡与斯塔里格莱德（Stari grad）的岔路，沿着右侧的小山路可以去往斯塔里格莱德。

　　在萨莫博尔还可以享受健步远足的乐趣，有多条单程 1~2 小时的健走线路。如果早上早点从萨格勒布出发，可以当天往返而且还能享受萨莫博尔健走远足，不过如果时间允许，住宿一晚是最悠闲的方式。

■萨莫博尔博物馆
Map p.76 扩大图
✉ Livadućeva 7
☎（01）3361014
URL www.samoborskimuzej.hr
（克罗地亚语）
⏰ 周二～周四　　9:00~15:00
　　周五　　　　　9:00~19:00
　　周六·周日　　10:00~17:00
休 周一，法定节假日
费 15Kn　学生 10Kn
📷 不可

---

## 萨莫博尔的餐馆
### *Restaurant*

　　托米斯拉夫国王广场周边有不少甜品名店，可以品尝到美味的甜品——克雷姆舒妮提等，加入奶油后，口感软软的，好极了。如果准备在这里小憩或者在餐馆就餐，一定要尝尝这款甜品。

---

### 加布勒库 1929
#### *Gabreku 1929*

◆ 位于斯塔里格莱德附近的当地知名餐馆。主要擅长小牛肉类菜肴，此外烧烤、炖煮等菜肴的种类也十分丰富，牛排也特别受欢迎。主菜的价格是 50~90Kn。

克罗地亚菜　　　　　　Map p.76
URL www.gabrek.hr
✉ Starogradska 46
☎（01）3360722
⏰ 12:00~22:00
休 12/24·25、1/1
C/C A D M V

---

### U 普洛拉兹
#### *U Prolazu*

◆ 面朝托米斯拉夫国王广场而建的咖啡馆。在这里除了可以品尝到各式糕点之外，主要是可以吃到萨莫博尔的名吃克雷姆舒妮提（右图，9Kn），这家店的尤为好吃，受到多方好评。

咖啡馆　　　　　　Map p.76 扩大图
✉ Trg kralja Tomislava 6
☎（01）3366420
⏰ 7:00~23:00
休 1/1、复活节、
12/25
C/C 不可

---

### 里瓦蒂奇
#### *Livadić*

◆ 这家店铺与上述的 U 普洛拉兹可以说是在萨莫博尔数一数二的两家咖啡馆了，这里的克雷姆舒妮提（右图，9Kn）的特点是味道浓厚。入住酒店的费用是 ⑤368Kn~，Ｗ482Kn~，无论哪种房型给人的感觉都非常舒适。

咖啡馆　　　　　　Map p.76 扩大图
URL www.hotel-livadic.hr
✉ Trg kralja Tomislava 1
☎（01）3365850
⏰ 7:00~23:00
休 12/25
C/C 不可

---

## 萨莫博尔的商店
### *Shop*

---

### 萨莫博尔克里斯托
#### *Kristal Samobor*

◆ 萨莫博尔的水晶制品是克罗地亚最具代表性的工艺品。研磨水晶的工具不是钻石而是使用石粉压制而成的，研磨出来的水晶制品拥有特殊的光芒。葡萄酒杯的价格大约是 110Kn。

水晶制品　　　　Map p.76
URL www.kristalsamobor.com（克罗地亚语）
✉ Milana Langa 63
☎（01）3367101
⏰ 周一～周五　　8:00~20:00
　　周六　　　　　9:00~13:00
休 周日　C/C A D M V

瓦拉日丁
★
萨格勒布

心形姜饼

■ **前往瓦拉日丁的方法**
● **从萨格勒布出发**
🚆 从萨格勒布火车站乘车，1~4 小时 1 班（周六、周日、法定节假日车次减少），用时 2~3 小时，2 等座 64.60Kn~
🚌 1 小时 1~2 班，用时 1 小时 20 分钟~2 小时，61~87Kn。

■ 瓦拉日丁的 ❶
Map p.79-A1
✉ Ivana Padovca 3
☎ (042) 210987
🔗 www.tourism-varazdin.hr
📧 info@tourism-varazdin.hr
🗓 夏季
　　周一~周五　8:00~18:00
　　周六　　　　10:00~17:00
　　冬季
　　周一~周五　8:00~16:00
　　周六　　　　10:00~13:00
🚫 周日、法定节假日

■ **瓦拉日丁的活动**
● **斯潘齐尔菲斯特露天音乐节**
Špancirfest
🔗 spancirfest.com
● **巴洛克音乐节**
Varaždinske Barokne Večeri
🔗 vbv.hr

■ **爱之裙架**
　　裙架是可将裙摆撑起的一种支架。因为一部以瓦拉日丁为故事背景的恋爱小说而有了这个裙架，上面挂满了铁锁，象征着永恒的爱情。锁好后要把钥匙扔进斯塔里格莱德中庭内的井里。

挂满了铁锁

# 瓦拉日丁　*Varaždin*

Map 文前 p.5-D2

托米斯拉夫国王广场的卫兵换岗仪式

　　瓦拉日丁位于萨格勒布以北 80 公里处，地处萨格勒布与维也纳间商路及萨格勒布与布达佩斯间商路的交会点，因地理之利而繁荣一时。13 世纪初成为自由城市，18 世纪时曾一度成为克罗地亚的首都。有着悠久历史的瓦拉日丁，巴洛克式建筑很多，所以又被称为"巴洛克之都"。每年 8 月末至 9 月举办斯潘齐尔菲斯特露天音乐节，9 月末至 10 月举办巴洛克音乐节。文化气息浓郁的小城瓦拉日丁，通常推荐从萨格勒布出发前往游览并当天返回。

## 瓦拉日丁　漫 步

出售当地新鲜食材的公立市场

火车站位于市区东部，长途巴士总站位于市区西南，从市中心均可徒步前往。市中心为托米斯拉夫国王广场（Trg Kralja Tomislava）。从托米斯拉夫国王广场沿着克拉尼维奇大街（Kranjčevića）向北，之后左转进入伊凡·帕多瓦茨大街（Ivana Padovca），街边有 ❶。再往东北方向，有塞尔马盖宫（Palača Sermage），西北方向经过观景塔（Kula Stražarinca）后是斯塔里格莱德（Star grad）。在公立市场（Gradska tržnica）能买到当地出产的农产品及土特产。

## 托米斯拉夫国王广场　Trg kralja Tomislava　Map p.79-A1

King Tomislav Square

　　位于市中心的托米斯拉夫国王广场非常热闹。市政厅（Vijećnica）是当地的地标性建筑，位于广场的北侧。该市政厅建于1523年，在瓦拉日丁是历史仅次于斯塔里格莱德的古建筑，不过要同瓦拉日丁的其他建筑一样，在1776年的大火中遭到严重破坏，之后经过重建，成为现在的样子。市政厅门前有卫兵站岗，4~9月每周六11:00~12:00会举行换岗仪式。

市中心的托米斯拉夫国王广场

■瓦拉日丁博物馆通票
　　可在瓦拉日丁市立博物馆的斯塔里格莱德文化·历史展区、塞尔马盖宫的美术展区、海尔采尔宫的昆虫学展区使用。每个地方的门票可单独购买，但是购买三个博物馆通票的价格为55Kn（学生35Kn），比较划算。在三个博物馆中任意一处均可以购买。

著名的蜂蜜白兰地，瓶子的外观多样

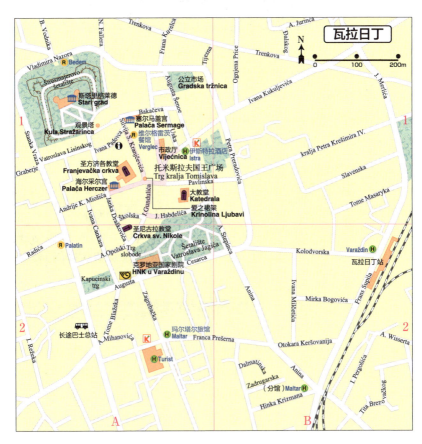

大教堂内华丽的祭坛

## 大教堂 — Katedrala — Map p.79-A1
Cathedral

　　瓦拉日丁市中心有很多教堂，但最不容错过的就是大教堂，在巴洛克音乐节时，那里是主会场。

　　17世纪中叶，耶稣会在此修建了早期巴洛克式风格的教堂，浅橙色的正面外墙是该建筑的特征。虽然外观比较素朴，但是内饰其实非常华丽，祭坛与屋顶是最大的看点。

## 斯塔里格莱德 — Stari grad — Map p.79-A1
Old Castle

数百年间一直守卫着瓦拉日丁

　　斯塔里格莱德位于市区西北部，是瓦拉日丁历史最悠久的建筑。建于13世纪，最初为要塞，之后经过多次改建，16世纪时成为文艺复兴风格的城堡，周围有壕沟，是当地的防御据点。

　　现为瓦拉日丁市立博物馆的文化·历史展区，有关于瓦拉日丁历史的展出，还能参观哥特式、文艺复兴式、巴洛克式、洛可可式等各种装饰风格的房间。

## 塞尔马盖宫 — Palača Sermage — Map p.79-A1
Sermage Palace

　　塞尔马盖宫建于1759年，紧邻 ❶。由瓦拉日丁贵族塞尔马盖家族修建。现为瓦拉日丁市立博物馆美术展区，主要展出荷兰、意大利的巴洛克风格绘画及现代克罗地亚绘画。

现已成为美术馆的塞尔马盖宫

## 海尔采尔宫 — Palača Herczer — Map p.79-A1
Herczer Palace

　　海尔采尔宫建于1795年，为巴洛克式建筑。现为瓦拉日丁市立博物馆的昆虫学展区。标本数量超过4500个，有非常好看的蝴蝶、蜻蜓、蜂类的标本。

　　昆虫及植物标本都被放在架子的抽屉里，可以随意打开观看。有英语标记的标本名称。

## 塔科斯堪城堡　　Dvorac Trakošćan　　Map 文前 p.5-D2
Trakošćan Castle

从瓦拉日丁驱车 1 小时左右便可到达
这里，由于地处与斯洛文尼亚国境的交界
处，而且还可以游览山里的美丽城堡，非
常值得一游。塔科斯堪小丘上这座城堡上
的石墙始建于 13 世纪，现在所见的新哥特
式城堡建于 19 世纪初期。16 世纪时这座
城堡被赐予了当时担任克罗地亚总督的茹
拉伊·德拉什科维奇（Juraj Drašković），之后又被塔科斯堪家族的首领继
承。城内可以参观，保留有当时所使用的家具、武器和绘画等。

在城内可以看到很多的家具陈设

■塔科斯堪城堡
从瓦拉日丁出发，每
1~3 小时 1 趟车（周日停运），
所需时间 1~2 小时，36Kn
TEL（042）796281
URL www.trakoscan.hr
开 夏季 9:00~18:00
　　冬季 9:00~16:00
休无　钱40Kn　相机不可

矗立于湖畔的壮丽城堡

克罗地亚
●
瓦拉日丁

---

## 瓦拉日丁的酒店
### Hotel

　　瓦拉日丁的住宿设施分布在从巴士中心至火车站一带。因为住宿设施并不充裕，夏季出行请提
早预约。

---

### 伊斯特拉酒店　　★★★★
Hotel Istra

◆ 位于市政厅旁的酒店，地理位置绝
佳。所有房间都带有浴缸，豪华间的浴
缸还是按摩浴缸。双人间的大床可以变
成两张单人床。
全馆　EV 有

高档　客房数：11　　Map p.79-A1
URL www.istra-hotel.hr
email info@istra-hotel.hr
✉ Ivana Kukuljević eva 6
TEL（042）659659　FAX（042）659660
S A/C 420~590Kn
W A/C 530~690Kn
C/C A D M V

---

### 玛尔塔尔旅馆
Pansion Maltar

◆ 在瓦拉日丁的旅馆中客房数是最多
的，还设有分店。住宿费用根据房间而
异，所有房间都带有浴缸。
全馆　EV 无

经济型　客房数：21　　Map p.79-A2
URL www.maltar.hr
email info@maltar.hr
✉ Preŝernova 1
TEL（042）311100
S A/C 251~298Kn
W A/C 498Kn
C/C A D M V

---

## 瓦拉日丁的餐馆
### Restaurant

---

### 维尔格雷茨餐馆
Restoran Verglec

◆ 位于塞尔马盖宫旁的餐馆，店铺占地
面积很大，中庭有露台餐区。主菜中肉
类菜有 35~90Kn、鱼类菜有 10~80Kn。
自制比萨共有 14 种，价格是 30~35Kn。

克罗地亚菜　　　　　Map p.79-A1
URL verglec.com
✉ Kranjčevićeva 12　TEL（042）211131
开 周一～周四　10:00~22:00
　 周五　　　　10:00~24:00
　 周六　　　　10:00~23:00
　 周日　　　　11:00~22:00
休 1/1、12/25、复活节　C/C A D M V

81

# Information
# 赫尔瓦次卡·科斯塔伊尼察
# Hrvatska Kostajnica 之旅

在乌纳河畔郊游的当地人

赫尔瓦次卡·科斯塔伊尼察（Hrvatska Kostajnica）距离萨格勒布 90 公里，是一个地处巴诺维纳（Banovina）地区的边境城市。

这里首次被载入文献是在 1240 年。14 世纪时修筑了要塞，成为防御奥斯曼帝国的据点。城市在 1991 年克罗地亚独立战争期间遭到破坏，现在仍可以见到一些残破的建筑。

◆ 游览方法

兹林斯基广场（Trg Nikole Šubića Zrinskog）至岑特拉尔酒店一带为市中心。位于兹林斯基广场上的教堂为圣安东教堂（Crkva sv. Antuna），供奉着守护这座城市的圣人。乌纳河流淌在克罗地亚与波黑共和国的边境线上，河畔有为抵御奥斯曼帝国进攻而修建的兹林斯基城堡（Zrinski grad）。在这里可以看见河对岸波黑共和国的清真寺宣礼塔。从萨格勒布出发前往此地游览，可以当天往返，但如果想饱览这一带的自然风光，还是应该住宿一晚。

◆ 特产

当地的著名特产是板栗。每年 10 月举行板栗收获节（Kestenijada），会有 5000 多名参加者从萨格勒布到此。

■ 赫尔瓦次卡·科斯塔伊尼察
● 从萨格勒布出发
🚆 1 天 1~5 班，用时约 2 小时 45 分钟，50Kn。

■ 赫尔瓦次卡·科斯塔伊尼察的 ℹ️
Map p.82
✉️ Trg Nikole Šubića Zrinskog 1
☎️ (044) 551558
🌐 tzg-hrvatska-kostajnica.hr（克罗地亚语）
🕐 7:00~15:00
🚫 周六、周日、法定节假日

乌纳河畔的兹林斯基城堡

## HOTEL　　　酒店

中央酒店 Hotel Central　Map p.82
🌐 www.hotelcentral.hr 📧 info@hotelcentral.hr
✉️ Vladimira Nazora 1
☎️ (044) 526100　FAX (044) 526104
S 🛏️ 🚿📶📺 360Kn　W 🛏️🚿📶📺 600Kn
CC A D M V

## RESTAURANT　　　餐馆

德杰德 Djed　Map p.82
🌐 www.djed.hr（克罗地亚语）
✉️ Put za Djed bb　☎️ (044) 851561
🕐 夏季 11:00~22:00　冬季 11:00~20:00
🚫 无　CC A D M V

在位于山坡上的木屋餐馆，可以品尝到使用当地有机食材制作的巴诺维纳地区特色菜肴。用板栗及鲑鱼制作的一道美味最受欢迎，餐费大致为 100Kn~。

边境线 N 0 100m
赫尔瓦次卡·
科斯塔伊尼察

克罗地亚
薰衣草花园方向
（赫尔瓦次卡·科斯塔伊尼察）
中央酒店 Central
德杰德 Djed
Ratka Dječica
圣安东教堂 Crkva sv Antuna
长途巴士中心
兹林斯基桥 Zrinski most
兹林斯基城堡 Zrinski grad
边境
兹林斯基广场 Trg Nikole Šubića Zrinskog
乌纳河 Una
波黑（波桑斯卡·科斯塔伊尼察）

# 卡尔洛瓦茨 *Karlovac*

Map 文前 p.5-C4

市中心的耶拉契奇总督广场

　　卡尔洛瓦茨位于连接萨格勒布、伊斯特拉半岛及达尔马提亚地区干线道路沿线，在萨格勒布西南约 56 公里处。1579 年，奥匈帝国在此修建了抵御奥斯曼帝国进攻的防御工事，卡尔洛瓦茨这座城市由此诞生。六角形形状的要塞（Karlovačka Zvijezda）非常坚固，守军凭借此要塞多次击退奥斯曼帝国的进攻。这里也是克罗地亚著名的卡尔洛瓦茨啤酒（Karlovačko）的产地，每年 8~9 月有 10 天时间举办卡尔洛瓦茨啤酒节（Karlovački Dani Piva）。

流经该地的科拉纳河

・萨格勒布
★ 卡尔洛瓦茨

■ 前往卡尔洛瓦茨的方法
● 从萨格勒布出发
🚄 1 小时 1 班左右，用时 35 分钟~1 小时，2 等座 36.20Kn~，1 等座 61.30~。
🚌 1 小时 1~6 班，用时 40 分钟~1 小时，41~47Kn。
● 从里耶卡出发
🚄 1 天 3 班，用时 3~4 小时，2 等座 91.80Kn~，1 等座 144.70Kn~。
🚌 1 天 20~21 班，用时 1 小时 30 分钟~2 小时，69~103Kn。

■ 卡尔洛瓦茨的 ❶
Map p.83-B
✉ Petra Zrinskog 3
☎ (047) 615115
🌐 www.karlovac-touristinfo.hr
🕐 夏季
　　周一~周六　8:00~20:00
　　周日、法定节假日
　　　　　　　9:00~12:00
　　冬季
　　周一~周五　8:00~16:00
　　周六　　　　9:00~12:00
🚫 冬季的周日、法定节假日

## 卡尔洛瓦茨

● ─────── ● 600m
N

斯塔里格莱德
Stari grad Dubovac

市立博物馆
Gradski muzej
Karlovac

Carlstadt 方济各会修道院酒店
Franjevački samostan

耶拉契奇总督广场
Trg bana J. Jelačića

麦当劳
卡尔洛瓦茨中央站

曼迪奇餐馆
Mandić

科拉纳酒店
Korana

淡水水族馆
AQUATIKA

A　　　　　　　　　　B

**科尔纳纳酒店　Hotel Korana**
Map p.83-B
✉ Perivoj Josipa vrbanića 8
☎ (047) 609090
🌐 hotelkorana.hr
📧 info@hotelkorana.hr
💰 ⑤ⒶⒸ▢▢▢▢780Kn~
　 Ⓦ ⒶⒸ▢▢▢▢922Kn~
Ⓒ/ⒸⒶⒹⓂⓋ

**卡尔施塔特酒店**
**Hotel Carlstadt**
Map p.83-B
✉ Vranicizanyeva 1
☎ & FAX (047) 611111
🌐 carlstadt.hr
📧 carlstadt@ka.ht.hr
💰 ⑤ⒶⒸ▢▢▢▢318Kn~
　 Ⓦ ⒶⒸ▢▢▢▢471Kn~
Ⓒ/ⒸⒶⒹⓂⓋ

■ **市立博物馆**
✉ Trg Strossmayera 7
☎ (047) 615980
🌐 www.gmk.hr
🕐 周二、周四、周五
　　　　　　　　8:00~16:00
　 周三　　　　8:00~16:00
　 周六　　　 10:00~16:00
　 周日　　　 10:00~12:00
🚫 周一、法定节假日
💰 10Kn　学生 5Kn
📷可　🎥不可

■ **斯塔里格莱德**
🕐 6~9月　　 10:00~19:00
　 10~5月　　10:00~18:00
🚫 周一、法定节假日
💰 10Kn　学生 5Kn
📷可　🎥不可

■ **淡水水族馆**
✉ Branka Čavlovića Čavleka 1A
☎ (047) 659112
🌐 aquariumkarlovac.com
🕐 夏季　　 10:00~20:00
　 冬季　　 10:00~18:00
🚫 1/1、复活节、12/25
💰 60Kn　学生 40Kn
📷可　🎥不可

## 卡尔洛瓦茨　漫　步

　　旧城区的中心为星形要塞所在的耶拉契奇总督广场（Trg bana J. Jelačića）。从长途巴士总站或火车站沿霍利耶瓦茨大街（V. Holjevca）前行，在托米斯拉夫国王大街（Kr. Tomislava）转向东可到达耶拉契奇总督广场。

　　耶拉契奇总督广场周围有❶、市政厅、市立博物馆（Gradski muzej）。现在，要塞城墙遗址被辟为公园，供市民们休闲。

## 卡尔洛瓦茨　主要景点

### 市立博物馆　　　　　Gradski muzej　　Map p.83-B
City Museum

　　位于要塞遗址的博物馆。介绍卡尔洛瓦茨的历史，展出 16 世纪要塞的模型及民族服装等展品。

### 斯塔里格莱德　　　Stari grad Dubovac　Map p.83-A
Old Castle

位于耶拉契奇总督广场以西约 2.5 公里处的城塞，建于 13 世纪。斯塔里格莱德建在山丘上，可以俯瞰城市。

位于城市西侧的斯塔里格莱德

### 淡水水族馆　　　　　　AQUATIKA　　Map p.83-B
AQUATIKA

位于科拉纳河东岸，是克罗地亚最大的水族馆。可以观赏各种淡水鱼类，包括 40 多种当地特有的物种。将河流的水流湍急河段到入海口分为 5 个区域，逐一加以介绍，并制作有特色水槽，以帮助参观者理解。

水槽中再现了普利特维采湖群

## 卡尔洛瓦茨的餐馆
*Restaurant*

**曼迪奇餐馆**
*Restoran Mandić*

◆ 深受当地人喜欢的餐馆。主要提供肉类菜肴，主菜 35~175Kn。将鸡肉、火腿、乳酪卷在一起，再用烤箱烤制的 Punjena pileća prsa 很受欢迎。

克罗地亚菜　　　　　　　Map p.83-A
🌐 www.restoran-mandic.hr（克罗地亚语）
✉ Jamadolska 2　☎ (047) 415490
🕐 周二~周五　　8:30~23:00
　 周六　　　　 8:30~24:00
　 周日　　　　 8:30~22:00
🚫 周一、1/1、复活节、12/25

Ⓒ/ⒸⒶⒹⓂⓋ

# 普利特维采湖群国家公园
## *Nacionalni park Plitvička jezera*

闪耀着绿宝石光芒的湖群　　　　Map 文前 p.7-D1~2

Zagreb i
Središnja Hrvatska

萨格勒布

普利特维采
湖群国家公园

克罗地亚

卡尔洛瓦茨／普利特维采湖群国家公园

由湖群和瀑布织绘的美丽风景

普利特维采湖群国家公园位于萨格勒布以南约 110 公里处，共有大大小小 16 个湖泊和 92 座瀑布。1979 年被列为世界遗产。

绿宝石般碧绿的普利特维采河宛如一条巨蛇一般穿行在森林之间，与科拉纳河的交汇处形成了一座落差有 78 米高的瀑布，这两条河同时流入了同一个湖泊中。在这 16 个湖泊中海拔最高的位于 640 米处，从这里到海拔 500 米处的最低的湖泊间，形成了台阶状的地形，其间有不少瀑布，这便是大自然赐予我们的最壮观的艺术品。

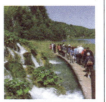
在缓坡瀑布与湖泊之间穿行

## 普利特维采湖群国家公园　漫　步

入口 2 的售票处兼 ❶

以在 ❶ 附近的商店购买。

公园共有两个入口和两个巴士站。每个巴士站附近都设有 ❶，可以从这里购票。入口 2 的售票处还可以免费寄存行李。门票的背面有简易地图和按照所需时间标注的推荐线路。这些推荐线路是使用英文字母来标识的，公园内的路标、各个线路的指示牌也都通用这种标识。详细地图可

由于公园面积宽广，除了徒步以外还可以选择搭乘环保巴士和观

■ 前往普利特维采的
　交通方法
● 从萨格勒布出发
🚌 每天 5:45（周六·周日 7:30）~21:30 期间 7~8 趟车，所需时间 2 小时 ~2 小时 40 分钟，85~96Kn。返程的车次是每天 6:50~17:50 期间 10~13 趟车。返程的车票共有两种类型，一种是可以在巴士站提前购买的，另一种只能在巴士内购买。如果准备从萨格勒布出发一日游的话，可以在到达普利特维采的同时提前在巴士站购买返程车票。
● 从扎达尔出发
🚌 每天 3~7 趟车。所需时间 1 小时 45 分钟 ~2 小时 50 分钟，85~100Kn。

■ 普利特维采湖群国家公园
☎（053）751015
URL www.np-plitvicka-jezera.hr
✉ info@np-plitvicka-jezera.hr
🕐 夏季　8:00~20:00
　　冬季　8:00~16:00
　　（根据时节变化）
🚫 无（积雪时闭园）
💰 4·5·10 月　　　　　　100Kn
　　11 月~次年 3 月　　　60Kn
　　6~9 月　　　　　　　250Kn
　　※6~8 月 16:00 以后和 9 月 15:00 以后是 150Kn
📷 可　 可

秋季的普利特维采也很美

光船。除了欣赏瀑布和湖区的美景之外，密林漫步的健走线路也非常值得尝试。

**上湖区** 公园西侧海拔较高的区域被称为上湖区。这一地区拥有平静的湖面和如白色丝带般落下的瀑布，其中瓦里齐普鲁舒塔瓦茨瀑布（Veliki Prštavci）是众多瀑布中最优美的。冬季时封锁。

**① 瓦里齐普鲁舒塔瓦茨瀑布**

**下湖区** 湖水从位于中心地带的大湖——科兹雅克湖（Jezero Kozjak）顺着阶梯地带延绵的瀑布区域被称为小湖区。湖群的最东侧，位于入口 1 附近最大的看点是瓦里齐瀑布（Veliki slap）。从入口 2 徒步至瓦里齐瀑布距离有些远，一般来说都会选择乘坐环保巴士前往。

奇吉诺瓦奇湖
Ciginovac jezero

ST3

奥克鲁谷谷列克湖
Okrugljak jezero

巴蒂诺瓦茨湖
Batinovac jezero

**上湖区**

伽罗瓦次湖
Galovac jezero

伽罗瓦秋基布克
Galovački buk

瓦里齐普鲁舒塔瓦茨瀑布
Veliki Prštavci

① 瓦里齐普鲁舒塔瓦茨瀑布

园内移动十分方便的观光船

必看景点——湖水宛如白色丝带般落下

格拉丁斯克湖
Gradinsko jezero

科兹雅克湖
Jezero Kozjak

P2

P1

咖啡馆（冬季时是售票处）

咖啡馆
R

公园入口
ST2

杰泽罗酒店
Jezero

普利特维采酒店
Plitvice

上湖区比下湖区的浮游生物多，因此湖水的颜色看上去比较深

贝尔维酒店
Bellevue

波利亚纳餐馆
Poljana

入口2
Ulaz 2

尝尝这里的名吃烤鳟鱼。午餐的最佳选择

纪念品商店

（售票处）

咖啡馆

至扎达尔

环保巴士线路，巴士站（每20～30分钟一趟车，冬季ST2～3之间停运）

观光船航路，码头（每20～30分钟一班船，冬季停运）

推荐徒步线路

瀑布　最佳拍照地点

# Information

## 值得推荐的健走线路

### 以下湖区为中心的轻松线路
所需时间 3~4 小时（公园内的线路标识：F）

　　推荐给准备从萨格勒布出发来这里一日游的游客。从 P1 乘坐观光船出发至 P3，然后从 P3 开始徒步巡游下湖区。

### 巡游所有湖泊的大全景线路
所需时间 5~6 小时（公园内的线路标识：K）

　　如果准备在这里住宿一晚的话，不妨尝试一下巡游所有的湖泊。需要徒步的线路大约是全部线路的一半左右，想要深度游的游客可以挑战一下。

科兹雅克湖
Jezero Kozjak

P3

ℹ 咖啡馆
Ⓡ 纪念品商店

③ 施普利亚洞穴

从上层湖区落下的宽幅瀑布

米兰沃秋奇瀑布
Milanovački slap

米兰沃秋奇湖
Milanovac jezero

使用给予公园捐赠的歌剧演员的名字命名

在缓坡瀑布与湖泊之间架起了游步道

园内最大的瀑布。如果准备拍照留念这里最合适不过

瓦里齐瀑布 ⑤
Veliki slap

诺瓦科维采罗德湖
Novakovića Brod jezero

下湖区

萨斯塔瓦茨瀑布
Sastavci

② 米露卡·特鲁妮娜瀑布
Slap Milke Trnine

嘎瓦诺瓦茨湖
Gavanovac jezero

卡鲁杰罗瓦茨湖
Kaluderovac jezero

（售票处）

入口1
Ulaz 1

ST1 咖啡馆

③ 施普利亚洞穴
Šupljara

至萨格勒布

0　　　　500m

④ 嘎瓦诺瓦茨湖与卡鲁杰罗瓦茨湖之间的游步道

**普利特维采湖群国家公园**

② 米露卡·特鲁妮娜瀑布

⑤ 园内最大的瀑布——瓦里齐瀑布，落差有 78 米

# 普利特维采湖群国家公园的酒店
## Hotel

　　虽然从萨格勒布出发游览普利特维采湖群国家公园可以当天往返，但小编建议一定要安排一晚住宿，好好地享受一下湖光山色。从巴士站往扎达尔方向前行1.5公里左右可以到达一个叫作Mukinje的小村庄，这里分布着一些民宿。

## 杰泽罗酒店
### *Hotel Jezero* ★★★

◆酒店位于从入口2的巴士站向萨格勒布方向500米左右的位置。虽然只是三星级酒店，却是普利特维采最高级的酒店了，住客中很多都是旅游团的游客。餐馆和桑拿房等设施比较齐全。

🛜 全馆　EV 有

| 中档　客房数：229 | Map p.86 |

URL www.np-plitvicka-jezera.hr
email info@np-plitvicka-jezera.hr
✉ Plitvička jezera
TEL（053）751015
⑤🏠🍽🛏🛁415Kn
Ⓦ🏠🍽🛏🛁830Kn
C/C Ⓐ Ⓓ Ⓜ Ⓥ

## 普利特维采酒店
### *Hotel Plitvice* ★★

◆从有巴士站的道路向西行马上就可以到达。根据房型和屋内设施共分为3个房型。每个房间都放有可以接收卫星信号的电视。

🛜 全馆　EV 无

| 经济型　客房数：50 | Map p.86 |

URL www.np-plitvicka-jezera.hr
email info@np-plitvicka-jezera.hr
✉ Plitvička jezera
TEL（053）751200　TEL（053）751165
Ⓢ🏠🍽🛏🛁264Kn~
Ⓦ🏠🍽🛏🛁528Kn~
C/C Ⓐ Ⓓ Ⓜ Ⓥ

## 贝尔维酒店
### *Hotel Bellevue* ★★

◆位于普利特维采酒店的对面。客房虽然设施简单，但是很干净。个别房间没有电视，屋内设施也只是住宿的最低标准。餐馆只在早餐时开放。

🛜 部分区域　EV 无

| 经济型　客房数：70 | Map p.86 |

URL www.np-plitvicka-jezera.hr
email info@np-plitvicka-jezera.hr
✉ Plitvička jezera
TEL（053）751800
FAX（053）751165
Ⓢ🏠🍽🛏🛁286Kn~
Ⓦ🏠🍽🛏🛁326Kn~
C/C Ⓐ Ⓓ Ⓜ Ⓥ

# 普利特维采湖群国家公园的餐馆
## Restaurant

## 波利亚纳餐馆
### *Restaurant Poljana*

◆这是一家位于贝尔维酒店隔壁的大型餐馆。餐馆内部分成西餐厅区、自助区、咖啡厅区。烤鳟鱼是当地最著名的菜肴。无论是在西餐厅还是自助区都能吃到烤鱼。

| 克罗地亚菜 | Map p.86 |

URL Plitvička jezera
TEL（053）751013
开 夏季
　8:00~23:00
　冬季
　8:00~15:00
休 无　C/C Ⓐ Ⓓ Ⓜ Ⓥ

# 斯拉沃尼亚地区

## *Slavonija*

贾科沃的大教堂（→ p.96）

# 斯拉沃尼亚地区 Slavonija

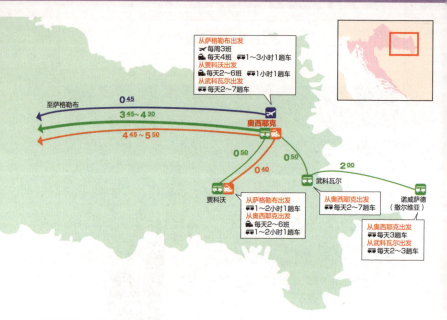

从萨格勒布出发
✈ 每周3班
🚌 每天4班　🚂1~3小时1趟车
从贾科沃出发
🚌 每天2~6班　🚂1小时1趟车
从武科瓦尔出发
🚂 每天2~7趟车

奥西耶克

至萨格勒布

**0** 45

**3** 45~ **4** 30

**4** 45~ **5** 50

**0** 50

**0** 40

**0** 50

**2** 00

贾科沃

武科瓦尔

诺威萨德
（塞尔维亚）

从萨格勒布出发
🚂1~2小时1趟车
从奥西耶克出发
🚌 每天2~6班
🚂1~2小时1趟车

从奥西耶克出发
🚂 每天2~7趟车

从奥西耶克出发
🚂 每天3趟车
从武科瓦尔出发
🚂 每天2~3趟车

※ 所需时间是夏季时的估算时间。具体情况会根据季节和运行状态而变化

## ●地理

斯拉沃尼亚地区位于克罗地亚的东部，东临多瑙河，北侧有德拉瓦河，南面是萨瓦河，因此这一地区的土地肥沃，是克罗地亚的"谷仓"。

## ●气候

这一地区的气候与萨格勒布差不多，通年比较稳定，冬季会积雪，河流也会结冰。最佳旅行季节是夏季。

## ●美食

斯拉沃尼亚地区无论是从历史上，还是从地理上都与匈牙利有着比较深厚的关系，因此这里的美食与匈牙利美食有很多共同点。这里的菜肴与匈牙利菜一样，红辣椒是必不可少的调味料，在克罗地亚众多地方菜系中，这一地区的菜是最辣的。如果来到这里，一定要品尝一下这里与众不同的味道。

此外，斯拉沃尼亚葡萄酒也

主菜大多是使用红辣椒烹制的菜肴

是这一地区的又一特色。尤其是白葡萄酒，很多酒庄都曾在国际葡萄酒大赛上获奖。

## ●线路规划

**第一天：** 从萨格勒布出发至奥西耶克。以奥西耶克为起点周游斯拉沃尼亚地区。第一天先进行市内观光。游览老城区残留的巴洛克式建筑。

**第二天：** 从奥西耶克出发去往贾科沃一日游。这座小镇有一座著名的大教堂。

**第三天：** 从市区乘坐巴士，然后换乘去往位于奥西耶克郊外的克帕丘基利自然公园。这里因有很多可以观察野鸟的观鸟点而闻名。

# 奥西耶克 *Osijek*

斯拉沃尼亚地区的中心

Map 文前 p.11-D2

蒂韦达地区的中心——圣特罗伊斯托布广场

　　奥西耶克是一座建于德拉瓦河畔的小城，也是斯拉沃尼亚地区的主要城市。这座城市的起源可以追溯到罗马时代，当时被称作"穆鲁萨（Mursa）"。如今这里是克罗地亚著名的工业城市，城内的建筑大多是18~19世纪哈布斯堡王朝时期建造的巴洛克样式的建筑。

## 奥西耶克 漫步

　　火车站、巴士站都位于城中心以南的地方。从火车站向正北方延伸的道路是施蒂潘·拉蒂奇大街（Stjepana Radića），从这里直行800米会与东西向的道路艾乌罗普斯卡大街（Europska avenija）交会。从这个交会点沿着艾乌罗普斯卡大街向西前行500米左右，便可以到达安迪·斯塔尔奇维奇广场（Trg Ante Starčevića），广场的南侧是圣彼得和保罗教堂，周边有❶和国家剧院，这一带便是城中心了。艾乌罗普斯卡大街以东是蒂韦达地区。这一区域是中世纪以来便开始兴旺发达的历史悠久的区域。

　　整座城市徒步即可游览，也可以乘坐有轨电车，共有3条线路。1路是沿着艾乌罗普斯卡大街东西向的线路，连接安迪·斯塔尔奇维奇广场与蒂韦达地区。2路是从巴士中心出发，经由安迪·斯塔尔奇维奇广场，连接城市的东南部地区。3路是在巴士站、火车站和安迪·斯塔尔奇维奇广场之间循环的线路。

### ■前往奥西耶克的交通方法

✈ 有从萨格勒布出发的航班

🛫 有从萨格勒布、贾科沃等地出发的车次。

🚌 除了国内的长途车，还有从塞尔维亚的贝尔格莱德、诺维萨德出发的车次。

#### ● 从萨格勒布出发

✈ 每周3班车次，所需时间约45分钟

🚄 从中央车站出发每天4班车，所需时间4小时45分钟~5小时50分钟，2等座131.80Kn~，1等座204.70Kn~。

🚌 1~3小时1趟车，所需时间3小时45分钟~4小时30分钟，124~139Kn

#### ● 从贾科沃出发

🚄 每天2~6班车次，所需时间40分钟，2等座27.10Kn。

🚌 每小时1趟车，所需时间50分钟，33Kn~。

#### ● 从武科瓦尔出发

🚌 每天2~7趟车，所需时间50分钟，34Kn~。

### ■有轨电车的车票

　　车票的价格是11Kn，需要在车内购票。在60分钟有效期内，可以任意换乘。

### ■有轨电车2路

　　2路车是从巴士中心经由火车站去往安迪·斯塔尔奇维奇广场，之后不会从安迪·斯塔尔奇维奇广场去火车站和巴士中心，而是直接前往城市的东南部。如果想要从安迪·斯塔尔奇维奇广场去往巴士中心或或火车站，请乘坐3路车。

### ■奥西耶克的❶

Map p.92-A1

✉ Županijska 2
☎ (031) 203755
URL www.tzosijek.hr
🕐 周一~周五　8:00~16:00
　　周六　　　8:00~12:00
🈺 周日、法定节假日
斯拉沃尼亚博物馆隔壁还有一家分店。

夜晚灯光下的圣特罗伊斯托布广场

■ **圣彼得和保罗教堂**
✉ Županijska
⊞ 早晨～傍晚（周日12:00～）
休 无 💰 无 📷 不可

即使是从城区的外围也可以看到高高的尖塔

## 蒂韦达地区　　　　　Tvrđa　　Map p.92-B1
Tvrđa

　　蒂韦达是奥西耶克的老城区，历史可以追溯到12世纪。早在奥斯曼王朝与哈布斯堡王朝相互争霸中欧地区时奥西耶克就是重要的分歧点，过去这里曾经拥有坚固的城堡和防御设施。随着17世纪以后奥斯曼王朝的衰落，蒂韦达曾经重要的军事地位逐渐弱化，慢慢演变成了巴洛克格调的商业区。圣特罗伊斯托布广场（Trg sv. Trojstva）是蒂韦达地区的中心。广场的中央建有一座纪念塔，四周被美丽的建筑物所环绕，东南方是斯拉沃尼亚博物馆，西侧是考古博物馆等。

## 圣彼得和保罗教堂　　　　Map p.92-A1
Župna crkva sv. Petra i Pavla
The Parish Church of St. Peter & Paul

　　这座新哥特式教堂位于安迪·斯塔尔奇维奇广场的南侧。建造过程从1894年至1898年历时4年，高高耸立的尖塔和红砖外观给人留下了深刻的印象。尖塔的高度为90米，是克罗地亚的第二高塔，仅次于萨格勒布的圣母升天大教堂。

## 斯拉沃尼亚博物馆　　Muzej Slavonije　　Map p.92-B1
Museum of Slavonia

　　这座博物馆是斯拉沃尼亚地区最具代表性的博物馆，位于圣特罗伊斯托布广场的东南侧。博物馆所在的建筑十分有特点，这是一栋建于1702年的巴洛克建筑，也是蒂韦达地区最古老的巴洛克建筑。这座综合博物馆于1877年开馆，展示了大量斯拉沃尼亚地区的文物。除了常设展之外，还经常会有一些特展，会根据季节改变主题。大部分解说多是克罗地亚语，也有部分使用英语介绍。

## 考古博物馆　　Arheološki muzej　　Map p.92-B1
Archaeological Museum

　　这座博物馆位于圣特罗伊斯布广场周围移动巴洛克建筑内。主要展示了4世纪以后的中世纪欧洲的民族大移动，此外也会有特展展出。

考古博物馆

## 奥西耶克　短途旅行

## 克帕丘基利自然公园　　Map 文前 p.11-D2
Park prirode Kopački rit

Kopacki Rit Natural Park

　　克帕丘基利自然公园位于奥西耶克东北方约12公里处，地处多瑙河与德拉瓦河交汇处，也是欧洲最大的湿地。这片湿地上栖息着多种多样的动植物，最为知名的是有很多马鹿栖息在这里。此外，这片湿地还是野生鸟类的乐园，共有298种野生鸟类栖息在这里。由于湿地地带特有的生态系统，早在1967年这里就被指定为自然公园。

■斯拉沃尼亚博物馆
⊠ Trg sv. Trojstva 6
☎ (031) 250730
URL www.mso.hr
⏰ 10:00~18:00
休 周日、周一、法定节假日
费 20Kn　学生 10Kn
📷 可　🎥 不可

■考古博物馆
⊠ Trg sv. Trojstva 2
☎ (031) 232132
⏰ 10:00~18:00
休 周日、周一、法定节假日
费 20Kn　学生 10Kn
📷 可　🎥 不可

### 前往克帕丘基利自然公园的交通方法
🚕 乘坐出租车单程约需120Kn
■克帕丘基利自然公园游客中心
☎ (031) 445445
URL pp-kopacki-rit.hr
⏰ 4~10月　　　9:00~17:00
　11月~次年3月
　　　　　　　8:00~16:00
休 1/1、11/1、12/25
费 10Kn
乘船游览夏季 11:00、13:00、15:00 出发（需要预约）
📷 可　🎥 不可

公园内的游步道

## 奥西耶克的酒店
Hotel

　　这里是斯拉沃尼亚地区的中心城市，因此住宿设施也比其他城镇数量多一些。不过，这里经常会举办一些商业会议，因此住宿总是十分紧张，提前预约的话应该不会很被动。很多酒店会把周末的价格设定得低一些。

| 高档　客房数：147　Map p.92-A1 |

### 奥西耶克酒店　　★★★★
Hotel Osijek

◆整座城市最高档的酒店。客房共有三种房型，无论哪种房型都带有空调、迷你吧等设施。部分房间还带有浴缸。公共设施有餐厅、咖啡馆、健身中心等。
📶 全馆　EV 有

URL www.hotelosijek.hr
email info@hotelosijek.hr
⊠ Šamačka 4
☎ (031) 230333
FAX (031) 230444
S A/C 🛁 ✈ € 78~
W A/C 🛁 ✈ € 94~
C A D M V

## 瓦尔丁格酒店
### *Hotel Waldinger* ★★★★

◆这家酒店最值得骄傲的是服务，对待每一位客人都非常细致耐心。桑拿和健身设施也比较完善。酒店内并设的餐馆也得到了很高的评价。此外，还有同系列的旅馆。

🛜 全馆　EV 无

高档　客房数：16　　Map p.92-A1
URL waldinger.hr
email info@waldinger.hr
✉ Županijska 8
TEL（031）250450　FAX（031）250453
S A/C ⛶ ➡ 🛏 650Kn~
W A/C ⛶ ➡ 🛏 750Kn~
C/C A D M V

## 维也纳公寓
### *Vienna Apartments*

◆位于火车站附近的私营旅馆。无论地理位置还是住宿费都十分有魅力。客房内有电视、冰箱、吹风机等。早餐是35Kn。

🛜 全馆　EV 无

中档　客房数：12　　Map p.92-A1
URL www.vienna-smjestaj.com
email info@ vienna-smjestaj.com
✉ Stjepana Radića 26a
TEL 095-9044608（手机）
TEL（031）214026　FAX（031）207041
S A/C ⛶ ➡ 🛏 300Kn~
W A/C ⛶ ➡ 🛏 420Kn~
C/C A D M V

## 维拉阿里斯顿酒店
### *Hotel Vila Ariston* ★★★

◆酒店位于市内观光徒步圈范围之内，徒步至巴士中心仅需 3 分钟。客房内设施虽然只是最低配置，但都可以正常使用。所有房间都附带有电视。

🛜 全馆　EV 无

中档　客房数：10　　Map p.92-A2
URL www.hotelaristonosijek.hr
email info@hotelaristonosijek.hr
✉ Zrinjevac、Kačićeva 6
TEL（031）251351　FAX（031）251350
S A/C ⛶ ➡ 🛏 € 40~68
W A/C ⛶ ➡ 🛏 € 60~88
C/C A D M V

## 中央酒店
### *Hotel Central* ★★

◆位于安迪·斯塔尔奇维奇广场附近的酒店。所处的建筑物比较老旧，但是地理位置还不错，而且酒店还有市内博物馆和国家剧院的折扣券。部分客房带有浴缸。

🛜 全馆　EV 无

经济型　客房数：39　　Map p.92-A1
URL www.hotel-central-os.hr
email info@hotel-central-os.hr
✉ Trg Ante Starčevića 6
TEL（031）283399　FAX（031）283391
S ⛶ ➡ 🛏 348Kn~
W ⛶ ➡ 🛏 536Kn~
C/C A D M V

# 奥西耶克的餐馆
## *Restaurant*

## 科德鲁杰
### *Kod Ruže*

◆餐馆位于蒂韦达地区的一栋 18 世纪的建筑物内。主营斯拉沃尼亚地方菜，肉菜是 20~65Kn，鱼类是 45~95Kn。

克罗地亚菜　　Map p.92-B1
URL omnia-osijek.hr
🏠 F.Kuhačeva 25a　TEL（031）206066
⏰ 10:00~23:00
（周五、周六至次日 1:00）
🚫 1/1、12/25、复活节
C/C A M V

## 温斯卡姆西采
### *Vinska mušica*

◆在这里可以试饮到斯拉沃尼亚地区 16 家酒庄共计 60 种以上的葡萄酒。价格在 10~35Kn，大多数在 20Kn 上下。乳酪拼盘和乡间面包也值得推荐。

葡萄酒吧　　Map p.92-A1
✉ Kapucinska 34
TEL 092-350-9939（手机）
⏰ 周一～周四、法定节假日
　　10:00~23:00
周五、周六 10:00~24:00
🚫 周日　C/C 不可

# 武科瓦尔 *Vukovar*

Map 文前 p.11-D3

*武科瓦尔市立博物馆*

　　武科瓦尔是克罗地亚东端的城市，位于多瑙河西岸，奥西耶克以东，乘坐巴士约 50 分钟可达。过去这里曾经因为是多瑙河沿岸巴洛克风格的小城而知名，但在 1991 年的战争中整座城市受到了重创。目前居民已经逐渐都返回了家乡，复建工作在循序渐进地进行中。

## 武科瓦尔　漫　步

　　武科瓦尔被武卡河（Vuka）一分为二，分为南北两个部分，巴士中心位于北侧。从巴士中心向东前行便可到达小镇的主干道，❶和武科瓦尔市立博物馆（Gradski muzej Vukovar）、武科瓦尔医院等都位于这条路上。武科瓦尔医院内设有战时医院博物馆（Memorijalni muzej），博物馆内通过影像、模型等再现了 1991 年武科瓦尔被南斯拉夫联军包围 100 天期间医院内的景象。

　　城市以南 6 公里是武切德鲁文化博物馆（Muzej Vučedolske Kulture），主要介绍了 5000 年前曾经在这一地区繁荣的古代文明。

武科瓦尔

塞尔维亚

战时医院博物馆
Memorijalni muzej
Kardinala Alojzija Stepinca

多瑙河
Dunav

2 04. Vukovarske Brigade

武科瓦尔市立博物馆
Gradski muzej Vukovar

拉维酒店
J.J. Strossmayera

长途巴士中心

武卡河

Vuka

Trg
Vukovarska vina Ⓢ Hrvatske

弗朗西斯科教会修道院
Franjevački samostan

Bogdanovačka

Prvadrojca

0　　200m

武切德鲁文化博物馆
（约6公里）

*武切德鲁文化博物馆*

■前往武科瓦尔的交通方法
🚌🚊除了乘坐国内线，还有从塞尔维亚的贝尔格莱德、诺维萨德出发的车次。
●从奥西耶克出发
🚌🚊每天 2~7 趟车，所需时间 50 分钟，34Kn。

■武科瓦尔的 ❶
Map p.95
✉ J.J.Strossmayera 15
☎（032）442889
URL www.turizamvukovar.hr
email tz-vukovar@vk.t-com.hr
🕐周一～周五　　7:00~15:00
　周六　　　　　8:00~13:00
🈺周日、法定节假日

■武科瓦尔市立博物馆
Map p.95
✉ Županijska 2
☎（032）638475
🕐夏季　　　10:00~18:00
　冬季　　　10:00~16:00
🈺周一、法定节假日
💴40Kn 学生 30Kn
📷可 📹不可

■战时医院博物馆
Map p.95
✉ Županijska 37
🕐9:00~15:00
🈺周六・周日、法定节假日
💴15Kn
📷可 📹不可
※ 导览团只有克罗地亚语

■武切德鲁文化博物馆
Map p.95 外
✉ Arheološki Lokalitet Vučedol
☎（032）373930
🕐夏季　　　10:00~18:00
　冬季　　　10:00~16:00
🈺周一、法定节假日
💴40Kn 学生 30Kn
📷可 📹不可

HOTEL　　酒店
拉维酒店
Hotel Lav
Map p.95
✉ J.J. Strossmayera 18
☎（032）445100
FAX（032）445110
URL www.hotel-lav.hr
💴ⓈＡＣ🚿🛁💶490Kn
　ＷＡＣ🚿🛁💶780Kn
CC ＡＤＭＶ

·萨格勒布
★
贾科沃

# 贾科沃 *Đakovo*

Map 文前 p.11-C3

19 世纪教会建筑的杰作——贾科沃大教堂

■ **前往贾科沃的交通方法**
● **从萨格勒布出发**
🚌 每 1~2 小时 1 趟车，所需时间 2 小时 55 分钟～3 小时 45 分钟，115Kn~134Kn
● **从奥西耶克出发**
🚋 每天 2~6 班，所需时间 40 分钟，2 等座 27.10Kn
🚌 每 1~2 小时 1 趟车，所需时间 50 分钟，33Kn~。

■ **贾科沃的 ❶**
Map p.96-1
✉ Kralja Tomislava 3
☎ （031）812319
🌐 tzdjakovo.eu
📧 tz-grada-djakova@os.t-com.hr
🗓 周一～周五　8:00~15:00
　　周六　　　　8:00~13:00
🚫 周日、法定节假日

■ **斯特罗斯马耶纪念博物馆**
Map p.96-2
✉ Luke Botića 2
☎ （031）802357
🗓 周一～周五　8:00~18:00
　　周六　　　　8:00~13:00
🚫 周日、法定节假日
💰 10Kn　学生 5Kn
📷 可　🎥 可

■ **贾科沃地方博物馆**
Map p.96-1
✉ Ante Starčevića 34
☎ （031）813254
🌐 www.muzej-djakovstine.hr
🗓 9:00~13:00
🚫 法定节假日
💰 10Kn　学生 5Kn
📷 可　🎥 可

■ **贾科沃种马场**
Map p.96-1 外
✉ A.Šenoe 45
☎ （031）822535
🌐 www.ergela-djakovo.hr
🗓 3~10 月
　　周一～周五　7:00~17:00
　　周六・周日　9:00~13:00
　　11 月～次年 2 月
　　　　　　　　7:00~15:00
🚫 法定节假日、11 月～次年 2 月期间周六
💰 30Kn　学生 20Kn
📷 可　🎥 可

　　贾科沃是位于奥西耶克西南方 38 公里的城市。可看的景点虽然不多，但是雄伟的大教堂在克罗地亚却是尽人皆知的。每年 6 月下旬至 7 月上旬这里都会举行民族服装秀，届时人们会穿着斯拉沃尼亚地区的民族服饰，演奏民族音乐载歌载舞。

## 贾科沃　漫 步

　　巴士中心位于市中心附近，从这里向西徒步约 3 分钟，便可以到达城区最主要的景点——大教堂（Katedrala）。
　　大教堂北侧隔着一条街的便是斯特罗斯马耶纪念博物馆（Spomen-muzeja biskupa Josipa Jurja Strossmayera）。
　　此外，城区的北侧有贾科沃地方博物馆（Muzej Đakovštine），东侧是贾科沃种马场（Državna Ergela Đakovo）。

种马场因饲养享誉马术界的利皮扎马而闻名

# 克瓦内尔地区与伊斯特拉半岛

## *Kvarner i Istra*

在密林环绕下的布泽村(→ p.130)

# 克瓦内尔地区与伊斯特拉半岛 Kvarner i Istra

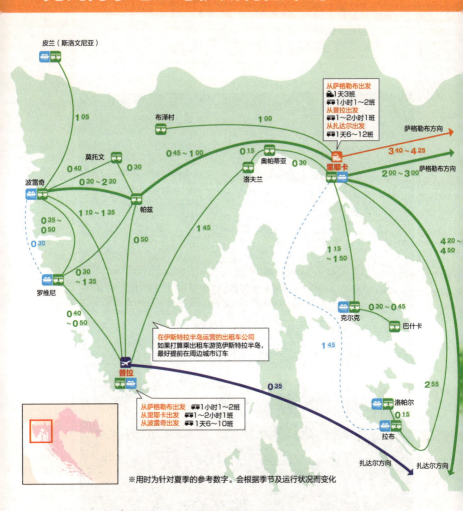

皮兰（斯洛文尼亚）

布泽村

莫托文

奥帕蒂亚

洛夫兰

里耶卡

萨格勒布方向

从萨格勒布出发
🚄1天3班
🚌1小时1~2班
从普拉出发
🚌1~2小时1班
从扎达尔出发
🚌1天6~12班

1 05

1 00

3 40~4 25

萨格勒布方向

2 00~3 00

0 45~1 00

0 15

0 30

0 40

0 30

波雷奇

0 30~2 30

帕兹

1 10~1 35

1 45

1 15~1 50

4 20~4 50

0 35~0 50

0 30

0 50

克尔克

0 30~0 45

巴什卡

0 30~1 35

罗维尼

0 40~0 50

1 45

普拉

在伊斯特拉半岛运营的出租车公司
如果打算乘出租车游览伊斯特拉半岛，
最好提前在周边城市订车

0 35

2 55

洛帕尔

0 15

拉布

从萨格勒布出发🚌1小时1~2班
从里耶卡出发🚌1~2小时1班
从波雷奇出发🚌1天6~10班

扎达尔方向

扎达尔方向

※用时为针对夏季的参考数字。会根据季节及运行状况而变化

## ●地理

　　卡瓦内尔地区与伊斯特拉半岛距离斯洛文尼亚及意大利很近。该地区的中心城市为克罗地亚著名港口城市里耶卡。这里也是克罗地亚西部的门户城市。有从里耶卡出发开往克尔克岛、拉布岛的直达巴士，距离伊斯特拉半岛也不远。位于里耶卡旁边的奥帕蒂亚，从奥地利统治时期就

是度假地，至今已有160年的历史。住宿设施很多，从豪华的酒店到普通的民宿都有。巴士的车

在船上眺望罗维尼

次较少，不过旅行社有前往近郊地区游览的团体游项目。

## ●气候

　　该地区属地中海气候，夏季干燥，冬季多雨。沿岸城市在夏季多晴天，较为舒适，但到了夜晚温度会变得较低，准备衣服应考虑增减。冬季，沿岸各城市虽然不会降雪，但是气温很低，需要准备抓绒衣物及羽绒服。

## ●伴手礼

### 自酿白兰地

用水果酿制的蒸馏酒。在伴手礼店及露天摊位能买到当地农民或餐馆自酿的白兰地。酒精含量在40°左右。

### 松露

世界三大美味之一的松露是伊斯特拉半岛的特产。克罗地亚著名的松露生产企业 Zigante 的总店就在伊斯特拉半岛的利瓦德,店内有松露酱及松露油等多种松露制品,还有专为伴手礼准备的小包装商品。在其他村庄以及萨格勒布也能买到。

### 葡萄酒

有用伊斯特拉半岛特有的葡萄酿造的特朗(Teran)以及克尔克岛的斯拉蒂纳(Zlahtina)等著名葡萄酒。

### 蜂蜜制品

布泽村有养蜂场,出售蜂蜜。伴手礼专用的小瓶装蜂蜜,看上去十分可爱。下图左边的是添加了蜂胶的唇膏。

### 摩尔琪琪

摩尔琪琪是里耶卡的守护神。这是一件保佑渔民出海平安的物品。在奥帕蒂亚还出售摩尔琪琪造型的饰坠、胸针。

## ●里耶卡嘉年华

里耶卡每年1~2月都会举办嘉年华,将有近100个队伍参加游行活动。最具特色的是装扮成头戴包头、被称为摩尔琪琪的黑人守护神游行队伍。摩尔琪琪是嘉年华的主角,在嘉年华期间会出现在各种活动中。

摩尔琪琪的摆件

## ●线路规划

**第1天:** 从萨格勒布经里耶卡前往奥帕蒂亚。把行李放到酒店内,之后上街徒步游览。

**第2天:** 从奥帕蒂亚经里耶卡前往普拉。参观位于市中心的古罗马圆形剧场以及奥古斯都神殿等景点。

**第3天:** 前往罗维尼并当天返回。参观完建于山丘之上的圣尤菲米娅教堂之后,可参加团体游乘游船前往利姆湾。

**第4天:** 经由帕兹前往莫托文。从帕兹出发的巴士数量很少,所以应尽量赶在上午出发。没有从莫托文开往周边村落的公共交通工具,所以如要去往周边游览,只能包租出租车或者租赁自行车。在伴手礼商店购买完松露后,可以品尝一下当地的松露菜肴。

**第5天:** 经由帕兹前往波雷奇。参观被列为世界遗产的尤弗拉西苏斯圣殿。

**第6天:** 参加当地旅行社举办的一日游,前往意大利的威尼斯或斯洛文尼亚的波斯托伊纳游览。但是,需要注意,这种一日游只在夏季才有。

**第7天:** 可以返回萨格勒布,不过在夏季有巴士去往斯洛文尼亚的皮兰,所以也可选择由此北上的方案。

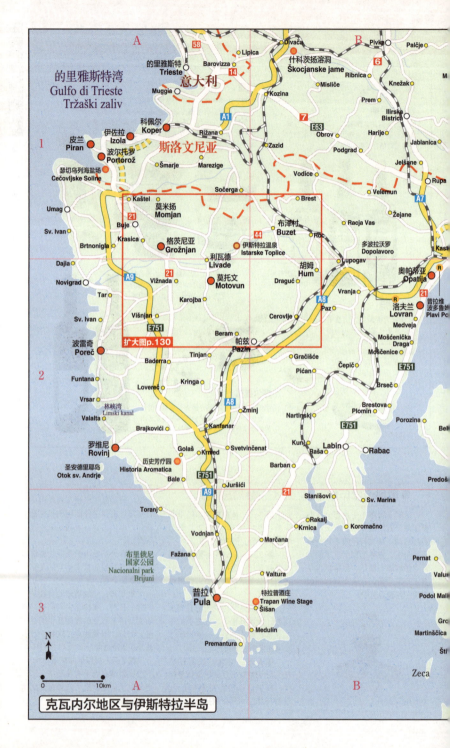

的里雅斯特湾
Gulfo di Trieste
Tržaški zaliv

斯洛文尼亚

意大利

扩大图 p.130

克瓦内尔地区与伊斯特拉半岛

N

0        10km

100

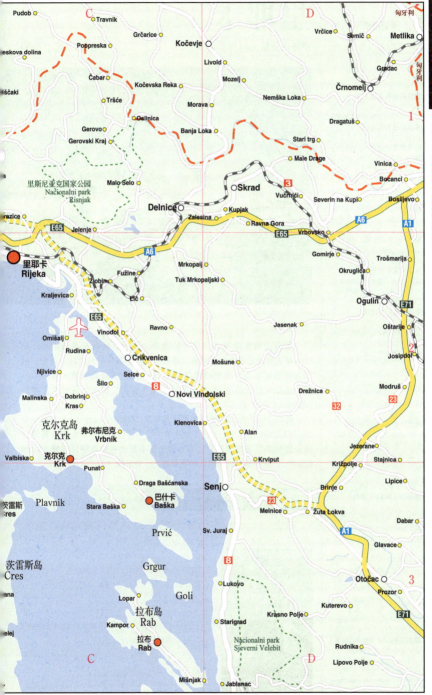

Pudob

C Travnik

Popopreska

Grčarice

Kočevje

Livold

Mozelj

Vrčice

Semič

Metlika

匈牙利

eskova dolina

Čabar

Kočevska Reka

Morava

Nemška Loka

Gradac

Črnomelj

匈牙利

lščaki

Tršće

Oslinica

Banja Loka

Dragatuš

Gerovo

Gerovski Kraj

Stari trg

1

Male Drage

Vinica

Bocanci

Malo Selo

里斯尼亚克国家公园
Nacionalni park
Risnjak

Skrad

Vučmići

3

Severin na Kupi

Bosiljevo

Delnice

Zalesina

Kupjak

Ravna Gora

E65

Vrbovsko

A6

A1

razice

E65

Jelenje

A6

Gomirje

Trošmarija

Okruglica

里耶卡
Rijeka

Mrkopalj

Tuk Mrkopaljski

Kraljevica

Žlobin

Fužine

Ogulin

E71

Lič

Oštarije

E65

Ravno

Jasenak

Josipdol

2

Omišalj

Vinodol

Rudina

Crikvenica

Mošune

Drežnica

Modruš

23

Njivice

Selce

Šilo

8

Novi Vindolski

32

Malinska

Dobrinj

Kras

Klenovica

Alan

Jezerane

克尔克岛
Krk

弗尔布尼克
Vrbnik

Križpolje

Stajnica

Valbiska

克尔克
Krk

Punat

E65

Krviput

Brinje

Lipice

Draga Baščanska

Senj

Plavnik

Stara Baška

巴什卡
Baška

Melnice

23

Žuta Lokva

Dabar

Prvić

Sv. Juraj

A1

Glavace

茨雷斯岛
Cres

Grgur

8

Otočac

3

ana

Goli

Lukovo

Kuterevo

Prozor

elej

Lopar

拉布岛
Rab

Kampor

Krasno Polje

E71

拉布
Rab

Starigrad

Nacionalni park
Sjeverni Velebit

Rudnika

C

Lipovo Polje

D

Mišnjak

Jablanac

萨格勒布·
★里耶卡

# 里耶卡 *Rijeka*

克罗地亚最大的贸易港

Map 文前 p.4-B4

■前往里耶卡的方法
✈里耶卡机场位于克尔克岛，没有克罗地亚国内航班。
●从萨格勒布出发
🚄从中央火车站每天有3班列车发车，用时3小时40分钟~4小时25分钟，2等座111.10Kn~，1等座173.70Kn~。
🚌1小时1~2班，用时2~3小时，66~131Kn。
●从卡尔洛瓦茨出发
🚄1天3班，用时2小时55分钟~3小时30分钟，2等座91.80Kn~，1等座144.70Kn~。
🚌1天16~18班，用时1小时35分钟~2小时5分钟，69~110Kn。
●从扎达尔出发
🚌1天6~12班，用时4小时20分钟~4小时50分钟，128~190Kn。
●从斯普利特出发
🚌1天7班，用时7小时20分钟~8小时35分钟，210~296Kn。
■里耶卡市内巴士
有19条线路，车票分区间收费，按距离分为1~4个区间，在售货亭购票，1个区间2次乘车票15.50Kn~。在车内向司机购票，1次乘车票10Kn。
■旅游巴士TouRist bus
可在里耶卡、特尔萨特、奥帕蒂亚等6个地点上下车的观光巴士（提供语音导览设备）。只在夏季运行，每天5班。24小时通票50Kn~，可在车内购买。
■里耶卡的❶（市内）
Map p.103-A1
✉Korzo 14  ☎（051）335882
🔗www.visitrijeka.hr
📧info@visitrijeka.hr
🗓6/15~9月中旬
　周一~周六 8:00~20:00
　周日、法定节假日
　　　　　　8:00~14:00
9月中旬~次年6/14
　周一~周五 8:00~19:30
　周六、法定节假日
　　　　　　8:00~13:30
🗓9月中旬~次年6/14周日
■里耶卡的❶（特尔萨特城堡）
Map p.103-B1
✉Partizanska put 9a
☎（051）217714
🗓10月~次年5月9:00~17:00
　6~9月　　9:00~20:00
🗓1/1、11/1、12/25

里耶卡港的风景

港口城市里耶卡有"河"的意思，位于萨格勒布西南185公里处，是克罗地亚最大的贸易港。航行于亚得里亚海的渡轮在此停泊。过去这里的地名为意大利语的阜姆（Fiume，也是河的意思）并广为人知。里耶卡已被选为2020年的欧盟文化首都，将举办各种文化活动（🔗rijeka2020.eu）。

每年1~2月期间会举行里耶卡嘉年华（Riječki karneval）（🔗www.rijecki-karneval.hr），这项活动从中世纪持续至今。届时会有大量游客从各地赶来观看盛装游行。城市旁边的山丘上有特尔萨特城堡（Trsat Castle），从那里可以远眺亚得里亚海，十分美丽。

## 里耶卡 漫步

乘火车到达后出站向右沿克雷西米洛瓦大街（Krešimirova）前行。步行7分钟左右，可以看见有大型船舶停靠的里耶卡港，港口旁边有长途巴士总站。从 Jadranski trg 向东延伸的道路为当地的主街道科尔索大道（Korzo），街道两旁有很多精品店及咖啡馆。❶ 也在这条街上。一直沿此道路前行，左边会出现一座黄颜色的钟楼（Gradski Toranj），为里耶卡的地标建筑。街道右侧有百货商场，客人很多。里耶卡嘉年华举行时，会在这条道路上举行游行。

穿过钟楼向北，就是圣维特大教堂。教堂后面大街的对面是博物馆地区。

前往山丘之上的特尔萨特，可从菲乌马拉大街（Fiumara）乘2路巴士，在 Trsat crkva 下

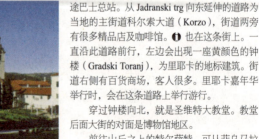
特尔萨特圣母教堂

车。另外，虽然路途比较劳累，但是也可以从提托广场（Titov trg）沿朝圣者的佩特尔克鲁基奇阶梯（Trsatske stube Petra Kružića）前往。

## 里耶卡 主要景点

### 圣维特大教堂　　Katedrala sv. Vida　Map p.103-A2
St. Vitu's Cathedral

17世纪时由耶稣会修建的圆形教堂，克罗地亚的100库纳纸币上有这座教堂的图案。供奉于主祭坛上的哥特风格基督受难像，表现了耶稣遭受石刑时流血的场面。

*圣维特大教堂的主祭坛*

### 特尔萨特城堡　　Trsatska gradina　Map p.103-B1
Trsat Castle

这里的城市起源于凯尔特人在山上修建特尔塞蒂卡（Trsatica），古罗马时期，成为抵御异族入侵的据点。现在的城堡建于中世纪要塞之上，19世纪时进行了大规模改建。城堡内有❶及咖啡馆。在城堡可俯瞰街区及克瓦内尔湾。

### 特尔萨特圣母教堂　　Svetište Gospe Trsaske　Map p.103-B1
Our Lady of Trsat Church

特尔萨特圣母教堂建在传说中的土地上。传说1291年5月10日，天使将位于以色列拿撒勒的耶稣基督圣居搬迁至此。1294年，天使又将圣居搬迁至意大利安科纳附近的洛雷托并保存至今。

■里耶卡 - 奥帕蒂亚旅游卡
可凭证参观里耶卡的各主要博物馆及奥帕蒂亚的旅游博物馆，还可以在合作餐馆及商店享受打折优惠。也可凭证乘坐旅游巴士。卡共分3种，除了有24小时有效50Kn，还有48小时卡及72小时卡。可在❶购买。
URL www.touristcard.hr
■渡轮公司亚德洛里尼亚
Jadrolinija　Map p.103-A2
✉ Riječki lukobran b.b.
TEL（051）211444
URL www.jadrolinija.hr
🕐6~9月
　　周一～周五　7:00~17:00
　　周六　　　　9:00~17:00
　　周日、法定节假日
　　　　　　　11:00~17:00
　　10月～次年5月
　　周一～周五　8:00~15:00
　　周六、周日、
　　法定节假日 11:00~15:00
🚫1/1、12/25、复活节
■图奈尔里　Map p.103-A2
第二次世界大战期间，意大利军队挖掘的供市民避难用的隧道。全长330米。圣维特大教堂旁边及德拉茨小学旁边设有出入口。
🕐10:00~19:30
■圣维特大教堂
✉ Trg Grivina 11
🕐冬季　　　　6:00~18:00
　　夏季　　　　6:00~13:00
※ 有时会有变化
🚫法定节假日　💰免费
📷🚫 禁止拍照
■特尔萨特城堡
🕐 随时

103

Map p.103-A1

## 特尔萨特圣母教堂

- 🕐 随时 🚫 不定期
- 💰 免费 ❌ 不可

## 海洋历史博物馆

- ✉ Muzejski trg 1
- ☎ (051) 213578
- 🌐 ppmhp.hr
- 🕐 周一 9:00~16:00
  - 周二～周六 9:00~20:00
  - 夏季的周日 16:00~20:00
  - 冬季的周日 9:00~13:00
- 🚫 法定节假日
- 💰 20Kn 学生 15Kn
- 📷 可 🚫 不可

## 里耶卡市立博物馆

Map p.103-A1

- ✉ Muzejski trg 1
- ☎ (051) 336711
- 🌐 www.muzej-rijeke.hr（克罗地亚语）
- 🕐 夏季
  - 周一～周六 10:00~20:00
  - 周日 10:00~15:00
  - 冬季
  - 周一～周六 10:00~19:00
  - 周日 10:00~15:00
- 🚫 法定节假日
- 💰 15Kn 学生 10Kn
- 🚫 不可

## 自然历史博物馆

Map p.103-A1

- ✉ Lorenov prolaz 1
- ☎ (051) 553669
- 🌐 www.prirdoslovni.com
- 🕐 9:00~20:00
- 🚫 法定节假日
- 💰 10Kn 学生 5Kn
- 📷 可 🚫 可

圣居虽然搬至洛雷托，但是每年 5 月 10 日都会有大量信徒从世界各地到这片曾经发生奇迹的土地朝拜。主祭坛上的圣母玛利亚画像为 1367 年教皇乌尔班五世所赠。另外，教堂前面的教皇约翰·保罗二世像，是 2003 年为纪念这位教皇来此视察而建。教堂旁边有方济各会的修道院，修道院的回廊里有描绘圣母玛利亚生平的连环画作。

特尔萨特圣母教堂的主祭坛

## 海洋历史博物馆
### Pomorski i povijesni muzej Hrvatskog primorja

Map p.103-A1

Maritime & History Museum

　城市北部为博物馆地区。海洋历史博物馆是该地区最大的博物馆，1876 年开馆，也是里耶卡历史最久的博物馆。主要介绍克罗地亚的航海发展史并展出考古学、民俗学史料以及近代家具等，展品种类丰富。

海洋历史博物馆

　另外，这里还有里耶卡市立博物馆（Muzej grada Rijeke），馆内没有常设展，只举办特展。不远处的自然历史博物馆（Prirodoslovni muzej）与萨格勒布的自然历史博物馆相比，海洋生物的相关展品更加丰富。

# 里耶卡的酒店
## Hotel

　里耶卡是克罗地亚少有的大城市之一，不过酒店的数量并不算多。狂欢节期间或者夜间抵达时建议提前预约。

## 博纳维亚酒店
### Grand Hotel Bonavia

★★★★

◆开业于 1876 年的历史悠久的酒店。6、7 层的客房带有露台，可以享受观景的乐趣。酒店的住客可以免费使用桑拿。右记的内容是实地调查时的费用。

📶 全馆　🛗 有

| 高档 | 客房数：120 | Map p.103-A2 |
| --- | --- | --- |

- 🌐 www.plavalaguna.com
- ✉ bonavia@plavalaguna.com
- 🏠 Dolac 4
- ☎ (051) 357100　📠 (051) 330243
- 🛏 S A/C 📺 🚿 🛁 € 105~
- 🛏 W A/C 📺 🚿 🛁 € 130~
- 💳 A D M V

## 奈波德酒店
### Hotel Neboder

★★★

◆从钟楼徒步至酒店约需 10 分钟，整栋建筑共有 14 层楼。虽然酒店内没有餐馆，但是前台旁有个酒吧。个别房间带有浴缸。

📶 所有房间　🛗 有

| 中档 | 客房数：54 | Map p.103-B2 |
| --- | --- | --- |

- 🌐 www.jadran-hoteli.hr
- ✉ neboder@jadran-hoteli.hr
- 🏠 Strossmayerova 1
- ☎ (051) 373538　📠 (051) 493299
- 🛏 S A/C 📺 🚿 🛁 498~548Kn
- 🛏 W A/C 📺 🚿 🛁 623~685Kn
- 💳 A D M V

## 欧陆酒店

*Hotel Continental* ★★★

◆科尔索大道东侧尽头左转，过了运河大桥马上就可以看到这家酒店。这是一家于1888年建造的老牌酒店，因为比较受欢迎，如果准备周末入住请尽早预订。

 所有房间　**EV** 有

中档　客房数：69　Map p.103-B2

**URL** www.jadran-hoteli.hr

**email** continental@jadran-hoteli.hr

✉ Andrije Kašića Miošića 1

**TEL**（051）372004　**FAX**（051）372009

**S** **A/C** 📶 ➡ 🖥 523~560Kn

**W** **A/C** 📶 ➡ 🖥 654~700Kn

**C/C** **A** **D** **M** **V**

## 码头水上旅馆

*Botel Marina*

◆建于码头上的青年旅舍，距离巴士中心也比较近。多人间是4~6张床的男女混住形式。虽然屋内不设有厨房，但是有餐馆和葡萄酒吧。早餐需要单独支付€8。

 所有房间　**EV** 无

青年旅舍　客房数：125　Map p.103-A2

**URL** www.botel-marina.com

**email** info@botel-marina.com

✉ Adamićev gat

**TEL**（051）410162　**FAX**（051）410163

**D** **A/C** 📶 ➡ € 18~23

**S** **A/C** 📶 ➡ € 41~54

**W** **A/C** 📶 ➡ € 56~76

**C/C** **A** **M** **V**

---

 里耶卡的餐馆
*Restaurant*

---

## 穆尼采皮乌姆

*Municipium*

◆专营从亚得里亚海打捞上来的由新鲜鱼类烹制的海鲜美食的餐馆。鱼类菜肴的价格是1千克340Kn起，肉类菜肴等主菜的价格是60Kn~。

海鲜　　　　　　　　　Map p.103-A1

✉ Trg Riječke rezolucije 5

**TEL**（051）213000

🕐 10:00~23:00

　（6~10月的周日 17:00~23:00）

🚫 法定节假日、11月~次年5月的周日

**C/C** **D** **M** **V**

## 普拉采51

*Placa 51*

◆店内是开放式厨房，食材都是选自港口附近公共市场内的新鲜食材。主菜的价格是75~150Kn。11:00~15:00有24~50Kn的菜单（6~8种）。

地中海菜　　　　　　　Map p.103-A2

✉ Riva boduli 3a

**TEL**（051）546454

🕐 夏季 9:00~23:00

　（周日 11:00~23:00）

　冬季 9:00~22:00（1月~17:00）

🚫 冬季的周日、1/1、复活节、12/25

**C/C** **D** **M** **V**

## 玫瑰小酒馆

*La Rose Bistro*

◆深受当地人喜爱的小酒馆。菜谱上主要都是克罗地亚菜和法国菜，种类很多。主菜的价格在70~105Kn。

多国料理　　　　　　　Map p.103-A2

✉ Andrije Medulića 8

**TEL**（051）315504

🕐 12:00~22:00

🚫 周日、8月的一周时间

**C/C** **D** **M** **V**

克罗地亚

里耶卡

萨格勒布

★奥帕蒂亚

# 奥帕蒂亚 *Opatija*

Map 文前 p.4-B4

满是度假游客的奥帕蒂亚海滩

■前往奥帕蒂亚的方法
●从里耶卡出发
🚌可从耶拉契奇广场乘 32
路巴士，25~45 分钟左右 1
班，用时约 30 分钟。车票
为 3 区间票，往返 26Kn。上
车后购票，单程 16Kn。夏季
有观光巴士开行。
●从萨格勒布出发
🚌1 天 6~7 班，用时 2 小
时 50 分钟~3 小时 30 分钟，
115~129Kn。
●从普拉出发
🚌1 天 10~14 班，用时 2
小时，72~94Kn。
■奥帕蒂亚
Map p.106-2
✉ Maršala Tita 128
☎（051）271310
🌐 visitopatija.com
📧 tic@visitopatija.com
🕐 夏季　　　8:00~21:00
　春·秋季
　　周一~周六 8:00~19:00
　　周日　　9:00~15:00
　冬季　　　9:00~17:00
🚫 1/1、11/1、12/25、冬季的
　周日及法定节假日

奥帕蒂亚位于里耶卡以西 13 公里处，是克罗地亚著名的高级度假地，奥匈帝国时期就有王公贵族于此度假休闲。沿海道路旁，有很多十分漂亮的酒店，因此这里也被称为克罗地亚的海滨度假胜地。除了潜水等水上运动及登山等户外运动，还可以参加去往伊斯特拉半岛、普利特维采湖群国家公园、波斯托伊纳、威尼斯等地的一日游。

## 奥帕蒂亚　漫 步

铁托元帅大街（Maršala Tita）贯穿市中心，❶、酒店、旅行社等旅游配套设施都集中在这条街道上。夏季会有大量的度假客人造访。

## 奥帕蒂亚　主要景点

### 安吉丽娜别墅
### Vila Angiolina
Map p.106-1

Villa Angiolina

安吉丽娜别墅让曾经只是一个小渔村的奥帕蒂亚成了克罗地亚著名的度假胜地。

[地图 奥帕蒂亚]
Ambasador
Maršala Tita
海滨步道
Eugena Kumičića
伊斯特兰卡餐馆
Istranka
欧陆咖啡馆
Caffe Continental
Agava
Grand
布里斯托酒店
Bristol
Luka Opatija
Paris
Nova cesta
Jurja Dobrile
Vladimira Nazora
安吉丽娜别墅
Zalengaj
Vila Angiolina
Imperial
Sveti Jakov
Bevande
Opatija
Milenji
科瓦内尔雷米森高级酒店
Kvarner
开往里耶卡
莫扎特酒店 Mozart
巴士售票处
Zagreb
长途巴士总站
名人大道
Ružmarin
Palace
Bellevue
Galeb
N
Astoria
Savoy
0　　　300m
Kristal

奥帕蒂亚

安吉丽娜别墅

1844年由里耶卡富商伊吉尼奥·斯卡尔帕修建，安吉丽娜是他妻子的名字。别墅周围是花园，有美丽的花卉开放，除此之外还种植着来自中国、澳大利亚等地的树木。

伊吉尼奥·斯卡尔帕曾在此接待克罗地亚的军人、政治家约西普·耶拉契奇以及奥地利皇帝斐迪南一世的妻子玛丽亚·安娜等著名人物，所以这里就成了高级度假地。安吉丽娜别墅现为以旅游为视角的奥帕蒂亚历史博物馆。

## 奥帕蒂亚 短途旅行

### 洛夫兰 Lovran Map p.100-B2
Lovran

洛夫兰是位于奥帕蒂亚以南约5公里处的高级度假地。追随着奥帕蒂亚的步伐，19世纪后，洛夫兰也发展为度假城市。奥帕蒂亚过去只是一个小渔村，但洛夫兰的历史却很悠久，7世纪时就是城市。1599年与1614年曾两次遭遇火灾，尽管如此，这里仍然保留着中世纪的氛围。

圣尤里故居保存着圣格奥尔基降龙的浮雕

位于老城区广场的圣尤里教堂（Crkva sv. Jurja），虽然正面墙壁已被改为巴洛克风格，但是建筑的基础部分保留了14世纪时的原貌，内有哥特风格

可在《少女与海鸥像》前拍照留念

的湿壁画。另外，洛夫兰还是著名的板栗产地，每年10月下旬会举办庆祝收获板栗的马鲁纳达节（Marunada）。

■安吉丽娜别墅
✉ Park Angiolina 1
🕐 7、8月　　　10:00~22:00
　11月~次年3月
　　　　　　　10:00~18:00
　4-6、9、10月
　　　　　　　10:00~20:00
🚫 无
💰 15Kn　学生7Kn
📷 不可　📹 不可

■海滨步道
Lungomare
　著名的沿海步道，以奥帕蒂亚为中心点，北至沃洛斯科，南至洛夫兰，长达10公里。正式名称为弗兰茨·约瑟夫一世步道。2011年迎来建成100周年。

■名人大道
Hrvatska ulica slavnih
　位于奥帕蒂亚市中心的沿海散步道路，路面的牌子上有按职业领域分类的克罗地亚各界名人的名字。例如，尼古拉·特斯拉（科学家）、加尼卡·科斯泰里奇（滑雪运动员）、戈兰·伊万尼塞维奇（网球运动员）等。

布兰卡·弗拉西奇的名牌

### 前往洛夫兰的方法
●从奥帕蒂亚出发
🚌 32路巴士20~45分钟1班，用时约15分钟。可在售货亭购买2区间车票，往返21Kn，如上车后购票，单程13Kn。
●从里耶卡出发
🚌 可从耶拉契奇广场的巴士站乘32路巴士，20~45分钟1班，用时约45分钟。可在售货亭购买4区间车票，往返30Kn。如上车后购票，单程21Kn。

■洛夫兰的 ℹ
✉ Trg Slobode 1
☎ (051) 291740
🔗 www.tz-lovran.hr
🕐 夏季　　　8:00~21:00
　冬季
　　周一~周五 8:00~14:30
　　周六　　 9:00~13:00
🚫 法定节假日、冬季的周日

虽然这里酒店的数量不少，但是每逢夏季就会有相当数量的游客涌入，必须提前预约。在夏季想要当天入住。即便是民宿也很困难。如果想要在夏季到此旅游的游客，请提早着手准备，可以通过网络预约或者通过当地的旅行社进行预约。

## 莫扎特酒店
### Hotel Mozart
★★★★★

◆利用建于 1894 年的老式建筑改建而成的复古酒店。虽然客房数不多，但是服务十分周到，SPA 中心、按摩浴缸、桑拿等设施也比较齐全。

🛜全馆　EV有

高档　客房数：29　Map p.106-2
URL www.hotel-mozart.hr
email info@hotel-mozart.hr
✉ Maršala Tita 138
TEL（051）718260　FAX（051）271739
S A/C 🛁🚽🛎🛏 € 110~206
W A/C 🛁🚽🛎🛏 € 137~257
C/C A D M V

## 科瓦内尔雷米森高级酒店
### Remisens Premium Hotel Kvarner
★★★★

◆酒店位于海岸沿线。住宿费用不仅包含了租借沙滩椅和遮阳伞的服务，还包含使用健身房的费用。复活节至11月中旬营业。

🛜全馆　EV有

高档　客房数：58　Map p.106-1-2
URL www.liburnia.hr
email reservations@liburnia.hr
✉ Pava Tomašića 2
TEL（051）710444
S W A/C 🛁🚽🛎🛏 € 100~4000
C/C A D M V

## 布里斯托酒店
### Hotel Bristol
★★★★

◆这家高档酒店的外观是醒目的黄色。虽然没有面朝海岸而建，但是桑拿、健身等设施十分丰富。

🛜全馆　EV有

高档　客房数：78　Map p.106-1
URL www.hotel-bristol.hr
email reception@ hotel-bristol.hr
✉ Maršala Tita 108
TEL（051）706300
S A/C 🛁🚽🛎🛏 € 50~75
W A/C 🛁🚽🛎🛏 € 65~175
C/C A D M V

## 伊斯特兰卡餐馆
### Istranka

◆专营伊斯特拉半岛乡土菜的餐馆。主要有伊斯特拉半岛风味火鸡（Purića na Istarski）85Kn、章鱼沙拉75Kn 等，品类齐全。

克罗地亚菜　Map p.106-1
✉ B. Milanovića 2
TEL（051）271835
🕐 10:00~23:00
🛑 12/24
C/C A M V

## 欧陆咖啡馆
### Caffe Continental

◆位于欧陆酒店内的咖啡馆。在这里可以品尝到以奥帕蒂亚市花山茶花为灵感制作的 Torta Opatijska kamelija 蛋糕。地下是巧克力专卖店。

克罗地亚菜　Map p.106-1
✉ Maršala Tita 85
TEL（051）278000
🕐 7:00~22:00（周五、周六 ~23:00）
🛑 无
C/C M V

## 旅行中的美食 · 奥帕蒂亚周边

我对我们的红酒非常有自信，来给你推荐几款

普拉维·波多鲁姆餐馆的知名侍酒师达尼艾拉女士

奥帕蒂亚是世界各国富豪汇集的地方，因此这里美食云集。无论是各种大胆的融合菜系，还是传统菜系都拥有共同的特点——高品质的食材。纯手工制作的橄榄和生火腿等伊斯特拉半岛的特产也是不容错过的。从附近海港直送的亚得里亚海海产品1小时以后便可以到达各个餐馆。可以说到达这里是近乎奢华的新鲜程度。上述种种迹象表明，这里的菜肴必须美味！

1 坐在餐馆就可以直视小港口，既可以坐在露台欣赏风景，也可以在气氛热闹的店内就餐

2 灰虾和黄鲛鳒的串烧。上面淋的是姜黄粉风味的苹果酱汁

3 黑色的是加了墨鱼汁的燕麦，白色的是花椰菜酱汁。再配上鲑鱼子和蛋白酥

4 达尼艾拉女士在里耶卡的市场上挑中的鲜鱼

5 根茎松子酱配鲈鱼排。意式饺子和蛋白酥上还放了一块大大的鹅肝

1 碗里的菜肴是炖的软软的熊肉。上面的前菜是鹿肉和野猪肉的拼盘，里面还有松露、帕克岛产的乳酪等

2 多波拉沃罗餐馆内装饰有不少鹿和熊的标本，充满猎人小屋的氛围

3 非常受欢迎的橡木桶装白兰地

### 野味
**多波拉沃罗 Dopolavoro**
Map p.100-B2
URL www.dopolavoro.hr
✉ Učka 9, Icici
TEL (051) 299641
🕐 12:00~22:00
休 10 月~次年 6 月的周一、1~3 月的周一~周四
CC A D M V

可以品尝到熊肉和鹿肉等野味的餐馆。使用浓郁的酱汁炖煮的肉块完美地盖住了野味的腥味。制作考究的自制火腿的味道也给人留下了深刻的印象。餐馆位于从奥帕蒂亚开车 20 分钟可以到达的地区，海拔大约 1000 米，雪季的时候可以围坐在暖炉旁就餐。

### 海鲜
**普拉维波多鲁姆 Plavi Podrum**
Map p.100-B2
URL www.plavipodrum.com
email dkramari@inet.hr
✉ Frana Supila 12
TEL (051) 701223
🕐 12:00~23:00
休 无   CC A D M V

如果想要搭配菜肴选一款红酒，不妨询问店内的侍酒师达尼艾拉女士。餐馆的食谱是根据季节纳入食材的不同而变化的。无论是午餐时间还是晚餐时间，侍酒师都会尽职尽责地跟客人交谈。无论是服务还是菜肴都令人非常满意。

萨格勒布
克尔克

# 克尔克 *Krk*

Map 文前 p.7-C1

■ 前往克尔克的方法
✈ 克尔克岛上的机场因距离里耶卡很近，所以被命名为里耶卡机场。没有国内航班起降。
🚌 克尔克虽然称为岛，但是其实有桥与陆地相连，所以交通主要依靠巴士
● 从萨格勒布出发
🚌 1 天 1 班直达车次，用时 4 小时，142Kn。在里耶卡换乘会更方便
● 从里耶卡出发
🚌 1 小时 1 班（周六、周日车次减少）左右，用时约 1 小时 15~50 分钟，64Kn。

■ 里耶卡机场
✉ Hamec 1, Omišalj
☎ (051) 841222
🌐 www.rijeka-airport.hr

■ 克尔克的 ❶
Map p.111-2
✉ Vela placa 1/1（11 月～次年 3 月）
☎ (051) 221414
✉ J.J. Strossmayera 9（4~10 月）
☎ (051) 220226
🌐 www.tz-krk.hr
📧 tz@tz-krk.hr
🗓 4、5、10 月
　　周一～周六　8:00~20:00
　　周日　　　　8:00~14:00
　　6~9 月
　　　　　　　　8:00~21:00
　　11 月～次年 3 月
　　　　　　　　8:00~15:00
🚫 11 月～次年 3 月的周六・周日、1/1、12/25・26

■ 克尔克的旅行社
● Autotrans　Map p.111-2
✉ Plavnička 3
☎ (051) 222661
📧 krk@arriva.com.hr
🗓 夏季
　　周一～周六　8:00~20:00
　　周日　　　　8:00~12:00
　　冬季
　　周一～周五　8:00~15:00
　　周六　　　　8:00~13:00
🚫 冬季的周日

从东侧远眺克尔克老城区

可以乘游船前往周边岛屿

　　克尔克岛是亚得里亚海沿岸最大的岛屿。岛内的起点城市为克尔克，与岛同名。老城区的面积虽然小，但是景点众多，有小巷、城堡、大教堂等，值得仔细参观游览。以这里为起点，可前往岛内其他景点，还可以乘游船前往周边岛屿。

## 克尔克　漫 步

　　巴士总站位于老城区西南约 300 米处。巴士总站到老城区之间的区域为游船码头，开往附近岛屿游览的游船会在此停泊。❶ 所在地点在夏季与冬季会有变化，但不会出老城区。城区边缘有海滩，不过也可以参加团体游前往近郊的海滩。位于岛中央地区的维尔布尼克（Virbnik）有"世界最窄小巷"之称，路宽仅 43 厘米。市区还有葡萄酒庄，有时间的话可以去看一看。

维尔布尼克的世界最窄小巷

## 克尔克　主要景点

### 大教堂　Katedrala（Uznesenja Marijina）　Map p.111-2
Cathedral

　　大教堂是克尔克老城区最大的景点。此处曾为古罗马公共浴场，5~6 世纪期间，早期基督教会开始在此修建教堂。

Vinogradska
本笃会修道院
Benediktinski samostan
Dr. Dinka Vitezića
方济各会修道院
Frenjevački samostan
嘎丽娅
Galija
圣安娜教堂
Crkva sv. Ana
Hostel Krk
Ivana Zajca
Stjepana Radića
Jurja Križanića
Frankopanska J.
Zrinska
Galija
Trg
bana Josipa
Jelačića
J. Strossmayera
A. Stepica
(仅限4~10月)
圣奎林教堂
Sv. Kvirin
Trg
sv. Kvirna
大教堂
Katedrala
城堡
Kašel
Valsaris
Placa
N. U. Algarottia
Istarska
Kralja Tomislava
Bodulska
Obala Hrvatske Mornarice
西梅
Šime
马里纳酒店
Marina
卡萨・德尔・帕德龙
Casa del Padrone
Brače Juras
Šetalište sv. Bernardina
N
Autotrans
长途巴士总站
玛丽蒂姆酒店
Maritim
0        200m
克尔克

■大教堂
A. Mahnića
9:00～12:00、17:00～19:00
无
免费
不可

■教堂博物馆
A. Mahnića
9:30～13:30
周日、10月～次年4月
10Kn
不可

■弗兰科潘城堡
Trg Kamplin
夏季　9:00～21:00
周日、冬季
22Kn　学生 18Kn
可　可

12~15 世纪统治克尔克的弗兰科潘家族在其统治期间修建的城堡。

弗兰科潘城堡

现存大教堂的核心部分为 11~12 世纪修建的罗马式教堂建筑，主祭坛北侧的柱子为 5 世纪的遗存，雕刻着鸟啄鱼的图案，这种图案是早期基督教的象征性图案。除此之外，还有中世纪时统治克尔克的弗兰科潘家族于 1450 年增建的哥特式礼拜堂以及主祭坛天花板上的巴洛克式绘画等各个时代、不同风格的建筑及装饰，非常值得参观。另外，西侧建筑现为教堂博物馆，展出大教堂收藏的珍宝。

大教堂内部

## 附加旅行　参观葡萄酒庄

克尔克以东约 10 公里的海滨古城维尔布尼克非常美丽，而且以葡萄酒而闻名。那里气候温暖，地处平原，所以可以种植出很好的带有酸味的葡萄。小城里有餐馆，可以在品尝葡萄酒的同时吃到当地美味的羊肉及海鲜。

### 前往维尔布尼克的方法
●从克尔克出发
1 天 2 班（周六、周日停运），用时 40~50 分钟，33Kn。

■ PZ Gospoja（葡萄酒庄）
Frankopanska 1，Vrbnik
TEL（051）857142
URL www.gospoja.hr（克罗地亚语）
email info@gospoja.hr

可以参加团体游，从巴士车站步行 5 分钟可至，可以参观，还可以试饮及吃饭餐。老板 Franjo Toljanić 能讲英语。需要事先发电子邮件进行预约。

PZ Gospoja 葡萄酒庄直营的餐馆。可以试饮及购买

维尔布尼克有 150 公顷的葡萄园

斯拉蒂纳白葡萄酒

# 克尔克的酒店
## Hotel

克尔克的酒店大多集中在老城区以东 500~600 米处。酒店的数量并不多，但是个人经营的民宿和旅馆的数量比较多，可以通过旅行社来介绍。大多数的酒店都在 4~10 月营业，冬季休业。

### 马里纳酒店
*Hotel Marina* ★★★★

◆酒店的正前方是临海的游步道，背面是老城区。地理位置非常适合观光。内装时尚现代，家具大方稳重。酒店内并设餐馆。全年营业。
📶全馆　EV有

| 高档　客房数：9 | Map p.111-2 |
|---|---|
URL hotelikrk.hr
email marina@hotelikrk.hr
✉ Obala Hrvatske Mornarice 8
TEL（051）221128　FAX（051）221357
⑤Ⓦ🅰/🄲 € 110~280
C/C🅐🅓🅜🆅

### 玛丽蒂姆酒店
*Maritim Hotela* ★★★★

◆酒店于 2018 年开业。所有客房都是海景房，有餐馆和屋顶泳池。全年营业。直接通过官网预订酒店结账时可以享受 5% 的优惠。
📶全馆　EV有

| 高档　客房数：12 | Map p.111-2 |
|---|---|
URL www.hotel-maritim.hr
email info@hotel-maritim.hr
✉ Lukobran 2　TEL（051）499049
⑤🅰/🄲 € 80~240
Ⓦ🅰/🄲 € 100~300
C/C🅓🅜🆅

---

# 克尔克的餐馆
## Restaurant

### 西梅
*Konoba Šime*

◆餐馆内面朝大海的开放露台餐区最受欢迎。店铺的入口朝着老城区一侧，内部装饰使用了石头，给人一种很质朴的感觉。

| 海鲜 | Map p.111-2 |
|---|---|
✉ Obala Hrvatske Mornarice 3
TEL（051）220042
🕐10:00~24:00（11·3月~23:00）
休 12月~次年2月
C/C🅓🅜🆅

### 嘎丽娅
*Konoba-Pizzeria Galija*

◆虽然冬季休业的餐馆较多，但是这家却是少见的全年无休的餐馆，味道也比较受当地人的欢迎。店内比较宽敞，菜肴主要有烤肉、海鲜等，品种齐全。比萨的价格是45Kn起。

| 多国菜 | Map p.111-1 |
|---|---|
URL www.galijakrk.com
email info@galija-krk.com
✉ Frankopanska 38
TEL（051）221250
🕐11:00~22:00
（冬季~20:00）
休 12/25　C/C🅜🆅

### 卡萨·德尔·帕德龙
*Casa del Padrone*

◆面朝码头而建的咖啡吧。甜品的种类丰富，19Kn 起。蜜糖果仁千层酥是 19Kn 起。此外还有传统的甜品。这里的冰激凌也非常好吃。

| 咖啡馆 & 酒吧 | Map p.111-2 |
|---|---|
URL krcki-dvori.hr
email casadelpadrone@gmail.com
✉ Šetalište Svetog Bernardina bb
TEL 099-7022720
🕐8:00~22:00
（夏季~次日 3:00）
休 无　C/C🅜🆅

# Information 度假胜地巴什卡残留的格拉哥里字母

巴什卡郊外的圣露西亚教堂

艺术学院展示的巴什卡石碑

从圣露西亚教堂内部发现了碑文

巴什卡位于克尔克东南约 20 公里处，是一座百年古城，也是克罗地亚知名的度假胜地。这里拥有约 2 公里的长滩，号称亚得里亚海畔最美丽的海滩，海滩周边有多条游步道。巴什卡除了拥有幽雅的度假环境，还是克罗地亚全境皆知的文化遗产名城。

圣露西亚教堂带有★印的位置是发现碑文的位置，现在该位置放置了复刻品

## ◆巴什卡石碑

以小镇名字冠名的石碑，上面刻写着 1100 多年前被使用的克罗地亚语——格拉哥里字母，这是可以证明的最古老的克罗地亚语。格拉哥里字母可以追溯到 8 世纪，是俄语、塞尔维亚语等语言中所使用的西里尔字母的原型。今天的克罗地亚语使用的拉丁表示法也受其影响，有些地区甚至到了近代还在使用。

这个石碑是在距离巴什卡城区 2 公里以外的圣露西佳教堂内发现的。真品已经转移至萨格勒布，现在教堂内放置的是复刻品。圣露西亚教堂的外观建筑是早期的罗马式建筑，建筑物本身便十分具有观赏价值。

■前往巴什卡的交通方法
●从里耶卡出发
🚌 每天 5~6 趟车，用时约 2 小时 15 分钟，84Kn
●从克尔克出发
🚌 每天 5~7 趟车，用时 30~45 分钟，38Kn
■巴什卡的 ❶
✉ kralja Zvonimira 114
☎ (051) 856817　🌐 tz-baska.hr
🕐 1、11 月 7:00~15:00，2、3 月 7:00~16:00
　　4 月 8:00~15:00（周六 8:00~13:00）
　　5、6、9 月 7:30~20:30，周六 9:00~19:00
　　7、8 月 8:00~21:00，周六 9:00~19:00
　　10、12 月 7:30~15:30
🚫 周日、法定节假日、10 月~次年 3 月的周六

原版的巴什卡碑文被放置在萨格勒布艺术学院内

克罗阿塔领带（→ p.75）上印着格拉哥里字母，这是一款人气很高的款式

圣露西亚教堂
Sv. Lucija

至克尔克

Jurandvor

Zaobilaznica

长途巴士中心

Kralja Zvonimira
Zdenke Cermakove

N

0　　400m

巴什卡

Corinthia Baška

海滩

# 拉布 *Rab*

Map 文前 p.7-C2

萨格勒布

★ 拉布

■前往拉布的交通方法

🚌 从里耶卡乘坐快船，经由拉布，去往帕格岛（Pag）的诺瓦利亚（Novajla）。克罗地亚本土的斯蒂尼采（Stinica）和岛东端的米修尼克（Mišnjak）之间有渡轮通航。

● 从里耶卡出发

🚌 每天1~2趟车，用时2小时55分钟，126Kn。

🚢 快船是17:00发船（冬季是15:00），用时1小时45分钟，60Kn。

● 从罗帕鲁出发

🚌 每天2~10趟车，用时约15分钟，24Kn。

■拉布的 ❶

Map p.114-B

✉ Trg Municipium Arba 8

☎ （051）724064

FAX （051）725057

URL www.rab-visit.com

✉ info@rab-visit.com

🕐 6~9月　　　8:00~21:00
　10月~次年5月8:00~15:00

🚫 冬季的周六・周日、法定节假日

可以眺望拉布老城区的海水浴场

　　拉布是拉布岛的中心城市，位于岛的西岸。城市的起源可以追溯到公元前15世纪利布尔尼亚人在此群居的时候，后来第一代罗马皇帝奥古斯都承认这一地区的自治，繁荣一时。老城区有不少历史残留下来的建筑物，其中4座钟楼是最具代表性的，大多是建于中世纪的建筑物。

## 拉布 漫步

　　老城区位于港口南侧半岛的位置。巴士中心位于港口的北侧，首先从这里向靠海的一侧前行，然后到达海岸线旁的道路，然后便可以看到穆尼采皮乌姆・阿尔巴广场（Trg Municipium Arbe），❶ 就位于这个广场旁。老城区靠海而建，坐落在一个小山坡上，从下至上共有三条与海

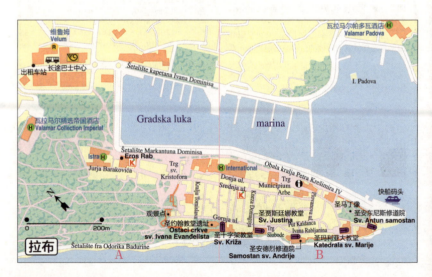

维鲁姆
Velum

出租车站　长途巴士中心

Šetalište kapetana Ivana Dominisa

瓦拉马尔帕多瓦酒店
Valamar Padova

I. Padova

瓦拉马尔精选帝国酒店
Valamar Collection Imperial

Gradska luka

marina

Šetalište Markantuna Dominisa

Istra
Eros Rab
Jurja Barakovića

Trg
sv.
Kristofora

International

Donja ul.
Srednja ul.

Kneza Domagoja

Trg
Municipium
Arbe

Obala kralja Petra Krešimira IV

快船码头

观赏点

圣约翰教堂遗址
Ostaci crkve
sv. Ivana Evanđelista

Gornja ul.

圣十字架教堂
Sv. Križa

圣贾斯廷娜教堂
Sv. Justina

Put Kaldanca

Trg
Slobode

Ivana Rabljanina

圣马丁像

圣安东尼斯修道院
Sv. Antun samostan

圣玛利亚大教堂
Katedrala sv. Marije

Šetalište fra Odorika Badurine

圣安德烈修道院
Samostan sv. Andrije

拉布

0　　　200m

A

B

岸线平行的道路，分别是下路（Donja ul）、中路（Srednja ul）和上路（Gornja ul）。

从  沿着坡路向上走，便可以到达自由广场（Trg Slobode）。位于广场的圣贾斯廷娜教堂（Sv. Justina），现在作为拉布的博物馆被使用，里面展示了拉布的宗教艺术品。从这个广场沿着上路向北走，沿途会经过建于 7 世纪的圣约翰教堂遗址（Ostaci crkve sv. Ivana Evandelista），向南走会经过圣玛利亚大教堂（Katedrala sv. Marije）。

这座大教堂是 12 世纪时由罗马教皇亚历山大三世所建，内部有前罗马式的主祭坛和小城守护神圣克里斯托弗的圣遗物等。附近还建有罗马式的钟楼，高 25 米，在拉布的 4 座钟楼中这一座是最大的。

圣玛利亚大教堂

■拉布的旅行社
● Eros Rab
Map p.114-A
✉ M. Dominisa 5
☎ & FAX（051）724688
URL www.rab-novalja.com
🕐 6~9月　　　6:15~23:00
　4、5、10月　6:15~21:00
　11月～次年3月 6:00~12:00
　　　　　　　　16:00~18:00
🚫 1/1，复活节，12/25
除了周游拉布岛的项目之外，还有去往洛希尼岛（Lošinj）、克尔克岛等方向的游船游，甚至有去往普利特维采湖群国家公园等地的团体游项目。

■圣玛利亚大教堂
Map p.114-B
🕐 9:30~13:00，19:30~21:00
🚫 冬季
💰 大教堂免费，钟楼 15Kn
📷 大教堂内不可，钟楼可
📹 大教堂内不可，钟楼可

# 拉布的酒店
## Hotel

拉布的中心城区有多家可以容纳百人以上的大型酒店，住宿不难解决。不过中心城区中民宿等个人经营的住宿设施较少，大多分布在离城区较远的地区。

## 瓦拉马尔精选帝国酒店
### Valamar Collection Imperial ★★★★

◆这家酒店是拉布镇历史最悠久的酒店，2018 年刚刚全面重新装修过，游泳池、桑拿房、按摩浴缸等设施比较齐全。11 月至次年 3 月（除年底和年初）期间休业。

📶 全馆　EV 有

高档　客房数：136　　Map p.114-A
URL www.valamar.com
email reservation@valamar.com
✉ M.de Dominisa 9
☎（051）724522
FAX（051）724126
🅂 🅆 A/C 🏠 ➡ 🅿 € 79~
C/C A D M V

## 瓦拉马尔帕多瓦酒店
### Valamar Padova Hotel ★★★★

◆酒店位于港口东侧，从海景房可以看到对岸的老城。11 月下旬至次年 3 月（除年底和年初）休业。有些房间带有浴缸。

📶 全馆　EV 有

高档　客房数：175　　Map p.114-B
URL www.valamar.com
email reservation@valamar.com
✉ Banjol 322
☎（051）724544　FAX（051）724418
🅂 🅆 A/C 🏠 ➡ 🅿 € 120~300
C/C A D M V

# 拉布的餐馆
## Restaurant

## 维鲁姆
### Velum

◆比较罕见的是这家餐馆冬天也营业，海鲜是其招牌菜，肉菜味道也不错。主菜价格在 95~290Kn。想要品尝拉布岛的特色菜需要提前一天预约。

海鲜　　　　　　Map p.114-A
email ksenija.spanjol@ri.t-com.hr
✉ Palit 71
☎（051）774855
🕐 7:00~22:00
🚫 周日、12/25
C/C A D M V

萨格勒布
★ 普拉

# 普拉 *Pula*

遥想古罗马的繁荣

Map 文前 p.6-B1~2

普拉的标志性建筑——圆形剧场现在仍在使用

■ 前往普拉的方法
● 从萨格勒布出发
1 小时 1~2 班，用时 3 小时 25 分钟~7 小时 50 分钟（用时较长的为直达车次，会途经斯洛文尼亚及意大利，需带上护照），122~192Kn。
● 从里耶卡出发
1~2 小时 1 班，用时 1 小时 40 分钟~2 小时 45 分钟，87~103Kn。
● 从罗维尼出发
1~5 小时 1 班，用时 40~50 分钟，29~44Kn。
● 从波雷奇出发
1 天 6~10 班，用时 1 小时 10 分钟~1 小时 35 分钟，46~63Kn。

■ 普拉机场
☎ 060-308308
URL www.airport-pula.hr
从机场前往市内，可乘坐开往巴士总站的巴士。30Kn。

■ 普拉的 ❶
Map p.117-2
✉ Forum 3
☎ (052) 219197
URL www.pulainfo.hr
⌨ 4月
　周一~周五 9:00~17:00
　周六、周日 10:00~16:00
5、10月
　周一~周六 9:00~19:00
　周日 10:00~18:00
6~8月 8:00~22:00
9月 9:00~21:00
11月~次年3月
　周一~周五 9:00~16:00
　周六、周日 10:00~16:00
⌨ 无
有时会有变化，请确认。

　　普拉位于伊斯特拉半岛最南端，传说是希腊神话中的科尔基斯人建立的，这些人是为了夺回被伊阿宋与美狄亚夺走金羊毛而来到此地的。罗马时期这个港口城市是贸易中转地，现在保存着建于 1 世纪的圆形剧场及奥古斯都神殿等古建筑遗址，反映了这里曾经的繁华。近郊有很多海滩，也可以以此为中心去往伊斯特拉半岛各地游览。

## 普拉 漫 步

　　巴士总站及火车站位于城市的北部。从普拉火车站一直向南就是市中心。去往巴士总站，可先向西，在弗拉维耶夫斯卡大街（Flavijevska）左转，然后向西南方向前行。途中会看见道路左边的古罗马圆形剧场。继续沿伊斯塔尔斯卡大街（Istarska）向南，右侧会出现塞尔吉凯旋门（Slavoluk Sergijevaca）。那里就是老城区的入口。穿过凯旋门，径直前行，是名为佛拉姆（Forum）的广场。❶ 位于该广场，可在此获取旅游信息、地图、旅游指南。佛拉姆广场北边有两座建筑，左边的是 1 世纪时首任罗马皇帝修建的奥古斯都神殿。右边为建于 13 世纪的市政厅

建于罗马时代的塞尔吉凯旋门

佛拉姆广场有不少餐馆及咖啡馆

（Gradska palača）。老城区的面积不大，但集中了许多景点，有古罗马遗迹、中世纪教堂、威尼斯共和国统治时期的要塞（现为伊斯特拉历史博物馆）等。穿过老城区北边的双子门（Dvojna vrata），在山上有伊斯特拉考古博物馆。

## 普拉 主要景点

### 古罗马圆形剧场　　Amfiteatar　Map p.117-1

Amphitheatre

剧场建于1世纪，是普拉的标志性建筑。在罗马时代，这里是角斗场，角斗士们血腥的搏斗会引起观众们的欢呼。剧场为椭圆形，长轴长130米，短轴长100米，当时可容纳2.5万人。现在还经常在此举办歌剧演出、音乐会以及放映电影，也就是说这里仍然是名副其实的剧场。

现在仍可容纳5000人

■古罗马圆形剧场
⊠ Amfiteatarska
🕐 4月　　　　8:00~20:00
　5、6、9月　8:00~21:00
　7、8月　　 8:00~24:00
　10月　　　 9:00~19:00
　11月~次年3月
　　　　　　 9:00~17:00
🚫 1/1
💰 50Kn　学生25Kn
📷可　📹可

夏季游客较多时会在圆形剧场举办音乐会

### 普拉老城区

■可任意上下车的观光巴士
　开行于普拉与维尔杜拉地区之间的观光巴士，有8个车站。4~10月中旬每天4~8班，环形往返一周需50分钟。
💰 100Kn（24小时有效）
　可在巴士司机处或 ❶ 及各大酒店购票。

■普拉的公共Wi-Fi
　至维尔杜拉地区市内巴士的车站到塞尔吉凯旋门一带有免费的Wi-Fi信号覆盖。

■鱼岛
　位于普拉外海布里俄尼国家公园的加兹岛（Gaz），形状像一条可爱的鱼。租乘直升机从空中俯瞰，这个小岛仿佛在海中游弋的鱼。

从上空俯视加兹岛

■奥古斯都神殿
✉ Forum
🕐 4、10 月　　9:00～19:00
　 5、6、9 月　9:00～21:00
　 7、8 月　　9:00～23:00
🚫 11 月～次年 3 月
💰 10Kn　学生 5Kn
📷 可　📹 可

■伊斯特拉考古博物馆
✉ Carrarina 3
☎ (052) 351300
🔗 www.ami-pula.hr

■伊斯特拉历史博物馆
✉ Gradinski uspon 6
☎ (052) 211566
🔗 www.ppmi.hr
🕐 夏季　　9:00～21:00
　 冬季　　9:00～17:00
🚫 无
💰 20Kn　学生 10Kn
📷 可　📹 不可

## 奥古斯都神殿　　　　Augustov hram　　Map p.117-2
### Temple of Augustus

　　位于佛拉姆广场的美丽神殿。为纪念首位罗马帝国皇帝奥古斯都而于公元 2 年至公元 14 年期间修建。神殿的科林斯式圆柱非常引人注目，据说对历史上著名的建筑师帕拉第奥产生了巨大的影响。

　　罗马帝国接受基督教以后，之前的宗教开始衰落，这座神殿也变成了教堂，之后，甚至还一曾被当作仓库使用。现为考古博物馆的分馆，展出罗马时代的雕刻。

神庙曾多次被作为其他用途使用

## 伊斯特拉考古博物馆　　Map p.117-2
### Arheološki muzej Istre
#### Archaeological Museum of Istria

　　展出史前时代至中世纪的文物，有马赛克地面、硬币、罐子、金属制品等。有关古罗马的展品最为丰富。

## 伊斯特拉历史博物馆　　Map p.117-2
### Povijesni muzej Istre
#### Historical Museum of Istria

　　普拉城位于普拉的山上，其历史可以追溯到史前时期。1630 年，为保护城市及港口，被改建为星形棱堡式城郭。现为历史博物馆，主要介绍伊斯特拉半岛中世纪至近代的海洋史及军事史。

可以登上观景塔

## 普拉水族馆　　Map p.118-2
### Aquarium Pula
#### The Aquarium Pula

　　建于 19 世纪的水族馆位于 Verudella 要塞之内。除了展示一些海洋生物之外，还有

普拉（地图）

货运线
（客运线到
普拉站为止）
普拉站
圆形剧场
Amfiteatar
伊斯特拉历史博物馆
Povijesni muzej Istre
GIARDINI
普拉老城区
p.117
MONTE ZARO
BARAKE　Ⓗ Milan
ZELENIKA
VALKANE
Ⓗ Pula
NOVA VERDULLA
Youth Hostel
Pula Ⓗ
Splendid
Pula
Resort
VALSALINE
MONSIVAL
Horizont
Pula
Resort
Cesta Prekomorskih Brigada
Verudela
VERDULLA
维尔杜拉地区
布里奥尼酒店
Ⓗ Brioni
Ⓗ Park
Ⓗ Palma
Historia
普拉水族馆
Aquarium Pula
灯塔酒店
Ⓗ Lighthouse Verudica
Arsenalska
Radićeva
Mutilčeva
Rizzijeva
Mutilčeva
DRENOVICA
MONTE RIZZI
VIDKOVAC
0　　500m　　1km
N
普拉

关于捕鱼业中所使用的道具的介绍，十分有趣。水族馆的周围是美丽的海滩，有不少游客会来这边进行海水浴。

## 普拉 短途旅行

### 布里俄尼国家公园　　Brijuni National Park　　Map p.100-A3
Brijuni National Park

乘坐观光火车游岛

布里俄尼群岛位于普拉西北方7公里的位置，共有大小14座美丽的岛屿。岛上保留有罗马遗址，因为这里拥有丰富的植被，被指定为国家公园。在所有14座岛屿中，维利奇布里郡岛（Veliki Brijun）和玛丽布里郡岛（Mali Brijun）是可以登岛的。夏季的时候沿着普拉海岸线上的Riva路会有各种小船前往布里俄尼群岛进行一日游。根据船型和游览项目的不同，周游群岛的一日游可以分为上岛游和不上岛只周游的行程，请提前确认清楚。

　　维利奇布里郡岛从很早以前便开始有人居住，这里拥有从罗马时代至拜占庭时代的各种古迹。因为岛上面积比较辽阔，所以还有多条自行车环游的项目。

岛上残留下来的老教堂

■普拉水族馆
🚌 从老城区乘坐市内巴士2a路，在 Verudella 站下车。用时约10分钟，11Kn。回老城区需要乘坐 3a 路市内巴士返回。
✉ Fort Verudela bb
☎（052）381042
URL www.aquarium.hr
🗓 11月~次年3月
　　　　　　　　9:00~16:00
　　4月　　　　9:00~18:00
　　5、10月　　9:00~20:00
　　6、9月　　　9:00~21:00
　　7、8月　　　9:00~22:00
休 无
费 3~10月 100Kn，学生70Kn
　　11月~次年2月75Kn，学生60Kn
📷 可 📹 不可

#### 前往布里俄尼国家公园的交通方法

🚢 从普拉出发的出海游，除了不上岛巡游群岛的项目之外，还有可以上到群岛中最大岛屿维利奇布里郡岛等岛屿的项目。可以通过旅行社预订，也可以去 Riva 路沿线停泊的船只那里直接申请。冬季时所有船只停航。跟团价格各异，大概是从220Kn起。

　　除了从普拉跟团出行以外，还可以从普拉北面的港口法贾娜（Fažana）乘船去群岛游。从普拉至法贾娜可以乘坐21路巴士，每天有5~14趟车，所需时间约15分钟，15Kn。可以通过位于法贾娜港的公园办公室申请参加团体游项目（包含船票、岛内观光列车、导游费，125~210Kn）。接续的船只每天有3~11班，所需时间约15分钟。

■布里俄尼国家公园办公室
☎（052）525888
URL www.np-brijuni.hr

## 普拉的酒店
Hotel

普拉的住宿设施不是很充足，夏季旅行建议提早预约。周边有部分度假酒店。

### 加利亚酒店　　★★★/★★★★★
Hotel Galija

◆酒店内设有备受好评的海鲜餐馆。内部装修崭新、干净。分为老馆（三星）和新馆（四星），住宿费用也不同。
📶 全馆　EV 新馆有

中档　客房数：30　　Map p.117-2
URL www.hotelgalija.hr
email info@hotelgalija.hr
✉ Epulonova 3
☎（052）383802　FAX（052）383804
S A/C 🛁🚻📺 € 50~80
W A/C 🛁🚻📺 € 70~130
C/C A D M V

## 阿姆费提塔酒店
### *Hotel Amfiteatar Pula*   ★★★

◆位于古罗马圆形剧场旁的时尚酒店。位于酒店一层的餐馆味道也不错，全部是使用当地产的食材烹调。

📶全馆　EV有

| 中档 | 客房数：18 | Map p.117-2 |
|---|---|---|

URL www.hotelamfiteatar.com
email info@hotelamfiteatar.com
✉ Amfiteatarska 6
TEL（052）375600　FAX（052）375601
S AC 📶 🍴 🔲 € 52~74
W AC 📶 🍴 🔲 € 84~173
C/C A D M V

---

## 布里奥尼酒店
### *Hotel Brioni*   ★★

◆位于 Verudella 地区的度假酒店。酒店前是海滩，内部有泳池。周边还有几家同系的酒店。9月下旬至次年4月休业。

📶部分　EV无

| 中档 | 客房数：374 | Map p.118-2 |
|---|---|---|

URL www.arenaturist.hr
email brioni@arenaturist.hr
✉ Verudella 16
TEL（052）215585　FAX 无
S 📶 🍴 🔲 € 58~101
W 📶 🍴 🔲 €77~133　C/C A D M V

---

## 斯卡雷塔酒店
### *Hotel Scaletta*   ★★

◆酒店位于从巴士中心向古罗马圆形剧场方向行驶的途中。客房内带有迷你吧和吹风机等设备，部分房间还有浴缸。

📶全馆　EV无

| 经济型 | 客房数：12 | Map p.117-1 |
|---|---|---|

URL www.hotel-scaletta.com
email info@ hotel-scaletta.comr
✉ Flavijevska 26
TEL（052）541599　FAX（052）540285
S AC 📶 🍴 🔲 € 55~70
W AC 📶 🍴 🔲 €85~100　C/C M V

---

## 伊斯特拉海神酒店　布里俄尼国家公园
### *Neptun Istra Hotel*   ★★

◆酒店位于维利奇布里郡码头附近。有海景房。11月至次年3月中旬休业。

📶部分　EV有

| 中档 | 客房数：96 | 地图外 |
|---|---|---|

URL www.np-brijuni.hr
email brijuni@np-brijuni.hr
✉ Nacional park Brijuni
TEL（052）525807　FAX（052）521367
S 📶 🍴 🔲 € 43~99
W 📶 🍴 🔲 € 61~292　C/C A D M V

---

# 普拉的餐馆
## *Restaurant*

普拉的广场周围餐馆相对比较集中，经常可以见到店员主动揽客的现象。餐馆大多是以海鲜菜肴为主，均价偏高。大教堂、塞尔吉凯旋门与塞尔吉凯旋门东侧也有不少餐馆，相对来说便宜一些。

---

## 安格鲁斯（庞贝）
### *Angulus / Pompei*

◆菜肴主要以切巴契契和莱斯科瓦茨等农家菜为主，主菜的价格在 60~145Kn。隔壁还有一家比萨店，也是该店旗下的，如果坐在露台，两家餐馆的菜都可以点。

| 多国美食 | Map p.117-2 |
|---|---|

✉ Hermana Dalmatina 1
TEL（052）218218
🕐 周一~周六　　　　　8:00~23:00
　 周日、法定节假日　　13:00~23:00
🚫 10月~次年3月的周日，法定节假日
C/C M V

---

## 乌里克斯
### *Caffe Bar "Uliks"*

◆作家詹姆斯·乔伊斯（James Joyce）离开都柏林的 1904~1905 年期间，曾经在这里担任过英语教师。乔伊斯的铜像就位于酒吧露台座位中。吉尼斯啤酒的价格是 330 毫升 35Kn。

| 酒吧 | Map p.117-2 |
|---|---|

✉ Trg Portarata 1
TEL（052）219158
🕐 夏季　7:00~次日 2:00
　 冬季
　　周日~下周四　　　7:00~24:00
　　周五、周六　　　　7:00~次日 2:00
🚫无　C/C 不可

# 罗维尼 *Rovinj*

Map 文前 p.6-A1

• 萨格勒布
★ 罗维尼

*罗维尼的城市风景，矗立在小山坡上的高塔给人留下了深刻的印象*

罗维尼是位于波雷奇与普拉之间的港口城市，人气不亚于波雷奇和普拉。老城区至今还保留有中世纪的味道。

*会令人经常迷路的老城区*

罗马时代这里被称为鲁比尼乌姆，到了威尼斯共和国时代，大约是16世纪时期，罗维尼开始飞速发展。整座城市顺着海岬的部分延伸，周边加盖了厚厚的城墙，变成了要塞。保留至今的城门就是威尼斯时代的标志，上面刻有圣马可的浮雕。因此这座城市与意大利之间有着千丝万缕的联系，城市中的很多看板上都标记有意大利语。

## 罗维尼 漫 步

巴士中心位于老城区以东400米。沿着卡雷尔大街（Karea）向西行走可以到达莫斯托广场（Trg na mostu），广场以南是一座更广阔的广场——铁托元帅广场（Trg M. Tita）。从这里穿过刻有圣马可浮雕的巴尔比门（Balbijev luk）便可以进入到老城区。

## 罗维尼 主要景点

### 圣尤菲米娅教堂　　Crkva sv. Eufemije　Map p.122-A1
Church of St. Euphemia

罗维尼的老城区呈两侧向中间隆起的样式，教堂高高耸立于制高点。这座教堂便是圣尤菲米娅教堂，尤为突出的尖塔高度是60米。教堂的前面矗立有圣尤菲米娅的雕像，好像在守护着整座城市。

*建于1736年的巴洛克风格教堂*

■ 前往罗维尼的交通方法
● 从萨格勒布出发
🚌 每天8~12趟车，所需时间3~7小时，122~224Kn。
● 从拉布 出发
🚌 每天1~2小时1趟车，所需时间约40分钟，29~44Kn。
● 从波雷奇出发
🚌 每天5~7趟车，所需时间35~50分钟，29~45Kn。

■ 罗维尼的 ❶
Map p.122-A1
✉ Pina Budičina 12
☎ （052）811566
URL www.rovinj-tourism.hr
email info@rovinj-tourism.hr
🕐 4~6月、9月、10月
　　　　　　　　8:00~20:00
　7月、8月
　　周一～周五 7:00~22:00
　　周六·周日 8:00~22:00
　11月～次年3月
　　周一～周五 8:00~16:00
　　周六　　　 8:00~13:00
🚫 11月~次年3月的周日、法定节假日

■ 罗维尼的旅行社
● Kompas
Map p.122-A1
✉ Trg. M.Tita 5
☎ （052）813211
🕐 7、8月 9:00~22:00
　5、6、9月 9:00~21:00
　10月～次年4月 9:00~15:00
🚫 10月～次年4月的周日、1/1、12/25
　除了可以预约各种团体游项目之外，还可以购买往返威尼斯的渡轮船票

■ 圣尤菲米娅教堂
✉ Trg sv. Eufemije
☎ （052）815615
🕐 6月中旬~9月末
　　　　　　　　10:00~19:00
　10月、12/26~1/15
　4~6月中旬　 10:00~17:00
　11/1~12/25、1/16~3/31期间除了做弥撒时间之外随时
🚫 无
💰 20Kn（钟楼）

## 去往林峡湾的交通方法

🚗🚌🚢 乘坐从罗维尼或者波雷奇出发的游船。也有连接波雷奇与罗维尼的巴士，从峡湾的上缘通过，届时也可以透过车窗观赏峡湾的风景。

## 去往历史芳疗园的交通方法

🚗🚌 最近的巴士站是 Bale站，每 2 小时 1 趟车（周六·周日车次减少），所需时间 15~25 分钟，24~32Kn。从 Bale 至 Golas 大约有 3 公里，想要靠公共交通过去非常不方便，建议乘出租车前往。

**■历史芳疗园**

✉ Pižanovac bb，Golaš
🔗 www.histriaaromatica.hr
☎ 099-3908161
🕐 11:00~18:00
🏖 10 月~次年 3 月
💰 150Kn 📷可 🎥可

1.8 公顷的薰衣草田

---

罗维尼 **短途旅行**

### 林峡湾　　　　　Limski Kanal　Map p.100-A2
Lim Fjord

　　林峡湾是位于罗维尼以北 5 公里处的美丽峡湾。可以从罗维尼参加游船之旅，从下游开始游览峡湾。

　　也可以从山顶上俯瞰峡湾的美景，别有一番韵味。

　　这一带有部分海域还养殖生蚝。虽然在罗维尼也可以品尝到美味的海鲜，峡湾北岸也汇集了不少餐馆，但是这里的海鲜也非常值得推荐。

从山上俯瞰的林峡湾和乘坐游船欣赏的湾区景观

### 历史芳疗园　　　Historia Aromatica　Map p.100-A2
Historia Aromatica

　　历史芳疗园位于罗维尼以东约 10 公里处，是位于 Golaš 的放疗公司旗下的花草园。种植的花草主要有薰衣草等，可以参观，园内还设有餐馆、工厂店、博物馆等。

---

罗维尼

至林峡湾（5公里）

安杰洛奥罗古迹酒店　Angelo D'oro
Šetalište braće Gnot
Vladimira Svalbe
Bregovita Monte
圣尤菲米娅教堂　Crkva sv. Eufemije
Trg Valdibora
Pietra Ive
Driovier
Augusta Ferria
Vladimira Gortana
E. de Amicisa
莫斯托广场　Trg na mostu
亚得里亚缇克餐馆　Adriatic
Karea
斯多罗餐馆　Sidro
Domenica Pergolisa
Vijenac braće
历史芳疗园（10公里）
Lorenzetto
Istarska
Casale
Grisia
市立博物馆
巴尔坩门　Balbijev luk
Garzotto
Montalbano
Trevisno
亚得里亚缇克酒店　Adriatic
Obala Pina Budićina
铁托元帅广场　Trg M. Tita
罗维尼湾　Luke Rovinj
Kompas
Obala Alda
Rismondo
G. Carduccija
Mattea Benussia
长途巴士中心
出租车站
Svetoga Križa
普托丽娜餐馆　Puntulina
芭达娜环保博物馆
图北罗托别墅酒店　Villa Tuttorotto
Obala Ada Negria
Obala Vladimira Nazora
Šetalište vijeća Europe
Omladinska
Zagrebačka
Fontana
去往威尼斯方向　Adriatic Line
圣卡特琳娜岛　Sv. Katarina
Mate Balote
Ivana Metić Ronjgova
Majka Laginje
Katarina

N
100m

122

# 罗维尼的酒店
## Hotel

　　这里的住宿设施数量并不充裕，如果准备夏季来此地，请提早预订。长途巴士中心东侧的区域有几家价格实惠的旅馆，不妨来这边看一看。

### 图托罗托别墅酒店 ★★★★
### Villa Tuttorotto

◆利用一栋建于 16 世纪的威尼斯样式的宅邸改建而成的酒店。所有客房都是海景房，内饰时尚舒适。

📶 全馆　 EV 有

| 高档 | 客房数：7 | Map p.122-A1 |

URL www.istriahotelrovinj.com
email info@villatuttorotto.com
✉ Dvor Massatto 4
TEL（052）815181　　FAX（052）815197
S A/C 🛁 💵 € 79~129
W A/C 🛁 💵 € 139~229
C/C A D M V

### 亚得里亚缇克酒店 ★★★★
### Hotel Adriatic

◆面朝铁托元帅广场而建的精品酒店。整体设计是由 14 位艺术家操刀的，给人一种十分考究而舒适的感觉。

📶 全馆　 EV 有

| 高档 | 客房数：18 | Map p.122-A1 |

URL www.maistra.com　email info@maistra.com
✉ Trg Maršala Tita 5
TEL（052）803510　　FAX（052）803511
S W A/C 🛁 💵 € 100~1000
C/C A D M V

### 安杰洛奥罗古迹酒店 ★★★★
### Hotel Heritage Angelo D'oro

◆位于老城区的小型酒店。内饰采用了比较明快的色调，整体给人感觉雅而不华。个别房间带有浴缸。

📶 全馆　 EV 有

| 中档 | 客房数：23 | Map p.122-A1 |

URL www.angelodoro.com
email info@angelodoro.com
✉ Vladimira Švalbe 40
TEL（052）853920　　FAX 无
S A/C 🛁 💵 € 81~208
W A/C 🛁 💵 € 90~228
C/C A D M V

# 罗维尼的餐馆
## Restaurant

### 斯多罗餐馆
### Gostionica Trattoria Sidro

◆位于港口前的餐馆。这家餐馆的海鲜评价非常好。菜单上有切巴契契（Cevapcici）等菜品，前菜的种类也比较丰富。

| 多国美食 | Map p.122-B1 |

✉ Alda Rismondo 14
TEL（052）813471
🕐 11:00~23:00（夏季~次日 1:00）
🚫 11 月~次年 3 月
C/C M V

### 普托丽娜餐馆
### Puntulina

◆海岸线沿线临海而建的餐馆兼红酒吧。海鲜的品种比较丰富，主菜的价格在 60~120Kn。餐馆的旁边就是海水浴场。

| 海鲜 | Map p.122-A1 |

URL www.puntulina.eu　　✉ Sv.Križ 38
TEL（052）813186　　🕐 12:00~23:00
🚫 11 月~次年 3 月（年初年末除外）、10 月~次年 6 月的周三
C/C A D M V

### 亚得里亚缇克餐馆
### Adriatic

◆亚得里亚缇克酒店内并设的餐馆。面朝铁托元帅广场而建的开放露台非常值得推荐，此外舒适的室内餐区也很不错。

| 法国菜 | Map p.122-A1 |

✉ Trg Maršala Tita 5
TEL（052）803510
🕐 夏季　7:00~24:00
　 冬季　7:00~22:00
🚫 无　C/C A D M V

• 萨格勒布

★波雷奇

# 波雷奇 *Poreč*

Map 文前 p.4-A4

亚得里亚海沿岸美丽的港口城市

海神殿遗址

波雷奇位于伊斯特拉半岛西岸，罗马时代作为伊斯特拉半岛的政治中心，曾繁荣一时。

罗马时代之后，曾先后被拜占庭帝国、威尼斯共和国、奥匈帝国统治。老城区是在罗马时代古城的基础之上建立的，保存着各个历史时期的遗迹及古建筑。其中，建于拜占庭帝国时期的尤弗拉西苏斯圣殿是当地最大的景点，而且已被列为世界遗产。

波雷奇历史悠久，现在是伊斯特拉半岛的旅游中心。每年有数十万游客造访这个度假胜地。

■ 前往波雷奇的方法
● 从萨格勒布出发
🚌 1 天 10~12 班，用时 4~7 小时，141~177Kn
● 从里耶卡出发
🚌 1 天 7~8 班，用时 1 小时 15 分钟~4 小时 5 分钟，89~112Kn
● 从普兰出发
🚌 1 天 6~10 班，用时 1 小时 10~35 分钟，46~63Kn
● 从罗维尼出发
🚌 1 天 7~10 班，用时 40~50 分钟，32~45Kn

■ 波雷奇的 ℹ
Map p.126-B
✉ Zagrebačka 9
☎ ( 052 ) 451293
URL www.myporec.com
email info@myporec.com
🗓 11 月~次年 3 月
　　周一～周五 8:00~15:00
　　周六 8:00~13:00
　　4、5、10 月 8:00~18:00
　　6、9 月 8:00~21:00
　　7、8 月 8:00~22:00
🚫 10 月~次年 5 月的周日

建于老城区中心斯洛博达广场的戈斯佩奥德安杰拉教堂

## 波雷奇 漫 步

长途巴士总站位于城市东南部。从长途巴士总站出来，可先向西去往海边一侧。波雷奇的老城区是一个半岛，沿海边道路向北可以到达。

老城区有尤弗拉西苏斯大教堂以及地方博物馆、罗马式房屋、海神殿遗址等景点。

老城区的小巷

世 界 遗 产
波雷奇地区的尤弗拉西苏斯大教堂建筑群
Eufrazijeva bazilika u Poreču
1997 年列入名录

# ·景点 Pick up

## 尤弗拉西苏斯大教堂 Eufrazijeva bazikika

尤弗拉西苏斯大教堂为拜占庭式教堂，内部装饰的马赛克是这里的最大看点。教堂修建于4世纪至6世纪期间，承载着早期基督教文化。

教堂内的金色马赛克画以及精美的石膏装饰巧夺天工。这些马赛克出现于6世纪，与隔海相望的拉韦纳圣维塔莱教堂的马赛克非常相似。教堂所在地最初的建筑也出现于这个时期。波雷奇曾受拜占庭帝国统治，之后脱离拜占庭帝国。因此，这里没有受到始自8世纪的破坏圣像运动的影响，教堂的原貌得以保存至今。

旁边有博物馆，保存着这座教堂修建之前曾经存在过的教堂遗址，有过去的马赛克地面。另外，馆内还展出马赛克雕刻、服装等从古代至中世纪与基督教有关的文物。在18世纪时增建的钟楼上，可以俯瞰波雷奇老城区的街景。

■尤弗拉西苏斯大教堂　Map p.126-A
⊠Eufrazijeva
⊞4~6、9、10月　　　　　　　9:00~18:00
　（冬令时开始后的10月的最后一周至16:00）
　7、8月　　　　　　　　　　9:00~21:00
　11月~次年3月　周一~周五　9:00~16:00
　　　　　　　　　周六　　　9:00~14:00
　（12/26~次年1/6 9:00~17:00）
困周日·法定节假日、1·2月的周六
图40Kn　学生20Kn
◼可
☑不可

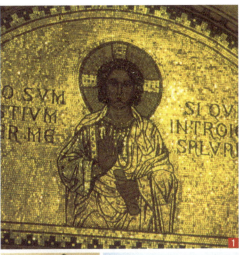

1 教堂入口处的金色马赛克
2 现存建筑建于15世纪
3 教堂内的祭坛及穹顶等都有拜占庭式建筑的特征
4 博物馆内展出的圣人像
5 从教堂的钟楼俯瞰老城区
6 博物馆内展出的马赛克

A

B

Obala Matka Laginje

Gimnastička

Nikole Tesle

海神殿遗址
Neptunov hram

尤弗拉西苏斯大教堂
Eufrazijeva bazilika

罗马式房屋
Romanička kuča

Eufrazijeva

佩特洛库
多纳餐馆
Peterokutna
Kula

Nikole Tesle

O. Keršovanija

Jadran Residence  M.Beroičica

Dekumanus

Prolaz
Pekera

莫罗精品
宫殿大酒店
Grand Hotel Palazzo

Varmar
Riviera

酒店
Mauro

Fora le
Porte

J. Šurana

Mlinska

施韦迪尼古拉
Sv. Nikola

Obala maršala Tita

圆塔
Okrugla kula

A.Negrija

Trg Slobode
自由广场

Zagrebačka

去往威尼斯
的渡轮

纳洛尼广场
Narodni trg

梅丽莎精品酒店
Melissa

Pietra Kandlera

Vukovarska

Županija

Obala maršala Tita

Božo Milanovića

康通
Kantun

V. Gortana

Galerija razvoda

Pionirska

Prvomajska

N

0        150m

至 H 波雷奇酒店Poreč（约100米）
至长途巴士中心（约100米）

---

# 波雷奇的酒店
## Hotel

　　老城区有若干家高级酒店，但与游客数相比，显然数量不多。很多景点都位于市区以外，前往普拉与罗维尼游览可当天往返。

### 宫殿大酒店
#### Grand Hotel Palazzo

◆利用一家1910年开业的老牌酒店改建而成的酒店，于2009年开业。室外泳池、SPA等设施齐全。有个别客房带有浴缸，酒店内并设有餐馆。

全馆　EV 有

★★★★

高档　客房数：74　　Map p.126-A

URL hotel-palazzo.hr
email info@hotel-palazzo.hr
✉ Obala maršala Tita 24
TEL（052）858800　FAX（052）858801
S A/C ⛩ ▶ 630~2125Kn
W A/C ⛩ ▶ 749~2441Kn
C A M V

---

## Information　4、5世纪的拜占庭艺术

　　基督教在4~6世纪时开始在罗马帝国产生重要影响。基督教的宗教艺术也随之进入了全新的阶段。马赛克逐渐成了重要的教堂装饰，采用新技术来更好地表现天堂的样子。这种新技术其实就是用玻璃、瓷片来取代石材。宗教画因此变得更加色彩鲜明。

　　不过在8世纪时，拜占庭帝国皇帝利奥三世以基督教禁止偶像崇拜为由，命令破坏圣像，这就是历史上的破坏圣像运动。这场运动持续了100多年，导致这一时期之前的圣像基本上都没能保存到今天，但波雷奇与意大利的拉韦纳这两个不受拜占庭帝国控制的城市成了少有的保存了大量早期基督教艺术的城市。

拉韦纳的圣维塔莱教堂（意大利）

位于拜占庭帝国首都君士坦丁堡（现在的伊斯坦布尔）的圣索菲亚大教堂被誉为拜占庭建筑的最高杰作

## 梅丽莎精品酒店
### *Boutique Hotel Melissa* ★★★★

◆装修时尚的精品酒店。共有 3 种房型可供选择，房间的色调十分可爱。附近还有酒店同时经营的餐馆。

📶 全馆　EV 无

高档　客房数：11　　Map p.126-B

URL www.boutique-hotel-melissa.com
email info@hotelmelissa.hr
✉ Bože Milanovića 2
TEL（052）555750
S W A/C 🔲 ➡🅿 € 70~270
C/C A D M V

## 莫罗精品酒店
### *Boutique Hotel Mauro* ★★★★

◆酒店规模不大，共有 4 种房型可供选择，既有海景房又有带浴缸的房间。酒店并设的餐馆评价也不错。全年营业。

📶 全馆　EV 有

高档　客房数：21　　Map p.126-A

URL hotelmauro.com
email info@hotelmauro.com
✉ Obala maršala Tita 15
TEL（052）219500　FAX（052）427104
S A/C 🔲 ➡🅿 € 80~150
W A/C 🔲 ➡🅿 € 100~350
C/C A D M V

## 波雷奇酒店
### *Hotel Poreč* ★★★

◆酒店位于巴士中心附近，地理位置便利。无论距离老城区还是海滩都不远。所有房间都带有露台，从有些房间还可以望到大海。此外，酒店内还有可以营业至深夜的酒吧。

📶 全馆　EV 有

中档　客房数：54　　Map p.126-B 外

URL www.hotelporec.com
email info@hotelporec.com
✉ Rade Končara 1
TEL（052）451811　FAX（052）451730
S A/C 🔲 ➡🅿 € 46~82
W A/C 🔲 ➡🅿 € 64~130
C/C A D M V

---

# 波雷奇的餐馆
## *Restaurant*

## 佩特洛库多纳餐馆
### *Restoran Peterokutna Kula*

◆这家餐馆是利用一栋历史性建筑——五角形的塔改建而成的。可以在屋顶的餐位尽情地享受风景和美食，也可以在屋内享受舒适的氛围。主菜的价格在 60~230Kn。神户牛牛排的价格是 700Kn。

克罗地亚菜　　Map p.126-B

URL www.kula-porec.com.hr（克罗地亚语）
✉ Decumanus 1
TEL（052）451378
🕐 12:00~24:00
休 无
C/C M V

## 施韦迪尼古拉
### *Sv. Nikola*

◆历代克罗地亚总统、阿诺德·施瓦辛格等名人都曾在此就餐。主菜的价格在 79~179Kn。夏季来此地就餐，建议提前预约。

地中海菜　　Map p.126-A

URL www.svnikola.com
✉ Obala M Tita 232
TEL（052）4230187
🕐 11:00~次日 1:00（11:30~15:00、17:00~19:30 期间提供套餐）
休 无　　C/C A D M V

## 康通
### *Kantun Grill Corner*

◆在这里可以尽情地享受切巴契契、汉堡肉饼等分量充足的烧烤类菜肴。套餐的价格是 38~45Kn，附带面包和炸薯条。

快餐　　Map p.126-B

✉ 8.Marta 8
TEL（052）616327
🕐 周一~周五
　　10:00~22:00
　　周六、周日 12:00~22:00
休 12/25、1/1、6　　C/C D M V

萨格勒布

★莫托文

# 莫托文 *Motovun*

Map 文前 p.4-A4

莫托文山上的住宅

建于山上的圣斯捷潘诺教堂

莫托文的建筑沿山坡而建。这座城市形成于13~16世纪，现代大体上保持了原貌。周围有被称为"松露森林"的莫托文森林及葡萄园。品尝美丽的大自然孕育出的松露、橄榄，也是在莫托文旅游的一大乐趣。

■前往莫托文的方法
●从波雷奇前往莫托文
🚌6月下旬~8月下旬期间，9:45发车，冬季仅在周五有1班。用时约40分钟，37Kn。
●从普拉前往莫托文
🚌仅在6月下旬~8月下旬期间开行，8:00发车，用时约2小时25分钟，105Kn。
●罗维尼前往莫托文
🚌仅在6月下旬~8月下旬期间开行，8:45发车，用时约1小时40分钟，69Kn。

■前往帕兹的方法
🚌6月下旬~8月下旬以外，基本上没有开往莫托文的直达车次，需要在帕兹（Pazin）换乘。从帕兹发车1天有3~4班（周六、周日及6月中旬~9月上旬期间停运），用时约30分钟，34Kn。
●从萨格勒布前往帕兹
🚌1天8~12班，用时3小时~3小时40分钟，111~158Kn。
●从里耶卡前往帕兹
🚌1天4~6班，用时45分钟~1小时，45~49Kn。
●从普拉前往帕兹
🚌1天4~7班，用时约50分钟，35~54Kn。
●从罗维尼前往帕兹
🚌1天3~9班，用时30分钟~1小时35分钟，47~67Kn。
●从波雷奇前往帕兹
🚌1天3~6班，用时30分钟~2小时30分钟，31~89Kn。

■应自己准备交通工具
　　在莫托文等伊斯特拉半岛地区，公共交通工具非常少。不仅是乘坐巴士，就连乘坐出租车都很困难。距离莫托文最近的出租车公司在乌马格（Umag）与波雷奇，叫车来莫托文就需要花费350Kn。如在莫托文的卡斯特及博哥别墅酒店（→p.132）等酒店住宿，可让酒店派车在酒店与帕兹之间接送（约300Kn）。所以在该地区旅游，最好租车自驾，如果对自己的体力有信心，也可以选择租自行车骑行。

利瓦德、
至 H R S Zigante（约1.5公里）
至伊斯特拉温泉（约7公里）
北门

接送巴士车站

蒙德
R Mondo
S Zigante

圣斯捷潘诺教堂
Crkva sv. Stjepana 🛈

博哥别墅酒店 H 🍴
Villa Borgo

卡斯托酒店
Kaštel

Kanal

Hotel Kaštel的
接送巴士车站

接送巴士车站

接送巴士
往返于山脚下的停车场与老城区大门之间。夏季9:00~21:00、冬季9:00~17:00期间，每隔20分钟发1班车。票价为往返票20Kn。1~3月停运。

N

0　　　　　150m

长途巴士车站
至帕兹
（约20公里）

莫托文

## 莫托文　漫　步

　　莫托文的长途巴士车站位于山脚下。前往山顶，步行需 20~30 分钟。有收费的接送巴士可开至老城区旁边，行李较多的人出行也很方便。如在卡斯特酒店住宿，酒店的接送巴士可到山脚迎接客人。

　　建在山顶上的圣斯捷潘诺教堂（Crkva sv. Stjepana）是莫托文的标志性建筑。由 16 世纪文艺复兴后期建筑师安德烈亚·帕拉第奥设计。山下的城墙将教堂围起，这些城墙建于 12~13 世纪。从 2018 年开始，可在城墙上行走一周，长度约 500 米。缓步前行，需 15 分钟走完全程，墙下有葡萄园。

## 附加旅行　采摘松露

　　伊斯特拉半岛与意大利及斯洛文尼亚接壤，是世界上著名的松露之乡。在布泽村周围的森林，可以在小狗的陪伴下体验采摘松露。采摘结束后，还可以品尝用采摘到的新鲜松露制作的美食。例如，使用松露制作的蛋包饭及奶酪，松露的分量很足。游客可以在此度过一段幸福的时光。

伊斯特拉半岛出产的松露

小狗可以通过嗅觉帮助人们寻找埋在土中的松露

■莫托文的 ❶　Map p.128
✉ Trg Andrea Antico 1
☎ (052) 681726
URL www.tz-motovun.hr
🕐 6~8 月　　　　9:00~21:00
　　4、5、9 月　　9:00~19:00
　　3、10、11 月　9:00~17:00
🚫 12 月~次年 2 月

■圣斯捷潘诺教堂
Map p.128
✉ Trg Andrea Antico
☎ (052) 815615
🕐 礼拜前后
🚫 无
💰 免费
■城墙步道
💰 25Kn
　　在 ❶ 购票，❶ 关闭期间免费。门票包含参观艺术画廊的费用。
采摘松露
● Karlić Tartufi
　　在克罗地亚国有林区购买采摘松露的许可，之后前往采摘地点。可在布泽村叫出租车。
✉ Paladini 14，Buzet
☎ (052) 667304
URL www.karlictartufi.hr
✉ info@karlictartufi.hr
🕐 8:00~19:00
🚫 周日、法定节假日（采摘松露）
💰 € 130（2 人）€ 180（3 人）（采摘松露 1 小时 30 分钟 + 试吃 1 小时 30 分钟，共 3 小时）

## Information　雾乡莫托文

　　夏季绿树环抱的莫托文固然很美，但秋冬季的莫托文其实也独具风情。特别是在天气晴朗的早晨，如果能遇到起雾，那是一件非常值得庆幸的事情。莫托文的森林及葡萄园会被大雾笼罩着，只能看见晴空之下的山顶。此时的莫托文就像是一座飘在空中的城市。昨日刚刚看到的绿色美景变成了一片云海，宛如仙境一般。

　　如此梦幻般的美景为什么会出现？是因为前一天的白天与发生辐射冷却的早晨，温差会非常大，山谷中的水汽就变成了雾。据当地人说，在秋冬季（11 月~次年 2 月）能见到雾的概率在 50% 左右。

莫托文像飘在空中一般

**前往布泽村的方法**

从巴士车站步行前往老城区需 20 分钟。从布泽村至莫托文，没有公共交通工具，只能租赁汽车或自行车。从里耶卡、波雷奇、普拉、萨格勒布、的里雅斯特，1 天有 1~2 班开行。

**前往胡姆的方法**

周边村庄没有开往这里的公共交通工具，与最近的布泽村相距 14 公里，只能租车自驾前往。

## 布泽村　Buzet　Map p.130-B1

Buzet

与斯洛文尼亚接壤的村庄。布泽村位于山上，中心区域只有酒店及博物馆，但周围还有种植松露的农庄及养蜂场。如果想要品尝伊斯特拉半岛的美食，建议到此旅游。

位于山上的小村庄

## 胡姆　Hum　Map p.130-B1·2

Hum

距布泽村 14 公里的小村庄。被吉尼斯世界纪录认定为"世界最小的城市"，人口只有 28 人。有 3 家纪念品商店及餐馆、酒吧、艺术馆，环境十分安静。

胡姆的特产是蜂蜜

建于 16 世纪的钟楼

莫托文周边

0 5km
N

斯洛文尼亚

## 利瓦德 Livade `Map p.130-A1`

Livade

有销售克罗地亚松露的
Zigante 公司的直营店，可以在餐
馆及商店品尝松露。9 月中旬至
11 月中旬的周末会举办松露节。
秋季时，提前 5 天预约，可以体
验采摘松露。

利瓦德的 Zigante 直营店

## 伊斯特拉温泉 Istarske Toplice `Map p.130-B1`

Istarske Toplice

位于莫托文东北 7 公里处的温泉。
据说古罗马时期就有供人洗浴的温泉，
一直是著名的度假胜地，100 多年前被
开发为水疗度假地。这里也是疗养设施，
有很多人在此长期疗养。

温泉为水疗度假地

## 格茨尼亚 Grožnjan `Map p.130-A1`

Grožnijan

格茨尼亚位于海拔 228 米的山顶上，
与莫托文一样，都是伊斯特拉半岛上的美
丽小城。曾长期受威尼斯共和国统治，工
业革命以后，至 1902 年帕伦扎纳铁路
（→ p.281）开通，这里都没有太大的发展。
因此当地的建筑基本上保持了威尼斯共和
国统治时期的风貌。

中心区域的石板路

至今仍有很多意大利人后裔生活在这
里。小城的面积不大，15 分钟可步行到
达任何地方。画廊很多，遇到喜欢的可以
进去看一看。在街上闲逛是游览此地的重
要方式。

## 莫米扬 Momjan `Map p.130-A1`

Momjan

与斯洛文尼亚接壤的小村庄。有著
名的卡博拉（Kabola）葡萄酒庄。酿造
葡萄酒的历史已有 100 多年，现在是伊
斯特拉半岛具有代表性的著名品牌。村
庄位于山上，环境安静，风景很美。

卡博拉葡萄酒庄有商店及展出古时酿酒工
具的博物馆

### 前往利瓦德的方法

从莫托文乘车 10 分钟左
右可至，但没有公共交通工
具。下山后向北走，过米尔
纳河后前行 15 分钟左右可
到达村庄中心的十字路口。

在餐馆品尝全松露宴

### 前往伊斯特拉温泉的方法

乘车 15 分钟左右可至，
也没有从莫托文出发的公共
交通工具。过米尔纳河之
后，在河边道路右转，前行
5 公里左右可以看见招牌，
左转后继续前行 500 米左右。

### 前往格茨尼亚的方法

🚌🚌 没有从主要城市至此的
巴士。从布耶（Buje）乘坐
开往布泽村的巴士，在中途
下车，之后步行约 3 公里可
抵。从波雷奇乘出租车，单
程 250Kn 左右。

### 前往莫米扬的方法

没有从周边城市开往莫
米扬的公共交通工具，与距
离最近的布耶（Bje）相距 3
公里左右。

■卡博拉葡萄酒庄
✉ Kanedolo 90
☎ (052) 779208
🔗 www.kabola.hr
CC Ⓐ Ⓜ Ⓥ

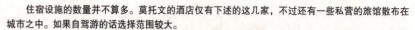

# 莫托文及其周边的酒店
## *Hotel*

　　住宿设施的数量并不算多。莫托文的酒店仅有下述的这几家，不过还有一些私营的旅馆散布在城市之中。如果自驾游的话选择范围较大。

---

### 卡斯特酒店（莫托文）
*Hotel Kaštel* ★★★

◆酒店位于一座小山的顶上，可以透过客房的窗户欣赏莫托文浩瀚森林的风景。酒店内有泳池和桑拿（付费）等设施。1~3月期间营业。

📶 全馆　　EV 有

| 中档 | 客房数：33 | Map p.128 |

URL www.hotel-kastel-motovun.hr
email info@hotel-kastel-motovun.hr
✉ Trg Andrea Antico 7
S A/C 🛁 ➡ 440~500Kn
W A/C 🛁 ➡ 780~1200Kn
C/C A D M V

---

### 博哥别墅酒店（莫托文）
*Villa Borgo*

◆位于观景点旁的别墅酒店。停车场等设施完备。房间干净整洁，透过窗户欣赏的风景也非常赞。对面还建了新馆。12月~次年2月期间休业。

📶 全馆　　EV 无

| 中档 | 客房数：16 | Map p.128 |

URL www.villaborgo.com
email info@villaborgo.com
✉ Borgo 4
TEL（052）681708
S A/C 🛁 ➡ € 50~63
W A/C 🛁 ➡ € 75~95
C/C A D M V

---

### 维拉吾拉塔精品酒店（布泽村）
*Vela Vrata*

◆布泽村的精品酒店。共有21间客房，所有房间内的陈设都各有不同。如果想要欣赏大自然的美景，不妨在风景优美的露台餐馆享受午餐。地下有按摩浴缸和桑拿房。

📶 全馆　　EV 无

| 中档 | 客房数：21 | Map p.130-B1 |

URL www.velavrata.net
email booking@velavrata.net
✉ Šetalište Vladimira Gortana 7
TEL（052）494750
FAX（052）662693
S A/C 🛁 ➡ € 59~79
W A/C 🛁 ➡ € 88~144
C/C A D M V

---

# 莫托文的餐馆
## *Restaurant*

---

### 蒙德
*Konoba "Mondo"*

◆位于莫托文城墙下的餐馆。在这里可以品尝到使用橄榄、蘑菇、乳酪等当地产的食材烹制的意式焗饭和意面。小编推荐使用黑松露烹制的Tagliatelle sa Crnim Tartufom（意面的一种）。

| 克罗地亚菜 | Map p.128 |

URL konoba-mondo.com（克罗地亚语）
email klaudio@sundance.hr
✉ Barbacan 1
TEL（052）681791
🕐 12:00~15:30、18:00~22:00
🚫 法定节假日、1、2月
C/C A D M V

---

### 兹冈帝（利瓦德）
*Restaurant Zigante*

◆松露公司兹冈帝经营的餐馆兼酒店。全松露宴套餐共有5种，价格在490~1375Kn。葡萄酒的品种也比较丰富。

| 克罗地亚菜 | Map p.130-A1 |

URL www.restaurantzigante.com
email info@livadetetartufi.com
✉ Livade 7, Livade
TEL（052）664302
🕐 12:00~23:00
🚫 1月中旬~3月中旬
C/C A D M V

---

# 达尔马提亚地区

## *Dalmacija*

从人气度假胜地维斯岛去往附近比舍沃岛上的蓝洞（→ p.178）

# 达尔马提亚地区 Dalmacija

## ●地理

达尔马提亚北部地区的主要城市是扎达尔，在周边的国家公园可以进行一日游，十分方便。可以享受科尔纳特国家公园等独特的风景。

南部地区的中心城市是斯普利特，其起源可以追溯到罗马皇帝戴克里先的行宫。此外，因地中海贸易而繁荣的城市杜布罗夫尼克也是比较重要的城市。夹在这两座城市之间的亚得里亚海沿岸拥有众多度假地。

维斯岛附近的绿洞

至萨格勒布

至萨格勒

里耶卡

至普拉

2 00 ~ 2 45

0 35

0 45

普利特维采湖群国家公园

4 10

4 00 ~ 5 00

2 15 ~ 2 50

## ●伴手礼

### 薰衣草制品

赫瓦尔岛的名特产是薰衣草制品，使用薰衣草制成干花或者按摩油等制品，买回家可以全年享受薰衣草的治愈系味道。薰衣草制品也特别适合做伴手礼。

### 盐

克罗地亚的产盐地主要有宁、帕格和斯通这三个地方。将达尔马提亚的特产香草混入盐中制成的香草盐也非常值得推荐。

帕格

宁

1 00

0 25

扎达尔

0 45

1 30

穆尔泰尔

从萨格勒布出发　每小时1～2趟车
从里耶卡出发　每小时5～6趟车
从斯普利特出发　每小时1～2趟车
从杜布罗夫尼克出发　每天6～7趟车

### 香草茶

赫瓦尔岛上共生长着 400 多种香草，因此这里十分盛行制作花草茶。既轻便又健康的花草茶也是作为伴手礼最好的选择。

### 护肤品

杜布罗夫尼克的马拉·布拉奇药局（→ p.203）调制的加入香草的护肤品。有些配方是从 14 世纪流传至今的。

※所需时间是夏季时所使用的预估时长根据季节和运行的实际状况会有相应的变化

## ● 气候

达尔马提亚地区的气候全年都相对稳定。夏季少雨干燥，日照强，太阳镜和防晒霜是必不可少的。与之相反，冬季的时候阴雨连绵，略感微凉的日子较多。跟我国南方地区的冬季穿着同样的服装即可。

在布拉奇岛的海滩上尽情地享受海水浴

## ● 线路规划 1
### 巡游世界遗产

**第一天：** 从萨格勒布乘坐飞机前往斯普利特。在被列为世界遗产的老城区漫步。

**第二天：** 利用巴士去特罗吉尔和希贝尼克一日游。首先参观位于希贝尼克的圣雅各布大教堂，然后去往特罗吉尔，游览老城区的圣劳伦斯大教堂、卡梅尔伦戈城堡等。晚上返回斯普利特，吃海鲜大餐。

**第三天：** 从斯普利特移动至杜布罗夫尼克。如果感兴趣的话，可以乘坐渡轮去赫瓦尔岛的斯塔里格莱德一日游之后再移动。

**第四天：** 巡游杜布罗夫尼克的老城区。如果时间充裕还可以穿越国境去莫斯托尔或者科托尔逛一逛。

**第五天：** 返回萨格勒布。

## ● 线路规划 2
### 巡游亚得里亚海

**第一天：** 首先移动至斯普利特，到了以后可以在老城区漫步。

**第二天：** 布拉奇岛（博尔）一日游。在博尔的尖角海滩（Zlatni rat）海水浴是一件非常愉快的事情。

**第三天：** 乘坐渡轮前往赫瓦尔岛。由于需要在岛上停留2天，请提前订酒店。第一天可以游览赫瓦尔岛。

**第四天：** 从赫瓦尔岛参加去往维斯岛的旅游团，参观蓝洞。

**第五天：** 从赫瓦尔岛去往科尔丘拉岛。游览科尔丘拉岛的老城区。

**第六天：** 从科尔丘拉移动至杜布罗夫尼克。利用半天时间漫步老城区。

**第七天：** 返回萨格勒布。

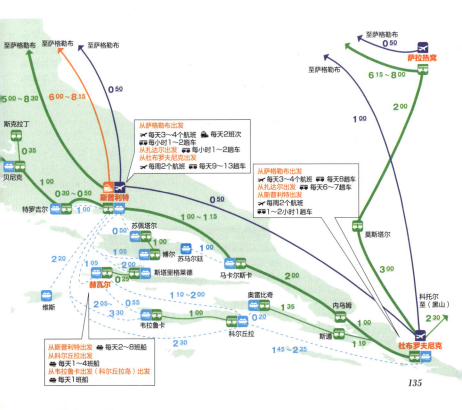

萨格勒布

★扎达尔

# 扎达尔 *Zadar*

希区柯克喜爱的落日之城

Map 文前 p.7-C3

达尔马提亚地区最大的教堂圣斯托谢教堂

■ 前往扎达尔的方法

● 从萨格勒布出发

✈ 克罗地亚航空每周有 6~14 趟，用时约 45 分钟。有机场巴士从机场开往老城区北部的巴士车站。飞机起飞前 1 小时发车。票价为 25Kn。

🚆 1 小时 1~2 班左右，用时 3 小时 ~5 小时 10 分钟，99~120Kn。

● 从里耶卡出发

🚆 1 天 5~6 班，用时 4~5 小时，128~170Kn。

● 从里耶卡出发

🚢 快艇每周 3~4 班在 7:00 出发，用时约 6 小时 25 分钟，160~200 Kn。

● 从普利特维采出发

🚆 1 天 3 班。用时约 2 小时 50 分钟，91~100Kn。

● 从希贝尼克出发

🚆 1 小时 1~2 班，用时约 1 小时 30 分钟，45~48 Kn。

● 从斯普利特出发

🚆 1 小时 1~2 班，用时约 2~3 小时 40 分钟，70~100 Kn。

● 从杜布罗夫尼克出发

🚆 1 天 6~7 班，用时约 8 小时，180~208Kn。

■ 扎达尔机场

📞 (023) 205917

🌐 www.zadar-airport.hr

扎达尔美丽的夕阳

港口城市扎达尔作为达尔马提亚地区的中心，在历史上曾经繁盛一时。这座城市的起源可以追溯到公元前 9 世纪时的利布尔尼亚人群落，之后经过罗马帝国统治时期，在中世纪时已经可以与威尼斯共和国竞争。在与威尼斯共和国的战争中，扎达尔受到第四次十字军的进攻，之后接受威尼斯共和国的统治。

 扎达尔 漫 步

从巴士总站前往老城区，可在巴士总站后面的巴士车站乘坐 2 路或 4 路市内巴士，约 5 分钟可至（上车购买 1 次乘车票 10Kn，在售货亭购买 2 次乘车票 16Kn）。步行约 15 分钟可至老城区的正门（Kamenavrata）。穿过正门后直行，就是老城区的中心区域泽莱尼广场（Zeleni trg）。

## Information 世界遗产扎达尔的防御工事

扎达尔防御工事，作为 16~17 世纪威尼斯防御工事群的组成部分，于 2017 年被列为世界文化遗产。当时，扎达尔是达尔马提亚的军事、行政中心并拥有亚得里亚海地区最大、最强的要塞。该要塞有由 6 个棱堡、4 个城门、2 个蓄水设施组成的棱堡式要塞防御系统，现在仍完好地保持着过去的风貌。

老城区正门（左）与圣马可飞狮（下）

## 圣多纳特教堂

**Crkva sv. Donata** Map p.137-A1

St. Donat's Church

建于9世纪的前罗马时期风格圆形教堂,是扎达尔的标志性建筑。建筑材料中有从古罗马神殿拆下的石材,神殿的圆柱被当作教堂的地基。教堂内的音响效果很好,所以经常有音乐会在此举行。

*教堂内部空旷,会展出一些现代艺术*

■扎达尔的❶ Map p.137-B2
✉ Juria Barakovića 5
☎(023)316166
URL www.zadar.travel
🕐 4、10月
　　周一~周五　8:00~21:00
　　周六、周日、法定节假日
　　　　　　　9:00~21:00
　　5、6、9月
　　周一~周五　8:00~22:00
　　周六、周日、法定节假日
　　　　　　　9:00~22:00
　　7、8月
　　周一~周五　8:00~24:00
　　11月~次年3月
　　周一~周五　8:00~20:00
　　周六、周日、法定节假日
　　　　　　　9:00~14:00
🚫 无休
■圣多纳特教堂
🕐 4、5、10月　　9:00~17:00
　　6、9月　　　　9:00~21:00
　　7、8月　　　　9:00~22:00
🚫 11月~次年3月　💰20Kn
📷可　📹不可

扎达尔老城区

扎达尔站

137

捆绑触犯轻微罪行者的耻辱柱

■圣玛利亚教堂·修道院
✉ Trg Opatice Čike 1
☎（023）250496
🕐夏季
　　周一～周六10:00~13:00
　　　　　　　17:00~19:00
　　周日　　 10:00~13:00
　　冬季　　 10:00~12:30
　　　　　　　17:00~18:30
🚫法定节假日、8/15、冬季
的周日
💰25Kn　学生10Kn

■圣斯托谢大教堂
✉ Trg sv. Stošije
🕐8:00~19:30
🚫无休
💰免费
📷不可
●塔
🕐4、5、10月　10:00~17:00
　　6～9月　　 9:00~22:00
🚫周日、法定节假日、11
月～次年3月
💰15Kn
📷可　🎥不可

■方济各会修道院
✉ Trg sv. Frane 1
🌐 www.svetifrane.org
🕐19:00左右（弥撒）
🚫无休
💰免费
📷可
●珍宝馆
🕐9:00~18:00
🚫10月～次年4月、周日、
法定节假日
💰15Kn
📷可
🎥不可

## 佛拉姆广场　　　　　Forum　Map p.137-A1~B1
Forum

　　佛拉姆在古罗马时代就是指广场，为城市的中心，集中了行政、宗教、贸易等全部与市民生活相关的功能。扎达尔的佛拉姆广场建于公元前1世纪至公元3世纪期间。过去还曾建有供奉（朱庇特、朱诺、密涅瓦）的神庙。

　　现在的佛拉姆广场，原来的建筑除了基础部分基本上都已被毁坏，只残存着两根柱子。其中立于西北方向的"耻辱柱"，在中世纪用于绑缚触犯轻微罪行者，供人们对其进行嘲弄。

## 圣玛利亚教堂·修道院　Map p.137-B1
Crkva i samostan sv. Marije
Church & Monastery of St. Mary

　　圣玛利亚教堂·修道院位于泽莱尼广场东南，西邻考古博物馆，为本笃会女子修道院。教堂旁边的建筑为珍宝馆，被称为"扎达尔的金银"。克罗地亚有很多收藏并展出的宗教艺术品，其中扎达尔的教堂藏品尤其丰富。藏品包括有金银装饰的十字架、盛放圣遗物的箱子以及圣像、雕刻、绘画等，种类十分丰富，而且年代从7世纪到18世纪，跨越1000年的历史。

藏品丰富

## 圣斯托谢大教堂　Katedrala sv. Stošije　Map p.137-A1~B1
St. Anastasija Cathedral

在塔顶俯瞰全城

　　建于12世纪，是达尔马提亚地区最大的教堂。大教堂为罗马式建筑，由3个中廊组成，内部墙壁上保存着湿壁画。1202年第四次东征的十字军占领君士坦丁堡前进攻扎达尔时，大教堂遭受了巨大的破坏。另外，第二次世界大战期间，还受到盟军空袭。不过每次都得以修复。大教堂南侧有一座塔，登上塔顶可以俯瞰扎达尔老城区。

## 方济各会修道院　Samostan sv. Frane　Map p.137-A1
Fransiscan's Monastery

　　位于扎达尔老城区西北部的修道院，里面的圣方济各会教堂（Crkvasv. Frane）建于1280年，是达尔马提亚地区历史最古老的哥特式教堂。珍宝馆中收藏着制作于12世纪的罗马式十字架。另外，

珍宝馆中有许多宗教艺术品

1358 年，威尼斯共和国与匈牙利王国曾在这个教堂里缔结了《扎达尔条约》。根据该条约，达尔马提亚从威尼斯共和国的领土变为匈牙利王国的领土。

■ 扎达尔的旅行社
● Aquarius　Map p.137-B1
✉ Nova vrata bb
☎ &FAX（023）212919
🕐 6~9 月　　　　7:30~24:00
　　10 月~次年 5 月
　　　周一~周五 7:30~20:00
　　　周六　　　8:00~14:00
🈵 冬季的周日、法定节假日
可以在此报名参加前往科尔纳特国家公园的团体游及民宿的预约。

克罗地亚

● 扎达尔

## 大海管风琴与扎达尔的太阳
### Morske orgulje i Pozdrav Suncu
Sea Organ and The Greeting to the sun

Map p.137-A1

　　如果漫步于老城区西北部的海岸，可以听见奇特的响声。发出这种声音的是大海管风琴。海风吹拂海岸，埋于地面的装置接受感应，就会发出声音。这一带，每到日落时，都会迎来许多情侣及游客。旁边还有"扎达尔的太阳"，日落时地面上会映出 7 种颜色。

发出奇特声音的大海管风琴

# 扎达尔的博物馆

## 考古博物馆
### Arheološki muzej

◆ 1832 年开馆，是克罗地亚第二古老的博物馆。策展曾获奖。3 层为史前时期展区，2 层为古罗马时期展区，1 层为中世纪展区。

布展十分用心

Map p.137-B1

✉ Trg Opatice Čike 1
☎（023）250613　URL www.amzd.hr
🕐 11 月~次年 3 月 9:00~14:00（周六~13:00）
　　4、5 月　　9:00~15:00
　　6、9 月　　9:00~21:00
　　7、8 月　　9:00~22:00
　　10 月　　　9:00~17:00
🈵 法定节假日、10 月~次年 5 月的周日、法定节假日
💰 30Kn　📷 可　💳 不可

有 3 层建筑的博物馆

## 国家博物馆
### Narodni Muzej

◆ 老城区共有 7 家博物馆，纳洛德尼广场钟楼下有民俗博物馆，在总督官邸、凉廊经常举办特展。

Map p.137-B1

✉ Poljana pape Aleksandra lll bb
☎（023）251851　URL nmz.hr
🕐 夏季 9:00~20:00　冬季 9:00~15:00
　　冬季的周三 9:00~12:00、17:00~19:00
🈵 冬季的周六、周日
💰 20Kn　📷 可　💳 不可

## 古代玻璃博物馆
### Muzej Antičkog Stakla

◆ 以玻璃为主题的博物馆。有很多古罗马时期的玻璃器皿，收藏着 1500 多件在扎达尔一带出土的文物。

极富个性的玻璃瓶

Map p.137-B2

✉ Poljana Zemaljskog Odbora 1
☎（023）363831　URL www.mas-zadar.hr
🕐 5~10 月 9:00~21:00　11 月~次年 4 月 9:00~16:00
周一~周六的 9:00~14:00 有制作玻璃及玻璃珠的工作坊
🈵 11 月~次年 4 月的周日、法定节假日
💰 30Kn　📷 可

## 错觉博物馆
### Muzej iluzija

◆ 可以通过拍照来体验奇妙的幻觉艺术（错觉画）带给人们的乐趣。萨格勒布有有同一经营主体开设的博物馆（p.68）。

通过拍照来体验这里的乐趣

Map p.137-B2

✉ Poljana Zemaljskog Odbora 2
☎（023）316803　URL zadar.muzejiluzija.com
🕐 6~9 月　　　　　　　　9:00~24:00
　　4 月、5 月、10 月、11 月　10:00~20:00
　　12 月~次年 3 月　　　　10:00~16:00
🈵 法定节假日　💰 60Kn　📷 可　💳 可

# 扎达尔的酒店
## Hotel

扎达尔的酒店离老城区的中心地区比较远，大多集中在城北的波尔克（Borik）地区。

### 堡垒酒店
#### Hotel Bastion
★★★★

◆酒店位于老城区北部，是利用一栋建于13世纪的城堡改建而成的，房间内仍旧保留有当时的城墙。酒店内并设的餐馆广受好评。

📶全室　**EV**有

高档　客房数：27　Map p.137-A1
URL www.hotel-bastion.hr
email info@hotel-bastion.hr
✉ Bedemi zadarakih pobuna 13
TEL（023）494950　FAX（023）494951
S A/C 📶 💺 € 99~293
W A/C 📶 💺 € 134~500
C/C A D M V

---

### 马林可酒店
#### Hotel Restaurant Marinko
★★★

◆从巴士中心里的巴士站乘坐5路市内巴士，大约15分钟便可以到达酒店。客房功能齐全，酒店内的设施也比较完善。12月和1月停业。

📶全室　**EV**无

中档　客房数：21　Map p.137-A2
email hotelkodmarinka@net.hr
✉ Vladana Desnice 18
TEL（023）337800
FAX（023）333616
S A/C 📶 💺 € 60~80
W A/C 📶 💺 € 70~90
C/C D M V

---

### 佛拉姆精品旅舍
#### Boutique Hostel Forum

◆从扎达尔的巴士中心附近乘坐5路市内巴士，大约15分钟可达。算是规模比较大的青年旅舍。多人间有4~8个床位。

📶全室　**EV**无

青年旅舍　客房数：96　Map p.137-B1
URL www.hostelforumzadar.com
email info@hostelforumzadar.com
✉ Široka ulica 20
TEL（023）250705
D 📶 💺 € 16~29
S 📶 💺 € 41~135
W 📶 💺 € 64~156
C/C A D M V

---

# 扎达尔的餐馆
## Restaurant

### 佛萨海鲜餐馆
#### Seafood Restaurant Foša

◆如果想要吃海鲜，这家餐馆是最好的选择。餐馆位于老城区正面的附近，还可以欣赏海景。红虾意式焗饭170Kn、章鱼沙拉105Kn、套餐350~750Kn。坐席小费30Kn。

海鲜　　　　　Map p.137-B2
URL www.fosa.hr
✉ K.D.Zvonimira 2
TEL（023）314421
🕐 夏季　　12:00~次日1:00
　　冬季　　12:00~23:00
🚫 1/1、12/25
C/C A D M V

---

### 匹亚特
#### Pjat

◆这是一家位于老城区的小酒馆，葡萄酒的种类丰富。菜谱提供有海鲜、比萨等各式各样，招牌菜是自制意面。主菜的价格是90~190Kn。

克罗地亚菜　　　Map p.137-B2
✉ Stomorica 10
TEL（023）213919
🕐 夏季　　8:30~23:00
　　冬季　　10:00~22:00
🚫 周日、12/25
C/C M V

# Information 威尼斯共和国与亚得里亚海沿岸

位于扎达尔老城区正门的圣马可飞狮

**圣马可飞狮**

在克罗地亚的亚得里亚海沿岸城市旅游，经常能见到长着翅膀的狮子像。这只长着翅膀的狮子是威尼斯守护圣人圣马可的标志，有这种狮子像的城市都曾经是威尼斯共和国的领地。实际上，从中世纪到近代，亚得里亚海沿岸的城市基本上都受到了威尼斯共和国的影响，属于例外的只有杜布罗夫尼克及其周边地区。

圣马可不仅是福音书的作者，而且还被认为是早期基督教五大总主教之一、亚历山大总主教座堂的首任主教。原被埋葬于埃及。1828年，威尼斯商人把圣马可的遗体从埃及运至威尼斯。闻名世界的圣马可教堂就是为了安放圣马可的遗骨而建。

**威尼斯共和国的起源**

威尼斯共和国诞生于罗马帝国灭亡后、异族入侵北意大利之时。人们纷纷逃至异族不会进攻的沼泽地区，在沼泽之上建立起城市。现在被人们称为"水城"的威尼斯就这样出现了。沼泽地区不适合从事农业，威尼斯以贸易立国，重要的原因就是没有其他的发展道路。

**亚得里亚海的制海权与第四次十字军东征**

看一看地图就能马上知道，威尼斯位于亚得里亚海最北端。也就是说，要想在地中海地区进行贸易，就必须要南下亚得里亚海并进入伊奥尼亚海。因此，对威尼斯来说，掌握亚得里亚海的制海权是至关重要的。11世纪初，威尼斯成功地取得了亚得里亚海的制海权。

但是，在此之后，扎达尔开始接受匈牙利王国的保护，摆脱了威尼斯的控制。扎达尔大致位于亚得里亚海的中间点，失去扎达尔对威尼斯造成了沉重的打击。1202年，十字军第四次东征，征服了扎达尔。同为天主教徒却相互厮杀，所以这些十字军被罗马教皇开除教籍，威尼斯共和国在基督教世界里的名声一落千丈。不过，由此可见，威尼斯极其重视其对亚得里亚海的制海权。

之后第四次东征的十字军占领了拜占庭帝国的首都君士坦丁堡，在历次东征的十字军中，这些十字军最为残暴，后世对其的评价最差。当然，从威尼斯共和国的角度来看，此次十字军东征夺取了克里特岛及内格罗蓬特等地，不仅掌握了亚得里亚海的制海权，还获得了整个东地中海的制海权，为威尼斯的经济繁荣奠定了基础。

15世纪亚得里亚海周边地区

威尼斯 Venezia
卡波迪斯特利亚（科佩尔）
帕伦佐（波雷奇）
罗维诺（罗维尼）
波拉（普拉）
扎拉（扎达尔）
塞贝尼克（希贝尼克）
斯普拉特（斯普利特）
亚得里亚海
拉古萨（杜布罗夫尼克）
卡塔罗（科托尔）

■ 威尼斯共和国领地
■ 拉古萨共和国领地（杜布罗夫尼克）

# 宁 *Nin*

Map 文前 p.7-C3

连接老城区的大桥前矗立着布拉尼米尔公爵雕像

圣安塞尔姆教区教堂的主祭坛

■前往宁的方法
◆从扎达尔出发
🚌1 小时 1~2 班，用时 25 分钟，17Kn。

■宁的 ❶
Map p.143-B
✉ Trg braće Radića 3
☎（023）264280
🌐 www.nin.hr
📅11 月～次年 2 月
　　周一～周五　8:00~15:00
　　周六　　　　8:00~13:00
　　3·5·10 月　　8:00~16:00
　　6、9 月　　　8:00~20:00
　　7、8 月　　　8:00~21:00
📅11 月～次年 2 月的周日

　　宁是扎达尔以西 15 公里处的小城。首任克罗地亚国王的王宫曾坐落于此，因此这里在历史上有着重要的地位。现在考古发掘正在进行，有很多历史遗迹及博物馆。城市东边是盐田。夏季时有大量游客来这里的潟湖享受泥浴。

## 宁 漫 步

　　景点多集中于老城区，游客可以把建于 6 世纪的安塞尔姆教区教堂（Župna crkva sv. Anselma）的塔楼作为地标。有因地面塌陷而禁止通行的地段，需要注意。

这里的制盐业始于古罗马时期

老城区保存着古罗马的历史遗迹，可以看见马赛克地面

王后海滩的潟湖

## 宁 主要景点

■泥浴
　　7、8 月时开设临时诊所。在 ❶ 了解相关信息后再行前往。高血压及心血管疾病患者不能接受这种治疗。

■圣安塞尔姆教区教堂珍宝馆
☎（023）264162
📅10:30~12:30
　　18:00~21:00
📅9 月中旬～次年 6 月中旬
💰20Kn
🚫不可
🚫不可

### 泥浴

**Ljekovito blato**　Map p.143-A

Medicinal mud

在 ❶ 可以了解到详细的泥浴信息

　　具有药效的泥，不仅可以用于风湿、代谢性骨病、运动系统疾病、皮肤病、妇科疾病的治疗，还可以在改善皮肤弹性及减少皮下脂肪团方面发挥作用。应在医生指导下使用。

### 圣安塞尔姆教区教堂

**Župa crkva sv. Anselma**　Map p.143-B

Parish church of St. Anselm

　　教堂的珍宝馆展出装有公元前 4 世纪的古希腊银币的圣遗物箱，这

枚银币被认为是犹大的银币。犹大的银币共30枚，被保存于欧洲各地，这是其中1枚。

## 盐博物馆　Muzej soli　Map p.143-B
### The Museum of salt

在宁的盐田，人们采用从古罗马时期传承至今的方法制盐。将盐水引至5个水池，之后逐渐提高浓度，以此方法制得的盐富含天然碘，而且好吃。附近有介绍制盐方法的博物馆。馆内的纪念品店出售食用盐及浴盐。

详细解说制盐过程

## 宁历史博物馆　Muzej ninskih starina　Map p.143-B
### The Museum of Nin Antiquities

展出在宁的老城区出土的文物。展品包括古罗马时期及早期基督教时期的文物。11世纪的船只现在是宁的象征。位于老城区入口处的海湾有这艘船的复制品。

11世纪时使用的船只

## 圣十字教堂　Crkva sv. Križa　Map p.143-B
### The Church of the Holy Cross

建于9世纪，被称为"世界上最小的大教堂"。贵族宅邸，至今仍残存着当时的建筑区划。

内有主教的椅子（主教座），为主教教堂

■盐博物馆
✉ Ilirska cesta 7
☎(023) 264764
URL www.solananin.hr
🕙 5、10月
　　周一～周五　8:00~18:00
　　周六、周日　9:00~18:00
　　6、9月
　　周一～周五　8:00~20:00
　　周六、周日　9:00~20:00
　　7、8月
　　周一～周五　8:00~21:00
　　周六、周日　9:00~21:00
　　11月～次年4月
　　　　　　　8:00~16:00
🚫 11月～次年4月的周六、周日
💰 35Kn（参观制盐的团体游65Kn）
📷 可　📹 可
　　有导游带领的参观制盐的团体游（需要预约）仅在5~9月期间举行。用时约45分钟。

■宁历史博物馆
✉ Trg kraljevac 8
☎(023) 264160
🕙 7、8月　　9:00~22:00
　　6、9月　　9:00~21:00
　　10月　　　9:00~14:00
※ 其他时间需要预约
🚫 11月～次年5月
💰 20Kn　📷 可　📹 可

■圣十字教堂
🕙 随时
🚫 无休
💰 免费
📷 可
📹 不可

编织蕾丝是岛上的传统手工艺技术

■ 前往帕格岛的交通方法
● 从里耶卡出发
🚌 14:00 出发，所需时间约4小时10分钟，156Kn
● 从扎达尔出发
🚌 每天2~4趟车，所需时间约1小时，52Kn
■ 帕格的 ❶　Map p.144
✉ Vela　📞(023) 611286
🌐 www.tzgpag.hr
🕐 6~9 月　　　8:00~22:00
10月~次年5月 8:00~15:00
🚫 10月~次年5月的周日、法定节假日
■ 蕾丝博物馆　Map p.144
✉ Trg Petra Krešimira IV
🕐 10:00~13:00
　 19:00~23:00
🚫 11月~次年5月
💰 10Kn　📷 不可
■ Gligora　Map p.145-A1
🚌 从帕格乘坐去往诺瓦利亚的巴士。每天7趟车（冬季减少班次）。
✉ Figurica 22/A，Kolan
📞 (023) 698052
🌐 www.gligora.com
商店
🕐 5~9 月　　　7:30~21:00
4、10月　　　8:00~19:30
11月~次年3月 8:00~16:00
🚫 10月~次年4月期间的周日
参观团（需要预约）
🕐 5~9月 10:00~14:00 期间
　 每个整点出发
10月~次年4月
　 　 12:00 出发
🚫 周日、冬季的周六、法定节假日
💰 35Kn
全年共使用约50吨的羊奶，共可以制造出40种以上的乳酪。参观团需要25分钟。

乳酪试吃

# 帕格 *Pag*

Map 文前 p.7-C2

沙洲形成小岛连接南北

　　海风吹拂着南北狭长的岛屿，阳光照耀下的大海，呈现出一片祥和氛围，这便是帕格岛的美丽风景。岛上的名特产是羊奶酪，岛上放牧的羊群舔舐着略带咸味的草，使用这种羊产出的羊奶制成的乳酪味道别有一番韵味。此外，蕾丝也是这座岛上的名物，这种手工编织蕾丝的技法，自古以来都是由家族代代相传的，流传至今。岛上最大的魅力所在也便是这自古以来淳朴自然的生活光景。

## 帕格　漫　步

陈列有传统的编织蕾丝作品。建筑物建于15世纪，曾经是威尼斯时代的总督府

　　帕格是岛上的中心城市。老城区内有 ❶ 和蕾丝博物馆（旧总督宅邸）等，中心城区还有多家出售手工编织蕾丝的店铺。巴士中心位于老城区以西500米左右的地方。还可以乘坐巴士或者租车去往位于近郊的乳酪工厂。

制盐展示
（位于储藏盐的仓库内。只限6~9月期间开放）

帕格

# 帕格的酒店
## Hotel

帕格的老城区有几家私营的住宿设施，但是除夏季以外大多闭店。此外，岛内还有几家高档酒店。

## 巴斯克那精品酒店
*Hotel Boškinac*
★★★★

◆ 位于帕格岛北部，诺瓦利亚附近的佩蒂特酒店对岸。个别客房带有浴缸。冬季休业。酒店并设的酒庄和餐馆评价也很不错。

📶 全馆  EV 有

| 高档 客房数：11 | Map p.145-A1 |
URL www.boskinac.com
email info@boskinac.com
✉ Škopaljaka 220，Novalja
TEL（053）663500  FAX（053）663501
Ⓢ Ⓦ A/C ▢ ▢ ▢ € 130~310
C/C Ⓐ Ⓓ Ⓜ Ⓥ

# 帕格的餐馆
## Restaurant

## 纳达勒
*Na Tale*

◆ 餐馆内的菜肴都是使用新鲜的海鲜烹制而成的。使用帕格岛产乳酪制成的意式焗饭的价格是 92Kn。菜品种类丰富。

| 克罗地亚菜 | Map p.144 |
✉ Stjepana Radića 4
TEL（023）611194
OP 10:00~23:00
休 周日、法定节假日，1 月
C/C Ⓐ Ⓓ Ⓜ Ⓥ

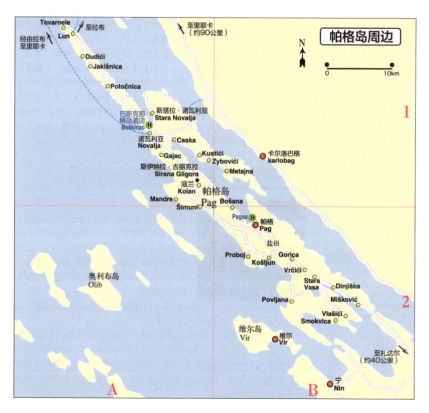

帕格岛周边

N

0　　　　　10km

Tovarnele
至拉布
至里耶卡（约90公里）
经由拉布至里耶卡
Lun
Dudići
Jakišnica
Potočnica
巴斯克那精品酒店 Boškinac
斯塔拉·诺瓦利亚 Stara Novalja
诺瓦利亚 Novalja
Caska
Gajac
Kustići
Zybovići
卡尔洛巴格 karlobag
斯伊纳拉·古丽克拉 Sirana Gligora
Metajna
寇兰 Kolan
帕格岛 Pag
Mandre
Šimuni
Bošana
Pagus
帕格 Pag
盐田
Proboj
Košljun
Gorica
Vrčići
奥利布岛 Olib
Stara Vasa
Dinjiška
Povljana
Mišković
Vlašići
Smokvica
维尔岛 Vir
维尔 Vir
至扎达尔（约40公里）
宁 Nin

A　　　　B

145

萨格勒布

科尔纳特
国家公园

# 科尔纳特国家公园
## *Nacionalni park Kornati*

Map 文前 p.7-C4~D4

■ 前往科尔纳特国家公园的
交通方法
🚌 距离科尔纳特国家公园最近的小镇是穆尔泰尔（Murter）。
🚢 除了穆尔泰尔之外，还可以从希贝尼克、扎达尔等地跟团来这里参观。
● 从希贝尼克至穆尔泰尔
🚌 每天有 6 趟车前往穆尔泰尔，所需时间 45 分钟，约 30Kn。

■ 穆尔泰尔的 ❶
✉ Rudina bb
☎ (022) 434995
🌐 www.tzo-murter.hr
📅 夏季　　　8:00~21:00
　　冬季　　　8:00~15:00
🚫 冬季的周六・周日

■ 科尔纳特国家公园办公室
✉ Butina 2, Murter
☎ (022) 435740
🌐 www.np-kornati.hr
📧 kornati@np-kornati.hr
📅 8:00~20:00
🚫 无休

来自世界各地的帆船爱好者会聚在科尔纳特国家公园

白色的岛屿和碧蓝的大海对比鲜明

科尔纳特国家公园共由近 100 座小岛组成，即使在岛屿众多的亚得里亚海上，这一地区的岛屿也显得尤为密集。由于这里的岛屿大多是由石灰岩构成，因此土地极为贫瘠，甚至连河流都没有。岛屿的表面只有薄薄的绿色覆盖着，有些地区甚至露出白色的岩石，这光景和碧蓝的亚得里亚海形成了鲜明的对比。著名剧作家萧伯纳曾经这样形容过科尔纳特的美："上帝欲在完成创造世界的最后一天加诸荣耀，因此用眼泪、繁星、呼吸创造了科尔纳特"。

## 科尔纳特国家公园 漫步

科尔纳特国家公园除了岛屿之外，还包含周边的海域。虽然可以乘坐小船或者游艇来此参观游览，但是最经济实惠和方便的方法还是跟随公园团体游览。距离国家公园最近的小镇是穆尔泰尔，除此地之外还可以在扎达尔、希贝尼克等地参加游船观光团。观光团在每年 4~10 月期间出团，6~8 月期间每周 5 次或者每天出团，10

从上空俯瞰的桃心形岛屿

月期间是每周 1~3 次出团。

国家公园内尤其是面朝外洋地区的西南部地区，拥有很多断崖绝壁，断崖的最高点可达 80 米。与西南部荒凉贫瘠的风景相比，东北部地区则比较平坦，绿植也相对多一些。因此即便在同一座公园内，也可以欣赏到大不相同的风景。此外，乘坐游轮出游的话，如果运气好还可以看到时常出没的海豚群。

■ 心形岛
　　位于科尔纳特国家公园内的盖勒斯尼亚克岛（Galešnjak）从高空俯瞰是桃心形状的。1806 年收到拿破仑命令制作地图的水路学者发现了此岛。这座岛屿也被称作是"爱之岛"，由于其独特的桃心形外观，很多情侣都会来此地举办婚礼。不过由于这座岛是私人财产，普通人不能上岛。

# 克尔卡国家公园
## *Nacionalni park Krka*

Map 文前 p.7-D4

**Dalmacija**

萨格勒布

克尔卡
国家公园

克罗地亚

科尔纳特国家公园～克尔卡国家公园

在斯克拉丁斯基瀑布前戏水

　　从希贝尼克出发，沿着克尔卡河逆流而上，便可以到达克尔卡国家公园，这里与普利特维采湖群国家公园一样，都是喀斯特地貌造就的自然奇观。层峦跌宕的瀑布和周围的自然奇观使得来到这里的游人迷醉其中。除了自然景观之外，公园内还有漂浮于湖面上的修道院等多处文化遗产。

浮于湖面上的弗朗西斯科修道院

## 克尔卡国家公园　漫　步

　　克尔卡国家公园共有 3 个入口，可以从希贝尼克乘坐巴士前往的有罗佐瓦克（Lozovac）和斯克拉丁（Skradin）这两个入口。不过这两个地方的巴士站都距离公园入口比较远，从斯克拉丁至入口需要乘坐游船，从罗佐瓦克至入口需要乘坐巴士。从斯克拉丁出发的游船只

乘坐游船至国家公园

在每年 3~11 月发船，从罗佐瓦克出发的巴士全年通车。这两个入口之间徒步需要 30 分钟，途中会经过公园内最著名的景点——斯克拉丁斯基瀑布（Skradinski buk），徒步的步道规整得比较健全。

　　位于斯克拉丁斯基瀑布附近的游船码头，有去往威索瓦（Visovac）浮于湖上的弗朗西斯科修道院的游船团体项目，大约需要 2 小时，如果再加上去威索瓦，然后逆流而上去上游的罗什基瀑布（Roški Slap），则需要 4 小时。此外还可以从罗什基瀑布的游船码头，参加去往建于 14 世纪的塞尔维亚正教克尔卡修道院的团体游项目，耗时 2 小时。冬季时团体游项目会根据天气情况的变化而调整，也会有不举行的时候。

■前往克尔卡国家公园的交通方法
　　有从希贝尼克和斯普利特出发的一日游项目。
●从希贝尼克出发
🚌每天有 5~6 趟车（周六·周日减少）。至罗佐瓦克约需 25 分钟，24Kn。至斯克拉丁约需 35 分钟，24Kn。

■克尔卡国家公园
☎(022) 201777
🌐 www.npkrka.hr
🕐6~8 月　　　8:00~20:00
　5、9 月　　　8:00~19:00
　4 月、10 月上旬
　　　　　　　　8:00~18:00
　3 月、10 月下旬
　　　　　　　　9:00~17:00
　11 月～次年 2 月
　　　　　　　　9:00~16:00
🈺无休
💴11 月~次年 3 月　　30Kn
　4、5、10 月　　　　100Kn
　6~9 月　　　　　　200Kn
　（16:00 以后是 150Kn）
📷可
●观光船（冬季停运）
斯克拉丁斯基瀑布~威索瓦~
斯克拉丁斯基瀑布
💴100Kn
斯克拉丁斯基瀑布~威索瓦~
罗什基瀑布~斯克拉丁斯基瀑布
💴130Kn
罗什基瀑布~克尔卡修道院~
罗什基瀑布
💴100Kn

**HOTEL**　　　酒店
斯克拉丁斯基瀑布酒店
**Hotel Skladinski Buk**
✉ Burinovac 2
☎(022) 771771
🌐 www.skradinskibuk.hr
📧 skradinski-buk@si.t-com.hr
🛏️Ⓢ A/C📶📺🔌　　
　295~448Kn
🛏️Ⓦ A/C📶📺🔌　　
　436~684Kn
💳Ⓜ Ⓥ

・萨格勒布

希贝尼克

# 希贝尼克 *Šibenik*

Map 文前 p.7-D4

希贝尼克的标志性建筑——圣雅各布大教堂

■希贝尼克
●从萨格勒布出发
🚌🚃1~3 小时 1 班，用时 4
小时 15 分钟~6 小时 50 分钟，
131~170Kn。
●从扎达尔出发
🚌🚃1 小时 1~2 班，用时约 1
小时 30 分钟，45~56Kn。
●从特罗吉尔出发
🚌🚃1 小时约 1 班，用时约 1
小时，38~46Kn。
●从斯普利特出发
🚌🚃1 小时 1~2 班，用时 1
小时 30~45 分钟，48~57Kn。

■希贝尼克的 ①
Map p.150-A1
✉ Obala palih omladinaca 3
☎（022）214411
🔗 www.sibenik-tourism.hr
🕐 2~5・11 月
　周一～周五　8:00~20:00
　周六、周日　8:00~14:00
　6~8 月　　　8:00~22:00
　9 月　　　　8:00~21:00
　10 月　　　 8:00~20:00
🚫 法定节假日、1・12 月

圣雅各布大教堂洗礼堂的穹顶装饰

希贝尼克大致位于克罗地亚亚得里亚海沿岸地区的中间点，是克尔卡河（Krka）河口历史悠久的古城。市内有很多教堂。圣雅各布大教堂完美地融合了哥特式与文艺复兴式建筑风格，被联合国教科文组织列为世界遗产。老城区的小巷保持着中世纪的韵味，很适合徒步游览。

世 界 遗 产
希贝尼克圣雅各布大教堂
Katedrala u Šibeniku
2000 年列入名录

  希贝尼克 　漫 步

　　希贝尼克火车站位于市区东部。从火车站出来，沿弗拉·杰罗尼姆大街（Fra Jeronima）前行，在道路尽头的路口左转，前往老城区。如果乘巴士到达希贝尼克，下车后西行就是老城区。沿海边的弗拉涅图季曼大街（Obala Dr. Franje Tuđmana）前行，可以看见右边的大教堂屋顶。① 位于大教堂附近，可在那里获取地图。从 ① 出来，登上台阶，可以到达大教堂所在的共和国广场（Trg Republike Hrvatske）。
　　大教堂对面的建筑为市政厅（Gradskavijećnica）。由此直线延伸的道路为托米斯拉夫国王大街（Kralja Tomislava），其北边相邻的道路为顿克尔斯特斯托希奇大街（Don Krste Stošića）。这条道路两边有多个教堂，道路东端有剧院。从共和国广场沿上坡路向北，可到达圣米迦勒要塞。

夏季海边有很多游船公司的
广告牌

希贝尼克海边的景色

## ·景点 Pick up

**世界遗产 希贝尼克**
### 圣雅各布大教堂 Katedrala sv. Jakova

这座大教堂是希贝尼克的标志性建筑，修建于 1431 年至 1535 年，用时超过 100 年，主持修建者多次更替。最初的建筑风格为哥特式，但中途又改为文艺复兴式，屋顶部分就为半圆形的文艺复兴风格。

教堂外观上的最大特征是教堂四周有 71 个人物头部雕像，据说均以当地的名人为原型。北边入口处的亚当、夏娃像栩栩如生。

大教堂仅用石材修建，半圆形屋顶的形制内外一致。沿教堂东南角的楼梯下楼是洗礼室，洗礼台上有精美的雕刻，屋顶装饰可谓巧夺天工。

■圣雅各布大教堂
Map p. 150-A1
✉ Trg Republike Hrvatske
🕐 11 月～次年 5 月
　　周一～周六　8:30~18:30
　　周日　　　　12:00~18:30
　　6~10 月
　　周一～周六　9:30~19:00
　　周日　　　　12:00~19:00
🚫 不定期　💰 20Kn　学生 10Kn
📷 可　📹 不可

**1** 大教堂正面 **2** 北侧入口被称为"狮子门"，有亚当、夏娃雕像 **3** 洗礼堂的穹顶有精美的天使及圣人雕像。这里也是圣雅各布大教堂最大的看点。贝壳图案象征着圣雅各 **4** 来教堂做祈祷的祖孙二人 **5** 大教堂四周的 71 个人物头像 **6** 花窗玻璃与中廊。内部建筑风格融合了哥特式与文艺复兴式

## 圣米迦勒要塞

■圣米迦勒要塞
田4~10月　　　　9:00~22:00
　11月~次年3月
　　　　　　　　10:00~17:00
困不定期
费50Kn　学生30Kn

### 圣米迦勒要塞
**Tvrđava sv. Mihovila**　Map p.150-A1
St. Michael's Fortress

　　圣米迦勒要塞位于希贝尼克市区的西北部。
　　史前时代就有人类生活于此，现存的要塞建于威尼斯统治时期。要塞建筑包括圣雅各布大教堂，可远眺市区街景。

俯瞰希贝尼克

■希贝尼克市立博物馆
✉ Gradska vrata 3
☎（022）213888
URL www.muzej-sibenik.hr（克罗地亚语）
田夏季
　周一~周五 8:00~20:00
　周六、周日 10:00~20:00
　冬季　　　 7:30~15:30
困周日
费30Kn　学生10Kn
📷可
🚫不可

### 希贝尼克市立博物馆
**Muzej grada Šibenika**　Map p.150-A1
Šibenik City Museum

运用了最新科技的展出

　　由威尼斯统治时期的宅邸改建而成的市立博物馆，南邻圣雅各大教堂。介绍希贝尼克史前时代至18世纪末的历史。有英语解说。

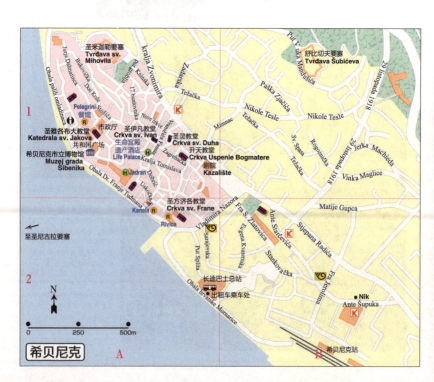

## 圣尼古拉要塞　　　Utvrda sv. Nikole　　[Map p.150-A2 外]
St. Nicholas Fortress

圣古尼拉要塞是建于从亚得里亚海通过希贝尼克湾时海峡的入口处的要塞。16 世纪威尼斯共和国时代，为了防御奥斯曼帝国的侵略而建。需要进入希贝尼克港湾的船只，必须要经过要塞，因此这里作为海上防御措施发挥着重要的作用。

看上去十分坚固的要塞

## 希贝尼克　短途旅行

### 普里莫什滕　　　Primošten　　[Map 文前 p.8-A1]
Primošten

从希贝尼克沿着主干道去往特罗吉尔的途中，可以看到有一座浮于海上的小岛，岛上是老城区，这里便是普里莫什滕城了。普里莫什滕的由来也是从罗地亚语 Primostiti 衍生而来的，原本的意思是"架桥"。16 世纪时，这里与大陆之间是通过一座吊桥连接的。如今这里已经成了知名的度假胜地，拥有美丽的海滩和葡萄田。

世　界　遗　产

16 至 17 世纪威尼斯的防御工事
Venecijanski obrambeni sustav 16. i 17. Stoljeća
2017 年被列入名录

■圣古尼拉要塞
🚢 夏季时周游希贝尼克湾的游船团体游项目可以到达要塞附近。如果租船打表的话大约需要 200Kn～
🚝 2018 年 12 月至今因修复工程禁止入内

前往普里莫什滕的交通方法

●从希贝尼克出发
🚌🚐 每小时 1～2 趟车，所需时间 35 分钟，28Kn

现在与大陆连接了起来

克罗地亚

●希贝尼克

---

## 希贝尼克的酒店
### Hotel

希贝尼克的中心地区只有 2 家酒店。个人经营的民宿或者旅馆倒是不少，可以通过旅行社或者 ❶ 预订。

### 生命宫殿遗产酒店
### Heritage Hotel Life Palace
★★★★

◆ 利用建于 15 世纪的宫殿改建而成的酒店。每个房间内部装饰有古典风格的绘画，氛围优雅而舒适。

📶全室　EV 有

| | |
|---|---|
| 高档　客房数：17 | Map p.150-A1 |

URL www.hotel-lifepalace.hr
email reservations@hotel-lifepalace.hr
✉ Trg Šibenskih Palih Boraca 1
TEL（022）219005
S W A/C 🅿 ✉ 🗎 🔲 € 119～460
C/C A D M V

---

## 希贝尼克的餐馆
### Restaurant

### Pelegrini 餐馆
### Pelegrini

◆ 这里不仅是希贝尼克的名店，也是克罗地亚最具代表性的知名餐馆。从露台座位可以一边欣赏大教堂的风景一边享用美食。午餐套餐 3 道菜的价格是 440Kn 起，晚餐 4 道菜的价格是 570Kn 起。

Map p.150-A1

URL pelegrini.hr
✉ Jurja Dalmatinca 1,
TEL（022）213701
🕐 周四～周六　　　　12:00～24:00
　　周日　　　　　　12:00～18:00
休 周一～周三
C/C M V

# 特罗吉尔 *Trogir*

Map 文前 p.8-A2

保持着中世纪韵味的城市

位于大陆与契奥沃岛之间的特罗吉尔

特罗吉尔是一个被城墙围绕的小岛，由桥梁连接着大陆及契奥沃岛。这座小城的历史可以追溯到古希腊时代，在面积不大的小岛上，保存着各个历史时期的教堂及古老建筑。其中，圣劳伦斯大教堂为克罗地亚具有代表性的教堂，1997 年被联合国教科文组织列为世界遗产。特罗吉尔位于斯普利特以西约 20 公里处，很适合一日往返。

## 特罗吉尔 漫 步

巴士总站位于大陆，出站后过桥，可到达岛上。桥的另一端为北门（Sjevernagradska vrata），穿过城门就是特罗吉尔博物馆。沿博物馆前面的道路向东，是约翰·保罗二世广场（Trg Ivana Pavla Ⅱ）。那里集中了许多景点，有圣劳伦斯大教堂、市政厅（Gradska Vijećnica）、钟楼（Toranj gradskog Sata）等。❶ 位于市政厅内。从广场向南，可以到达南门（Južna gradskavrata）。出城门向东，有通往契奥沃岛的桥，向西可去往卡梅尔伦戈城堡。

巴士总站有开行于斯普利特与希贝尼克之间的巴士

约翰·保罗二世广场为市中心

■前往特罗吉尔的方法

✈ 斯普利特机场位于特罗吉尔以东 2 公里处。

●从希贝尼克出发

🚌 1 小时左右 1 班，用时约 1 小时，32~57Kn。

●从斯普利特出发

🚌 长途巴士总站 1 小时 1~3 班，用时 30~40 分钟，24Kn。近郊巴士总站有 37 路巴士，20~30 分钟 1 班，用时 50 分钟，21Kn。

🚢 Bura Line 公司在夏季 1 天开行 4~6 班，用时约 1 小时，30Kn。中途经过斯拉蒂奈（Slatine）。

世 界 遗 产

特罗吉尔的历史中心
Romanički grad Trogir
1997 年列入名录

■特罗吉尔的 ❶
Map p.154-B2
✉ Trg Ivana Pavla Ⅱ 1
☎ (021) 885628
🌐 www.visittrogir.hr
🕐 夏季
　　周一~周六 8:00~21:00
　　周日 9:00~14:00
　　冬季
　　周一~周五 8:00~16:00
　　周六 9:00~13:00
🚫 冬季的周日

## · 景点 Pick up

# 圣劳伦斯大教堂 Katedrala sv. Lovre

圣劳伦斯大教堂是特罗吉尔的标志性建筑。始建于13世纪，建成于17世纪。因此，教堂的建筑融合多种建筑风格。钟楼各层的窗户，样式不一。

文艺复兴式大门的两侧有亚当和夏娃的雕像，整个大门可谓13世纪克罗地亚的艺术杰作。大教堂内有包括文艺复兴风格的圣伊凡礼拜堂在内的众多景点。屋顶及墙壁上的雕刻极富个性，屋顶上倒悬着的圣人像更是十分少见。

还有珍宝馆，展出属于教堂的硬币及烛台等宗教艺术品。

■圣劳伦斯大教堂
Map.154-B1
✉ Trg Ivana Pavla ll
🕐 4~6、9、10月
　　周一～周六　　8:00~18:00
　　周日　　　　　12:00~18:00
　　7、8月
　　周一～周六　　8:00~20:00
　　周日　　　　　12:00~18:00
　　11月～次年4月　9:00~12:00
🚫 11月～次年4月的周日
💰 25Kn　📷可　🎥不可

**1 耶稣诞生**　中间浮雕为伯利恒之星下的圣母玛利亚与其幼子耶稣。下边还有耶稣被清洗身体的场景。右边为东方三博士。左边为得知教世主诞生的牧羊人 **2 耶稣生平**　有从天使报喜到复活、升天的场景。内侧浮雕在下方为报喜的大天使米迦勒，右下方为得知报喜的圣母玛利亚 **3 亚当像**　象征着罪恶 **4 狮子像**　象征着威尼斯的圣马可。为降龙的场景 **5 夏娃像 6 狮子像**　按住带着两只羊羔的羊 **7 圣人像**　圣人与门徒。侧面有外国动物及半人马的浮雕 **8 未完成的十二宫**　构思独特，以日常生活及寓言故事为主题，将十二宫分别代表各个月份。例如右侧的柱子上有剪羊毛的年轻人，以此代表4月。未全部完成，所以只有与部分月份相对应的作品 **9 异教徒**　支撑柱子的男子为阿拉伯人及犹太人。象征着基督教的胜利

**1** 钟楼的1层为哥特式风格，2层为威尼斯哥特式风格，3层为后期文艺复兴式风格 **2** 从钟楼3层俯瞰街景 **3** 罗马式的正门。描绘了许多圣经中的场景 **4** 主祭坛上的屋顶形状象征着圣母玛利亚的百合花 **5** 教堂内的唱诗班座位。过去曾包裹金箔，现在已所剩无几 **6** 屋顶倒悬的圣人雕像。可以仰头观赏

■圣尼古拉修道院
✉ Gradska 2
🕐 10:00~13:00、15:30~17:30
🚫 5~10月的周日、11月~次年4月
💰 30Kn
📷 不可

■卡梅尔伦戈城堡
🕐 4、10月　　10:00~16:00
　 5月　　　　9:00~20:00
　 6~9月　　　9:00~22:00
🚫 11月~次年3月、不定期
（夏季也可能会因举办音乐会而临时关闭）
💰 25Kn
📷 可
✅ 可

■特罗吉尔博物馆
✉ Gradska vrata 4
☎ (021) 881406
🕐 7、8月
　 10:00~13:00、17:00~21:00
　 6、9月
　 10:00~13:00、17:00~20:00
　 10月~次年5月
　 　　　　9:00~14:00
🚫 10月~次年5月的周六、周日
💰 20Kn　学生15Kn
📷 不可

## 特罗吉尔　主要景点

### 圣尼古拉修道院　　Samostan sv. Nikole　　Map p.154-B2
Convent of St. Nicholas

　圣尼古拉修道院位于南门以北50米处，为本笃会女子修道院。修道院内有小型博物馆，展出据说是创作于公元前3世纪的柯罗诺斯浮雕。除此之外，还有各种金银制品、弥撒乐谱、蕾丝织物等。

### 卡梅尔伦戈城堡　　Tvrđava Kamerlengo　　Map p.154-A2
Fortress Kamerlengo

肃穆的城堡

　15世纪时，威尼斯人将原有的塔改建成城堡。威尼斯人从1420年开始统治达尔马提亚地区，特罗吉尔人经常奋起反抗威尼斯人的统治，所以这座城堡既用来抵御外敌，也用来防备当地人的反抗。可从城堡上俯瞰城市。

### 特罗吉尔博物馆　　Muzej grada Trogira　　Map p.154-B1
Trogir Municipal Museum

　由加拉格宁宫改建而成的博物馆。展出史前时代至近代的各种与特罗吉尔有关的文物。展品种类很多，其中包括大量产生于2世纪至17世纪的精美雕刻品。在1层还能见到古希腊时代的城墙遗址。

特罗吉尔

至希贝尼克
露天市场
Kneza Trpimira
至斯普利特机场（2公里）
近郊、长途巴士总站

N
0　　100m

Hrvatskih Mučenika
Blaža Jurjeva Trogaranina

北门
Sjeverna gradska vrata

特罗吉尔博物馆
Muzej grada Trogira

圣可城堡
Kula sv. Marka

马里亚纳餐馆
Marijana
Trogir Travel

圣劳伦斯大教堂
Katedrala sv. Lovre

Matice hrvatske
Matije
Momanska
Banovačeva Gupca

Monika
Sv. Petar
Tragos
Ivana Duknovića
共和国广场
Trg Ivana Pavla II

钟楼
Toranj gradskog Sata

市政厅
Gradska Vijećnica

皮娜科蒂娜
Pinakoteka

Villa Fontana
Fontana
Vukovarska
Augustina Kažotića
Obov
Ribarska
Kohl Gasselina

肯考迪亚酒店
Concordia

多明我会修道院
Dominikanski samostan

圣尼古拉修道院
Samostan sv. Nikole

卡梅尔伦戈城堡
Tvrđava Kamerlengo

Obala bana Berislavća
12世纪遗产酒店
12 Century Heritage

南门
Južna gradska vrata

Obala bana Berislavića

契沃桥
Čivoski most

亚得里亚海

维拉西卡酒店
Vila Sikaa
Obala kralja Zvonimira
契奥沃岛
Otok Čiovo

A　　　　　B

## 皮娜科蒂娜
**Pinakoteka** Map p.154-B2

*Pinakoteka*

建于圣劳伦斯大教堂南侧的圣伊凡教堂，现在作为美术馆（皮娜科蒂娜）对外开放，主要展示从特罗吉尔周边收集而来的宗教美术作品。这些藏品大多是14~15世纪的作品，其中大量作品是曾经装饰在圣劳伦斯大教堂或者契奥沃岛（Čiovo）上的教堂中的艺术品。

馆内收藏了许多宗教画作

■ 皮娜科蒂娜
✉ Trg Ivana Pavla Ⅱ
7、8月周一~周六
　　　8:00~22:00
周日 12:00~18:00
6、9月周一~周六
　　　8:00~9:00
周日 12:00~18:00
✕ 10月~次年5月
💰 10Kn  不可

克罗地亚

● 特罗吉尔

---

## 特罗吉尔的酒店
*Hotel*

老城区有几家利用老房子改建而成的小型酒店，私营的民宿也有一些。由于从特罗吉尔可以前往斯普利特或者希贝尼克一日游，因此推荐选择在这里住宿。

---

### 12 世纪遗产酒店
*12 Century Heritage Hotel* ★★★★

◆开业于2016年的酒店，所在建筑是一栋建于12世纪的老房子，墙面上还保留着当年的模样，客房内充满个性的家具配饰十分考究。12月、1月休业。

📶 全馆　**EV** 无

**高档　客房数：15**　Map p.154-B2
URL www.heritagehoteltrogir.com
email info@heritagehoteltrogir.com
✉ Mornarska 23
S A/C 🖥 🖴 ➡ 🛁 € 60~
W A/C 🖥 🖴 ➡ 🛁 € 70~
C/C A D M V

---

### 维拉西卡酒店
*Hotel Vila Sikaa* ★★★★

◆位于契奥沃岛上的酒店，透过客房的窗户可以望见特罗吉尔的街景。每个房间都带有卫星电视。共有2间带有浴缸的客房。

📶 全馆　**EV** 无

**中档　客房数：11**　Map p.154-B2
✉ www.vila-sikaa-r.com
email info@vila-sikaa-r.com
✉ Obala kralja Zvonimira 13
TEL（021）881223　FAX（021）885149
S A/C 🖥 ➡ 🛁 € 58~150
W A/C 🖥 ➡ 🛁 € 68~160
C/C A D M V

---

### 肯考迪亚酒店
*Hotel Concordia* ★★

◆酒店利用一栋面朝大海而建的有着300年以上历史的建筑改建而成。如果使用现金支付可以享受住宿费用10%的折扣。11月中旬至3月期间停业。

📶 全馆　**EV** 无

**中档　客房数：11**　Map p.154-A2
URL www.concordia-hotel.net
email Concordia-hotel@st.htnet.hr
✉ Obala bana Berislavića 22
TEL（021）885400　FAX（021）885401
S A/C 🖥 ➡ 🛁 400Kn~
W A/C 🖥 ➡ 🛁 550Kn~
C/C A D M V

---

## 特罗吉尔的餐馆
*Restaurant*

---

### 马里亚纳餐馆
*Marijana*

◆如果想要吃炭火烤肉，推荐来这家试试看。店内使用的炭火，一进店就有一种香喷喷热腾腾的感觉。肉类的价格在80~220Kn。

**烧烤**　　　　　　　　Map p.154-B1
URL www.restaurantmarijana.com
✉ Matije Gypca 13
TEL（021）885012
🕙 10:00~24:00
✕ 冬季
C/C A M V

萨格勒布

**斯普利特**

■前往斯普利特的方法
✈ 有飞往克罗地亚国内及欧洲各地的航班。
🚌 除了有从克罗地亚国内出发的航班之外，还有从意大利安科纳出发的航班。
● 从萨格勒布出发
✈ 克罗地亚航空 1 天 3~4 班，用时约 50 分钟。
🚂 15:20 22:56，用时 6~8 小时，2 等座 208Kn~，1 等座 303Kn~。
🚌 1 小时 1~2 班，用时 5 小时~8 小时 30 分钟，105~176Kn。
● 从扎达尔出发
🚌 1 小时 1~2 班，用时 2 小时~3 小时 40 分钟，70~108Kn。
● 希贝尼克出发
🚌 1 小时 1~2 班，用时 1 小时~3 小时 20 分钟，50~65Kn。
● 从奥米什出发
🚌 1 小时 1~2 班，用时 25~50 分钟，12~21Kn。
● 从马卡尔斯出发
🚌 1 小时 1~2 班，用时 1 小时~1 小时 15 分钟，40~50Kn。
● 从赫瓦尔出发
🚢 1 小时 2~8 班，用时 1 小时 5 分钟，40~110Kn。从斯塔里格勒（Stari Grad）出发，1 天 3~7 班，用时约 2 小时，39~47Kn。
● 从波尔出发
🚢 1 天 1 班，用时 1 小时 10 分钟，55Kn。
● 从科尔丘拉出发
🚢 1 天 1~5 班，用时 2 小时 30 分钟~3 小时 40 分钟，60~150Kn。从科尔丘拉岛的维拉卢卡（Vela Luka）出发，1 天 2~4 班，用时 2 小时 10~45 分钟，50~60Kn。
● 从杜布罗夫尼克出发
✈ 周二、周四的 13:45，用时 55 分钟。
🚌 1 天 9~13 班，用时 4~5 小时，130Kn。

■斯普利特机场
✉ Cesta Dr. Franje Tuđmana 1270
☎ (021) 203555
🌐 www.split-airport.hr

# 斯普利特 *Split*

源自罗马皇帝宫殿

Map 文前 p.8-A2

从马尔扬山俯瞰斯普利特港

培里兹提尔广场的罗马士兵

斯普利特是亚得里亚海沿岸最大的港口城市，源自罗马皇帝戴克里先（245？~316？年）的宫殿，现在的老城区就是当年的宫殿。因特殊的历史及城市街区而被列为世界遗产。

普通民众开始在原为宫殿的斯普利特居住是在 7 世纪罗马帝国灭亡、异族大举进入该地区之后。当时近郊萨罗纳的民众躲入城内避难，这座城市便由此产生。人们在宫殿之上修建房屋，所以古代与中世纪的建筑交错在一起，形成了独特的城市景观。

除了可以游览老城区，在斯普利特还可以前往近郊景点旅游并当天返回市区。很值得花上几天时间在此深度游览。

## ◎ 到达斯普利特后前往市内

### 乘飞机到达

斯普利特机场位于斯普利特以西 30 公里处。从机场至市区有 3 种方法，可乘坐机场巴士、37 路近郊巴士或出租车。机场巴士在每个克罗地亚航空的航班降落后发车，用时约 30 分钟，车票 30Kn。从市区前往机场，可从长途巴士总站出发。在长途巴士总站的官网上可以看到巴士运行时刻表。37 路近郊巴士，在非

斯普利特机场也有许多克罗地亚的国内航班

节假日每 20 分钟 1 班，周六、周日每 30 分钟 1 班，开行于机场与近郊巴士总站之间。用时约 50 分钟，车票 21Kn。如果乘坐出租车前往市区，用时约 30 分钟，车费 250~300Kn。

## 乘火车到达

斯普利特火车站位于老城区与长途巴士总站之间，步行5分钟左右可达到老城区。

## 乘巴士到达

斯普利特的巴士站总共有2处，有供从萨格勒布、杜布罗夫尼克等城市至此的巴士使用的长途巴士总站，还有供开往特罗吉尔方面的巴士使用的近郊巴士总站。长途巴士总站位于老城区南侧，沿港口道路步行10分钟左右可至。近郊巴士总站位于老城区东北1公里处。

## 乘船到达

基本上所有渡轮都停靠老城区南侧的港口，步行10分钟左右可到达老城区。部分大型渡轮停靠长途巴士总站斜对面的码头，距离老城区也很近。可在渡轮客运站购票，如果时间临近开船，也可在乘船地点旁边的售票处购票。

渡轮客运站

## 斯普利特的市内交通

斯普利特的市内巴士

景点集中于不太大的区域内，可徒步游览各景点，没有必要乘坐市内巴士。另外，从斯普利特出发可当天往返的景点也很多，前往这些景点时，可乘坐近郊巴士。根据距离分为4个乘车区间，按照乘车区间收取乘车费用。

## 斯普利特 漫步
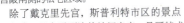

斯普利特建于罗马皇帝戴克里先的宫殿之上。老城区，也就是过去的宫殿区，南北长215米，东西宽180米，四周有厚度2米、高度20米的城墙。可从城墙东西南北方向的各个城门进入城内，无论从哪个门进入，都可以到达名为培里兹提尔（Peristil）的广场。那里是老城区的中心，设有❶。戴克里先宫的中心为培里兹提尔广场，北边为兵营，南边为皇帝的私宅。现为大教堂的戴克里先朱庙、现为洗礼室的朱庇特神庙、前庭、宫殿地下部分等景点均集中在宫殿南侧的私宅区域。

老城区面向港口

除了戴克里先宫，斯普利特市区的景点还有很多。从宫殿西边的铁门出来，是哥特式的市政厅及文艺复兴式住宅所在的纳罗德尼广场（Narodni trg），再向西是南北延伸的马尔蒙托瓦大街（Marmontova），路边有许多商店。西侧有共和国广场（Trg

■斯普利特长途巴士中心
Map p.159-D3
✉ Obala kneza Domagoja 12
☎ 060-327327
URL www.ak-split.hr
■机场巴士
☎（021）2031190
URL www.plesoprijevoz.hr
■行李寄存处
　在斯普利特的渡轮码头、巴士总站、火车站附近有很多行李寄存处，包括火车站的投币寄存箱在内，设有24小时营业的地方，寄存时应询问营业时间。
■斯普利特的市内交通
● Promet Split d.o.o.
☎（021）407999
URL www.promet-split.hr
（克罗地亚语）
🎫 区间1：11Kn
　　区间2：13Kn
　　区间3：17Kn
　　区间4：21Kn
■斯普利特的❶
URL www.visitsplit.com
● Turistički Informativni centar Riva　Map p.160-2
✉ Obala Hrvastkog Narodnog Preporoad 9
☎（021）360066
🕐 夏季　　　　8:00~21:00
　冬季
　周一～周五 9:00~16:00
　周六　　　 9:00~14:00
🚫 冬季的周日、法定节假日
●旅游咨询中心
Turistički Informativni centar Peristil　Map p.160-1
✉ Peristil bb
☎（021）345606
🕐4、5、10月
　周一～周六 8:00~20:00
　周日　　　 8:00~17:00
　6~9月　　 8:00~21:00
　11月～次年3月
　周一～周六 9:00~16:00
　周日　　　 9:00~13:00
🚫 无休

据说触摸主教宁斯基像的左脚拇指会给人带来好运

斯普利特

N

0    250    500m

A

B

Šetalište M. Tartaglie

Bakotičeva

Matoševa

马里安山森林公园
Park šuma Marjan

Mandanlinskiput

Marjanski put

Marjanski put

Šetalište Marangunićevo

Kolombatićevo šetalište

隧道 Marjanski Tunel

动物园

Lisinsa

2

Supilova

Pod Kosom

Šetalište Marangunićevo

Mihanovićeva

Supilova

Pod Kosom

Marasovica

梅斯特罗维奇美术馆
Galerija Meštrović

克罗地亚考古遗址博物馆
Muzej Hrvatskih arheoloških spomenika

Šetalište Ivana Meštrovića

Put Meja

卡什德雷特
Kaštelet

Begovićeva

Njegoševa

Držanac

Branimirova obala

Sustipanski put

3

A                    B

158

Gradski stadion u Poljudu
波轮德体育馆

Kaštelanska

Zrinsko Frankopanska

Hrvatske Monarice

Put Suplava

Put Brodanice

H Atrium

Put Skalica

Jobova

Table

Put Glavičina

Starčevićeva

Sukoišanska

Hrvatske Monarice

Domovinskog rata

斯塔雷·葛雷德
R Stare Grede

Smiljančićeva

考古博物馆
Arheološki muzej

Starčevićeva

Zrinsko Frankopanska

Lovretska

Gundulićeva

Gundulićeva

S SPAR

近郊巴士中心

Bestwestern Art

Tršćanska

K

Teslina

Hrvatska Iseljenika

Matoševa

Fra Bonina

jeva

Nazorova

Matoševa

Zrinsko Frankopanska

Manđerova

Ljudevita Posavskog

Domovinskog rata

Put Plokita

Gorička

Mažuraničevo šetalište

H President

S Tommy

Čirl I Metoda

Slavičeva

Bihačka

Vukovarska

Tolstojeva

Washingtonova

Plinarska

多波尔青年旅舍
H Dvor

克罗地亚国家剧院
Hrvatsko narodno kazalište

Svačićeva

K 鲁卡
Luka

Kliška

Sinjska

Rijecka

Istarska

Križeva

Kralja Tomislava

Tolstojeva

Držićka

Kneza Višeslava

Bana Josipa Jelačića

njska

侍 Samurai R

Marmontova

戴克里先宫
Dioklecijanova palača

Glagoljaška

克罗地亚海洋博物馆
Hrvatski pomorski muzej

Bellevue H

Obala Hrvatskog Narodnog Preporoda

Zagrebačka

Hvojeva

Rokova ul.

Šperun R

法伊夫
R Fife

Gradska luka

斯普利特市中心 p.160

Tommy
市内巴士站

Radunica

戴安娜别墅酒店
Villa Diana

Omiška

Slobode

Radvanova

H Luxe

Tommy S

Kralja Zvonimira

H R

Palmotićeva

斯普利特站

Pojišanska

Omiška

Obala kneza Domagoja

长途巴士中心

Klarina

Kralja Zvonimira

Pojišanska

渡轮中心

Gupčeva

Gupčeva

Jadranska

Kalitema

Bačvice

Viška

Rooseweltova

H Park

Obala kneza Domagoja

Preradovićevo šeta

Hektorićeva

Kašteljanova

C

D

C

D

■斯普利特卡

满足一定条件的游客可以获得斯普利特卡，凭卡可免费获取博物馆、美术馆门票或者在购买门票时享受打折优惠，也可以在合作酒店、餐馆、商店、旅行社、汽车租赁公司享受打折优惠。有效期72小时。

4～9月在斯普利特住宿5晚以上的游客，凭住宿发票可在 获得斯普利特卡。10月～次年3月周五至周日期间住宿两晚以上的游客，可以在酒店接待处获取。

URL visitsplit.com/en/407/splitcard

■Hop on hop off 斯普利特城市观光巴士

可随意乘坐红色线路及蓝色线路的观光巴士。红色线路可乘双层巴士游览马里扬森林公园、郊外海岸等9个位于市内的景点。1天开行6班，可随意上下车。蓝色线路为巴士团体游线路，从斯普利特至萨罗纳、特罗吉尔，1天1班。除此之外，费用中还包含徒步游览老城区的团体游。

URL www.visitsplitcroatia.com

🚍红色线路　4～6、9、10月
9:45、11:00、12:15、13:30、14:45、16:00 出发
7、8月　9:45、11:00、12:15、14:45、16:00、17:00 出发
蓝色线路　9:45 斯普利特出发，返程16:45
🚫11月～次年3月
💰24 小时　150Kn
　48 小时　225Kn

■大教堂

🚍周一～周六　8:00~17:30
　周日　12:30~17:30
🚫11月～次年3月
💰通票（大教堂＋地下室＋洗礼室）
　25Kn
通票（大教堂＋钟楼＋地下室＋珍宝室＋洗礼室）
　45Kn
📷珍宝室不可
📹不可

钟楼是斯普利特的地标建筑

斯普利特市中心

① 银门（东）Srebrna vrata
② 铁门（西）Željezna vrata
③ 青铜门（南）Mjedena vrata
　金门（北）Zlatna vrata

Republike ），周围有红色的文艺复兴式回廊，非常漂亮。

从宫殿东侧的银门出来，东南方向有露天市场，可以在市场了解到斯普利特市民充满活力的日常生活。

斯普利特　主要景点

大教堂　Katedrala sv. Duje　Map p.160-2
Cathedral of St. Domnius

大教堂的圆形室内

大教堂位于培里兹提尔东侧，是戴克里先宫中最值得一看的建筑。最初为罗马皇帝戴克里先的灵庙，后来被改为基督教教堂。

内部由8根科林斯式的柱子围成圆圈，每根柱子上边还有1根小柱子。小柱子旁边的墙壁上有雕刻，圆雕饰中的人物据说是戴克里先皇帝及其妻子。大教堂中央曾安放着戴克里先的石棺，但遭破坏，现已不存。

大教堂内部空间不大，但是有许多珍贵的宗教艺术品。例如有希贝尼克圣雅各布大教堂的建筑师尤拉伊·达尔马蒂纳茨创作的圣斯塔休的祭坛以及有精美木雕的唱诗班座位。另外大门也非常值得一看。13世纪的橡木大门上刻着天使报喜、基督升天等28个场景，可谓是罗马式雕刻的杰作。

大教堂与珍宝室相连，珍宝室内展出金银工艺品、圣像画、手抄书籍等宗教艺术品。另外，大教堂旁边还有中世纪时增建的钟楼，登上钟楼可以远眺美景。

## 洗礼室
### Jupiterov hram
**Baptistry**

Map p.160-1

洗礼室原为罗马皇帝戴克里先修建的朱庇特神庙，之后经过改建成为现在的样子。屋顶有美丽的图案雕刻，中央的洗礼盘上刻有中世纪克罗地亚国王（克雷希米尔四世或兹沃尼米尔）的形象。进入洗礼室后，正面安放着伊凡·梅斯特罗维奇创作的施洗者圣约翰像。

洗礼室内充满神圣的气氛

屋顶的雕刻非常值得一看

■洗礼室
夏季　　　8:00~18:00
冬季　　　9:00~15:00
无休　　　10Kn
可　　可

## 宫殿地下部分
### The Basement Halls

Podrumi　Map p.160-2

支撑宫殿地上部分的柱子

戴克里先宫的南半部曾为皇帝的私宅，地下有很大的空间。这部分空间为地下室，支撑着宫殿地上部分，所以与地上部分为同一结构。也就是说，参观地下部分建筑，就像参观被中世纪建筑掩盖于地下的宫殿。

中世纪时，地下室为仓库，用于制造葡萄酒及橄榄油，不过随着城市的发展，这里变成了垃圾场。

地下室内有戴克里先皇帝的半身像、中世纪的压榨机以及介绍历史的展板，展品数量不多。

■宫殿地下部分
4、5、10月　　8:30~21:00
6~9月　　　　8:30~22:00
11月~次年3月
　　　　　　　9:00~17:00
无休
42Kn　学生23Kn
可
可

培里兹提尔与前庭之间的道路两旁有很多商铺

## Information　罗马皇帝戴克里先

3世纪的罗马帝国，北边有异族入侵，东边与波斯萨珊王朝作战，处于生死攸关的时期。这一时期，军事指挥才能变得十分重要，统率帝国的皇帝都是军人出身。但皇帝更迭频繁，经常出现即位几年就遭暗杀的情况。戴克里先原来也是一个军人，继任皇帝之前，大部分时间都在驰骋沙场。

284年，上一任皇帝死于意外，由戴克里先继任皇帝。但此时的边境频遭外敌骚扰，戴克里先认为只靠一个皇帝无法有效抵抗，因此在286年把自己的军人同僚马克西米安也任命为皇帝，让其负责统治帝国的西半部，而自己坐镇尼科美底亚（现土耳其的伊兹米特），负责帝国东部的防卫。6年之后的292年，帝国被分为4个区域，出现了正帝、副帝4个皇帝共治，分别负责各区域的防卫。通过这些措施，罗马帝国在3世纪时成功地度过了严重危机。

除了军事方面，戴克里先对官僚制度、税收等方面也进行了改革。通过一系列的改革，罗马帝国的性质产生了巨大的变化，以戴克里先统治时期为界，罗马帝政期被分为前期与后期。另外，不能不说的是，在其统治末期的303年，戴克里先发动了对基督教徒的迫害。

305年，锐意改革的戴克里先退任罗马皇帝，搬至斯普利特的宫殿居住，此时他已执政超过20年。他也是首位自愿退任的罗马皇帝。

退任10多年后的316年，戴克里先去世。由他建立的四帝共治制随之瓦解，皇帝之间开始争夺权力，帝国陷入内乱。针对一度遭到严酷打压的基督教，313年公布了《米兰赦令》，在帝国境内承认基督教的合法地位。

■前庭
■可 ■不可

在前庭附近有男声合唱团（无伴奏合唱）等各种演出

青蛙王国
✉ KraljaTomislava 5
☎ (021) 582296
🌐 www.froggyland.net
🕐 10:00~22:00
🚫 12月
💰 40Kn 学生 30Kn ■不可

巨大的青蛙迎接游客到来

## 前庭　　Vestibul　　Map p.160-2
### Vestibule

　　从青铜门向北，经过地下，可以到达圆形的大厅。这个圆形大厅就是前庭，为皇帝私宅的玄关。现在屋顶已经敞开，过去曾有马赛克装饰的圆顶覆盖，墙壁上随处可见的凹陷处原本有雕像。

圆形建筑结构有回音的效果

## 青蛙王国　　Froggyland　　Map p.160-1
### Froggyland

　　展出 1910~1920 年期间匈牙利标本制作师制作的 500 多具青蛙玩偶。用青蛙来再现人类的日常生活，有的青蛙在使用机器，有的青蛙在敲打锤子，有的青蛙在给孩子拔牙……虽然看上去有些异样的感觉，不知不觉中似乎会感到一丝哀伤。因其独特性，引来大量游客到此参观。

# 斯普利特的博物馆与美术馆

## 市立博物馆
### *Muzej grada Splita*

◆ 市立博物馆位于宫殿西北侧，介绍当地从古至今的城市发展史。展品的种类丰富，包括戴克里先统治时期铸造的硬币以及中世纪的雕刻、陶器、武器等，但展品数量并不多，所以馆内显得十分宽敞，充分体现了建筑本身的空间美。最好在开始游览斯普利特之前就先到这里参观。

Map p.160-1
✉ Papalićeva 1　☎ (021) 360171　🌐 www.mgst.net
🕐 4~10月　　　8:30~22:00
　　11月~次年3月 8:30~21:00
🚫 法定节假日
💰 22Kn　学生 12Kn
凭斯普利特卡可免费进入
■可　■不可

展示 17~18 世纪的贵族生活

## 民族博物馆
### *Etnografski muzej*

◆ 从前庭无须到地下，直接向南，之后向东就能到达民族博物馆。博物馆为4层建筑，1层为特别展展区，2层展出斯普利特及周边地区的民族服饰，3层展出19世纪至20世纪初的服装及蕾丝，4层展出达尔马提亚地区的民族服装。

达尔马提亚民族服装

Map p.160-2
✉ iza Vestibula 4　☎ (021) 344164
🌐 www.etnografski-muzej-split.hr （克罗地亚语）
🕐 6~9月　周一~周六 9:30~18:00　周日 10:00~14:00
　　10月~次年5月
　　　周一~周五　10:00~15:00
　　　周六　　　　10:00~14:00
🚫 10月~次年5月的周日
💰 20Kn　学生 10Kn
可凭斯普利特卡免费进入
■可　■可

VR 眼睛体验区（收费）

---

## Information　斯普利特生活博物馆

　　每年夏季在斯托洛马斯耶尔公园举办的一项文化活动。虽说叫博物馆，但其实并没有什么展品，只有装扮成古罗马皇帝、贵族、平民、士兵、角斗士的演员来再现当时的生活。除此之外，还有使用真实的古罗马军队弓箭的射箭体验区以及接触古罗马武器、防护用具的体验区。每隔 30 分钟会有 1 次由装扮成戴克里先的人用英语讲解古罗马的历史。
◇斯普利特生活博物馆　Map p. 160-1
✉ Kralja Tomislava 15　🌐 dioklecijanovalegija.hr

☎ 098-1359047（手机）🕐 10:00~14:00
🚫 9月中旬~6月中旬　💰 50Kn

演出结束后拍照留念

## 考古博物馆
*Arheološki muzej*

◆斯普利特的考古博物馆开设于1820年，是克罗地亚历史最悠久的博物馆。建筑非常华丽，入口处的回廊有古罗马的马赛克、石棺、雕像等展品，非常值得一看。馆内的面积不算大，1小时左右即可参观完毕。展品的年代从石器时代到中世纪早期。

Map p.159-C1

✉ Zrinsko Frankopanska 25　☎(021) 329340
🌐 www.mdc.hr/split-arheoloski/index.html
🕐 6~9月　　　9:00~14:00、16:00~20:00
　 10月~次年5月　周一~周五　9:00~14:00、
　 　　　　　　　 16:00~20:00　周六　9:00~14:00
🚫 周日、法定节假日　💰 30Kn　学生15Kn
可凭斯普利特卡享受半价优惠　📷 可　📹 可

## 克罗地亚考古遗址博物馆
*Muzej Hrvatskih arheološki Spomenika*

◆主要展示7~12世纪，尤其是克罗地亚王国时期的展品。宽敞的展厅内，展示有教堂用祭坛洗礼盘、雕刻品等，其中雕刻有克罗地亚王国国王头像的雕刻品和刻有斯拉夫文字的克罗地亚碑文等展品十分珍贵。

主要展区位于2层

Map p.158-B2

🚌 从市中心乘坐12路市内巴士约10分钟
✉ Šetalište Ivana Meštrovića 18　☎(021) 323901
🌐 www.mhas-split.hr
🕐 6/15~9/15　周一~周五　9:00~13:00、17:00~20:00
　 　　　　　　周六　　　 9:00~14:00
　 9/16~次年6/14　周一~周五　9:00~16:00
　 　　　　　　　　周六　　　 9:00~14:00
🚫 周日、法定节假日　💰 免费　📷 可　📹 可

## 梅斯特罗维奇美术馆
*Galerija Meštrović*

◆在克罗地亚旅游，会发现很多广场都有伊凡·梅斯特罗维奇（1883~1962年）的作品。在金门附近能见到主教宁斯基像，在布拉查拉蒂奇广场（Trg Brace Radic）能见到马尔科·马尔里奇像。

梅斯特罗维奇美术馆所在的建筑，最初为梅斯特罗维奇的住宅兼工作室，他本人还参与了建筑的设计。馆内除了雕塑作品，还有100件左右的绘画作品，建筑前面的中庭内也有多个青铜像。

从梅斯特罗维奇美术馆向西约400米的海边，是卡什德雷特（Kaštelet），里边回廊的东侧有圣十字架教堂，教堂的外墙上有梅斯特罗维奇创作的描绘耶稣生平的浮雕。共28幅，情节连续，创作时间为1916年至1950年。除此之外，祭坛之上的基督像也有很高的艺术价值。

Map p.158-A2

🚌 从市中心乘坐12路市内巴士约10分钟
✉ Ivana Meštrovića 46　☎(021) 340800
🌐 www.mestrovic.hr（克罗地亚语）
🕐 夏季　周二~周六　9:00~19:00　周日 10:00~15:00
　 冬季　周二~周六 9:00~16:00　周日 10:00~15:00
🚫 周一、法定节假日　40Kn　学生20Kn
可使用卡德雷特的通票。可凭斯普利特卡享受半价优惠。
📷 可　📹 不可

馆内有许多雕像

● **卡什德雷特**
Map p. 158-A2

✉ Ivana Meštrovića 39
🌐 www.mestrovic.hr
🕐🚫 与梅斯特罗维奇美术馆一致
💰 可使用梅斯特罗维奇美术馆的通票。可凭斯普利特卡享受半价优惠。
📷 可　📹 不可

卡什德雷特的正十字教堂

---

## 短途旅行

## 萨罗纳
Salona　　**Salona**　Map 文前 p.8-A2

斯普利特以北5公里处的索林（Solin）在古罗马时期被称为萨罗纳，是达尔马提亚州的首府。据说罗马皇帝戴克里先退位后在斯普利特修建宫殿就是因为他出生于萨罗纳近郊，原为宫殿的斯普利特也是因为受异族入侵骚扰的萨罗纳民众逃至那里避难而开始发展成为城市，所以萨罗纳与斯普利特有着很深的渊源。

原为伊利里亚人聚居地的萨罗纳在公元前1世纪时开始接受罗马的统治，那时正是尤利乌斯·恺撒当政时期。从保存至今的市中心大浴场及市区西部可容纳1.7万人的大剧场就可以了解到这里在古罗马时期的繁荣程度。到了基督教获得官方承认的4世纪，萨罗纳成了这一地区的基督

早期基督教教堂遗迹

前往萨罗纳遗迹的方法
🚌 从斯普利特乘坐1路市内巴士，1小时1~3班（周末车次减少），用时约25分钟，2个乘车区间的车票，13Kn。返回时，可从大剧场南侧机动车道路边的巴士车站乘坐37路巴士。乘坐返回斯普利特的巴士，需穿过地下通道，在道路对面的车站乘车。从靠近遗迹的车道乘坐37路巴士，去往特罗吉尔。

■萨罗纳遗迹
☎(021) 211538
🕐 4、5、9月
　 周一~周五　7:00~19:00
　 周六　　　 8:00~19:00
　 周日　　　 9:00~13:00
　 6~8月
　 周一~周五 7:00~20:00
　 周六　　　 8:00~20:00
　 周日　　　 9:00~16:00
　 10月
　 周一~周五 7:00~18:00
　 周六　　　 8:00~18:00
　 周日　　　 9:00~13:00

萨罗纳

1路巴士车站

早期基督教教堂
Manastirine

斯普利特考古博物馆纪念室
Tusculum
（售票处）

至斯普利特

安德托利亚门
Porta Andetolía

大浴场
Velika gradska terme

至特罗吉尔

大剧场
Velika Gradska teatar

早期基督教建筑群
Episkopalni Centar

凯撒门
Porta Caesarea

五座桥
Pet mostova

37路巴士车站

N

0　　　　200m

剧场
Teatar

广场
Forum s Kapitollijem

古海岸线

至斯普利特

Map 文前 p.8-B2

11月～次年3月
　　周一～周五　7:00～18:00
　　周六　　　　9:00～16:00
休 11月～次年3月的周日
票 30Kn　学生15Kn
可在斯普利特考古博物馆纪念室购票　□可　☑可

**前往茨洛里维察的交通方法**
巴士 从斯普利特出发至最近的城镇Ciata Provo每天有8趟车（周末车次减少），所需时间1小时～1小时20分钟，48Kn。从Ciata Provo至茨洛里维察需要沿着主干道向西行2.5公里。几乎没有巴士通车，基本上需要靠徒步。

■茨洛里维察的遗址
开 24小时　休无休
票 免费　□可　☑可

世　界　遗　产
中世纪斯特茨奇墓葬群
Stećci-srednjovjekovni
nadgrobni spomenici
2016年列入名录

教中心。在恺撒门附近，有两座圣堂、洗礼堂、主教宫等早期基督教建筑群。

大部分遗迹仅残存建筑基础部分，所以可能很难通过参观这些遗迹来想象当时的样子。但是，每个景点旁边都有英语的介绍以及描绘建筑原貌的展板。

## 茨洛里维察 Crljivica
Crljivica

刻有人物和动物图案的石碑

茨洛里维察位于斯普利特以东60公里，这里残留有大约有90多座被称为"Stećak"的墓碑。这些墓碑的表面刻有骑士、动物等图案，每个墓碑都有着自己的独特之处。"Stećak"大约是从12世纪中叶至16世纪初期被制作的墓碑，其中大多数都在波斯尼亚和黑塞哥维那境内，克罗地亚境内除了这里之外，还有杜布罗夫尼克郊外的圣芭芭拉大教堂（Crkvasv. Barbara）内有部分残留，如今已被列为世界遗产。

---

# 斯普利特的酒店
## Hotel

斯普利特几乎没有经济型酒店，不过由个人经营的旅馆和民宿数量不少，可以通过网络或者旅行社预约。如果选择入住在老城区禁止机动车通行的区域，可以提前联系酒店，会有店员开电动车前来迎接，不需要自己拖着行李跑。

### 玛尔蒙特酒店
*Marmont Hotel*　★★★★

◆位于老城区的精品酒店。酒店三层的露台是咖啡馆，一层的餐馆提供地中海菜。有个别客房带有浴缸，预约的时候可以指定。 (WiFi)全馆　EV 有

高档　客房数：21　　Map p.160-1
URL www.marmonthotel.com
email booking@marmonthotel.com
✉ Zadaraka 13
TEL（021）308060　FAX（021）308070
S W AC 冷 🍴 🛁 🚻 € 100~440
C/C A D M V

## 维斯缇布尔宫殿酒店
*Hotel Vestibul Palace* ★★★★
宫殿内

◆ 紧挨着宫殿前院的酒店。酒店沿用了罗马时代的墙壁，搭配了融入现代元素的家具，整体给人一种新旧完美结合的感觉，绽放出独特的美丽。

📶 全馆　EV 无

| 高档　客房数：7 | Map p.160-2 |
| --- | --- |

URL www.vestibulpalace.com
email info@vestibulpalace.com
✉ Iza Vestibula 4
TEL（021）329329　FAX（021）329333
⑤ A/C 📶 🚿 ➡ 🔲 € 140~820
Ⓦ A/C 📶 🚿 ➡ 🔲 € 160~840
C/C A D M V

## 科尔纳罗酒店
*Cornaro Hotel* ★★★★

◆ 这是老城区唯一的一家大型酒店，也是古典与现代完美融合的作品，外观是古朴风格，客房内的设备都是最新式的。开放式餐馆给人一种自在的感觉。

📶 全馆　EV 有

| 高档　客房数：132 | Map p.160-1 |
| --- | --- |

URL www.cornarohotel.com
email booking@cornarohotel.com
✉ Sinjaka 6/ Kralja Tomislava 9
TEL（021）644200　FAX（021）644201
⑤ A/C 📶 🚿 ➡ 🔲 € 98~205
Ⓦ A/C 📶 🚿 ➡ 🔲 € 125~428
C/C A D M V

## 佩里斯蒂尔酒店
*Peristil Hotel* ★★★
宫殿内

◆ 从银门进入后马上可以看见这家酒店。房间的家具使用的都是古董家具，酒店有部分墙壁就直接利用了城墙的一部分。酒店内并设的餐馆提供达尔马提亚地区的传统菜。　📶 全馆　EV 无

| 中档　客房数：12 | Map p.160-2 |
| --- | --- |

URL www.hotelperistil.com
email booking@hotelperistil.com
✉ Poljana kraljice Jelene 5
TEL（021）329070　FAX（021）329088
⑤ A/C 📶 🚿 ➡ 🔲 € 60~147
Ⓦ A/C 📶 🚿 ➡ 🔲 € 80~176
C/C A D M V

## 戴安娜别墅酒店
*Villa Diana* ★★★

◆ 从老城区徒步至此约需 7 分钟。客房内设施完善，带有吹风机、迷你吧、DVD 机等。并设的餐馆提供农家菜。

📶 全馆　EV 无

| 中档　客房数：6 | Map p.159-D3 |
| --- | --- |

URL villadiana.hr/home.htm
email info@villadiana.hr
✉ Kuzmanića 3
TEL（021）482460　FAX（021）482451
Ⓦ ⑤ A/C 📶 🚿 ➡ 🔲 € 68~
C/C A D M V

## 斯拉维亚酒店
*Hotel Slavija* ★★★

◆ 酒店位于老城区，给人一种"麻雀虽小，五脏俱全"的感觉。入口处是楼梯，上到二层即可。客房内保留有城墙的一部分。早餐是自助式的。

📶 全馆　EV 有

| 中档　客房数：25 | Map p.160-2 |
| --- | --- |

URL www.hotelslavija.hr
email info@hotelslavija.hr
✉ Buvinina 2
TEL（021）323840　FAX（021）323848
⑤ A/C 📶 🚿 ➡ 🔲 € 78~156
Ⓦ A/C 📶 🚿 ➡ 🔲 € 117~208
C/C A D M V

## 阿德里亚娜酒店
*Hotel Adriana* ★★★

◆ 面朝普鲁穆纳德滨海路而建的酒店，部分房间是可以眺望大海的海景房。也有个别房间带有按摩浴缸。一层是餐馆。

📶 全馆　EV 有

| 中档　客房数：18 | Map p.160-1 |
| --- | --- |

URL www.hotel-adriana.hr
email info@hotel-adriana.hr
✉ Obala Hrvatskog Narodnog Preporoda 8
TEL（021）340000　FAX（021）340008
⑤ A/C 📶 🚿 ➡ 🔲 € 400~1000Kn
Ⓦ A/C 📶 🚿 ➡ 🔲 € 600~1400Kn
C/C M V

## 多波尔青年旅舍
*Hostel Dvor*

◆ "Dvor" 就是宫殿的意思，这家旅舍是利用一栋私宅改建而成的。多人间使用的是白色基调，时尚而干净。单间的数量也比较多。5~10 月期间营业。

📶 全馆　EV 无

| 青年旅舍　客房数：47 | Map p.159-C2 |
| --- | --- |

URL www.hosteldvor.com
email hosteldvor@gmail.com
✉ Radmilovićeva 71　TEL 091-5383620（手机）
🔲 D A/C 📶 ➡ 🔲 190Kn~
⑤ Ⓦ A/C 📶 🚿 🔲 480Kn~
⑤ Ⓦ A/C 📶 🚿 ➡ 🔲 580Kn~
C/C A D M V

## 戈利与博思青年旅舍
*Golly±Bossy*

◆位于老城的大型青年旅舍，设计非常简洁。多人间是男女混住形式的，有4~8张床。一层是外包的咖啡馆。

 全馆　EV 有

青年旅舍　客房数：130　Map p.160-1

URL www.gollybossy.com
email info@golibosi.com
✉ Morpurgova Poljana2
TEL（021）510999
D A/C 📶 ➡　€ 16~32
S A/C 📶 ➡　€ 33~130
W A/C 📶 ➡　€ 42~140　CC M V

# 斯普利特的餐馆
## *Restaurant*

---

## 法伊夫
*Buffet Fife*

◆深受游客喜爱的海鲜餐馆。小编推荐烤杂鱼68Kn，煎墨鱼61Kn等，菜量充足。

海鲜　　　　　　　　　Map p.159-C2

✉ Trumbićeva obala 11
TEL（021）345223
🕐 夏季　周一~周四　6:00~次日 1:00
　　　周五~周日　6:00~次日 2:00
　　　　　　　　　6:00~22:00
🈺 无休　CC 不可

---

## 施沛伦
*Šperun*

◆法国前总统密特朗曾经来这里就餐，是一家专营乡土菜的餐馆。海鲜的价格是50~150Kn。卷心菜卷60Kn（只限冬季），等家常菜也非常受欢迎。

海鲜　　　　　　　　　Map p.159-C2

✉ Šperun 3
TEL（021）346999
🕐 9:00~23:00
🈺 冬季的周日
CC A D M V

---

## 斯塔雷·葛雷德
*Konoba Stare Grede*

◆深受当地人喜爱的餐馆，总是食客爆满。餐馆所在的建筑物是一栋建于120年前的老房子。主菜的价格49Kn起，十分亲民。既有肉类的菜肴又有海鲜类。

克罗地亚菜　　　　　　Map p.159-D1

✉ Domovinskog rata 46
TEL（021）643901
🕐 周一~周五　　　9:00~23:00
　　周六·周日　　12:00~23:00
🈺 无休
CC A D M V

---

## 侍
*Samurai*

◆由日本人经营的日本料理店，有寿司、刺身、盖饭、咖喱、乌冬、拉面、大阪烧等各式各样的日本菜。价格在60~110Kn。啤酒有麒麟和札幌，30Kn。

日本料理　　　　　　　Map p.159-C2

URL sushibarsplit.wixsite.com/samurai
✉ Bana Josipa Jelačića 1
TEL（021）786640
🕐 周一~周六　　　8:00~24:00
　　周日　　　　17:00~22:00
🈺 无休　CC M V

---

## 卢克索尔咖啡馆
*Kavana & Restoran Lvxor*

◆位于培雷兹提尔广场前的咖啡馆，所在建筑是一栋历史性建筑物。在楼上可以观赏风景。菜品包括蛋包饭等，价格是30Kn。

咖啡馆　　　　　　　　Map p.160-1

URL lvxor.hr　✉ Kraj sv. Ibana 11
TEL（021）341082
🕐 夏季　　　　　8:00~24:00
　　冬季　　　　　8:00~23:00
🈺 无休　CC A D M V

---

## 鲁卡
*Luka Ice Cream & Cakes*

◆当地十分受欢迎的冰激凌店，店外总在排队。冰激凌的价格是9~24Kn。平时共有18种口味。

冰激凌店　　　　　　　Map p.159-C2

✉ Svačićava 2　TEL 091-9080678（手机）
🕐 夏季　周一~周四　　9:00~24:00
　　　周五~周日　12:00~次日 2:00
　　冬季　周一~周四　　9:00~23:00
　　　周五~周日　12:00~24:00
🈺 无休　CC 不可

# 马卡尔斯卡 *Makarska*

Map 文前 p.8-B2

萨格勒布市
马卡尔斯卡 ★

耸立于背后的奥科沃山

■前往马卡尔斯卡的交通方法

●从斯普利特出发
每小时 1~2 趟车，所需
时间 1 小时~1 小时 15 分钟，
40~50Kn。

●从杜布罗夫尼克出发
每 2~3 小时 1 趟车，所需时
间 3~3.5 小时，87~106Kn。

●从苏马尔廷（布拉奇岛）
出发
每天 2~5 班船，所需时
间约 1 小时，24~33Kn。

拥有美丽海岸线的度假胜地——马卡尔斯卡

马卡尔斯卡海滨度假中心是沿岸度假区的中心地。海岸线正对面的是地中海全域中污染度最低的、海水最清澈的海域，背靠的是比奥科沃山耸立的阳光明媚的大地。如果去杜布罗夫尼克、斯普利特都可以一日游。而且与对岸的布拉奇岛之间的交通往来也比较频繁，因此这里是最理想的度假地。

■马卡尔斯卡的 ❶
Map p.168-A2
✉ Obala kralja Tomislava 16
☎（021）612002
🔗 www.makarska-info.hr
✉ info@makarska-info.hr
🕐 6~9月　　　8:00~21:00
　 10月~次年 5月
　　　周一~周五 8:00~20:00
　　　周六・周日 8:00~11:00
🚫 无休

## 马卡尔斯卡 漫 步

小城的中心地区是位于海岸沿线的道路两旁。巴士中心与海岸沿线之间由 Kralja Zvonimira 路所连接。海岸线沿线有 ❶ 和旅行社，还有餐馆等，港口停靠着去往布拉奇岛和赫瓦尔岛的船只。酒店大多集中在城中心偏西的位置，酒店集中地区与城市中心之间有辽阔的海滩。

海岸线沿岸有不少餐馆和咖啡馆

长途巴士中心停留着大量长途巴士

■马卡尔斯卡博物馆
✉ Obala kralja Tomislava 17/1
☎（021）612302
🕐 6~9月　　　9:00~13:00、
　　　　　　　 19:00~22:00
　 10月~次年 5月
　　　　　　　 9:00~13:00
🚫 周日、法定节假日
💰 10Kn 📷 可 🚫 不可

## 马卡尔斯卡 主要景点

### 马卡尔斯卡博物馆
Gradski muzej Makarska
Map p.168-A2

The Makarska Municipal Museum

马卡尔斯卡博物馆，位于 ❶ 以西隔 2 栋楼的位置。博物馆规模不算大，陈列着民族服装、装饰物等，还有从周边挖掘的文物等。

展品虽然不算多，但是都用英文解释

■贝壳博物馆
⊠ Franjevački put 1
🈸 5、10月　　10:00~12:00
　　6~9月
　　周一～周六 10:00~12:00
　　　　　　　17:00~19:00
　　周日　　　10:00~12:00
🈺 11月～次年4月
💴 15Kn　❌不可

**前往比奥科沃自然公园
的交通方法**
🚗 公园入口位于城区以西
6公里处。没有公共交通可
以到达这里
■比奥科沃自然公园
URL www.pp-biokovo.hr
🈸 8:00~20:00
🈺 无休　💴 50Kn
⭕可　⭕可
■比奥科沃自然公园游客中心
Map p.168-B2 外
⊠ Franjevački put 2A
☎ (021) 616924
✉ info@pp-biokovo.hr
🈸 5~9月
　　周二～周五 8:00~20:00
　　周六、周日、法节定假日
　　　　　　8:00~12:00
　　　　　　16:00~20:00
🈺 周一,10月～次年4月
期间需要通过邮件预约
比奥科沃自然需要花费
30Kn（11月～次年3月 10Kn）

## 贝壳博物馆　　　　*Malakološki muzej*　　Map p.168-B2

Malacological Museum

　　位于圣方济各修道院内的贝壳博物馆，除了展示有亚得里亚海和地中海的贝壳之外，还有来自全世界各地的贝壳展品。没有英语解释。

**马卡尔斯卡**　短途旅行

## 比奥科沃自然公园　*Park prirode Biokovo*　Map 文前 p.8-B2

Biokovo Natural Park

迎着美丽的岩山向上攀登

　　耸立于马卡尔斯卡背后的比奥科沃山，高1762米，是克罗地亚国内第二大的高山，也是亚得里亚海沿岸的最高峰。因其有丰富的自然资源和植被而被指定为自然公园。

　　虽然也可以自由行前往，但是从马卡尔斯卡跟团出游效率比较高。团体游项目有很多种可供选择，有效地利用小巴和徒步的团体游项目最适合对体力没有自信的人参加。从山顶上俯瞰亚得里亚海的风景别有一番风味，天气晴朗的时候还可以望到对岸的意大利半岛。

# 奥米什

*Omiš*

奥米什位于斯普利特与马卡尔斯卡中间的位置，采蒂纳河（Cetina）入海口处，也是度假胜地。城区内仍旧保留有中世纪的城塞，老城区内小窄巷子交织，颇有一番时光穿梭的感觉。采蒂纳河的上游是河谷，城区内的旅行社有专门去往河谷的漂流团体游项目。

**前往奥米什的交通方法**
●从斯普利特出发
每小时 1~3 趟车，所需时间 30 分钟，20Kn
●从马卡尔斯卡出发
每小时 1~3 趟车，所需时间 35~50 分钟，36Kn

克罗地亚

● 马卡尔斯卡

---

## 马卡尔斯卡的酒店
### *Hotel*

由于马卡尔斯卡是度假区的中心地，因此无论是酒店还是民宿选择都比较多。民宿的费用根据设施和季节而不同，每人 € 18 起。

---

### 公园酒店
*Hotel Park*     ★★★★

◆这里是马卡尔斯卡最高档的酒店。房间的设施都采用最新式的。健身房、桑拿、游泳池等设施完善。11 月～次年 3 月期间不营业。

📶 全馆   EV 有

| 高档 | 客房数：114 | Map p.168-A1 |

URL www.parkhotel.hr
email info@parkhotel.hr
✉ Kralja Petra Krešimira IV 23
TEL（021）608200   FAX（021）608202
S A/C 📺 🍴 🔌 💻 € 83~375
W A/C 📺 🍴 🔌 💻 € 110~500
C/C A D M V

---

### 米拉马尔公寓酒店
*Aparthotel Miramare*     ★★★★

◆从海景房还可以欣赏到街景和比奥科沃山的景色。游泳池、SPA、餐馆等设施完善。个别房间还带有浴缸。11 月～次年 3 月期间不营业。

📶 全馆   EV 有

| 高档 | 客房数：75 | Map p.168-A2 |

URL www.sol.hr   email info@sol.hr
✉ Šetalište sv. Petra 1
TEL（021）585700
FAX（021）585471
S W A/C 📺 🍴 🔌 💻 € 86~462
C/C A D M V

---

### 比奥科沃酒店
*Hotel Biokovo*     ★★★★

◆位于城区中心，全年营业。海景房的费用稍高一些。可以免费使用米拉马尔公寓酒店的泳池、桑拿、健身房等设施。

📶 全馆   EV 有

| 中档 | 客房数：52 | Map p.168-A2 |

URL www.sol.hr   email info@sol.hr
✉ Obala kralja Tomislava 14
TEL（021）615244
S A/C 📺 🍴 🔌 💻 € 58~125
W A/C 📺 🍴 🔌 💻 € 86~276
C/C A D M V

---

## 马卡尔斯卡的餐馆
### *Restaurant*

---

### 耶施
*Jež*

◆距离中心城区稍远的高人气海鲜餐馆。主要提供传统的达尔马提亚菜。主菜的价格在 55~450Kn。

| 海鲜 | Map p.168-A1 |

✉ Petra Krešimira IV 90
TEL（021）611741
🕐 12:00~24:00
休 12/25
C/C A D M V

# 博尔 *Bol*

Map 文前 p.8-B2

博尔最受欢迎的海滩——尖角海滩

■ 前往博尔的交通方法
布拉奇机场距离博尔约 14 公里。夏季可以从科尔丘拉、杜布罗夫尼克、马卡尔斯卡等地乘坐快船到达这里，不过每天只有一班船。

● 从马卡尔斯卡出发
🚢 前往布拉奇的苏马尔廷（Sumartin）渡轮，每天 3~5 班船，所需时间 1 小时，30Kn。从苏马尔廷到博尔可以乘坐巴士，夏季期间每天有 3 趟车，25Kn。冬季没有直通的巴士，需要在苏佩塔尔换乘。

● 从赫瓦尔岛（耶尔萨）出发
🚢 只限夏季。每天有一班快船，35Kn。

● 从斯普利特出发
🚢 每天 1 班船，所需时间 1 小时 10 分钟，55Kn。至布拉奇岛苏佩塔尔的渡轮每天有 7~14 班，所需时间约 50 分钟，33Kn。从苏佩塔尔至博尔的巴士每天有 2~8 趟，所需时间 1 小时，45Kn。

■ 博尔的 🛈  Map p.170-B
✉ Porat Bolskih Pomoraca bb
🔗 www.bol.hr
🕐 7、8 月      8:30~22:00
　 9 月~次年 6 月 8:30~14:00
🚫 9 月~次年 6 月的周六·周日

人气较高的度假岛

浮于斯普利特西南海域上的布拉奇岛（Brač）自古以来就以盛产优质大理石而闻名。

虽然岛上最大的城市是苏佩塔尔（Supetar），其也是距离本土最近的城市，但是位于岛南部的博尔却是最受欢迎的度假胜地，会集了来自世界各地的游客。博尔周边共有全长 15 公里的海滩，其中最受欢迎的是被称为黄金角的尖角海滩。无论是酒店还是民宿数量都很充足，夏季时游客众多，是人气爆棚的度假区。

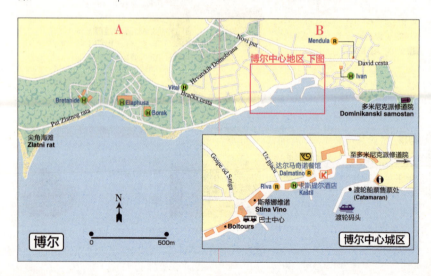

## 博尔 漫步

　　博尔的街区东西狭长。港口位于中央位置，渡轮码头、**i** 和巴士中心都位于港口附近。港口以西的地区有不少民宿，再往前走是度假酒店，酒店前的海滩频繁出现在各大画册中，海滩的最前端便是尖角海滩（Zlanti rat）。尖角海滩如其名一样，形状呈角形，非常罕见，两边之和长约 800 米。受到海潮和海浪的影响，形状经常会发生变化。从城中心至尖角海滩大约有 2 公里。沿着海边的徒步道步行过去也是十分惬意的一件事情。

　　此外，位于城东的多米尼克派修道院（Dominikanski samostan）值得一去。修道院内的圣玛利亚教堂建于 1556 年，唱诗班席位处的天井拥有美丽的绘画。修道院内还有一座博物馆，里面展示了圣器、绘画、海洋考古学的发掘品等展品，还可以游览面朝大海而建的庭园。

修道院位于城区东侧

■博尔的旅行社
● Boltours　Map p.170-B
✉ Vladimira Nazora 18
☎ (021) 635693
URL www.boltours.com
🕐 6~8 月　　　　9:00~23:00
　5、9、10 月　 8:30~14:00
　　　　　　　 16:00~19:00
🈺 11 月~次年 4 月

　除了可以介绍岛内的民宿、汽车租赁、团体游项目之外，还可以组团去斯普利特、赫瓦尔、杜布罗夫尼克、姆列特国家公园、科尔丘拉等地。

■多米尼克派修道院
Map p.170-B
※ 在夏季时开放

---

## 博尔的酒店
### *Hotel*

　　海岸沿线有很多度假酒店，全年营业的比较少。如果不是非要在这里悠闲地享受假期以外，从斯普利特来此地一日游就足够了。

### 蓝阳埃拉弗萨酒店　★★★★
*Bluesun Hotel Elaphusa*

◆ 适合想要在这里享受高品质、奢华假期的游客入住。酒店辖地内有健身房、水疗中心、桑拿房等。10 月下旬至次年 5 月期间不营业。

🛜 全馆　EV 有

| 高档　客房数：306 | | Map p.170-A |
|---|---|---|
| URL www.hotelelaphusabrac.com | | |
| email reservations@bluesunhotels.com | | |
| ✉ Put Zlatnog rata 46 | | |
| ☎ (021) 306200 | | |
| FAX (021) 635477 | | |
| Ⓢ Ⓦ A/C 🛁 📶 ➡ 🖥 930~4040Kn | | |
| C/C Ⓐ Ⓓ Ⓜ Ⓥ | | |

### 卡斯提尔酒店　★★★
*Hotel Kaštil*

◆ 酒店位于中心城区，是利用一栋建于 17 世纪的夏明老宅改建而成的。10 月中旬至次年 4 月期间不营业。

🛜 全馆　EV 无

| 中档　客房数：32 | | Map p.170-B |
|---|---|---|
| URL www.kastil.hr | | |
| email kastil@kastil.hr | | |
| ✉ Frane Radića 1 | | |
| ☎ (021) 635995 | FAX (021) 635997 | |
| Ⓢ A/C 🛁 📶 ⬛ 🖥 € 45~117 | | |
| Ⓦ A/C 🛁 📶 ⬛ 🖥 € 68~156 | | |
| C/C Ⓐ Ⓓ Ⓜ Ⓥ | | |

---

## 博尔的餐馆
### *Restaurant*

### 达尔马奇诺餐馆
*Konoba Dalmatino*

◆ 利用一栋建于 17 世纪的酒窖改建而成的餐馆。主菜中海鲜的种类比较丰富，价位是 65~300Kn。意大利面是 90Kn，意式焗饭 60Kn。

| 克罗地亚菜 | Map p.170-B |
|---|---|
| ✉ Radića Frane 14 | |
| ☎ 无 | |
| 🕐 12:00~24:00 | |
| 🈺 11 月~次年 3 月 | |
| C/C Ⓜ Ⓥ | |

萨格勒布

赫瓦尔 ★

# 赫瓦尔 *Hvar*

充满绿色的度假之岛

Map 文前 p.8-B2

■前往赫瓦尔的方法
●从斯普利特出发
🚢1天2~8班，用时1小时5分钟，40~110Kn。去往赫瓦尔岛的斯塔里格勒1天3~7班，用时2小时，39~47Kn。从斯塔里格勒港至赫瓦尔，船到后有巴士开行，27Kn。
●从科尔丘拉出发
🚢1天1~4班，用时1小时15分钟~2小时，40~110Kn。从科尔丘拉岛维拉卢卡出发，1天1班，用时约1小时，35~40Kn。

■赫瓦尔的 ❶
Map p.173-B1
☎(021) 471059
🌐www.tzhvar.hr
📅6~9月
　周一～周六 8:00~21:00
　周日　　　9:00~13:00、
　　　　　　16:00~20:00
　4、5、10月
　周一～周六 8:00~20:00
　周日　　　9:00~13:00、
　　　　　　16:00~19:00
　11月～次年3月
　　　　　　8:30~12:00
🚫法定节假日、11月～次年3月的周日

从城堡远眺赫瓦尔岛与帕克莱尼群岛

岛上盛产薰衣草

　　赫瓦尔岛位于湛蓝的亚得里亚海上，岛上的植被丰富，是世界上著名的度假之岛。岛上建有许多度假酒店，每年夏天都会有不少名人到访。岛上的中心城市赫瓦尔与岛同名。岛的面积不算大，但是有圣斯蒂芬大教堂等诸多古迹，整个岛屿非常美丽。

## 赫瓦尔 漫 步

　　赫瓦尔是一个不大的城市。酒店、❶、旅行社都位于赫瓦尔港附近。渡轮停靠港口的东南端。
　　从渡轮码头一直向北就是市中心的圣史蒂芬广场（Trg sv. Stjepana）。建于17世纪的广场非常漂亮，周围有建于17世纪的阿尔塞纳尔及圣斯

至斯普利特　　Dugi Rat
　　　　　　　　　　　　　奥米什
　　　　　　　　　　　　　Omiš
　　　　　　　　　　　　　　　　　　　　　　　　　N
　　　　　　　　　　　　　　　　　　　　　　　　赫瓦尔岛周边
　Sutivan
Stomorska　　苏佩塔尔　　　　　　　　　　　　　Zagvozd
Šolta　　　　Supetar　Postira　　　　　　Brela
　Mlina　　　　　　　　　　　　　　　　　　Baška
　　　　　　　　　　Pučišća　　　　　　　voda
布拉奇岛　　　　　　　　　Povlja　　　　　　比奥科沃自然公园
Brač　　Gornji Humac　　　苏马尔廷　　　　Park prirode Biokovo
　　　　　　　　　　　　　Sumartin　　马卡尔斯卡　　　　0　　　10km
　　　　　　博尔　　　　　　　　　　　　Makarska
　　　　　　Bol　　　　　　　　　　　　　　Tučepi
　　　　　　　　　　　　　　　　　　　　　Podgora
　　　　斯塔里格勒
　　　　Stari Grad　　Vrboska
　赫瓦尔　　　　　　　　　　　　赫瓦尔岛
　Hvar　斯塔里格勒平原　耶尔萨　　Hvar　　　　　　Drevnik
帕克林斯基群岛　Starogradsko polje　Jelsa
Paklinski otoci　Sv. Nedjelja　Ⓗ赫瓦尔岛苫屋　　　　　Sućuraj

捷潘诺大教堂等历史建筑。
由此向东，马上就能到达巴
士总站。有开往岛上的主要
港口斯塔里格勒（Stari Grad）
以及耶尔萨（Jelsa）、弗尔博
斯卡（Vrboska）等岛内城市
的巴士在此发车。从渡轮码
头向南，有一片不大的海滩，

市中心的圣斯捷潘诺广场

再向前有方济各会修道院。赫瓦尔市区的北部是山丘，从山顶的城堡可
以俯瞰赫瓦尔港全景。

## 赫瓦尔　主要景点

### 圣斯捷潘诺大教堂
### Katedrala sv. Stjepana

Map p.173-B1

St. Stephen's Cathedral

　　建于 16~17 世纪，是后期文艺复兴式建筑中的杰作。建筑外观十分
雅致，内部装饰也非常好，巴洛克式的祭坛及唱诗班席位尤其值得一看。
大教堂内设有展出宗教艺术的主教博物馆（Bishopski muzej）。

■赫瓦尔的旅行社
● Pelegrini Tours
Map p. 173-B2
TEL（021）742743
URL www.pelegrini-hvar.hr
email pelegrini@inet.hr
开 4、5、9、10 月
　　　　　　　　8:00~12:00、
　　　　　　　　15:00~18:00
　　6~8 月　　7:30~13:00、
　　　　　　　　16:00~22:00
　　11 月~次年 3 月
　　　　　　　　8:00~12:00
休 不定期
　　可介绍民宿及举办前往
近郊、比舍沃岛蓝色洞窟的
团体游。11 月~次年 3 月期
间不营业。

■主教博物馆
⊠ Trg Stjepana
※ 曾经关闭过。

■阿尔塞纳尔
◨可
⬚可

## 阿尔塞纳尔　　　　　　　　Arsenal　　Map p.173-B1
Arsenal

剧场兼仓库的阿尔塞纳尔

阿尔塞纳尔位于圣斯捷潘诺广场的南面，建于 1579 年至 1611 年，是赫瓦尔的代表性建筑。原来主要用于船只的保管及维修。特别值得一提的是，这里还建有剧场。剧场修建于 1612 年，据说是欧洲最古老的剧场之一。

■本笃会修道院
✉Hvar
☎（021）741052
🕐10:00~12:00、
　17:00~19:00
🚫11 月~次年 4 月
💰10Kn
◨不可

## 本笃会修道院　　　　Benediktinski samostan　　Map p.173-B1
Benedictine Monastery

这座本笃会女子修道院建立于 1664 年，修道院用从龙舌兰叶子上提取的纤维编织的蕾丝非常有名，与薰衣草同为赫瓦尔的代表性特产。蕾丝的图案都出自修女们自己的设计。修道院内的博物馆展出有圣像画等宗教艺术品以及各种美丽的蕾丝，还有纪念品出售。

修道院内设有博物馆

■方济各会修道院
✉Hvar
🕐9:00~15:00、
　17:00~19:00
🚫5 月~10 月中旬的周日、
　10 月中旬~次年 4 月
💰35Kn
◨可
⬚不可

## 方济各会修道院　　　　Franjevački samostan　　Map p.173-B2
Franciscan Monastery

方济各会修道院位于市中心以南约 400 米处，建于 15 世纪。院内收藏有大量绘画精品，其中，Matteo Ingoli 与 Palma ilGiovane 创作的《最后的晚餐》不容错过。除此之外，还有展出教会珍宝及出自海底的古罗马文物的博物馆。一到旅游旺季，每周会在回廊举办 2~3 次音乐会。

位于海边的方济各会修道院

■城堡
✉Hvar
🕐9:00~19:00（因季节而异）
🚫11 月~次年 3 月
💰40Kn
◨可
⬚可

## 城堡　　　　　　　　Tvrđava Fortica　　Map p.173-B1
Fortress

位于老城区北部的城堡，其起源可以追溯到伊利里亚人的聚居地，罗马人也曾在此修建要塞。现存建筑建于 16 世纪中叶。在通往城堡的山路上行走会有些吃力，不过从城堡可以看到美丽的风景。赫瓦尔的街区、

矗立于赫瓦尔老城区之上

远处的帕克林斯基群岛以及更远处的维斯岛都能尽收眼底。城堡内有咖啡馆，可以小憩并观赏亚得里亚海上一座座美丽的小岛。另外，还有展出海上打捞文物的博物馆以及监狱遗址等景点。

## 赫瓦尔 短途旅行

### 斯塔里格勒　　Stari Grad　　Map p.172
Stari Grad

斯塔里格勒，意为古老的城市，其历史比赫瓦尔还要悠久。这里原名法罗斯（Faros），公元前 384 年由古希腊人建立。有 16 世纪诗人的赫克托洛维奇城堡（Tvrdalj Hektorovića）以及众多中世纪以后的古建筑，博物馆、修道院的珍宝馆内展出许多古希腊、古罗马时代的文物。

斯塔里格勒

### 斯塔里格勒平原　　Starogradsko polje　　Map p.172
Stari Grad Plain

斯塔里格勒平原位于赫瓦尔岛中央地带，有很多的橄榄园及果园。公元前 4 世纪时，古希腊人在此修建城市，之后这一带就开始种植葡萄及橄榄。如果从上空俯瞰平原，可以看到一块块用石墙隔开的田地，每块的面积大概为 180 米×900 米。这些田地保持着古代的原貌，所以被列为世界遗产。

### 帕克林斯基群岛　　Paklinski otoci　　Map p.172
Paklinski Island

赫瓦尔西南方向的诸多小岛被统称为帕克林斯基群岛，也叫帕克莱尼群岛。与赫瓦尔之间有船舶航行的岛屿有耶罗里姆（Jelolim）、斯蒂潘斯卡（Stipanska）、帕尔米扎纳（Palmižana）、乌拉卡（Vlaka）等。这些地方都有很多美丽的海滩，可以从赫瓦尔出发，前往这些地方享受海水浴。

**前往斯塔里格勒的方法**
🚢 斯塔里格勒的渡轮码头位于市区以西约 2 公里处。渡轮到达时，有巴士从渡轮码头开往市中心，13Kn。
● 从赫瓦尔出发
🚌🚢 1 天 3~7 班，用时约 25 分，27Kn。
■ 斯塔里格勒的 ❶
Map p.175-B
☎ (021) 765763
URL www.stari-grad-faros.hr
🕐 夏季　　8:00~22:00
　　冬季
　　周一~周五 8:00~14:00
　　周六　　9:00~13:00
🚫 冬季的周日

**前往斯塔里格勒平原的方法**
● 从斯塔里格勒出发
可到旅行社办理私人游，或者自行前往，除此之外没有其他方法。

世　界　遗　产
斯塔里格勒平原
Starigradsko polje
2008 年列入名录

**前往帕克林斯基群岛的方法**
● 从赫瓦尔出发
🚢 开往各岛的船只从 ❶ 旁边出发。9:00~14:00 期间船只出发，16:00~19:00 期间返回。船票价格根据目的地而定，50~70Kn。

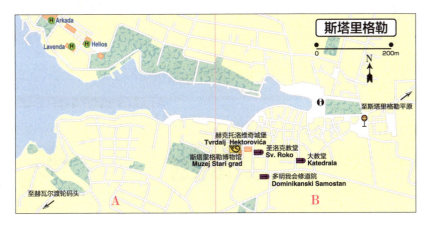

斯塔里格勒

0　　　　　200m
N

至斯塔里格勒平原

H Arkada
Lavenda H　H Helios

赫克托洛维奇城堡
Tvrdalj Hektorovića
斯塔里格勒博物馆
Muzej Stari grad
圣洛克教堂
Sv. Roko
大教堂
Katedrala
多明我会修道院
Dominikanski Samostan

至赫瓦尔渡轮码头
A
B

赫瓦尔大多是高级度假酒店，冬季停止营业。城区也有不少由个人经营的民宿和旅馆。斯塔里格莱德也有不少酒店，配置一点也不输给赫瓦尔的酒店。

### 阿德里亚娜酒店
*Adriana*　★★★★

◆位于港口附近的 SPA 酒店。酒店内设有泰式按摩、游泳池、客房服务等。2月份不营业。

全馆　EV 有

| 高档　客房数：55 | Map p.173-A1 |
| --- | --- |

URL www.suncanihvar.com
email adriana@suncanihvar.com
✉ Obala Fablika 28
TEL（021）750200　FAX（021）750201
S A/C　€150~
W A/C　€228~
C/C A D M V

### 公园酒店
*Park Hotel*　★★★★

◆酒店是利用一栋巴洛克风格的宅邸改建而成的，15 间客房中有 14 间是套间。也是赫瓦尔比较少见的全年营业的酒店。

全馆　EV 有

| 高档　客房数：15 | Map p.173-B1 |
| --- | --- |

URL www.hotelparkhvar.com
email park.hvar@st.t-com.hr
✉ Bankete bb
TEL（021）718337　FAX（021）741520
S W A/C　€75~
C/C A D M V

### 赫瓦尔岛苫屋
*Hvar Tomaya*

◆位于赫瓦尔岛南侧的住宿设施，店主是日本人。如果准备离岛出游，这里是最好的选择。使用自家产的食材烹制的乡土菜非常值得推荐，种植的作物有橄榄、蔬菜等，全部都是不使用农药的。店主还可以免费去港口接送客人。

全馆　EV 无

| 经济型　客房数：5 | Map p.172 |
| --- | --- |

URL www.tomaya-croatia.com
email info@tomaya-croatia.com
✉ Ivan Dolac, Otok Hvar
TEL 091-7368101（手机）
S A/C　€25~100
W A/C　€30~100
C/C 不可

### 朱妮尔
*Gostionica Junior*

◆非常受欢迎的海鲜餐馆。鱼的烹调方法共有 4 种可供选择，分别是烤制、煮制、煎制、炖（赫瓦尔岛特有的炖煮方法）。

| 海鲜 | Map p.173-B1 |
| --- | --- |

✉ Hvar
TEL（021）741069
🕐 13:00~24:00
休 无休
C/C 不可

### 达尔马提亚·赫瓦尔
*Dalmatino Hvar*

◆擅长达尔马提亚地方特色菜，菜单的内容十分丰富。最受欢迎的菜式是一种被称为"巴什特采达"的红酒炖牛肉，价格是140Kn。

| 克罗地亚菜 | Map p.173-B1 |
| --- | --- |

URL www.dalmatino-hvar.com
✉ Hvar
🕐 11:00~24:00
休 10 月中旬~次年 4 月
C/C A D M V

# 维斯 *Vis*

Map 文前 p.8-A3

比舍沃岛上的蓝洞，让人如同进入梦幻空间一般

维斯岛与赫瓦尔岛齐名，是克罗地亚众多度假岛屿中知名度较高的岛屿。位于岛西南方比舍沃岛上的蓝洞也是非常受欢迎的景点。

考古学博物馆内展示了从周边海域打捞上来的沉船遗物等

岛内共有维斯和克米扎两个城市。维斯过去被称为伊萨（Issa），是希腊移民城市的发源地，有着重要的历史价值。

维斯的街景

■前往维斯的交通方法
●从斯普利特出发
🚢 每天 2~3 班，所需时间 2 小时 20 分钟，45~54Kn。

■维斯的 🛈
Map p.177-A
✉ Šetaliste stare Isse 5
☎ (021) 717017
URL www.tz.vis.hr
🕐 6~9 月　　　8:00~20:00
10 月~次年 5 月
8:00~14:00
🚫 10 月~次年 5 月期间周六・周日

■考古学博物馆
Map p.177-B
✉ Šetaliste Viški boj 12
☎ (021) 711729
🕐 周一~周六　9:00~13:00
17:00~21:00
🚫 周日、10 月~次年 5 月
💰 20Kn　学生 10Kn
📷可　🚫不可

## 维斯 漫 步

渡轮码头附近集中了 🛈、旅行社、巴士站等设施。可以通过旅行社预约民宿，还可以报名参加去往蓝洞、绿洞的团体游项目，还可以租赁

维斯

Issa H

渡轮码头
Luka

佩卡拉·科尔杰拉
Pekara Kolđeraj

塔玛丽斯
Tamaris

至克米扎

Viška luka

N

0　　　400m

San Giorgio H

考古学博物馆
Arheološki muzej

A　　　　　　B

滑板车和小船。

维斯的城区轮廓是沿着海岸线的马蹄形状，从一头走到另一头大约需要 30 分钟。考古学博物馆（Arheološki muze）位于渡轮码头以东，徒步约 15 分钟可抵，这里展出了希腊时代的展品。

蓝洞团体游项目的看板

**前往克米扎的交通方法**

● 从维斯出发

🚌 每天 5~7 趟车，所需时间 20 分钟，20Kn。

■ 克米扎的 ❶

☎（021）713455

🕐 夏季　　　 9:00~21:00
　　冬季　　　 8:00~14:00

🚫 无休

## 维斯 短途旅行

### 克米扎　　　　　　 Komiža　　 Map p.178
Komiža

小而美丽的渔村克米扎

克米扎是位于维斯岛西侧的港口城市。除了利用港口沿岸要塞改建而成的渔业博物馆（Ribarski muzej）之外，没有什么特别的景点，是一座悠闲的小城。很多人把这里作为去往蓝洞的起点，因此旅行社的数量也不少。酒店只有一家，个人经营的民宿或者旅馆倒是不少。

**前往蓝洞的交通方法**

🚤 跟团出发，维斯、克米扎、赫瓦尔等地的旅行社，每天 8:00~9:00 会有团出发去蓝洞，在 17:00~19:00 期间返回。团体游项目的出发频率是 6~9 月期间每天，10 月根据天气出团，11 月~次年 5 月期间接受预约。进洞费每人 70~100Kn（有些团费里包含了进洞费）。通常的团体游项目都是蓝洞+绿洞打包出行的，也可以根据情况添加其他景点。不过从克米扎出发的团，也有上午出发 1.5 小时后返回的短期团。

### 蓝洞　　　　　　 Modra špilja　 Map p.178
Blue Cave

蓝洞是位于维斯岛西南方的小岛——比舍沃岛上的一座天然洞穴。由于临近正午的时候，洞穴中会有太阳光射入，使得洞内的海水变成清澈闪亮的蓝色，因此得名蓝洞。只能乘坐小船进洞，入口处十分狭窄，需要弓着腰才能进入。

洞穴的入口很窄，需要格外小心

至斯普利特

Oključna

维斯岛
Vis

维斯
Vis

克米扎
Komiža

Žena Glava

Podstražje

Podšpilje

鲁卡瓦茨
Rukavac

绿洞
Zelena špilja

Biševski Kanal

Mezuporat

Porat

蓝洞
Polje　 Modra špilja

比舍沃岛
Biševo

N

0　　　　　　　 5km

维斯岛与比舍沃岛

想要去蓝洞必须留足充裕的时间，因为浪大的时候是不可以进洞的。6~8月期间进洞的概率是90%，4、5、9、10月是50%。

幽蓝的光束渲染了整个洞穴

**前往绿洞的交通方法**

🚌 大多是跟蓝洞（p.178）一起打包出团的，维斯、克米扎、赫瓦尔等地的旅行社都有团出发。进洞费50~70Kn（有些团包含了进洞费）。

## 绿洞

**Zelena špilja**　　Map p.178

Green Cave

维斯岛附近的小岛上还有一座被称为绿洞的洞穴非常值得一看。这里与蓝洞不同，太阳光射入的范围十分有限，洞内的海水不会被全部渲染成绿色，但是一道光束射入海面，可以看到深绿色的海水。在幽暗的洞穴里闪入一道绿色的光芒，让人感觉十分梦幻。

绿洞内受到太阳光的反射映射出绿色的海面

也有从对岸鲁卡瓦茨出发的小船

克罗地亚

● 维斯

---

# 维斯的酒店
## *Hotel*

维斯城里酒店的数量并不算多，夏季的时候很多家庭旅馆会开业。克米扎也有不少家庭旅馆，但是夏季的时候比较难预约到。

### 塔玛丽斯
*Tamaris*　　★★

◆ 酒店位于渡轮码头附近，有一半的房间是海景房。房间内没有 Wi-Fi 信号，只有前台附近才有信号。11月~次年2月期间不营业。

🛜 部分　**EV** 有

经济型　客房数：20　　Map p.177-A

URL www.hotelsvis.com
email hotel-tamaris@vis-hoteli.hr
✉ Obala Sv. Jurja 30
TEL（021）711350　　FAX（021）711740
S A/C 🚿 ➡️ 270~490Kn
W A/C 🚿 ➡️ 390~780Kn
C/C A M V

---

# 维斯的餐馆
## *Restaurant*

### 佩卡拉·科尔杰拉
*Pekara Kolđeraj*

◆ 面包房兼咖啡馆。主要出售现烤面包和咖啡。夏季时会有一种叫作 Viška Poača 的当地特色面包出售，价格是25Kn。

咖啡馆　　　　　　Map p.177-A

✉ Ante Stračevića 2
☀ 夏季　　6:00~23:00
　　冬季　　6:00~21:00
🈶 无休
C/C 不可

179

科尔丘拉

萨格勒布

科尔丘拉 ★

# 科尔丘拉 *Korčula*

Map 文前 p.8-B3

位于半岛顶端的科尔丘拉老城区

托米斯拉夫国王广场为老城区的入口

■前往科尔丘拉的方法

🚢除了科尔丘拉,位于科尔丘拉半岛西侧的港口城市韦拉卢卡(Vela Luka)也有船只开行。根据船只出发时间,在韦拉卢卡与科尔丘拉之间有巴士开行。用时约1小时,45Kn。

与斯普利特与赫瓦尔之间的快艇停靠于老城区的西侧及东侧,根据天气状况(风浪)及交通状况而变。从科尔丘拉出发时,应在开船1小时前向船务公司确认出发地点。

●从萨格勒布出发

🚌1天1班,用时约11小时,273Kn。

●从斯普利特出发

🚢1天1~5班,用时2小时30分钟~3小时,60-150Kn。此外,至韦拉卢卡1天2-3班,用时2小时30-45分钟,45-65Kn。

●从赫瓦尔出发

🚢1天1~4班,用时约1小时10~35分钟,40~70Kn。此外,每天有一班从赫瓦尔至韦拉卢卡的船,用时55分钟,35-40Kn。

●从杜布罗夫尼克出发

🚌1天1~3班,用时3小时30分钟,101~130Kn。

🚢Jadrolinija公司6~9月期间1天1班,用时2小时,130Kn。Krilo公司4月中旬~10月期间每周4~14班,用时1小时45分钟,130Kn。G & V Line公司的G & V Line 7月~9月上旬期间每周4班,用时2小时35分钟,120Kn。

■科尔丘拉的 ❶

Map p.181-A1

✉Obala Dr. Franje Tuđmana 4

☎(020) 715701

🔗www.visitkorcula.eu

🕐5月中旬~9月 8:00~20:00

4~5月中旬、10月
　　　　　　　　8:00~15:00

11月~次年3月
　　　　　　　　8:00~14:00

🚫11月~次年3月的周六、周日、法定节假日

■科尔丘拉的旅行社

●Atlas Korčula Map p. 181-A2

Trg 19 Travnija bb

🕐5~9月 8:00~21:00

4、10月 8:00~20:00

🚫11月~次年4月上旬

可以介绍民宿。

科尔丘拉位于佩列沙茨半岛旁,保存着富有特色的传统文化,有完善的度假设施,很受游客欢迎。这座岛屿位于斯普利特与杜布罗夫尼克的中间点,距离赫瓦尔岛及姆列特岛也很近。当地有很多可以当天往返的旅游项目,所以很适合作为旅游据点。具有代表性的城市是与岛同名的科尔丘拉。老城区街道长度不足200米,但保存着许多古建筑,是一座非常美丽的城市。

## 科尔丘拉 漫 步

科尔丘拉的巴士总站位于老城区以南200米处。沿路北上,可以看到右侧的港口,很快就能到达托米斯拉夫国王广场(Trg kralja Tomislava)。银行、邮局、超市、旅行社都集中在该广场。穿过城门后直行,可以到达圣马可广场(Trg sv. Marka),那里是老城区的中心。广场建有圣马可大教堂及科尔丘拉博物馆,马可·波罗塔也在附近。❶位于老城区西面海边一侧,紧邻科尔丘拉酒店。

科尔丘拉

老城区

科尔丘拉老城区 p.181

巴士总站

Šetalište Frana Kršinića

科萨可酒店
Korsal

马可·波罗酒店
Marko Polo

Liburna

Park

0　　　200m

N

## 马可·波罗博物馆
## Muzej Marka Pola

**Map p.181-B2**

Marco Polo Museum

众所周知,《东方见闻录》的作者、13 世纪的旅行家马可·波罗原为一个威尼斯商人,科尔丘拉人认为,马可·波罗出生在科尔丘拉,之后迁移到威尼斯。

了解马可·波罗的旅程

这家博物馆通过人像、影像等手段再现了马可·波罗长达 24 年的旅行生活,参观者可以听着语音导览的解说在馆内参观（约 30 分钟）。

## 马可·波罗塔
**Kuća Marka Pola** **Map p.181-B1**

Tower of Marko Polo

马可·波罗塔位于老城区一角,从塔上可以俯瞰全城。虽然无法断定真假,但是传说这里就是马可·波罗出生的地方。内有绘画、地图等与马可·波罗有关的展品。

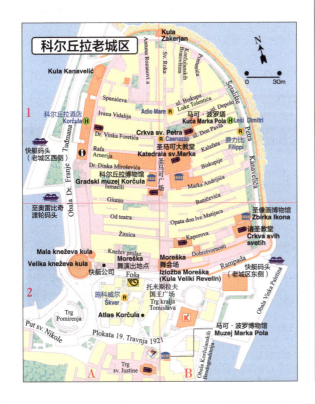

科尔丘拉老城区

Kula Zakerjan
Kula Kanavelić
Sv. Roka
Antuna Rozanovi'a
Korčulanskih Bratovština
Pomorska
Sebastijan

Spanićeva
Adio Mare R
ul. Biskupa Luke Tolentića
Ivana Vidalija
马可·波罗塔
ul. Depolo
科尔丘拉酒店 Korčula H
Kuća Marka Pola
Leši Dimitri
Dr. Vinka Foretića
**Crkva sv. Petra**
R Caenazzo
ul. Don Pavla
费力比 Filippi
Rafa Amerija
圣马可大教堂 **Katedrala sv.Marka**
Kalafata
Petra
快艇码头（老城区西侧）
Dr. Dinka Miroševića
Ismaelli
Biskupije
科尔丘拉博物馆 **Gradski muzej Korčula**
马可波罗广场
Marka Andrijića
Kanavelića
Giunio
Banićevića
至奥雷比奇渡轮码头
Od teatra
Opata don Ive Matijaca
圣像画博物馆 **Zbirka Ikona**
Žitnica
Kaporova
诸圣教堂 **Crkva svih svetih**
Mala kneževa kula
Kneževi prolaz
**Moreška** 舞演出地点
Dobrotvornosti
Rampada
Velika kneževa kula
**Moreška** 舞会场 **Izložba Moreška (Kula Veliki Revelin)**
快艇码头（老城区东侧）
快艇公司
Foša
托米斯拉夫国王广场 Trg kralja Tomislava
Obala Vinka Paletina
施科威尔 **Škver**
R
Trg Pomirenja
**Atlas Korčula** ●
K
马可·波罗博物馆 **Muzej Marka Pola**
Put sv. Nikole
Plokata 19. Travnja 1921
Obala Korčulanskih Brodogradilišta
Trg sv. Justine

Obala Dr. Franje Tuđmana

N
0          30m

A          B

---

■ 马可·波罗博物馆
✉ Plokata 19. Travnja 1921.33
🕐 5 月、10 月 ~11 月上旬
　　　　　　　 11:00~18:00
　 6~9 月　　 9:30~21:00
🚫 11 月上旬 ~ 次年 4 月
💰 60Kn　学生 50Kn
📷 可　📹 可

1 层是出售与马可·波罗相关商品的店铺

■ 马可·波罗塔
✉ Depolo
🕐 7、8 月　　 9:00~21:00
　 6、9 月　　 9:00~19:00
🚫 10 月 ~ 次年 5 月
💰 20Kn
📷 可　📹 可

视线很好的马可·波罗塔

■ Moreška 舞会场
Map p.181-B2
✉ Trg kralja Tomislava
🕐 7、8 月　　 9:00~21:00
　 5、6、9 月　 9:00~15:00
🚫 9 月中旬 ~ 次年 5 月中旬
💰 20Kn

在老城区入口处的维里奇·莱维林塔,会举行科尔丘拉传统舞蹈 Moreška 舞的演出。会场内还有服装展示及照片展板。

在塔上俯瞰全城

## 圣马可大教堂

**■圣马可大教堂**
⊠ Trg sv. Marka
🕐 夏季　　　　8:00~19:30
　　春、秋　　　9:00~18:00
🚫 周日、11 月~次年 4 月
💰 15Kn　📷 可　🎥 不可
●珍宝馆
🕐 5~9 月　　　9:00~19:00
　　10 月　　　9:00~17:00
🚫 周日、11 月~次年 4 月
💰 25Kn
📷 不可
※ 如果先参观珍宝馆，之后
可免费参观大教堂

**■诸圣教堂与圣像画博物馆**
⊠ Trg svih svetih
🕐 5、9、10 月　10:00~13:00
　　6~8 月　　　9:00~14:00
🚫 周日、11 月~次年 4 月
💰 25Kn
📷 可
🎥 不可

**■科尔丘拉博物馆**
⊠ Trg sv. Marka bb
📞 (020) 711420
🕐 7~9 月　　　10:00~21:00
　　10 月~次年 6 月
　　　　　　　10:00~14:00
🚫 周日、10 月~次年 6 月
的周六、11~3 月
💰 20Kn
📷 可
🎥 可

**前往奥雷比奇的方法**
🚢 科尔丘拉的 ⓘ 附近有
小型渡轮，每天 2~7 班（夏
季 1 小时 1 班），用时约 20
分钟，12~15Kn。

## 圣马可大教堂　Katedrala sv. Marka　Map p.181-B1
St. Mark's Cathedral

位于老城区中心地带

位于圣马可广场，是当地的标志性建筑。大教堂建于 15 世纪，有意大利人及科尔丘拉岛的石匠创作的装饰，观赏性很高。特别要仔细观赏一下正面的花窗玻璃、斜屋顶、大门处的狮子像以及亚当、夏娃像。大教堂内有文艺复兴时期威尼斯画派巨匠丁托列托创作的两幅宗教画。另外，教堂旁边的珍宝馆（Opatska Riznica）展有教堂的藏品。还可以登上塔楼。

## 诸圣教堂　Crkva svih svetih　Map p.181-B2
All Saint Church

位于老城区东南角，与对面的圣像画博物馆（Zbirka Ikona）在 2 层处相连。入口位于圣像画博物馆一侧。圣像画博物馆内展有创作于 14~16 世纪的珍贵圣像画，教堂内有哀悼基督像以及大型屋顶壁画，非常值得一看。

## 科尔丘拉博物馆　Gradski muzej Korčula　Map p.181-A1
Korčula City Museum

博物馆所在建筑原为建于 16 世纪的文艺复兴式宫殿。建筑共有 4 层，馆内介绍石艺、造船等科尔丘拉当地的产业并展出 19 世纪时的各种生活用品。

## 科尔丘拉　短途旅行

## 奥雷比奇　Orebić　Map 文前 p.8-B3
Orebić

从科尔丘拉乘船，15 分钟就能到达佩列沙茨海峡对岸的奥雷比奇。城市的东部有美丽的海滩，可以花 3 小时到伊利亚山健走，从科尔丘拉出发可以当天往返。

## Information　Moreska

Moreška 是当地的传统舞蹈，舞者分成两组，双手持剑展示舞姿。这种舞蹈原来常见于西班牙、科西嘉岛等地中海沿岸地区，现在仅能在科尔丘拉见到。舞蹈表现的故事讲述了黑色的伊斯兰教国王（身着黑衣）拐走了白色的基督教国王（身着白衣）的未婚妻。双方率军交战，经过 7 个回合的战斗，最终白色国王获得胜利，夺回了自己的未婚妻。按照当地的习俗，原来只在每年 7 月 29 日表演一次。现在基本上是从 6 月到 9 月每周表演一到两次。可在旅行社及酒店购票。

◆ Moreška
🕐 6 月中旬~下旬·9 月的周四 7·8 月的周一·周四（每年时间安排会有所变动，应事先确认）21:00~　💰 100Kn

Moreška 舞

# 科尔丘拉的酒店
## *Hotel*

科尔丘拉中心城区酒店的数量较少，大型度假酒店大多汇集在城区西南约 1 公里处的区域。老城区中有不少家庭旅馆。

## 马可·波罗酒店
### *Hotel Marko Polo* ★★★★

◆ 设施齐全的酒店，有室内、室外泳池、健身房等设施。客房内设备略显简单。10 月下旬至 3 月下旬期间不营业。

📶 全馆　EV 有

| 高档　客房数: 103 | Map p.180 |
| --- | --- |

URL www.korcula-hotels.com
email recepcija-markopolo@korcula-hotels.com
✉ Šetalište Frana Kršinića 102
S A/C 📺 ➡ 🍴 600~1062Kn
W A/C 📺 ➡ 🍴 850~1856Kn
C/C A D M V

## 科萨尔酒店
### *Hotel Korsal* ★★★★

◆ 酒店面朝大海，从巴士中心徒步约需 5 分钟。从客房就可以欣赏到美丽的海景。酒店内并设可以提供传统达尔马提亚菜肴的餐馆。10 月中旬至次年 4 月不营业。

📶 全馆　EV 无

| 高档　客房数: 21 | Map p.180 |
| --- | --- |

URL www.hotel-korsal.com
email info@hotel-korsal.com
✉ Šetalište Frana Kršinića 80
TEL (020) 715722　FAX (020) 715723
S A/C 📺 ➡ 🍴 € 115~163
W A/C 📺 ➡ 🍴 € 168~350
C/C A D M V

## 科尔丘拉酒店
### *Korčula De La Ville Hotel* ★★★

◆ 酒店所在的建筑是一栋建于 1912 年的 3 层小楼。2 层的客房比 3 层的客房价格贵 20%。酒店内并设餐馆。虽然是全年营业，但是会因装修而临时停业。

📶 全馆　EV 无

| 高档　客房数: 21 | Map p.181-A1 |
| --- | --- |

URL www.korcula-hotels.com
email recepcija-korcula@korcula-hotels.com
✉ Obala Dr. Franje Tuđmana 5
TEL (020) 726900
S A/C 📺 ➡ 🍴 953~2552Kn
W A/C 📺 ➡ 🍴 1276~3192Kn
C/C A D M V

# 科尔丘拉的餐馆
## *Restaurant*

## 费力比
### *Filippi*

◆ 餐馆提供使用当地所产的有机食材烹制而成的高品质达尔马提亚菜肴。自制意面是 140Kn，主菜的价格是 220Kn 左右。服务费 15Kn。

| 创意乡土菜 | Map p.181-B1 |
| --- | --- |

URL www.restaurantfilippi.com
email info@restaurantfilippi.com
✉ Šetalište Petra Kanavelića
TEL (020) 711690
🕐 9:00~24:00　休 11 月~次年 3 月
C/C A D M V

## 施科威尔
### *Konoba Škver*

◆ 位于托米斯拉夫国王广场入口处的人气店铺。自制的空心粉 70Kn，11:00~15:00 是午餐时间，80Kn。餐馆内备有科尔丘拉产的葡萄酒。

| 克罗地亚菜 | Map p.181-A2 |
| --- | --- |

✉ Plokata 4
TEL (020) 716524
🕐 夏季　8:00~24:00
　　冬季　8:00~21:00
休 冬季的周日、法定节假日
C/C M V

## Dalmacija

姆列特
国家公园

萨格勒布

公园内可以租借皮划艇

■前往姆列特国家公园的交通方法

最高效的方法是从杜布罗夫尼克或者科尔丘拉，跟团参加一日游。

●从杜布罗夫尼克出发

经由位于姆列特岛东部的 Sobra，连接到西北部的波拉丘（Polače）之间的快船 G&V Line，夏季期间每天 1 班，所需时间 1 小时 40 分钟，70Kn。

■姆列特国家公园

TEL（020）744041

URL np-mljet.hr

休 无休

费 10 月~次年 5 月
  70Kn 学生 50Kn
6~9 月
  100Kn 学生 70Kn

# 姆列特国家公园
## *Nacionalni park Mljet*

Map 文前 p.9-C3

被茂密植被环抱的姆列特国家公园

姆列特岛位于杜布罗夫尼克以西 30 公里，科尔丘拉岛东南方约 20 公里处。这座岛被认为是荷马史诗《奥德赛》中奥德修斯在漂流了 10 年的返回故乡之旅中，生活了 7 年的"卡吕普索岛（Calypso）"。这是一个长满了地中海松的绿色岛屿，岛西侧占全岛约 1/3 面积的区域被指定为国家公园。

**姆列特国家公园** 漫 步

姆列特国家公园的起点是位于姆列特到西端的波门纳（Pomena）和波拉丘。无论从哪边进入公园，距离人气景点马洛湖（Malo jezero）和维利克湖（Veliko jezero）都有数公里远。浮于维利克湖上的小岛内还残留有建于 15 世纪的本笃会修道院（Benediktinski samostan）。

姆列特国家公园

至特罗斯托尼克　Moračnik　至索普拉、杜布罗夫尼克

Glavat　Tajnik　Kobrava　Kozarica

Pomeštak　Skjerica　波拉丘 Polače　Tatnica　Blatina

波门纳 Pomena　玛丽·莫斯特 Mali most　戈韦达里 Govedari　392 Planjak　Ivanje Polje

马洛湖 Malo jezero　Babine Kuće　Korubica 347

维利克湖 Veliko jezero　Pristanište　Soline　Utmji školj

本笃会修道院 Benediktinski samostan

A　B

# 斯通 *Ston*

Map 文前 p.9-C3

被长而高的城墙环绕的斯通城

斯通位于杜布罗夫尼克西北 35 公里处，佩列沙茨半岛的根部。这座小城因与相邻的马里通（Mali Ston）之间有一道长而高的城墙相连而闻名。这座长城墙仅次于英国的哈德良长城，是欧洲第二长的城墙。城墙的保存状态良好，沿着山脊延绵不断。

斯通产的生蚝乃世间绝品

■ **前往斯通的交通方法**

连接科尔丘拉岛和杜布罗夫尼克之间的巴士会经过斯通。如果有空余的座位可以上车，但是夏季旅游旺季的时候基本上不可能有座位。斯通城区距离连接杜布罗夫尼克与斯普利特之间的主干道约有 6 公里。

● **从杜布罗夫尼克出发**

9:00（只限周日）、10:45（周日停运）、14:15（周日停运）、15:00、15:15、20:30 发车。所需时间约 1 小时 10 分钟，40~62Kn。返程时间是 5:20、6:30（周日停运）、8:35（周日停运）、12:00（周日停运）、19:00。

■ **斯通的** ℹ️　Map p.185-2

✉️ Pelješki put 1
☎️&FAX（020）754452
🔗 www.ston.hr
🕐 夏季　　8:00~19:00
　　冬季　　8:00~14:00
　（根据日期会有变动）
❌ 冬季的周六·周日

■ **城墙**　Map p.185-1~2

🕐 夏季　　9:00~19:30
　　冬季　　9:00~15:00
　（根据日期会有变动）
❌ 无休
💰 70Kn（包含大要塞的门票）

■ **斯通的生蚝**

马里通是生蚝的主要产地。从杜布罗夫尼克乘坐巴士前来此地，沿途可以看到右侧的海域中饲养着生蚝。水面会根据海水的深度、当天日光照射的强度等发生各种色泽变化，十分美丽。除了生蚝之外，还有捕捞上来的各式各样的海产品。

马里通除了生蚝养殖基地之外，还养殖贝类

## 地图（斯通 / 马里通）

奥斯特雷酒店　Ostrea Ⓗ
克朗别墅　Vila Koruna Ⓗ
Donja
Gornja
Obala
**马里通**
**Mali Ston**
城墙入口
至杜布罗夫尼克
1
（修复中）
圣巴特鲁姆要塞　Sv. Bartolomeo
Pelješki put
（修复中）
斯托维西要塞　Stovši
明切达要塞　Minčeta
索戈餐馆　Sorgo Ⓡ
圣尼古拉教堂　Crkva sv. Nikola
城墙入口
Široka
od Malog Stona
2
拉皮塔里安　Rapidarij
圣弗拉霍教堂　Crkva sv. Vlaho
大要塞　Veliki Kaštio Ⓚ
**斯通**
**Ston**
盐田入口
Pelješki put
盐田
N
**斯通**
0　　　300m

盐田生产的盐可以作为伴手礼

■盐田 Map p.185-2
✉ Pelješki put 1
☎ (020) 754017
URL www.solanaston.hr
email info@solanaston.hr
🕐 6~9月　　　　8:00~20:00
　10月~次年5月
　　　　　　　8:00~17:00
🈴 无休
💴 15Kn, 带导游 22.50Kn

　　可以从杜布罗夫尼克出发来这里一日游。巴士会先在马里通停车，然后再到达斯通。这两座小城相隔1公里，中间只有一条道路相连。此外也可以通过城墙在两座小城之间徒步穿行，沿途可以眺望两座小城的风景。

　　围绕着斯通修建的城墙，是14世纪至16世纪期间建造的。当时这片土地归拉古萨共和国（杜布罗夫尼克）所有，是连接大陆和佩列沙茨半岛的军事要塞，而且这里还有盐田（Solane），在当时盐是贵重的出口商品。至今这里还采用与中世纪相同的制盐方法制盐，除了可以通过视频了解，还可以参加盐田观光团，在导游的带领下参观学习（需要付费）。

## 斯通的酒店
### Hotel

　　斯通没有酒店，马里通有3家酒店。家庭旅馆等个人经营的住宿设施在斯通和马里通都有不少家。

### 奥斯特雷酒店
### Hotel Ostrea

◆在马里通的3家酒店中，这家是首屈一指的，由古老的克拉里家族经营。客房共分为3种形式。一层是餐馆。

🛜全馆　EV无

★★★

中档　客房数：14　　Map p.185-1
URL www.ostrea.hr
email ostrea.info@ostrea.hr
✉ Mali Ston
☎ (020) 754555　FAX (020) 754575
S A/C 🛁📺📶💳 430~690Kn
W A/C 🛁📺📶💳 550~890Kn
C/C A D J M V

### 克朗别墅
### Vila Koruna

◆面朝大海而建的小型酒店。一层是餐馆，使用当地海域打捞的海鲜烹制的菜肴十分美味，深受当地人的喜爱，尤其是新鲜的生蚝。

🛜全馆　EV无

★★★

中档　客房数：6　　Map p.185-1
URL vila-koruna.hr
email vila-koruna@du.t-com.hr
✉ Mali Ston
☎ (020) 754999　FAX 无
S A/C 🛁📺📶💳 500Kn
W A/C 🛁📺📶💳 660Kn
C/C A D M V

## 斯通的餐馆
### Restaurant

### 索戈餐馆
### Restaurant Sorgo

◆以拉古萨共和国的贵族索戈家族的名字冠名的餐馆。菜品以海鲜为重点，此外还有肉类菜肴和意面等。主菜的价格在59~159Kn。

多国菜　　　　　　Map p.185-2
✉ Široka bb
☎ (020) 754666
🕐 8:00~23:00
　（夏季会延长）
🈴 无休
C/C A D M V

# 杜布罗夫尼克 *Dubrovnik*

"亚得里亚海的明珠"

Map 文前 p.9-C4

萨格勒布●

杜布罗夫尼克 ★

亚得里亚海与老城区的景色

老城区的灯光夜景也很美

杜布罗夫尼克被誉为"亚得里亚海的明珠",是克罗地亚旅游的一大亮点。老城区的房屋均为橙色屋顶,四周由高大的城墙环绕,从任何角度看上去都像是一幅美丽的图画。

杜布罗夫尼克无疑是一座富有魅力的美丽城市,但在过去也曾多次历经磨难。最大的一次是 1667 年的大地震,市中心的普拉恰大街两边的建筑除斯蓬扎宫以外全部化为废墟。另外,在 1991 年 10 月 1 日,杜布罗夫尼克被南斯拉夫人民军攻击,城市也遭到严重的破坏。当时,破坏程度严重到这座城市被列入"濒危世界遗产名录"。之后经过大力修复,1994 年被从该名录去除。2010 年,斯尔第山的缆车也重新开通,现在基本上已经看不到战争的痕迹。因为经历了这些苦难,杜布罗夫尼克人对自己的家乡更加热爱。来此旅游,要仔细看一看这座经过当地人的不懈努力而得以重生的城市。

人流不断的普拉恰大街

## ■前往杜布罗夫尼克的方法

✈ 有从萨格勒布起飞的航班。

🚌 除了克罗地亚各地,从黑山共和国的科托尔、新海尔采格以及波黑共和国的萨拉热窝、莫斯塔尔等地也有航班前往此地。从斯普利特方面前往杜布罗夫尼克时,要途经波黑共和国的涅姆,需要带好护照。

🚢 与意大利的巴里之间有渡轮开行。

● 从萨格勒布出发

✈ 1 天 3~4 班,用时约 1 小时。

🚌 6:00~23:55 期间 1 天 8 班,用时 8 小时 15 分钟~12 小时 30 分钟,209~231Kn。

▲ 从扎达尔出发

🚌 1 天 6~7 班,用时约 8 小时,180~208Kn。

● 从斯普利特出发

✈ 周二、周四的 12:20,用时约 1 小时。

🚌 1~2 小时 1 班,用时 4 小时 30 分钟~5 小时,130Kn。

▲ 从马卡尔斯卡出发

🚌 2~3 小时 1 班,用时 3 小时~3 小时 30 分钟,87~106Kn。

● 从科尔丘拉出发

🚌 1 天 1~3 班,用时约 3 小时 30 分钟,101~130Kn。

🚢 Jadrolinija 公司、Krilo 公司、G & V Line 公司 G & V Line 4~9 月期间共计 1 天 1~4 班,10 月 Krilo 公司周一、周三、周六的 10:00 出发。用时 1 小时 45 分钟~2 小时 35 分钟,90~130Kn。

● 从斯通出发

🚌 15 路近郊巴士 5:20、6:30(周日停运)、8:35(周日停运)、12:00(周日停运)、19:00 发车,用时约 1 小时 10 分钟,40Kn。

世界遗产

杜布罗夫尼克老城区

Stari grad Dubrovnik

1979 年、1994 年列入名录

A

巴宾库克
Babin Kuk

Ivana Zajca

Argosy Park   Varamar Club

Dubrovnik
President        Tirena

Varamar Lacroma Resort

V. Lisinskog

Iva Dulčića

1        Ariston

More        Kardinala Stepinca

Primorska

Kliševska

卡兹别克
精品酒店
Kazbek

寿
Shizuku

Zagreb

Dalmatinska

Luka Gruž
格鲁兹港

长途巴士中心

B

Sol Hostel

派特卡酒店
Petka

出租车
乘车地

格鲁兹
Gruž

古洛里耶特
Glorijet

Andrije Hebranga

Lepad

施卡尔酒庄
Škar Winery

Grand Hotel Park

Splendid      Vis

Komodor

Masarykov put
亚得里亚绿克酒店
Adriatic

Ispod Petke

拉帕德
Lapad

Pantarul

Od. Batale
Od. Sv. Mihajla

Iva Vojnovića

Nikole Tesle

Dr. V.Mačeka

bana Josipa Jelačića

Pur Republike

Kneza Branimira

Od. Montovjerne

杜布罗夫尼克宫殿酒店
Dubrovnik Palace

2

Dr. Ante Šerceta

医院

Liechtensteinov put

Od Gorica

Josipa Kosora

Gorica

Iva Vojnovića

Lero

翁拉拉丁斯基旅馆
Omladinski Hostel

布里维布布罗夫尼克酒店
Bellevue

Libertas

Sv. Vlaha

Dr. Ante Starst.

长途巴士中心

Dubrovnik President

Iva Dulčića

Kardinala Stepinca

格鲁兹港

Andrije Hebranga

Jadranska cesta

Od Batale

Ispod Petke

Komodor

Dubrovnik
Palace

Lero

医院

Bellevue

Dr. Ante
Starčevića

Liechtensteinov put

派勒门

老城区

登山缆车站

Frana Supila

Grand Villa
Argentina

杜布罗夫尼克市内巴士线路

**赛德山山顶周边**

0       100m

N

C

战争纪念馆
Muzej Domovinskog rata

全景餐馆
Panorama   R

S 纪念品商店

登山路

登山缆车

拿破仑赠送的
十字架
（观景点）

至老城区

至老城区

扩大地图p.189右上

赛德山
Srđ

登山路入口

Jadranska cesta

Gornji Kono

Od Gaja

Andrije Hebranga

Šimira Nazora

Pera Bakića

尼诺沃
oninovo

Zagrebačka

Jadranska cesta

艺术作坊
（林乔表演会场）
Lazareti

Brune Bušića

Petra Krešimira IV

希尔顿帝国酒店
Hilton Imperial

奥尔罕餐馆
Orhan

罗维里耶纳克要塞
Tvrđava Lovrijenac

老城区
Stari Grad

怡东水疗酒店
Excelsior

Frana Supila

Grand Villa Argentina

Villa Dubrovnik   H

扩大图p.190-191

2

透里通的十字架
Tritonoc Križ

拉扎里提
Lazaret

皇家岩
Utvrda Royal

Rajski put

0       1km

洛克鲁姆岛
Lokrum

3

从老城区发船
小游轮的航线
（45分钟航程线路）

植物园
Botanički vrt

森林管理办公室
Lugarova Kuća

乘船码头

受胎告知教堂
crkvica Navještenja

波鲁托克湾
Uvala Portoc

修道院遗址
Samostanski Kompleks

玛克西米利安的庭园
Maksimilijanovi vrtovi

死海
Matvo More

夏尔洛特之井
Šarlotin zdena

**杜布罗夫尼克**

N

C

D

可以拍摄到
老城区、洛克鲁姆岛
的摄影点

明阙堡垒
Tvrđava Minčeta

Sv. Barbara

上乌高塔
Kula Gornji ugao

Sv. Lucija

Angelina

普利耶科宫殿酒店
Prijeko Palace

美杜
Medus

马拉·布拉奇药局
Ljekarna Mala Braća

尼施塔
Nishta

Prijeko

方济各会修道院
Franjevački samostan

斯塔里格勒
酒店
Stari Grad

Palmotićeva

Antuninska

Naljeskovića

Kunićeva

普拉恰大道 Placa

施克拉快餐店
Buffet Škola

多尔切·维塔
Dolce Vita

C Medovića

Od Sigurate

市内巴士站
（3A、4、5、6路等）

机场巴士（下车点）

出租车站

城墙游步道
入口

欧诺弗利欧喷泉
Velika Onofrijeva
fontana

普洛特
Proto

AQUA Maritime

派勒门
Gradska
vrata Pile

城墙上的游步道
售票处

冰激凌屋

纳乌提卡餐馆
Nautika

市内巴士站
（1A、1B、2、3、
7、9、17路等）

Garište

Zlatarićeva

Getaldića

Čubranovićeva

Đorđićeva

Od Puća

Široka

塞尔维亚东正教教堂
Srpska pravoslavna
crkva

圣像博
Muzej I

Samostan
sv. Klare

Za Rokom

玛丽娜·朵尔吉其故居
Dom Marina Držića

Dom M. Držića

塔吉马哈尔
Taj Mahal

波克尔要塞
Tvrđava Bokar

从民族博物馆的
3层拍照，可以将城墙
和赛德山拍得很美

多米诺牛排店
Domino

Od Domina

Od Rupa

民族博物馆
Etnografski muzej

Od Domina

Nikole Božidarevića

Strossmayerova

Od Kaštela

Sv. Marije

Zvijezdićeva

Sv. Šimuna

Od Kaštela

- - - - 环城墙线路

摄影点

Sv. Petar

1

2

3

A

B

缆车
Žičara Dubrovnik

雷瓦林要塞
Tvrđava Revelin

出租车站

普洛切门
Vrata od Ploča

Vid

Sv. Jakov

布杰门
Vrata od Buže

Grada

城墙游步道入口
（售票处）

多明尼加修道院
Dominikanski samostan

圣鲁卡要塞
Tvrđava sv. Luke

Ragusa2

巴占
Bačan

Crkva
sv. Nikole

犹太教博物馆
Židovski muzej

斯蓬扎宫
Palača Sponza

厕所

去往洛克鲁姆岛、
兹瓦特方向的船码头

Zamanjina

Boškovićeva

Židioska

Dundo Maroje

冰激凌屋

旧港
Stara luka

Kraš

Algebra

普拉恰大道 Placa

鲁杰广场
Trg Luža

奥兰多石柱
Orlandov stup

欧诺弗利欧小喷泉
Mala Onofrijeva
fontana

玻璃底船、巡游周边的
小船等的船坞

u Palača

圣布拉赫教堂
Crkva sv. Vlaha

武器库
Arsenal

从城墙上可以
将旧港拍摄得
更加美丽

Cvijete Zuzović

售卖各种纪念品，
例如薰衣草、
无花果干、
手工制品等

圣伊凡娜要塞
Tvrđava sv. Ivana

卢汉达佩什卡利亚
Lokanda Peškarija

海洋博物馆
Pomorski muzej

普谢客宫殿酒店
Pucić Palace

露天市场
Gundulićeva
poljana

总督府
Knežev dvor

庞蒂门
Vrata od Ponta

水族馆
Akvarij

城墙游步道
入口

Kamenice

Poljana
Marina Držića

Uska

M Kaboge

Dinka Ranjine

Uz Jezuite

圣母升天大教堂
Katedrala
Uznesenja
Marijna

Restićeva

Đura Baljavi

Braće Andrijića

Bandureva

科罗塞姆
Koloseum

Sv. Spasitelj

kneza Hrvaša

Ilije Sarake

圣伊纳爵教堂
Crkva sv. Ignacija

N

Sv. Stjepan

杜布罗夫尼克老城区

Od Margarite

Buža

Sv. Margarita

0        100m

C

D

■杜布罗夫尼克国际机场
☎(020)773100
URL www.airport-dubrovnik.hr

机场巴士不对号入座

■渡轮公司 Jadrolinija
Map p.188-B1
✉ StjepanaRadića 40
☎(020)418000
URL www.jadrolinija.hr
📅 夏季              8:00~22:00
   冬季
   周一、周五
                 8:00~16:30、
                 19:00~20:00
   周二~周四、周六
                 8:00~16:30
                 19:00~20:00
   周日           8:30~9:30、
                 17:30~18:30
（根据渡轮的开行时间而定）
📅 无休

■杜布罗夫尼克卡
　　有适合游客使用的杜布罗夫尼克卡，可享受多种优惠。凭此卡在有效期内可免费参观城墙、总督府、海洋博物馆、民族博物馆等（但均限1次）。乘坐公共交通工具时，1日卡可无限次乘车，3日卡可乘车6次，1周卡可乘车10次。可在 ❶、酒店、旅行社购买。

💰 1日卡　　　200Kn
　　3日卡　　　250Kn
　　1周卡　　　350Kn
※网上购卡可享9折优惠
URL www.dubrovnikcard.com

## 📶 到达杜布罗夫尼克后前往市内

### 乘坐飞机到达

　　杜布罗夫尼克国际机场距离杜布罗夫尼克老城区24公里。从机场到市内可乘坐机场巴士，根据飞机到达时间发车，经由派勒门开往长途巴士总站。用时约30分钟，票价40Kn。长途巴士总站发往机场的巴士也根据航班时间发车，经由老城区北部（缆车站附近）开往机场。可在长途巴士总站的售票窗口及派勒门的 ❶ 处查看详细时刻表。

### 乘坐巴士到达

　　长途巴士总站位于老城区西北约2.5公里处。车站内有ATM及巴士问询处。❶ 不在车站内，而位于徒步8~10分钟可至的格鲁兹港附近。开往老城区及拉帕德（Lapad）的市内巴士乘车处位于总站外，去往老城区可乘坐1A、1B、3路巴士，去往拉帕德地区可乘坐7路巴士，略微绕远。

### 乘坐船舶到达

　　开行于杜布罗夫尼克与其他城市之间的船只停靠在长途巴士总站东南300米处的格鲁兹港以及位于老城区的旧港。走出格鲁兹港，有市内巴士车站，❶ 及旅行社也在附近。

## 📶 杜布罗夫尼克的市内交通

　　可乘坐市内巴士前往杜布罗夫尼克老城区、大型酒店集中区域、长途巴士总站以及格鲁兹港。老城区的派勒门前面有开往各地的市内巴士。

　　杜布罗夫尼克共有10条线路的市内巴士开行。各条线路的市内巴士发车频度不一，1A、1B、4、6、8路的乘客较多，10~30分钟1班。在售货亭购票，票价为12Kn，上车后购票，票价为15Kn。1日通票30Kn。

　　市内巴士只有前方一个车门。未购票的乘客，可从司机处购票，已经购票的乘客，应将车票插入驾驶座位旁边的自动检票机检票。车票的有效期为1小时，1小时之内可换乘。但是，换乘另外的巴士时，需要再次插入车票检票。

乘坐市内巴士时应先在自动检票机上检票

## 杜布罗夫尼克　漫 步

　　几乎所有景点都位于老城内。进入老城区的城门有3座，西边的派勒门（Gradska vrata Pile）、北边的布杰门（Vrata od Buže）、东边的普洛切门（Vrata od Ploča）。派勒门附近有市内巴士车站及 ❶，是老城区的正门。穿过派勒门，正对的就是普拉恰大道（Placa），这条街道是老城区的主街道。道路尽头是市中心的鲁杰广场（Trg Luža）。老城区的面积不算大，但当地景点多集中于此，用一整天时间就能游览完。

　　除了派勒门附近，在格鲁兹港附近及拉帕德地区也有 ❶。

## 城墙

**Gradske zidine** **Map p.190-191**

City Wall

　　杜布罗夫尼克的城墙，周长 1940 米，最高处高达 25 米。城墙沿线建有明阔达堡垒等堡垒、瞭望塔、棱堡，都十分坚固。1667 年的大地震导致老城区大部分建筑被毁，唯独城墙得以幸存，可见城墙的坚固程度。城墙修建于杜布罗夫尼克出现不久的 8 世纪。现存建筑建于 15 世纪至 16 世纪期间。

从明阔达堡垒俯瞰老城区

　　登上城墙，可以沿步道绕城一周。入口位于派勒门旁、圣伊凡堡垒、圣卢卡堡垒。从城墙上望去，蓝色的亚得里亚海与橙色的屋顶交相辉映，景色非常美。门票包含老城区西侧的罗维里耶纳克要塞（Tvrđava Lovrijenac）。

## 普拉恰大道

**Placa** **Map p.190-B2~p.191-C2**

Placa

　　从老城区入口派勒门至市中心鲁杰广场的主街道，全长 200 米。道路两侧有银行、旅行社、商店、咖啡馆以及条条小巷。进入小巷，可以听到嘈杂的声音，让人感觉仿佛回到了古代。

贯穿老城区的普拉恰大道

　　这条道路在过去曾为水道，南侧为原来的老城区。穿过派勒门，右侧的建筑为建于 1438 年的欧诺弗利欧大喷泉（Velika Onofrijeva fontana）。可以品尝美味的天然泉水。

## 鲁杰广场

**Trg Luža** **Map p.191-C2**

Luža Square

　　鲁杰广场位于普拉恰大道东端。周边有斯蓬扎宫、圣布莱斯教堂等建筑，看上去非常华贵。广场中心立有奥兰多石柱（Orlandov stup）。传说奥兰多（罗兰）是 8 世纪时法兰克王国卡尔大帝的骑士，欧洲的自由城市大多立有象征着自由的奥兰多像。拉古萨共和国时期，石像上挂着

鲁杰广场上游客很多

杜布罗夫尼克的旗帜，但随着共和国的灭亡，旗帜也被降下。现在，在举办杜布罗夫尼克夏季节期间会升起旗帜。另外，鲁杰广场南侧的喷泉为欧诺弗利欧小喷泉（Mala Onofrijeva fontana）。建造时期与大喷泉相同。

■杜布罗夫尼克的 ❶
URL www.tzdubrovnik.hr
●派勒门
Map p.190-A2
✉ Brsalje 5
TEL（020）312011
🕐 夏季　　　　　8:00~22:00
　　冬季
　　周一~周六 8:00~19:00
　　周日　　　　9:00~15:00
🚫 无休
●格鲁兹
Map p.188-B1
✉ Obala Ivana Pavla II 1
TEL（020）417983
🕐 夏季　　　　　8:00~21:00
　　冬季　　　　　8:00~15:00
🚫 冬季的周日
●拉帕德
Map p.188-A1
✉ Masarykov put 2,
TEL（020）437460
🕐 5~9 月
　　周一~周五 8:00~12:00、
　　　　　　　　17:00~20:00
　　周六　　　　9:00~14:00
　　10 月
　　周一~周五 9:00~16:00
　　周六　　　　9:00~14:00
🚫 11 月~次年 4 月
■城墙步道
🕐 夏季　　　　　8:00~19:30
　　冬季　　　　　9:00~15:00
　　（因季节变）
🚫 12/25
💰 150Kn　学生 50Kn
📷 可　📹 可

城墙上有多个检查站，会检查门票

方济各会修道院前面的小高台。据说登上高台后脱掉 T 恤衫就能让自己的愿望得以实现

■鲁杰广场
📷 可　📹 可

193

## 旧港
◎可 ☑可

停泊在旧港的船只

■从旧港出发的小型游船
　　每到夏季都会有许多游船从旧港出发。可供选择的乘船线路很多，较短的有用1小时左右开往洛克鲁姆岛（→p.199）的线路，较长的有用2~3小时航行至邻接城市卡弗塔特（→p.198）的线路。傍晚乘船时，乘客较多，最好在白天时提前预约。乘坐古船去往洛克卢姆岛的线路很值得推荐。

■方济各会修道院
✉ Placa 2
☎（020）321410
🕐 4~10月　9:00~18:00
　　11月~次年3月
　　　　　　9:00~14:00
🚫 12/25、1/1
💰 40Kn　学生 20Kn
◎可 ☑不可

■圣母升天大教堂
✉ Kneza Damjana Jude 1
🕐 周一~周六　8:00~17:00
　　周日　　　11:00~17:00
🚫 无休（仅珍宝馆在冬季关闭）
💰 免费珍宝馆 20Kn
◎可 ☑不可

大教堂珍宝馆内有许多珍贵文物，反映了当时的繁荣程度

---

# 旧港　　　　Stara luka　Map p.191-D2
Old Port

　　旧港是杜布罗夫尼克历史最悠久的地方。曾经有大量的贸易船只往来于这个不大的港口与世界各地之间，给杜布罗夫尼克带来了繁荣。北边有圣卢卡要塞（Tvrđava sv. Luke），南边有伊凡要塞（Tvrđava sv. Ivana），可以对港口进行有效的防御。两个码头之间的建筑是名为阿尔塞纳尔（Arsenal）的造船厂。过去曾一度形成很大的规模，现在仅存3个拱门。

开往洛克卢姆岛的游船

　　现在主要的港口功能已经转移至格鲁兹港，旧港有开往洛克卢姆岛（Lokrum）的小艇以及开往卡弗塔特（Cavtat）、埃拉菲蒂群岛（Elaphiti otoci）的游船。

# 方济各会修道院　Franjevački samostan　Map p.190-B2
Franciscan Monastery

展出过去使用过的药瓶

　　这座修道院建于14~15世纪，原来位于城墙之外，14世纪时为了避免外敌入侵而移至派勒门内现址。修道院内罗马式回廊的墙壁上描绘着安慰病人的修道士。现存建筑为1667年大地震之后重建，中庭保持着14世纪时的原貌，柱子上的雕刻非常精美。

　　修道院内有1391年开业的药店（马拉·布拉奇药局→p.203），为欧洲开业历史第三悠久的药店，现在仍在营业。另外，修道院博物馆收藏着2万多个药瓶及各种手写处方、宗教画、圣具等文物。

# 圣母升天大教堂
## Katedrala Uznesenja Marijna　Map p.191-C3
The Cathedral of Assumption of the Blessed Virgin Mary

　　矗立于鲁杰广场南面的圣母升天大教堂，据说为1192年由当时的英国国王理查德一世创建，17世纪时改建为巴洛克式建筑。

　　教堂内的珍宝馆收藏着大量珍贵文物，反映了中世纪贸易城市杜布罗夫尼克曾经的繁荣。大理石祭坛也十分精美，后边还有威尼斯画派巨匠提香绘制于16世纪的《圣母升天》。

华丽的建筑外观

## 斯蓬扎宫 | Palača Sponza | Map p.191-C2
Sponza Palace

斯蓬扎宫面对鲁杰广场，建于 1516 年，当时为贸易城市杜布罗夫尼克管理各种往来财物的场所。到了 17 世纪，此处征收关税的功能逐渐弱化，变成了学者、知识分子会集的文化沙龙。这里也是当地为数不多的在 1667 年大地震中得以幸免的建筑，杜布罗夫尼克的历史档案以及自治城市的各种审判记录都未被烧毁。现在成为保存珍贵档案的历史档案馆。

## 多明尼加修道院 | Dominikanski samostan | Map p.191-C1
Dominican Monastery

位于普洛切门（Vrata od Ploča）西边的华丽建筑。多明尼加 1228 年进入杜布罗夫尼克，15 世纪时修建了这座修道院。这座兼有罗马式、哥特式、文艺复兴式风格的修道院现为宗教艺术馆，展出制作于 11 世纪的盛放圣物的容器以及 15~16 世纪的宗教画。

*修道院内的教堂*

## 圣布拉赫教堂 | Crkva sv. Vlaha | Map p.191-C2
St. Blaise's Church

圣布拉赫是杜布罗夫尼克的守护圣人。以他的名字命名的圣布拉赫教堂位于鲁杰广场旁，属于老城区里地段最好的教堂。现在的教堂是 18 世纪时重建的巴洛克式建筑。教堂主祭坛上有银质的圣布拉赫像，手捧杜布罗夫尼克老城区的模型。这尊像制作于 15 世纪，老城区模型展示的并非现在的老城区，而是 1667 年大地震之前的杜布罗夫尼克老城区的景象。

*建筑正面屋顶上立有塑像的圣布拉赫教堂*

## 圣伊纳爵教堂 | Crkva sv. Ignacija | Map p.191-C3
Jesuit Church of St. Ignatius

建于 1699~1725 年的圣伊纳爵教堂仿罗马的圣伊纳爵教堂而建，为巴洛克式建筑，有精美的石制祭坛。祭坛之上的穹顶有西班牙画家埃塔纳·加西亚创作的湿壁画，非常值得一看。

## 塞尔维亚东正教教堂 | Map p.190-B2
Srpska pravoslavna crkva

Serbian Orthodox Church

杜布罗夫尼克自古就有塞尔维亚正教徒居住，在拉古萨共和国时期禁止在老城区内修建东正教教堂，所以这座教堂建于拉古萨共和国消亡后的 1877 年。教堂旁边是圣像博物馆（Muzej Ikona），展出创作于 15 至 19 世纪的达尔马提亚、希腊、俄国、黑山等地的圣像画。

## 总督府 | Knežev dvor | Map p.191-C2
Lactor's Palace

总督府为拉古萨共和国总督的宅邸，同时也是杜布罗夫尼克的政治

■斯蓬扎宫
✉ Trg Luža
🕐 10:00~17:00
🚫 11 月~次年 4 月
💰 25Kn 📷可 📹可

*夏季还会举办特别展*

■多明尼加修道院
✉ Sv. Dominika 4
☎ (020) 322200
🕐 夏季 9:00~18:00
　冬季 9:00~17:00
🚫 无休
💰 30Kn 学生 20Kn
📷可 📹不可

■圣布拉赫教堂
✉ Trg Luža
🕐 礼拜前后
🚫 无休 💰 免费 📷不可

*圣伊纳爵教堂的祭坛*

■圣伊纳爵教堂
✉ Poljana Ruđera Boškovića
🕐 随时 🚫 无休
💰 免费 📷不可

■塞尔维亚东正教教堂
✉ Od Puča 8
🕐 夏季 8:00~22:00
　冬季 8:00~19:00
🚫 无休 💰 免费 📷不可

■圣像博物馆
※ 曾在 2018 年 10 月闭馆过

*位于老城区的塞尔维亚东正教教堂*

柱子上的浮雕造型各异

■**总督府**
- ✉ Pred dvorom 3
- 🔗 www.dumus.hr
- 🕐 夏季　　　　8:00~18:00
　　冬季　　　　8:00~16:00
- 🚫 无休
- 💰 100Kn　学生 50Kn

■**缆车** Map p.191-C1
- 🔗 www.dubrovnikcablecar.
com
- 🕐 4、10月　　　 9:00~20:00
　　6~8月　　　 9:00~24:00
　　9月　　　　 9:00~22:00
　　5月　　　　 9:00~21:00
　　2、3、11月　 9:00~20:00
　　1、12月　　　9:00~16:00
　　每隔30分钟开行（高峰时
段每隔15分钟开行）一次
- 🚫 无休
- 💰 往返 150Kn　单程 85Kn
- ▣ 可　☑ 可

■**战争纪念馆**
Map p.189-D1
- 🕐 4、10月　　　 8:00~20:00
　　6~8月　　　 8:00~24:00
　　9月　　　　 8:00~22:00
　　5月　　　　 8:00~21:00
　　2、3、11月　 8:00~17:00
　　1、12月　　　8:00~16:00
- 🚫 无休
- 💰 30Kn　学生 15Kn
- ▣ 可　☑ 可

中心，大评议会、小评议会、元老院等机关都在这里。

与实行终身制的威尼斯共和国总督不同，拉古萨共和国总督的任期只有1个月，虽为国家元首，但基本上只是一个象征性的职位。据说任期中，只要没有什么特别的仪式，总督是不能从总督府外出的。

洛可可式房间，再现了总督府的日常生活

总督府初建于15世纪，为著名建筑师欧诺弗利欧·戴勒·采夫修建的哥特式建筑，竣工30年后，因附近的火药爆炸而受到巨大破坏，重建部分采用了文艺复兴式风格。现在的建筑兼有哥特式及文艺复兴式风格，看上去非常独特，被誉为达尔马提亚地区最富魅力的建筑。1667年大地震后，在修复重建中又加入了巴洛克式风格装饰部分。

现在，总督府已被辟为文化历史博物馆。有洛可可式房间、路易十六式房间等摆放着独特家具的房间，墙上挂着许多绘画作品，显示出拉古萨共和国曾经的富裕程度。展品丰富，除了武器、硬币，还有很多装药的瓷瓶，展示了杜布罗夫尼克历史上制药业的发达。

| 赛德山 | Srđ | Map p.189-C2 |
|---|---|---|

Srđ Mountain

从观景台远眺风景

赛德山海拔412米，可俯瞰老城区。山顶上立有据说是拿破仑赠送的白色十字架。现在的十字架为克罗地亚独立后重新树立，夜晚会开启灯光，从老城区能清楚地看到。在山顶远眺亚得里亚海及老城区，景色非常美丽。前往山顶时，可乘坐缆车。缆车山顶站有咖啡餐馆，里面挂着缆车的老照片。另外，在战争中遭到破坏的堡垒，现为战争纪念馆。

---

## Information　杜布罗夫尼克的历史

### 杜布罗夫尼克的起源

　　杜布罗夫尼克诞生于614年。当时，随着西罗马帝国的灭亡，异族不断进入原罗马帝国的领土，为了躲避战乱，原来居住在埃皮达鲁斯（现在的卡弗塔特）的人们移住至此，杜布罗夫尼克由此诞生。杜布罗夫尼克是斯拉夫语，拉丁语中称这里为拉古萨。

### 威尼斯共和国与奥斯曼帝国

　　拉古萨承认大国对自己的宗主权并纳贡，以此来维持自治。1203年开始接受威尼斯共和国的统治，1358年宗主权转移至匈牙利，由此恢复自治，成为拉古萨共和国。

　　1389年，拉古萨共和国开始向奥斯曼帝国纳贡。获得奥斯曼帝国的贸易许可，对拉古萨共和国来说具有非同一般的意义。从此其开启

了繁荣时期，一直持续至17世纪。

### 拉古萨共和国的兴盛与衰落

　　正处于兴盛时期的拉古萨共和国在1667年时遭遇大地震，导致国力开始衰落。为了防止威尼斯共和国趁乱入侵，拉古萨共和国将本属自己领上的涅姆一带割让给奥斯曼帝国，使其与威尼斯共和国之间形成一个缓冲地带。维持至今的这段国境线，其形成是大地震之后政治形势变化导致的结果。老城区在大地震后得以重建，但是没能重返过去的繁荣。拉古萨共和国在1808年臣服于拿破仑统治的法兰西帝国而灭亡。在拿破仑失败后举行的维也纳会议上，拉古萨共和国也未能实现复国，而是开始接受奥地利的统治，1918年成为南斯拉夫的领土。

# 杜布罗夫尼克的博物馆

## 海洋博物馆
### *Pomorski muzej*

◆由圣伊凡要塞改建而成,从海洋史的角度介绍杜布罗夫尼克的繁荣历史。2~3层为展区,2层介绍城市的起源、地中海贸易的繁荣直至拉古萨共和国解体,3层介绍共和国解体、工业革命与造船业恢复的历史。要塞1层为水族馆(Akvarij),规模不大。

圣伊凡要塞现为海洋博物馆

Map p.191-D2

✉ Tvrđava sv. Ivana　☎(020)323904
🔗 www.dumus.hr
🕐 夏季 9:00~18:00　冬季 9:00~16:00
休 周一　費 130Kn　学生 50Kn
(门票包含总督府、民族博物馆、玛丽娜·朵吉其故居)　📷 不可

● **水族馆**　Map p.191-D2
✉ Damajana Jude 12
🕐 4~10月　　9:00~21:00
　 11月~次年3月
　　　　　　 9:00~16:00
休 无休　費 60Kn　📷 可　📹 不可

水族馆入口

## 民族博物馆
### *Etnograhic Muzej*

◆由谷仓改建而成的博物馆。1层为售票处,2层展出农业、渔业、葡萄酒酿造、养蜂等领域的工具,3层展出民族服装、乐器、纺织品。相对于展厅空间,展品数量并不算太多。

位于山坡上,可以观赏远处的风景

Map p.190-B3

✉ Old Rupa 3
☎(020)313056
🔗 www.dumus.hr
🕐 9:00~16:00　休 周二
費 130Kn　学生 50Kn
(门票包含总督府、海洋博物馆、玛丽娜·朵吉其故居)　📷 不可

介绍杜布罗夫尼克传统的日常生活

## 玛丽娜·朵尔吉其故居
### *Dom Marina Držića*

◆玛丽娜·朵尔吉其是杜布罗夫尼克籍剧作家,其生活的年代比莎士比亚所处的时代还要早一些。由他创作的以《顿德·马洛耶》为代表的喜剧作品被誉为文艺复兴时期的喜剧巅峰,并在欧洲各地上演。这里通过影像等手段介绍了玛丽娜·朵尔吉其的生涯及作品。

Map p.190-B2

✉ Široka 7　☎(020)323296
🔗 muzej-marindrzic.eu
🕐 夏季　9:00~22:00
　 冬季　9:00~20:30
休 冬季的周一　費 130Kn　学生　50Kn
(门票包含总督府、海洋博物馆及民族博物馆)
📷 可　📹 不可

## 上乌高塔
### *Kula Gornji ugao*

◆上乌高塔紧邻明切塔要塞。登上方济各会修道院旁边的台阶向北,有篮球场,球场里侧为塔的入口处。2005年进行了考古发掘,发现此处在1667年大地震之前为一个铸造作坊。塔下有当时的遗迹,现为展厅对外开放。

Map p.190-B1

✉ Iza Grada
☎ 无
🕐 8:00~17:30
休 冬季
費 30Kn
📷 可　📹 不可

塔内的遗迹

## 犹太教博物馆
### *Židovski muzej*

◆因贸易而获得繁荣的杜布罗夫尼克,居住着很多犹太人,博物馆附近在过去曾为Getto(犹太人聚居区)。

当时生活于此的犹太人中的大多数是被称为"Sephardim"的西班牙犹太人。建筑建于15世纪,2层为博物馆展区,3层为犹太会堂。馆内展出13世纪至17世纪的各种"妥拉"(摩西五经)以及犹太教仪式上使用的各种道具。

Map p.191-C2

✉ Židovska 5
🕐 夏季　　　　　9:00~20:00
　 冬季　　　　　10:00~13:00
休 1、2月
費 50Kn
📷 不可

博物馆位于2层

# 民风淳朴
# 科纳维尔之旅

　　杜布罗夫尼克周边的区域被称为科纳维尔（konavle）地区，这里是亚得里亚海沿岸的山区。距离海边不远处的内陆地区，有许多民风淳朴的村庄，风景与杜布罗夫尼克、卡弗塔特等沿海城市迥然不同。

　　科纳维尔地区为刺绣之乡，刺绣技法由母女相传。使用天然染料染成的丝线，绣出各种几何图案，其中，带有刺绣的桌布及抱枕，是杜布罗夫尼克具有代表性的伴手礼。

在利弗诺村（Map 文前 p.9-D4），传统舞蹈及民族音乐都得到年轻人的继承。下图为奇利比村在周末举行的舞会

奇利比村每逢周末都会为游客演示手工艺品制作

## 刺绣

杜布罗夫尼克老城区出售的带有几何图案的手工艺品采用科纳维尔地区的传统技法制作而成。阿尔阿特里埃的女东尼亚女士（下）为传承传统文化而一直在收集老刺绣品（右）。

### 阿尔阿特里埃
**AR Atelier**
Map 文前 p.9-D4（格鲁达村内）
URL www.antoniaruskovic.com
⬛ Gruda 49
TEL（020）791355
🕐 9:00~20:00
休 周日

## 科纳维尔菜肴

将食材倒入被称为佩卡的铁锅中并用炭火烹制的食物为传统的科纳维尔特色菜肴之一，在克罗地亚全国都可以吃到。照片均为格鲁达村的餐馆——科纳沃斯基德沃里。

## 民族舞蹈

广为人知的是在奇利比村周日市场上表演的舞蹈。在杜布罗夫尼克老城区也偶尔能见到。

---

### 卡弗塔特 Cavtat
Map 文前 p.9-D4

　　城市的历史悠久，公元前 6 世纪时由希腊人建立。现在是一座港口城市，距离杜布罗夫尼克很近，安静的老城区里有很多餐馆与商铺。

■交通
🚢 夏季每隔 1~2 小时从旧港有船开行。往返 100 Kn。
🚌 10 路市内巴士 1 小时 1 班，时 30 分钟，25 Kn。

### 奇利比村 Ćilipi
Map 文前 p.9-D4

　　奇利比村距离杜布罗夫尼克机场很近。有着名的周日市场（仅限夏季），出售村民们手工制作的伴手礼，身着传统服装的人们还会表演民族舞蹈。

■交通
🚌 开行于杜布罗夫尼克与奇利比之间的巴士较少。建议参加杜布罗夫尼克的旅行社举办的团体游。

### RESTAURANT 　餐馆

#### 科纳沃斯基德沃里
**Konavoski Dvori**
Map 文前 p.9-D4（格鲁达村内）
URL www.esculaprestaurants.com
email sales2@esculap-teo.hr
✉ Ljuta Gruda, Konavle
TEL（020）791039 🕐 11:00~23:00
休 1、2 月　CC A D M V
位于格鲁达村的科纳维尔地区传统菜肴餐馆。店员都身着民族服装。

## 洛克鲁姆岛　　Otok Lokrum　　Map p.189·C3~D3
Lokrum Island

前往洛克鲁姆岛的
交通方法

🚢 每隔 1 小时都会有开往
洛克鲁姆岛的小船（4~10 月
期间）。船票往返是 150kn。
去往乘船码头需要穿过老城
区鲁杰广场的钟塔，然后右
转。9:00~16:00 期间发船，
从洛克鲁姆岛出发的船是
15:00~17:00 期间（夏季到
19:00）。

　　洛克鲁姆岛位于老城区近海约 700 米的海面上，是一座拥有 3 座美丽海滩的度假岛屿。夏季的时候有大量船只往返于杜布罗夫尼克老港与小岛之间，也是一日游的好去处。这座岛的历史悠久，相传十字军时代便有记载了。之后又在这里修建了本笃会修道院，一直都十分活跃，直到被拿破仑解散。到了哈布斯堡王朝统治的时候，这又成了皇室们喜爱的度假区。岛上除了有本笃会修道院遗址和植物园之外，还有很多景点，夏季时，餐馆和咖啡馆也都会开业。

夏季的时候可以享受海水浴的乐趣

# 杜布罗夫尼克的酒店
## Hotel

　　因为这里是克罗地亚首屈一指的旅游城市，因此无论是酒店还是家庭旅馆数量都不少。如果想要在海滩享受度假的氛围，不妨选择新城区的拉帕德（Lapad）地区或者巴宾库克地区（Babinkuk）。老城区几乎没有什么大型酒店，大多是家庭旅馆。

---

### 普谢克宫殿酒店　　★★★★★
The Pucić Palace　　老城区

◆ 老城区仅有的 3 家酒店中的一家。曾经是贵族的宅邸，客房内选用了最新的设备，是传统与现代完美结合的酒店。
📶 全馆　EV 有

高档　客房数：19　Map p.191-C2
URL www.thepucicpalace.com
email reception@thepucicpalace.com
✉ Od Puča 1
TEL（020）326222　FAX（020）326223
S A/C 🍴 🚿 ➞ 📺 1538~2363Kn
W A/C 🍴 🚿 ➞ 📺 1800~4500Kn
C/C A D M V

---

### 怡东水疗酒店　　★★★★★
Hotel & Spa Excelsior

◆ 酒店位于老城区以东 600 米的地方，非常适合眺望老城区的风景。英国女王伊丽莎白二世曾经在这里入住，也是杜布罗夫尼克最具代表性的高档酒店。
📶 全馆　EV 有

高档　客房数：158　Map p.189-D2
URL www.adriaticluxuryhotels.com
email reservations@alh.hr
✉ Frana Supila 12
TEL（020）353000　FAX（020）353100
S W A/C 🍴 🚿 ➞ 📺 € 100~432
C/C A D M V

---

### 希尔顿帝国酒店　　★★★★★
Hilton Imperial Dubrovnik

◆ 位于派勒门附近的酒店，从有些房间可以眺望老城区的风景。整座建筑是利用 19 世纪的建筑物改建而成的，客房内使用了考究的木质家具，十分豪华。酒店的泳池也值得一提，暖暖的阳光照入时波光粼粼。📶 全馆　EV 有

高档　客房数：147　Map p.189-C2
URL www.hilton.com
email sales.dubrovnik@hilton.com
✉ Marijana Blažića 2
TEL（020）320320　FAX（020）320220
S A/C 🍴 🚿 ➞ 4139Kn
W A/C 🍴 🚿 ➞ 4303Kn
C/C A D M V

---

### 杜布罗夫尼克宫殿酒店　　★★★★★
Hotel Dubrovnik Palace

◆ 从派勒门附近的巴士站乘坐 4 路车，在终点站下车便可到达酒店。所有客房都带有阳台，可以欣赏海景，无论是风景还是屋内设施都很卓越。📶 全馆　EV 有

高档　客房数：308　Map p.188-A2
URL www.adriaticluxuryhotels.com
email reservations@alh.hr
✉ Masarykov put 20
TEL（020）430000　FAX（020）430100
S A/C 🍴 🚿 ➞ 📺 6160Kn
W A/C 🍴 🚿 ➞ 📺 6545Kn
C/C A D J M V

## 布里维杜布罗夫尼克酒店
*Hotel Bellevue Dubrovnik* ★★★★★

◆酒店位于老城区以西约 1 公里处，客房内装饰有克罗地亚艺术家的摄影作品和绘画等。11 月~次年 3 月期间休息。
📶全馆　**EV** 有

| 高档 | 客房数：91 | Map p.188-B2 |
|---|---|---|

**URL** www.adriaticluxuryhotels.com
**email** reservations@alh.hr
✉ Pera Čingrije
**TEL**（020）330000　**FAX**（020）330100
**S** **W** **A/C** 📶 🔌 5005Kn
**C/C** **A** **D** **M** **V**

---

## 卡兹别克精品酒店
*Kazbek* ★★★★★

◆利用一栋建于 16 世纪的贵族宅邸改建而成的精品酒店。房间内使用的复古的家具，整体给人一种高雅而舒适的氛围。
📶全馆　**EV** 有

| 高档 | 客房数：13 | Map p.188-B1 |
|---|---|---|

**URL** www.kazbekdubrovnik.com
**email** info@kazbek.hr
✉ Lapadska 25
**TEL**（020）362999　**FAX**（020）362990
**S** **W** **A/C** 📶 🔌 € 150~450
**C/C** **A** **D** **M** **V**

---

## 斯塔里格勒酒店
*Hotel Stari Grad* ★★★★
老城区

◆位于老城区的小型酒店，6 层建筑的小楼。一共只有 8 间客房，每个房间内都有卫星电视。从屋顶上可以眺望老城区风景。
📶全馆　**EV** 无

| 高档 | 客房数：8 | Map p.190-B2 |
|---|---|---|

**URL** www.hotelstarigrad.com
**email** info@hotelstarigrad.com
✉ Od Sigurate 4
**TEL**（020）322244　**FAX**（020）321256
**S** **A/C** 📶 🔌 € 204~359
**W** **A/C** 📶 🔌 € 269~399
**C/C** **A** **D** **M** **V**

---

## 普利耶科宫殿酒店
*Prijeko Palace* ★★★★
老城区

◆利用一栋建于 16 世纪的贵族宅邸改建而成的宫殿酒店。客房内装饰有来自世界各地艺术家的作品，每个房间都各有不同的个性。
📶全馆　**EV** 无

| 高档 | 客房数：9 | Map p.190-B1 |
|---|---|---|

**URL** www.prijekopalace.com
**email** info@prijekopalace.com
✉ Prijeko 22　**TEL**（020）321145
**S** **W** **A/C** 📶 🔌 € 110~395
**C/C** **A** **M** **V**

---

## 派特卡酒店
*Hotel Petka* ★★★

◆位于格鲁兹港渡轮码头旁的大型酒店。市内巴士经常会从这里经过，距离巴士中心和港口都比较近，交通方便。
📶全馆　**EV** 有

| 中档 | 客房数：104 | Map p.188-B1 |
|---|---|---|

**URL** www.hotelpetka.hr
**email** info@hotelpetka.hr
✉ Obala Stjepana Radića 38
**TEL**（020）410500　**FAX**（020）410127
**S** **A/C** 📶 🔌 420~990Kn
**W** **A/C** 📶 🔌 580~1180Kn
**C/C** **A** **D** **M** **V**

---

## 亚得里亚缇克酒店
*Hotel Adriatic* ★★

◆周边酒店中价格最低的酒店。海景房是带有阳台的。早餐可以在路对面的餐馆就餐。
📶全馆　**EV** 无

| 经济型 | 客房数：108 | Map p.188-A1 |
|---|---|---|

**URL** www.hotelsindubrovnik.com
**email** sales_adriatic@hotelimaestral.com
✉ Masarykov put 5
**TEL**（020）433609　**FAX**（020）437333
**S** **A/C** 📶 🔌 310~700Kn
**W** **A/C** 📶 🔌 480~1080Kn
**C/C** **A** **D** **M** **V**

---

## 翁拉丁斯基旅馆
*Omladinski Hostel*

◆位于老城区与巴士中心之间的路上。从巴士中心徒步至此约需 15 分钟。多人间是男女分开的形式，每个房间有 4~6 张床位。　📶全馆　**EV** 无

| 青年旅舍 | 床位数：82 | Map p.188-B2 |
|---|---|---|

**URL** www.hfhs.hr
**email** dubrovnik@hfhs.hr
✉ Vinka Sagrestana 3
**TEL**（020）423241　**FAX**（020）412592
**D** 📶 🔌 100~160Kn
**C/C** **M** **V**

# 杜布罗夫尼克的餐馆
## Restaurant

杜布罗夫尼克的老城区有许多餐馆，尤其是海鲜餐馆和比萨店。由于这里是旅游城市，就餐费用会比其他城市都高。老城区的外围餐馆数量并不多，大多数酒店内都有自己的餐馆。

## 纳乌提卡餐馆
### Restaurant Nautika

◆杜布罗夫尼克最高级的餐馆之一。可以同时眺望亚得里亚海和老城区风景的露台座位最受欢迎。菜品的价格在780~840Kn。穿着短裤等休闲类服装禁止进店。

| 海鲜 | Map p.190-A2 |
|---|---|

URL nautikarestaurant.com
email sales@nautikarestaurants.com
✉ Brsalje 3
TEL（020）442526　开 18:00~24:00
休 10月下旬~次年3月下旬
C/C Ⓐ Ⓓ Ⓜ Ⓥ

## 普洛特
### Proto

◆城墙内最高档的餐馆。爱德华八世等名人曾多次来访。在这里可以享用新鲜的海鲜和美味的克罗地亚红酒，优雅地度过就餐时间。鱼类食肴大约是720Kn。

| 海鲜 | Map p.190-B2 |
|---|---|

URL www.esculaprestaurants.com
email sales2@esculap-teo.hr
✉ Široka 1
TEL（020）323234
开 11:00~23:00
休 无休
C/C Ⓐ Ⓓ Ⓜ Ⓥ

## 多米诺牛排店
### Steak House Domino

◆备受欢迎的牛排店。除了羊排之外，还有各种肉排，价格在163~245Kn。海鲜的种类也比较齐全，2人份的海鲜拼盘价格是395Kn。店铺内部使用石头装饰，氛围好极了。

| 牛排 & 海鲜 | Map p.190-B2 |
|---|---|

URL www.restaurantdomino-dubrovnik.com
email domino@du.t-com.hr
✉ Od Domina 6
TEL（020）323103
开 11:00~24:00
休 无休
C/C Ⓐ Ⓓ Ⓜ Ⓥ

## 卢汉达佩什卡利亚
### Konoba Lokanda Peškarija

◆位于老码头的人气海鲜餐馆。在露台座位可以欣赏风景，店内是复古风格，就餐氛围也很不错。海鲜粥的价格是123Kn。

| 海鲜 | Map p.191-D2 |
|---|---|

✉ Na Ponti bb
TEL（020）324750
开 11:00~23:00
休 11/10~次年2/28
C/C Ⓜ Ⓥ

---

## Information　观看民族舞

### 林乔民族舞舞蹈团

林乔是主要以杜布罗夫尼克为中心进行表演的民族舞舞蹈团，每年5~7月上旬、8月下旬~10月中旬期间每周有2~5场演出，演出内容是流传于克罗地亚各地的民族舞。演出的场所是位于普洛切门外200米处的艺术作坊（Lazareti）。开始时间是21:30前后，演出时长约1小时30分钟。门票是每人100Kn。7月上旬~8月下旬期间舞蹈团会参加杜布罗夫尼克夏季艺术节，因此会在其他场馆进行演出。

华美的舞蹈场景

■林乔 Lindo
Map p.189-C2（艺术作坊）
URL lindjo.hr　TEL（020）324023

## 奥尔罕餐馆
*Restaurant Orhan*

◆位于罗维里耶纳克要塞的下方，从餐馆的露台座位可以眺望大海。菜单主要以海鲜类为主，此外也有不少肉类的菜肴。

| 克罗地亚菜 | Map p.189-C2 |

inet www.restaurant-orhan.com
email info@restaurant-orhan.com
✉ Od Tabakarije 1
TEL（020）414183
🕐 12:00~22:00
休 11 月~次年 4 月
C/C A D M V

## 科罗塞姆
*Konoba Koloseum*

◆位于通往圣伊谷纳丘教堂的阶梯道路旁的餐馆。开放式的露台给人一种自由自在的感觉。菜肴主要以肉类为主89~185Kn，海鲜类是 79~210Kn。

| 克罗地亚菜 | Map p.191-C3 |

✉ Jezuite 6
TEL 095-5354150（手机）
🕐 11:00~24:00
休 12 月~次年 3 月
C/C 不可

## 古洛里耶特
*Bistro Glorijet*

◆从格鲁兹港沿着海岸线向南行驶便可以到达这家餐馆。是一栋外观建筑为石砌的房子，店内的客人大多是当地人。主菜的价格在 70~210Kn。

| 克罗地亚菜 | Map p.188-B1 |

email glorijet@gmail.com
✉ Obala Stjepana Radića 16
TEL（020）419788
🕐 10:00~24:00
休 周日
C/C A D M V

## 塔吉马哈尔
*Taj Mahal*

◆虽然店名看起来像印度菜馆，但却是波斯尼亚菜馆。比较受欢迎的菜肴是"小肉饼（Cevapcici）"90~120Kn。菜量很足的肉饼和布莱克的价格是 140Kn。

| 波斯尼亚菜 | Map p.190-B2 |

URL www.tajmahal-dubrovnik.com
✉ Nikole Gučetića 2
TEL（020）323221
🕐 10:00~24:00
休 无休
C/C A D M V

## 尼施塔
*Nishta*

◆这里是杜布罗夫尼克为数不多的素食餐馆。菜谱主要以印度菜和中东菜为主，还有不少创意菜，摆盘也十分有趣。主菜的价格十分亲民，77~95Kn。

| 素食 | Map p.190-B1 |

URL www.nishtarestaurant.com
email infodbk@nishtarestaurant.com
✉ Prijeko bb
TEL（020）322088
🕐 11:30~23:30
休 周日　C/C M V

## 全景餐馆
*Panorama*

◆位于赛德山登山缆车站入口处的景观餐馆，可以一边就餐一边欣赏杜布罗夫尼克的城市景观。主菜的价格在 98 -210Kn，此外还有汉堡等简餐的食谱。

| 地中海菜 & 咖啡馆 | Map p.189-D1 |

URL nautikarestaurant.com
email sales@nautikarestaurants.com
✉ Srd　TEL（020）312664
🕐 夏季　　9:00~24:00
　　冬季　　9:00~16:00
休 无休　C/C A D M V

## 雫
*Shizuku*

◆一家由一对日本夫妇经营的日本料理店。除了游客之外，还有不少本地食客来此就餐。主要以寿司为主，套餐的价格在65.50~135Kn。日式炸鸡的价格是 80Kn，也非常受欢迎。店内还提供日本啤酒。

| 日本料理 | Map p.188-B1 |

✉ Kneza Domagoja
TEL（020）311493
🕐 17:00~24:00
休 周一
C/C A D M V

## 施克拉快餐店
*Buffet Škola*

◆ 这家店位于普拉卡大道旁的小路上。三明治特别有特色，大小跟佛卡夏一样的面包中间夹着大片的鲜火腿，价格在26~30Kn。

| 快餐 | Map p.190-B2 |
|---|---|

✉ Antuninska 1
☎（020）321096
🕐 夏季　　8:00~24:00
　　冬季　　8:00~17:00
🚫 11、12月
C/C 不可

## 多尔切·维塔
*Dolce Vita*

◆ 老城区有多家冰激凌店，这家是最受本地人欢迎的店铺。浓厚香甜的冰激凌共有大、中、小三种类可选，价格在8~26Kn。冬季主要以德式煎饼为主。

| 甜品 | Map p.190-B2 |
|---|---|

✉ Nalješkovićeva 1A
☎（020）321666
🕐 9:00~24:00
🚫 无休
C/C 不可

---

# 杜布罗夫尼克的商店
## *Shop*

## 巴占
*Bačan*

◆ 巴占家的手工刺绣专卖店。刺绣品有花朵、猫咪脚印等多种造型，十分精美。小的铺巾是25Kn左右，桌布是250Kn起。

| 刺绣 | Map p.191-C1 |
|---|---|

✉email lena.janjalija@dubrovnikportal.com
✉ Prijeko 6　☎（020）321121
🕐 3~10月
　　周一~周六 9:30~15:30、7:30~21:30
　　周日　　　　　　9:30~15:30
　　2、11、12月 9:00~15:00、16:00~19:00
🚫 2、11、12月的周日、1月　C/C 不可

## 美杜莎
*Medusa*

◆ 专营各类克罗地亚特色纪念品的商店。商品质量上乘，有各种人偶、刺绣、布拉奇岛的石头制品等，大多数商品都是纯手工制作的。

| 伴手礼 | Map p.190-B1 |
|---|---|

URL www.medusa.hr
✉ Prijeko 18
☎（020）322004
🕐 夏季　　9:00~19:00
　　冬季　　10:00~17:00
（有时会缩短时间）
🚫 无休　C/C D M V

## 马拉·布拉奇药局
*Ljekarna Mala Braća*

◆ 并设于方济各会修道院（→ p.194）内的药局。使用天然花草制成的柔肤水、保湿霜等78Kn起，这些护肤品的容器都好像药瓶一样，十分简洁。

| 化妆品 | Map p.190-B2 |
|---|---|

✉ Placa 30
☎（020）321411
🕐 周一~周五　　　　　7:00~19:30
　　周六　　　　　　　7:30~16:00
🚫 周日、法定节假日
C/C A D M V

## Dalmacija

萨格勒布市
萨拉热窝
**莫斯塔尔** ★
杜布罗夫尼克

# 莫斯塔尔 *Mostar*

Map 文前 p.9-C2

莫斯塔尔的地标建筑——莫斯塔古桥

■**前往莫斯塔尔的交通方法**
●从杜布罗夫尼克出发
🚌每天2~3趟车，所需时间约3小时。125Kn。夏季时有从杜布罗夫尼克出发的一日游。由于这里需要进入波斯尼亚和黑塞哥维那那国境，因此需要携带护照。

■**波斯尼亚和黑塞哥维那的基础信息**
●**首都**
萨拉热窝
●**货币与兑换**
货币符号是波黑马克（KM），辅助货币是芬尼（Fening，复数是Feninga）。汇率是1KM≈4元（随着时间变化会改变）。
●**语言**
波斯尼亚语、塞尔维亚语、克罗地亚语
●**时差**
同克罗地亚
●**紧急联系电话**
警察 ☏ 122
消防 ☏ 123
急救 ☏ 124

内雷特瓦河从莫斯塔尔城区中央流过，河两岸由美丽的拱桥莫斯塔古桥（Stari Most）相连。这座城也是以桥（莫斯塔）为中心发展起来的，不过在1993年11月，城市的地标建筑古桥毁于战乱中，2004年在联合国教科文组织的帮助下重建。城中风景大部分保留了奥斯曼帝国时代的韵味，充满神秘的东方

老城区的市街是石子路面，道路两旁有不少纪念品商店

色彩。从克罗地亚的杜布罗夫尼克乘坐巴士至此仅需3小时。这是一个深受西欧影响的亚得里亚海沿海城市，来到这里游客会感到浓厚的异域风情。

## 莫斯塔尔 漫 步

世 界 遗 产
**莫斯塔尔老城区与莫斯塔古桥周边**
Stari most i stari dilo grada Mostara
2005年列入名录

■**莫斯塔尔的 ❶**
Map p.205-2
✉ Rade Bitrange 5
☏ (036) 580275
🌐 www.hercegovina.ba
🕐 11:00~19:00
📅 11月~次年4月

车站位于巴士中心的北侧，距离老城区约1公里。沿着铁托将军大道（Marsala Tita）向南前行，望向道路的右侧便可以看到莫斯塔桥。❶就位于桥头右侧。整座城市被莫斯塔河分成了东西两侧，东侧居住的是穆斯林，西侧是克罗地亚人。莫斯塔古桥两侧有充满异域风情的餐馆和纪念品商店。

在游客众多的莫斯塔古桥附近

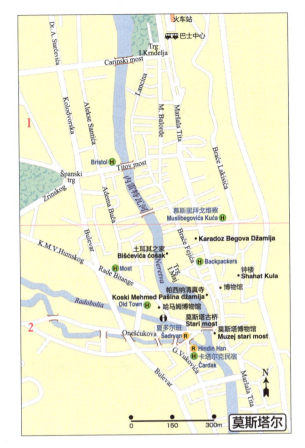

火车站

🚌巴士中心

Dr. A. Starčevića

Trg
I. Krndelja

Carinjski most

Kolodvorska

Aleksée Sanića

Lančina

M. Balorde

Maršala Tita

Braće Lakišića

I

Bristol H

Tjtov most

Španski
trg

Zrinskog

Adema Buća

内雷特瓦河

慕斯里拜戈维察
Muslibegovića Kuća H

K.M.V.Humskog

Bulevar

土耳其之家
Bišćevića ćošak•

• Karadoz Begova Džamija

Nerehva

Trg
I. Maj

H Most

Rade Bitange

Ⓗ Backpackers

钟楼
• Shahat Kula

Radobolja

帕西纳清真寺
Koski Mehmed Pašina džamija•

• 博物馆

Old Town Ⓗ

Ⓘ 哈马姆博物馆

莫斯塔古桥
Stari most

2

Onešćukova

夏多尔班
Šadrvan Ⓡ

莫斯塔尔博物馆
Muzej stari most

G. Vukovića

Ⓡ Hindin Han
Ⓗ 卡塔尔克民宿
Čardak

Bulevar

Maršala Tita

N

0    150    300m

莫斯塔尔

## HOTEL 酒店

**慕斯里拜戈维察**
**Muslibegovića Kuća**
Map p.205-1
URL www.muslibegovichouse.com
email muslibegovichouse@gmail.com
✉ Osmana Đikića 41
TEL（036）551379
費 ⓈⓌA/C 📶 🚭 📺
€ 75~

**卡塔尔克民宿**
**Pansion Čardak**
Map p.205-2
URL www.pansion-cardak.com
email info@pansion-cardak.com
✉ Jusovina 3
TEL &FAX（036）578249
費 ⓈA/C 📶 🚭 📺
　　　　　80~100KM
　Ⓦ A/C 📶 🚭 📺
　　　　　80~120KM
C/C 不可

## RESTAURANT 餐馆

**夏多尔班**
**Šadrvan**
Map p.205-2

✉ Jusovina 11
TEL 061-891189
開 8:00~24:00
休 无休
C/C 不可

■ **莫斯塔尔博物馆**
✉ Stari most
開 10:00~18:00
休 冬季需要预约
費 10KM　学生 5KM
📷 不可

帕西纳清真寺内有非常精美
的内饰

■ **帕西纳清真寺**
✉ Braće Fejića
開 4~10 月　　9:00~20:00
　 11 月~次年 3 月
　　　　　　 10:00~17:00
休 无休
費 6KM　含塔楼 12KM
※ 礼拜时禁止入内
📷 可　📹 不可

克罗地亚

● 莫斯塔尔

## 莫斯塔尔　主要景点

### 莫斯塔古桥　　　　　Stari most　Map p.205-2

Old Bridge

　　这座桥是莫斯塔尔的地标建筑。建于 1566 年，奥斯曼帝国统治时代。整座桥没有使用桥墩，而是利用两岸的地形修建成了优雅的拱形，外观雅致，充分体现了当时发达的建筑技术。桥的两侧建有塔楼，东岸的塔楼现在作为莫斯塔博物馆（Muzej stari most）使用。可以从上面俯瞰穿行在桥上的行人。

### 帕西纳清真寺　　　　　　Map p.205-2

**Koski Mehmed Pašina džamija**

Koski Mehmed Pasina Mosque

　　建于 1618 年的清真寺。这座寺院的庭园是拍摄莫斯塔尔风貌的最佳地点。矗立于河岸附近的塔楼非常适合眺望风景。

# 科托尔 *Kotor*

Map 文前 p.9-D4

科托尔是一座面朝大海，背靠青山的城市

黑山西部，亚得里亚海沿岸有一片被称为科托峡湾（Boka Kotorska）的地区，这里的地形复杂，科托尔位于这片湾区的最里面。

科托尔地区除了拥有复杂的海岸线，背后还有巍巍的群山环绕，复杂的地形造就了这里坚固的城池。

进入老城区正门首先映入眼帘的塔楼

老城区内的石子路两旁有因贸易昌盛而建起的豪宅和美丽的教堂，这里也因此被列入了世界遗产。虽然在1979年因地震大部分受损，但是后来在联合国教科文组织的帮助下进行了复旧工程，恢复了原来的风貌。

## 科托尔 漫 步

巴士中心位于城南。从这里徒步至老城区约需5分钟，途经城墙旁的市场后便可以到达老城的正门入口了。老城区不算大，稍微走一走就能了解一二。如果想登上位于山上的延绵的城墙，需要分别从位于老城区东北和东南的两处入口进入。

## 科托尔 主要景点

### 圣特里芬大教堂　　Katedrala sv. Tripuna　Map p.207-1~2
St. Tryphon Cathedral

科托尔位于罗马教廷文化圈与东正教文化圈的交会处，城中建有两个教派的教堂。圣特里芬大教堂属于罗马教廷。罗马式的教堂，除了高塔以外的部分是最初建于1160年时的模样，内部都是在1667年和1979年地震之后改建的，因此给人一种新式教堂的印象。中央大厅与旁厅之间拱廊上保留的湿壁画等，又让人可以感觉到中世纪的氛围。

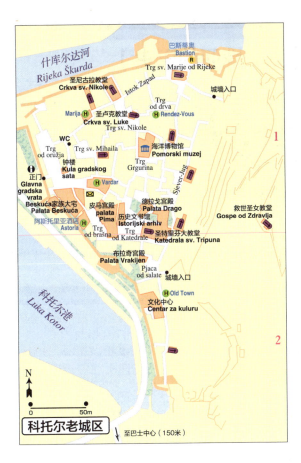

科托尔老城区

什库尔达河
Rijeka Škurda

巴斯蒂奥
Bastion

Trg sv. Marije od Rijeke

圣尼古拉教堂
Crkva sv. Nikole

城墙入口

Istok Zapad

Marija
圣卢克教堂
Crkva sv. Luke

Trg od drva

Rendez-Vous

Trg sv. Nikole

WC

Trg sv. Mihaila

海洋博物馆
Pomorski muzej

Trg od oružja

钟楼
Kula gradskog sata

Trg Grgurina

正门
Glavna gradska vrata

Vardar

Sjever-Jug

Beskuća家族大宅
Palata Beskuća

皮马宫殿
Palata Pima

德拉戈宫殿
Palata Drago

救世圣女教堂
Gospe od Zdravlja

阿斯托里亚酒店
Astoria

历史文书馆
Istorijski arhiv

Trg od Katedrale

圣特里芬大教堂
Katedrala sv. Tripuna

Trg od brašna

布拉奇宫殿
Palata Vrakijen

Pjaca od salate

城墙入口

Old Town

文化中心
Centar za kuluru

科托尔港
Luka Kotor

N

0          50m

至巴士中心（150米）

1

2

**HOTEL** 酒店

阿斯托里亚酒店
**Hotel Astoria**
Map p.207-1

✉ Trg od pošte
TEL（032）302720
URL www.astoriamontenegro.com
email kotor@astoriamontenegro.com

費 S A/C 🌐 ➡ 🛁
€ 120~180
W A/C 🌐 ➡ 🛁
€ 150~230
C/C M V

**RESTAURANT** 餐馆

巴斯蒂奥
**Bastion**
Map p.207-1

✉ Stari grad
TEL（032）322116
🕐 10:00~22:30
休 无休
C/C M V

■圣特里芬大教堂
✉ Trg od katedrale
TEL（032）322315
開 3月　　　　　9:00~17:00
　　4、10月　　　9:00~18:00
　　5月　　　　　9:00~19:00
　　6~9月　　　　9:00~20:00
　　11月　　　　　9:00~16:00
　　12月~次年2月
　　　　　　　　　10:00~17:00
休 无休　費 € 2.50
📷 不可

■圣卢克教堂
✉ Trg sv. Nikole
TEL（032）325826
開 9:00~21:00
休 11月~次年3月
費 免费　📷 不可

■城墙
開 8:00~20:00
休 无休　費 € 3
📷 可　🎥 可

## 圣卢克教堂　　Crkva sv. Luke　Map p.207-1
Serbian Orthodox Church of St. Luke

　　圣尼古拉广场（Trg sv. Nikole）上共建有两座教堂，其中较小的那一座便是圣卢克教堂。始建于1195年，进入教堂之后右侧还保留有少量的湿壁画。左侧靠里的圣障比教堂的正面更加值得一看。

## 城墙　　Zidine grada　Map p.207-1~2
City Wall

　　沿着老城区背后的山脊修建的城墙，最高处可达20米，长4.5公里。半山腰上建有一座小型的救世圣女教堂（Crkva gospe od Zdravlja）。从山顶上可以眺望科托尔街景和科托尔湾，还可以望见远处近郊的小镇等，风景怡人。

建于半山腰的救世圣女教堂和科托尔的城景

# 【克罗地亚的历史】

普拉的古罗马圆形剧场

### ◆斯拉夫化以前的克罗地亚

现在的克罗地亚，在克罗地亚人进入之前，有被称为伊利里亚人的民族在此居住。公元前4世纪左右，凯尔特人及希腊人来到这里。维斯（伊萨）、赫瓦尔岛的斯塔里格勒（法洛斯）都起源于那时。

公元前2世纪时，罗马人征服了这里，克罗地亚成了罗马帝国的一个省。这一时期的历史遗迹存在于克罗地亚各地，最著名的是普拉的圆形剧场以及斯普利特的戴克里先宫。

### ◆克罗地亚王国的诞生

南斯拉夫人6世纪时移住至现在的克罗地亚。这些南斯拉夫人之后发展成保加利亚、塞尔维亚、克罗地亚、斯洛文尼亚四个民族。克罗地亚人在9世纪之后，受拜占庭帝国传教士的影响，开始信奉基督教，最初使用斯拉夫语及格拉哥里字母，11世纪东西教会分裂后，该地区成为罗马天主教区。

10世纪初，克罗地亚王国出现，成为当地最早独立的国家。克罗地亚人从达尔马提亚开始，不断扩大统治地区，直到巴尔干半岛西部。托米斯拉夫国王为首位克罗地亚国王。

### ◆哈布斯堡王朝的统治

克罗地亚王国保持独立直至1102年，克罗地亚国王兹沃尼米尔娶了匈牙利国王盖萨一世的妹妹，但遭杀害，之后匈牙利国王兼任克罗地亚国王。1526年摩哈赤战役之后，匈牙利王位被哈布斯堡皇室继承，克罗地亚王位也同时落入哈布斯堡皇室手中。

另外，摩哈赤战役之后，克罗地亚的大部分领土被并入奥斯曼帝国。哈布斯堡王朝将与奥斯曼帝国的战线作为军事边境地带，让逃离奥斯曼帝国的塞尔维亚人到此居住，负责边防。这就是克罗地亚境内塞尔维亚人聚居区的起源。

1683年第二次维也纳之围失败以后，奥斯曼帝国开始全面溃退，哈布斯堡王朝统治下的克罗地亚又收复了之前失去的领土。

### ◆南斯拉夫的诞生

法国大革命及拿破仑的出现，让克罗地亚人的民族意识得以萌发，经过第一次世界大战，奥匈帝国解体，1918年建立了"塞尔维亚人—克罗地亚人—斯洛文尼亚人王国"。但是，并未成为真正意义上的国家，1929年国名被强行改为南斯拉夫王国。

1939年捷克斯洛伐克遭侵略，南斯拉夫加入德意轴心国集团。之后，1941年，在纳粹德国的操控下，组建了以帕维利奇总统为国家元首的傀儡政权"克罗地亚独立国"。面对法西斯统治，铁托率领游击队奋起抵抗，直至战争结束。

1945年德国投降后，南斯拉夫成为社会主义国家。最初比较亲苏，1948年以后在铁托总统的领导下，南斯拉夫独立自主地管理国家并提倡不结盟。

### ◆克罗地亚共和国的诞生

1980年铁托总统去世后，南斯拉夫联盟内开始出现民族独立运动。由曾为游击队成

瓦拉日丁保存着许多建于哈布斯堡王朝时期的巴洛克式建筑

员的弗拉尼奥·图季曼出任主席的克罗地亚民主联盟在1990年的大选中获得压倒性的胜利，依靠民意支持，1991年6月发表了独立宣言。但是，占克罗地亚总人口12%、人数达52万的塞尔维亚人，基本上都反对独立，而且开始建立自治区，谋求与塞尔维亚合并。

之后，为保护克罗地亚境内的塞尔维亚人，南联盟军队进入克罗地亚，杜布罗夫尼克等城市遭到破坏。1992年1月15日，克罗地亚共和国的独立获得承认，不过战争一直持续到1995年。独立后，经济发展顺利，2013年加盟欧盟。

| 历史年表 | |
|---|---|
| B.C.4C 左右 | 凯尔特人、希腊人进入现在的克罗地亚 |
| B.C.2C 左右 | 成为罗马帝国的省 |
| ↑ B.C. | |
| A.D ↓ | |
| 284 | 出生于达尔马提亚的戴克里先成为罗马帝国皇帝 |
| 305 | 戴克里先辞去罗马帝国皇帝 |
| | 在现在的斯普利特修建宫殿 |
| 395 | 罗马帝国分裂为东西两部分 |
| 6C 左右 | 南斯拉夫人南下，定居克罗地亚 |
| 9C 左右 | 基督教开始在克罗地亚人中传播 |
| 10C 初期 | 克罗地亚王国诞生 |
| 1054 | 东西教会分裂 |
| | 克罗地亚成为罗马天主教地区 |
| 1102 | 匈牙利国王兼任克罗地亚国王 |
| 1358 | 拉古萨共和国（杜布罗夫尼克）从匈牙利王国独立 |
| 1526 | 摩哈赤战役中匈牙利国王拉约什二世阵亡 |
| 16C 以后 | 哈布斯堡王朝与奥斯曼帝国对峙 |
| | 让塞尔维亚人移住到边境地区 |
| 1808 | 拿破仑远征达尔马提亚。拉古萨共和国灭亡 |
| 1848 | "人民之春" |
| 1914 | 第一次世界大战爆发 |
| 1918 | 第一次世界大战结束 |
| | 奥匈帝国解体 |
| | "塞尔维亚人—克罗地亚人—斯洛文尼亚人王国"建立 |
| 1929 | 改称南斯拉夫王国 |
| 1939 | 第二次世界大战爆发 |
| 1941 | 纳粹德国的傀儡政权"克罗地亚独立国"成立 |
| 1945 | 第二次世界大战结束 |
| | 铁托率领游击队建立"南斯拉夫社会主义联邦共和国" |
| 1948 | 南斯拉夫被共产党和工人党情报局除名 |
| 1980 | 铁托去世 |
| 1989 | 柏林墙倒塌 |
| 1991 | 克罗地亚独立。克罗地亚战争爆发 |
| 1992 | 克罗地亚共和国独立正式获得承认 |
| 1995 | 克罗地亚战争结束 |
| 2013 | 加入欧盟 |

斯普利特是在戴克里先宫基础上发展出来的城市

位于宁的首位克罗地亚国王的王宫

杜布罗夫尼克曾为东西商品交流的商业城市

曾经战斗最激烈的武科瓦尔遭受了严重的破坏

# 斯洛文尼亚
## *Slovenia*

建于被称为"阿尔卑斯碧瞳"的布莱德湖上的圣母升天教堂（→p.247）

## 国旗

白、蓝、红三色旗中带有斯洛文尼亚国徽，国徽上面绘有斯洛文尼亚的最高峰特里格拉夫山和三颗星星。

## 正式国名

斯洛文尼亚共和国（Republika Slovenija）

## 国歌

《祝酒歌》（Zdravljica）

## 面积

约 2.273 万平方公里

## 人口

人口约 208 万（2019 年）

## 首都

卢布尔雅那（Ljubljana）

## 国家元首

总统：博鲁特·帕霍尔
总理：亚内兹·扬沙

## 国家政体

共和制（2004 年 5 月加入欧盟）

## 民族构成

主要民族为斯洛文尼亚族，约占 83%，少数民族有匈牙利族、意大利族和其他民族。

## 宗教

官方语言为斯洛文尼亚语（斯拉夫语系）。德语、英语、意大利语等也比较通用。很多当地人可以说多国语言。

## 语言

官方语言为克罗地亚语（斯拉夫语系）。与塞尔维亚语、波斯尼亚语的区别仅为不同的方言而已。文字使用拉丁字母。许多当地人也能讲德语及英语。

## 货币与汇率

通用货币为欧元（缩写 €、EURO、EUR），辅助货币单位是欧分（¢、CENT）。1 欧元 =100 欧分 =7.5733 元（2020 年 11 月 14 日）。纸币的面值是 5、10、20、50、100、200、500 欧元。硬币的面值是 1、2、5、10、20、50 欧分，1、2 欧元。

斯洛文尼亚特有的欧元硬币内侧的图案是国民诗人弗·普列舍伦、最高峰特里格拉夫山等。

1 欧元

2 欧元

5 欧元

10 欧元

20 欧元

50 欧元

100 欧元　　200 欧元　　500 欧元

 1 欧分　 2 欧分　 5 欧分　 10 欧分　 20 欧分　 50 欧分

## 出入境

**【签证】**
中国前往斯洛文尼亚需要办理签订。

**【护照】**
所持护照的剩余有效期应超过 3 个月。

**【可免税带入的物品】**
卷烟 200 根或雪茄 50 根，葡萄酒 2 升，蒸馏酒 1 升，香水 50 克，淡香水 250 毫升。

## 气候

境内有高原山地气候、温带大陆气候、地中海气候三种气候类型，每个地区的气温和降水量略有不同。夏季时气温适宜，冬季时高原山区会出现持续的降雪，卢布尔雅那等内陆地

区平均气温在 0℃ 以下。春秋的降水量较多，年平均降水量在 800~3000 毫米，地区差异较大。

最佳旅游季是夏季。5~9 月是最舒适的时候。冬季的滑雪季也很火爆。布莱德湖等内陆地区，夏季的夜间会有些凉，需要穿着长袖或者薄外套。无论任何季节出行都需要携带御寒的服装。

## 时差和夏令时

与北京的时差是 7 小时。也就说当北京时间为上午 7:00 时，斯洛文尼亚为午夜 12:00，实行夏令时后，时差变为 6 小时。

夏令时实行的时间为 3 月最后一个周日的午夜 2:00（= 午夜 3:00）至 10 月最后一个周日的午夜 2:00（= 午夜 1:00）。

## 营业时间

以下所列办公时间仅供参考。

**【银行】**

周一～周五 9:00~12:00、14:00~17:00；周六至 12:00，周日休息。

**【百货商场和商店】**

一般的商店，平时 7:00~8:00 期间开业，不过大多数店铺会在 18:00~19:00 期间闭店。周六至 13:00。冬季时营业时间会缩短。

**【餐馆】**

开门时间 8:00~11:00 都有。关门时间大多在深夜。

## 主要的节日

注意，有的节日会发生变动（※）

| | |
|---|---|
| 1/1、1/2 | 元旦及第二天 |
| 2/8 | 普列舍伦日 |
| 4/21（'19）4/12（'20）※ | 复活节 |
| 4/22（'19）4/13（'20）※ | 复活节后的星期一 |
| 4/27 | 反占领起义纪念日 |
| 5/1、5/2 | 劳动节 |
| 6/25 | 国庆日 |
| 8/15 | 圣母升天节 |
| 10/31 | 宗教改革日 |
| 11/1 | 诸圣日 |
| 12/25 | 圣诞节 |
| 12/26 | 独立与团结日 |

## 电压和插头

电压为 220 伏（V），频率为 50 赫兹（Hz），电源插座为 C 型。需要携带电源转换插头。

## 小费

斯洛文尼亚原本没有收小费的习惯，但是近年来随着旅游产业的发展，大量海外游客入境，一些旅游城市开始逐渐形成了收小费的习惯。

**【出租车】**

出租车原则上不需要支付小费。如果有特殊

## 如何拨打电话

### 从中国往斯洛文尼亚拨打电话的方法

| 国际电话识别号码 | + | 斯洛文尼亚国家代码 | + | 区号（去掉前面第一个 0） | + | 对方的电话号码 |
|---|---|---|---|---|---|---|
| 00 | | 386 | | ×× | | ×××××× |

### 从斯洛文尼亚往中国拨打电话的方法

| 国际电话识别号码 | + | 中国的国家代码 | + | 区号（去掉前面第一个 0） | + | 对方的电话号码 |
|---|---|---|---|---|---|---|
| - | | 86 | | ×× | | ×××××× |

的要求或者对服务比较满意可以适当支付小费。

## 【餐馆】

在高级餐馆用餐时，如对服务比较满意，一般可支付相当于餐费 10% 的费用作为小费。如果餐费中包含服务费，则无须支付小费。

## 饮用水

城市的自来水是可以直接饮用的，但是部分农村地区的水据说含有化学污染。500 毫升瓶装水的价格一般为人民币 1.5~8 元。

## 邮政

营业时间是工作日 8:00~18:00，周六至 12:00，周日休息。各城市的中央邮局下班时间会相对晚一些，很多地方周日也会营业。

## 【邮费】

航空邮件寄往国内明信片、平信（15 克以内）需要花费 € 1.25，3~6 天可以寄到。2 千克的包裹需要花费 € 38.27，10~15 天可以寄到；2~5 千克需要 € 46.44。上限是 30 千克。大一点的邮局还有打包用的纸箱出售。

## 网络情况

## 【网吧】

网吧数量正在减少。ℹ 大都设有互联网使用区，所以建议首先去 ℹ，如果没有，可以去提供免费 Wi-Fi 的咖啡馆上网。

## 【Wi-Fi】

咖啡馆和中档以上级别的酒店大多可以免费使用网络。高档酒店的网络使用大多是免费的，但是如果想要使用高速网络需要另行付费。

## 税金

斯洛文尼亚的商品售价中包含 PDV 增值税（22% 或者 9.5%），游客如果办理一定的手续可以获得部分退税。

退税条件是一次性购买 € 50.01 以上的商品，在未使用的状态下携带出境；酒店的消费、餐费、香烟费、酒精饮料费等不适用。在销售免税商品的店铺购物时，会获得一份免税证明，

出境时递交给海关加盖公章认证，然后将免税证明提交到退税窗口，领取退税。

## 旅途中的治安与纠纷

与周边的欧洲诸国相比，斯洛文尼亚的治安算是比较不错的。但是，随着外国游客人数的增加，针对外国游客的偷盗案件逐年递增。因此应加强警惕，即便是在城市也尽量不要在深夜外出，也不要一个人外出。

## 【扒窃】

团体游和几个亲朋好友一起出游的游客一定要注意小心扒窃。最近，有多起报案都是关于游客在酒店吃自助餐的时候置于餐桌上的行李被盗的。多人出行时会在不经意间聊得非常投入，从而放松了警惕，所以应代请他人看管行李或者提高警惕。个人出游时也需要格外注意。

## 【警察】

警察被称为 Policija。警察局只有首都卢布尔雅那有一家，派出所和警察以及警车也比较少见。警察局是可以通英语的。

**警察 113**
**消防、急救 112**

## 年龄限制

在斯洛文尼亚，不满 18 岁者不能购买酒类及香烟。21 岁以上（取得驾驶证 2 年以上）可以租赁汽车。21~25 岁的租车者需要追加部分手续费，或者可以租借的车辆有限。

## 度量衡

长度单位采用米，重量单位采用克、千克，液体采用升来进行度量。服装及鞋的尺码表示方式也与中国不同，而且男式与女式之间可能也有差异，需要特别注意。

## 其他

## 【吸烟】

2007 年 8 月，斯洛文尼亚开始实行禁烟法。除了特别设置的吸烟区，原则上在室内吸烟均属违法，违法者会被处以罚款。

## 【厕所】

以前公共厕所是需要收费的，现在大多数都是免费的。厕所的标识，男厕为 Moški、女厕为 Ženske。

# 斯洛文尼亚的世界遗产

斯洛文尼亚的世界遗产共有 6 处，虽然不算多，但是每一处都是精品。在此仅介绍其中的 3 处。其中卡尔斯特地区的什科茨扬溶洞最值得一看，大自然用水和岩石打造了这番景象，这种规模世界罕见。此外，阿尔卑斯周边先史时代的历史遗址也被列为世界遗产。

什科茨扬溶洞中的溪谷

---

**世界遗产 ❶**

## 阿尔卑斯地区史前湖岸木桩建筑

Prazgodovinska kolišča okoli Alp

公元前 5000 年至公元前 500 年期间的史前时代，在水边打桩建造房屋的居民们的遗址。这片木桩建筑共有 111 处，其中有 2 处位于斯洛文尼亚境内。

**世界遗产 ❷**

## 阿尔马登与伊德里亚的水银遗产

Dediščina živega srebra, Almadén in Idrija ➡ **p.263**

位于斯洛文尼亚西部伊德里亚的水银矿山遗址，与西班牙的阿尔马登共同被列为世界遗产。这两处都是世界上最大级别的水银矿山，伊德里亚的水银山是从 15 世纪末便开始采矿的。

**世界遗产 ❸**

## 什科茨扬溶洞

Škocjanske jame

➡ **p.286**

位于斯洛文尼亚西南部卡尔斯特地区的什科茨扬溶洞长 5000 米，宽 230 米，其中有 2000 米可以供参观游览。这里的石笋和石柱可谓是大自然的鬼斧神工。

**卢布尔雅那与朱利安阿尔卑斯**
**Ljubljana in Julijske Alpe**
以海拔2864米的特里格拉夫山为中心，周边有可爱的小镇、美丽的湖泊等。健走、自行车、钓鱼等户外运动盛行。

奥地利

匈牙利

意大利

马里博尔
Maribor

布莱德湖
Blejsko jezero

威尼斯
Udine

卢布尔雅那
Ljubljana ❶

伊德里亚
Idrija

戈里齐亚
Gorizia

**斯洛文尼亚东部**
**Štajerska**
斯洛文尼亚东部有不少天然温泉，大型高档酒店内都会设有美容中心和洗浴设施。这一地区由于长期属于哈布斯堡家族，因此小镇的建筑风格大多是巴洛克风格。

波斯托伊纳
Postojna

的里雅斯特
Trieste

❸

什科茨扬溶洞
Škocjanske Jame

皮兰
Piran

**亚得里亚海与卡尔斯特地区**
**Obala in Kras**
位于大陆的卡尔斯特地区拥有斯洛文尼亚最著名的世界遗产什科茨扬溶洞，还有海岸边美丽的港口城市。也是一个盛产火腿、葡萄酒和美食的地方。

亚得里亚海
Jadransko more
Mar Adriatico

波雷奇
Poreč

克罗地亚

波斯尼亚和黑塞哥维那

#### ◆◆◆◆ 城市间交通 ◆◆◆◆

#### 铁路

斯洛文尼亚的铁路网十分发达，穿行在各个山区之间，以卢布尔雅那为起点向各个城市发散，车厢大多是新型的，比较舒适，起始时间也很少延迟。另外，跟巴士相比火车的车次比较少，许多小镇都没有火车站。

车票可以在站内的售票窗口或者旅行社购买，虽然车内也可以购票，但是 ICS 的火车都是指定座席的，因此车内购票需要增加 50% 的手续费。旅客座位分为一等座和二等座。一等座的票价是二等座的 1.5 倍。此外，周六·周日、法定节假日乘坐国内线往返，可以享受周末折扣。ICS 必须预约座席，IC 等也可以使用。手续费是 €3.50。可以在下列官网搜索列车时刻表。

**斯洛文尼亚铁路**
URL www.slo-zeleznice.si

#### 巴士

巴士线路覆盖国内大多数地区。车次较多，长短途都十分便利。出发和到达都相对比较准时，车内空调、坐垫等设施完善，比较舒适。虽然根据地区不同运营巴士的公司也各有不同，但是售票窗口都是统一的，游客需要注意不要上错车。比较典型的巴士公司有 AP 公司和 Arriva 公司等。除了可以在巴士中心购票之外，还可以在乘车时直接向巴士司机购票。如果准备夏季的周末前往布莱德湖和亚得里亚海沿岸的小镇，请尽量提前预约。如果出行日期确定下来，最好购买往返车票，可以享受一定的折扣。可以在下列官网搜索车次时刻表。

**卢布尔雅那巴士中心**
URL www.ap-ljubljana.si

#### 租车

国际机场、主要城市、景点周边的旅行社、四星级以上的酒店等都设有租车公司的窗口，可以办理租车手续。道路的路况良好，标识也比较清晰。市区内限速 50 公里 / 时，一般道路限速 90 公里 / 时，主要干线道路限速 100 公里 / 时，高速公路限速 130 公里 / 时。如果准备上高速公路，一定要提前在加油站等地购买高速公路用的贴纸或者 Vinjeta，必须要贴在前挡风玻璃上。如果没有贴标签就上高速公路需要支付罚金。

#### ◆◆◆◆◆ 市内交通 ◆◆◆◆◆

斯洛文尼亚的市内交通以巴士为主。虽然即便是卢布尔雅那或者马里博尔这样的城市，在市中心徒步足以，但是如果想要去往郊外或者周边的城市，乘坐巴士还是十分方便的。

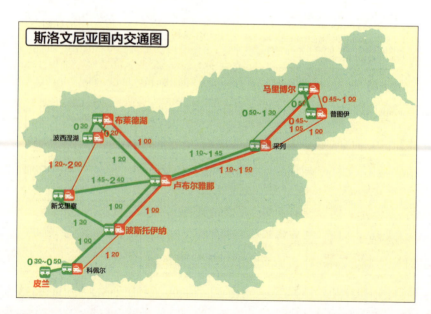

斯洛文尼亚国内交通图

# 斯洛文尼亚的酒店

斯洛文尼亚的城市大多规模不大，即便是首都卢布尔雅那徒步也完全可以游览。因此类似酒店一条街、旅馆一条街的区域是没有的。大多数城市的中心地带都设有大型酒店。廉价酒店大多距离市中心较远，请确认清楚。除了酒店之外，还有民宿、公寓、青年旅舍等设施。如果当天有空房当然可以直接入住，不过大多数地区的住宿设施数量都不够，请尽量提早预订。尤其是夏季旅游旺季时和冬季滑雪季时，必须提前预约。

四星级至五星级酒店的住宿费用大多在每晚 1000 元以上。二星级至三星级的中档酒店，每晚 400~1000 元。如果想要选择经济实惠的住宿设施，可以预订民宿、旅馆或者青年旅舍。

时尚酒店的数量逐年增多

附带浴室和卫生间的客房

虽然是三星级酒店，但是健走星级标识是四，意味着这里拥有健走爱好者可以尽情享用的设施

## 酒店

酒店的星级标准是斯洛文尼亚旅游局制定的，最低是一星，最高是五星。除了星级以外，在户外运动盛行的斯洛文尼亚还有特别的健走星级标识、自行车爱好者星级标识等，根据这些标识的等级不同，酒店内的设施、旅行信息等的充实度各有千秋。

## 旅馆

比酒店的住宿费更亲民，却拥有中档酒店的服务水准。不过旅馆的数量并不多，每晚大约 € 40。

简洁的旅馆客房

## 民宿

如果想要压缩旅行预算，民宿是最好的选择。可以通过当地的 ❶ 进行预约。当然也可以直接跟民宿老板沟通。大多数民宿会在郊外等地的道路沿线立有"SOBE"的看板。

住宿费用大概是：浴室、卫生间共用的房间每晚€ 30~。房间内带有浴室和卫生间的房间每晚€ 35~。大多不带早餐。

有些民宿也可以提前预约，夏季高峰期时建议提早预约。

## 青年旅舍

青年旅舍的优点在于住宿费用低，可以跟旅友分享旅行乐趣。多人间既有男女混住的也有分开的。也有不少青年旅舍设有单人间。大多数青年旅舍都带有免费厨房、投币洗衣机、租赁自行车等。

青年旅舍分为加入国际青年旅舍协会的加盟店和独立经营的旅舍。

虽说名字听起来是青年旅舍，但实际住宿并不受年龄限制。出示青年旅舍的会员证可以享受一定的折扣。

近年来受到旅行热潮的影响，独立经营的店铺数量在逐渐增加。多人间大多是男女混住的，预约时请提前确认清楚，也有些店铺设有女性专用的多人间。

**斯洛文尼亚青年旅舍协会**
URL www.youth-hostel.si

有些青年旅舍还会举办皮划艇等活动

# 斯洛文尼亚的餐馆

## 在哪里用餐?

斯洛文尼亚与克罗地亚一样,也是美食王国,既有就餐氛围优雅的高档餐馆,也有价格亲民的快餐店。

想要品尝当地菜一定要去Gostilna。卢布尔雅那有斯洛文尼亚各地的特色美食店,各家都尝尝,比较一下,也是旅行中的乐趣。去到每个城市都要品尝一下当地的特色美食。

普通的餐馆叫作Restavracija。除了斯洛文尼亚菜之外,还有中国菜、意大利菜等各式菜肴。尤其是意大利菜,比意大利本地便宜很多。

如果想要品尝蛋糕等甜品,可以去Kavarna。

在Pivnica和Klet可以品尝到美味的啤酒和葡萄酒。

## 可以品尝到哪些菜肴?

斯洛文尼亚菜与相邻的奥地利、匈牙利、意大利等国的菜肴有许多共同点。国境内既有山区又临海,因此食材也十分丰富。

蘑菇是斯洛文尼亚菜肴最常用的食材。使用蘑菇熬制的汤和酱汁是斯洛文尼亚菜味道的本源。此外,斯洛文尼亚、克罗地亚和伊斯特拉半岛北部还是著名的松露(Tartufi)产区。火腿、香肠等加工肉食也比较常见。

**鳟鱼 Postrv**
波西涅湖的鳟鱼被称为"金鳟"

深受奥地利菜肴的影响(炸肉排等)

深受匈牙利菜肴的影响(使用红辣椒烹制的炖牛肉)

斯洛文尼亚东部

朱利安阿尔卑斯

■卢布尔雅那

深受意大利菜的影响(使用橄榄油和番茄酱做菜,意面和比萨等)

卡尔斯特地区

**炖牛肉 Golaš**
使用红辣椒炖煮的牛肉

**炸鱿鱼 Polnjeni kalamari**
炸鱿鱼等亚得里亚海的海鲜是这里的特色菜

**农夫拼盘 Kmečka pojedina**
多种肉肠和肉排的拼盘

# 美食图鉴

斯洛文尼亚菜虽说与克罗地亚菜有许多共同点,但自古以来便与奥地利和匈牙利颇有渊源,因此饮食也受到了一定的影响。虽说国土面积不大,但菜肴的种类却十分丰富。

斯洛文尼亚还盛产荞麦,使用荞麦面烹制的菜肴种类繁多。鱼类菜肴除了使用亚得里亚海的海产品之外,还有产自波西亚湖、索查河的鲜鱼。

与意大利菜在风味上也有不少共同点,使用亚得里亚海海鲜制作的比萨、意面等也不少。

**荞麦糊糊 Žganci**

使用荞麦面烹制的菜肴。荞麦面泡在汤里食用。斯洛文尼亚盛产荞麦，这道菜是特色菜

常规菜

**炖牛肉 Golaš**

使用红辣椒炖煮的牛肉菜肴。这道菜虽说是匈牙利名菜，在斯洛文尼亚也广泛流行

常规菜

**蔬菜汤 Zelenjavna juha**

使用应季蔬菜烹制的浓汤。蘑菇汤也是比较普遍的

**克拉尼斯卡香肠 Kranjska klobasa**

斯洛文尼亚西北部地区，克拉尼斯卡地区的名菜

**马肉肉排 Konjska pljučna pečenka**

马肉在斯洛文尼亚也是十分受欢迎的食材

**烤乳猪 Pečen odojek**

使用烤箱烤制的嫩乳猪。味道鲜美

冬必吃

**农夫拼盘 Kmečka pojedina**

斯洛文尼亚的国民菜肴，菜名的意思是"农夫的节庆"

常规菜

**猪排 Svinjska pečenka**

几乎每家餐馆都会有的菜肴。十分柔软，肉汁鲜美

常规菜

**卢布尔雅那风味炸肉排 Ljubljanski zrezek**

加入火腿和乳酪的炸肉排

**串烧 Nabodalo**

烤肉串。斯洛文尼亚也有不少使用鱼肉替代的情况

**生火腿卷鳟鱼 Postrv s pršutom**

使用火腿包裹鳟鱼烤制而成的菜肴

**法式干煎鳟鱼 Postrv na žaru**

将荞麦粉或者面粉包裹在鳟鱼的外面烤制而成的菜肴

伊斯特拉名菜

**白松露焗饭 Rižota s tartufi**

伊斯特拉半岛的名特产

亚得里亚海名菜

**海鲜意面 Špageti z morskimi sadeži**

加入海鲜的意大利面

**生火腿意大利团子 Njoki s pršutom**

使用伊斯特拉半岛产的火腿和奶油烹制而成的意大利团子

## 前菜·浓汤

前菜一般是火腿或者乳酪拼盘，时令蔬菜浓汤和炖牛肉是人气较高的浓汤。在伊斯特拉半岛上还有 Bobiči 和 Paštafažoj 等浓汤。

## 主菜

斯洛文尼亚菜的食材中除了牛肉、猪肉、鸡肉以外，马肉也是十分受欢迎的。

伊斯特拉半岛和卡尔斯特地区，熏火腿（Pršut）、盐渍猪五花（Panceta）是比较常见的火腿，

内陆地区熏制的生火腿（Špek）等加工肉类的生产比较常见。

炸肉排（Kotlet）与国内的炸肉排稍有不同，不使用面包粉，而是裹上一层薄薄的面粉油炸。肉排和香肠也是比较常见的主菜。

鱼类菜主要以烤制凉拌为主，鳟鱼比较受欢迎。

**奶油蛋糕** Blejska kremna rezina
布莱德湖当地的甜品

常规菜

**脆皮派** Štruklji
在斯洛文尼亚各地深受欢迎的甜品。面皮和馅有多种组合形式

常规菜

**卷心蛋糕** Potica
外形可爱的卷心蛋糕。中间经常加入蜂蜜、乳酪等

常规菜

**奇巴尼彩** Gibanica
将木耳、苹果、乳酪等重叠在一起的热点心。起源于斯洛文尼亚东北部地区

**蜂蜜饼干** Držgoški kruhek
什科菲亚洛卡的传统美食。非常适合当伴手礼

**葡萄酒** Vino
特朗、莱弗斯科等味道浓醇的葡萄酒比较受欢迎。亚得里亚海海岸线沿线主要盛产红葡萄酒，山麓地区和东部主要产白葡萄酒

## 拼盘

拼盘中大多包含可乐饼、炸薯条、米饭。Žganci 是一种类似粥的食物，主要使用荞麦面。意大利菜玉米糊（polenta）和罗马尼亚菜玉米饭（mămăligă）都属于同类菜肴，斯洛文尼亚使用的则是荞麦面。

## 甜品

蛋糕等甜品的种类繁多。比较传统的甜品有卷心蛋糕（Potica）和奇巴尼彩（Gibanica）等。深受奥地利的影响，苹果派（Jabolčni zavitek）也是比较常见的甜品。

## 酒精

斯洛文尼亚国内有多条被设为"葡萄酒之路（Vinska Cesta）"的线路，可见葡萄酒的受欢迎程度。此外，由水果酿造而成的蒸馏酒 Rakija 也很受欢迎。啤酒有 Union 和 Laško 两大品牌。

---

旅行的基础知识

# 收集旅行信息

## 游客中心

斯洛文尼亚的主要城市和景点都设有 ❶。❶ 内放置了各种旅行手册，还有酒店、民宿的指南。可提供服务的项目因店铺而异，不妨先进店看看。大多数服务人员都可以讲英语。

皮兰的 ❶

## 旅行社

Kompas 是比较主流的旅行社，此外也有不少其他公司。小镇上的旅行社有时还兼作游客中心。如果准备参加当地的一日游，不妨去旅行社咨询一下。
[URL] www.kompas.si

## 当地通信

酒店和咖啡馆大多可以免费使用 Wi-Fi。可以向前台或者店员询问密码。

## 礼仪

教堂是一个有信仰的地方，有些需要脱帽，有些即便是夏天也需要尽量不暴露皮肤。请保持安静。即便是可以照相的地方，教民多的时候也需要收敛一些。

## 楼层的数法

一层被称为 ground floor，二层是我国所说的一层。

## 吸烟

实行禁烟法，除了特别设置的吸烟区，原则上在室内吸烟属于违法行为。

## 酒

啤酒及葡萄酒等酒精饮料的价格不算贵。可在超市及酒类商店购买。

## 治安

在欧洲诸国中属于治安较好的国家。不过也要注意小偷、扒窃等。也应该尽量避免夜间独自行走。

# 卢布尔雅那与朱利安阿尔卑斯

## Ljubljana in Julijske Alpe

由于卢布尔雅那（→p.223）的水资源丰富，各处都可以见到喷泉

# 卢布尔雅那与朱利安阿尔卑斯

至萨尔茨堡（奥地利）

每天2~6班

**从卢布尔雅那出发**
🚌 每小时1趟
**从克拉尼出发**
🚌 每小时1趟
**从叶塞尼采出发**
🚌 每小时1趟

**从卢布尔雅那出发**
🚌 每小时1~2趟车
**从克拉尼斯卡出发**
🚆 每天13~19趟
**从博希尼湖出发**
🚌 每天7趟 🚌 每小时1趟

克拉尼斯卡戈拉

3⁴⁰

0³⁰

2²⁰

叶塞尼采

0²⁵

0³⁵

**布莱德湖**

0²⁰~0³⁵

至维也纳
（奥地利）

博维茨

0³⁰

**从卢布尔雅那出发**
🚌 每小时1趟
**从布莱德湖出发**
🚌 每天7趟 🚌 每天17趟
**从新戈里察出发**
🚌 每天7趟

0³⁰

0⁴⁵

0²⁰

0⁴⁰

0⁵⁰

科巴里德

博希尼湖

克拉尼

0²⁵

0⁰⁸

卡姆尼克

托尔敏

**从卢布尔雅那出发**
🚌 每天1~3趟
**从新戈里察出发**
🚌 每天6趟

0²⁰~0³⁰

0⁵⁰

1²⁰~2⁰⁰

1¹⁵

什科菲亚洛卡

卢布尔雅那
国际机场

1⁰⁰

0³³~0⁴⁶

0¹⁶~
0²⁶

0⁴⁰

0⁴⁰

※所需时间是夏季时的参考时间。具体时间根据季节和运行状况而改变

**从卢布尔雅那出发**
🚌 每天17趟
**从博希尼湖出发**
🚆 每天8趟
**从科巴里德出发**
🚌 每天6趟

伊德里亚

1¹⁵

**卢布尔雅那**

2⁰⁰~3¹⁰

至马里博尔

1⁴⁰~3²⁰

**从萨格勒布（克罗地亚）出发**
🚌 每天5趟 🚌 每小时1~2趟
**从布莱德湖出发**
🚌 每小时1~2趟
**从新戈里察出发**
🚌 每天14趟

0²⁵

戈里察

2²⁰

至威尼斯（意大利）

新戈里察

1⁴⁵~2⁴⁰

1³⁰

1¹⁰

至波斯托伊纳

至迪瓦查

2²⁰

1⁰⁰

1⁰⁰

2⁰⁰~3⁰⁰

至萨格勒布（克罗地亚）

至波斯托伊纳

---

*浮于布莱德湖上的圣母升天教堂*

## ●地理

朱利安阿尔卑斯位于阿尔卑斯山的一侧，另一侧则是瑞士和奥地利。斯洛文尼亚更喜欢称这一地区为"阳光阿尔卑斯"，也就是说这一侧是太阳普照的阿尔卑斯。此地的景色与瑞士和奥地利的阿尔卑斯有着不一样的风景。

朱利安阿尔卑斯的最高峰是特里格拉夫山，海拔2864米，国徽和国旗中都带有这座山峰的图案。特里格拉夫山附近还有被称为"阿尔卑斯碧瞳"的布莱德湖。

## ●气候

气候四季鲜明。夏季时到特里格拉夫大公园健走和登山的户外运动爱好者居多，冬季时有积雪，有不少滑雪爱好者来滑雪。

## ●户外运动

朱利安阿尔卑斯雄伟的大自然非常适合户外运动。轻松地健走和自行车都非常合适。❶ 有专门介绍健走线路的手册和地图等，可以免费领取。还可以介绍自行车租赁商店。

科巴里德周边的索查河沿岸非常适合漂流和溪降等溪谷类的户外运动。此外，在克拉尼斯卡戈拉还可以体验滑翔伞的乐趣，冬季时各地都可以滑雪。

## ●线路规划

**第一天：** 卢布尔雅那市内观光。可以参观卢布尔雅那城堡、博物馆、植被茂盛的蒂沃利公园等景点。傍晚的时候也可以去欣赏歌舞剧。

**第二天：** 移动到布莱德湖。感受布莱德城堡、浮于湖面上的圣母升天教堂等湖畔美景。布莱德奶油蛋糕是当地的名特产，一定要尝尝。

**第三天：** 还可以乘坐博希尼铁路去往新戈里察。可以透过列车的车窗眺望布莱德湖、石桥、溪谷等风景。

# 卢布尔雅那 *Ljubljana*

自然与艺术相融合的古都

Map 文前 p.4-B2

卢布尔雅那
★

从兹维兹达公园远眺卢布尔雅那城堡

朱利安阿尔卑斯山位于斯洛文尼亚与奥地利、意大利的边境线上。从那里向东南50公里处的盆地是首都卢布尔雅那，保存着文艺复兴式、巴洛克式、新艺术式等各式建筑，可谓是艺术之都。

这座人口27万的首都，曾经被神圣罗马帝国统治长达500年，之后被奥匈帝国吞并，在哈布斯堡皇室的统治下获得发展，德语名称为雷巴赫（Leibach）。现为斯洛文尼亚的政治、经济中心。

航行于卢布尔雅尼察河上的观光船

卢布尔雅那城堡所在的山丘与山丘下流淌的卢布尔雅尼察河，环境安静，风景优美，吸引了大量游客前来。老城区的红瓦屋顶，会让人觉得仿佛是乘着时间机器回到了中世纪。可以仔细游览这座自然与艺术相融合的城市。

## 🌀 到达卢布尔雅那后前往市内

### 乘飞机到达

斯洛文尼亚的约热·普奇尼克国际机场位于卢布尔雅那市区以北约23公里处。距离最近的城市为克拉尼（→p.239）。到达大厅内有 ❶ 及ATM等设施，出发大厅内有银行、邮局、旅行社、汽车租赁公司的服务窗口。还有咖啡馆，可免费使用Wi-Fi，所以即便提早到达机场也可以悠闲地打发时光。

---

■ 前往卢布尔雅那的方法

除了可以乘坐斯洛文尼亚的国内航班，从奥地利、意大利、匈牙利、塞尔维亚、波黑也有开往这里的火车及巴士。

● 从萨格勒布（克罗地亚）出发

🚆 4:40~21:20 期间1天5班，用时约2小时20分钟，67.10 Kn~。

🚌 4:55~23:05 期间1~2小时1班，用时2~3小时，78~119 Kn。

● 从新戈里察出发

🚌 17:19出发，用时3小时19分钟，€9.56。

🚆 4:40~19:45 期间1天14班（周六、周日车次减少），用时1小时45分钟~2小时40分钟，€9.20~10.70。

● 从科佩尔出发

🚆 5:25出发，其他车次截至2019年2月需乘巴士前往迪瓦查，然后换乘火车。用时2小时30分钟，€9.56~16.14。

🚌 4:51~19:40 期间1天15班（周六、周日车次减少），用时1小时15分钟~2小时20分钟，€10.70~20.80。

● 从采列出发

🚆 直达列车1天10~15班，中途在兹达尼莫斯特（Zidani Most）换乘的列车1天4~13班。用时1小时10分钟~1小时50分钟，€6.99~12.29。

🚌 4:50~18:15 期间1天10班（周六、周日车次减少），用时1小时10~55分钟，€7.50~7.90。

● 从马里博尔出发

🚆 直达列车1天4~7班，在兹达尼莫斯特或采列换乘的车次1天8~13班。用时2~3小时，€9.56~16.14。

🚌 5:45~17:05 期间1天7班左右（周六、周日车次减少），用时1小时40分钟~3小时20分钟，€11.60~12

---

■ 约热·普奇尼克国际机场

☎ (04) 2061000
🔗 www.lju-airport.si

■公交巴士

　　5:20~20:10 期间 16 班（周六、周日 6:10~19:10 期间 7 班）。从巴士总站的 28 路站台出发。

■机场接送巴士

　　马尔昆接送巴士公司、MNJ 运输公司、前进奥普蒂公司等几家公司运营，均需预约。酒店可帮客人叫车，前进奥普蒂公司还在火车站附近设有专用的车站。

●马尔昆接送巴士
**Markun Shuttle**
☎ 041-782865
URL www.markun-shuttle.com

●MNJ 运输
**MNJ Transfer**
☎ 041-644444
URL www.mnj.si

●前进奥普蒂
**Go Opti**
URL www.goopti.com

■卢布尔雅那站
Map p.227-C1
✉ Trg Osvobodilne fronte
🕐 5:00~22:00

▶卢布尔雅那站的投币寄存箱
🎫 24 小时小 € 3、中 € 4、大 € 5、特大 € 6

■长途巴士总站
Map p.227-C1
✉ Krekov trg 10
URL www.ap-ljubljana.si
🕐 周一~周六　5:00~23:05
　　周日、法定节假日
　　　5:30~23:05
🈺 无休

▶长途巴士总站的行李寄存处
🕐 周一~周六　5:00~21:30
　　周日、法定节假日
　　　5:30~21:30
🎫 1 天　€ 3.50（不满 30kg）
　　　€ 6（超过 30kg）

■LPP
☎ (01) 5822460
URL www.lpp.si

■卢布尔雅那卡

　　除了可以凭卡随意乘坐市内巴士，还可以免费参观博物馆、美术馆或在购买门票时享受打折优惠。一些酒店、餐馆及市内团体游也可凭此卡打折。与乌尔巴纳卡为同种类卡，乘车时需刷卡。卡分 24 小时（€ 27）有效、48 小时（€ 34）有效、72 小时（€ 39）有效三种。可在 ❶ 或部分酒店购买。

●公交巴士 Avtobus

　　从到达大厅出来后，穿过人行横道就是巴士车站。周一至周五 5:00~20:00 期间约 1 小时 1 班，周六、周日、法定节假日车次减少。用时约 1 小时，开往位于火车站旁边的长途巴士总站。上车后购票（€ 4.10）。

●机场接送巴士 Airport Shuttle

　　小型巴士，可将客人送至卢布尔雅那的酒店。有马尔昆接送巴士公司（Markun Shuttle）与 MNJ 运输公司（MNJ Transfer）、前进奥普蒂公司（GoOpti）等几家公司，从到达大厅出来后，穿过人行横道就是乘车处。6:00~23:30 期间约每 30 分钟 1 班，乘车原则上需要预约，但如有空位，即便没有预约也可乘车。关于车票，马尔昆接送巴士公司每人 € 9，MNJ 运输公司 1~3 人 € 27、4 人 € 36、5 人 € 40。前进奥普蒂公司根据时间及乘客人数调整车费价格。

●出租车 Taksi

　　走出大厅就是出租车乘车处。计价实行打表制，去往市中心大约需要 € 45，用时约 30 分钟。

## 乘火车到达

●卢布尔雅那站 Železniška postaja Ljubljana

　　所有国际列车的出发、到达都在卢布尔雅那站，该车站位于市中心偏北处。

## 乘巴士到达

　　所有国际线路及国内线路的巴士均在火车站出门右侧的长途巴士总站出发、到达。巴士站按线路 1~28 路区分，车号牌旁会写有去往地点。巴士总站为平房，内有售票处、交通 ❶、厕所、行李寄存处、商店、货兑换处、ATM 等。

# ◎ 卢布尔雅那的市内交通

●巴士 Avtobus

　　卢布尔雅那市内唯一的巴士公司 LPP（Ljubljanski Potniški Promet）的作用非常重要。共 50 条线路，一般 5:00~22:30 期间车次频繁。没有总站，但主要线路均从市内主要道路斯洛文斯卡大街出发。巴士车站的电子站牌显示巴士运行前往各站及预计到达时间。

乘车时用乌尔巴纳卡触碰读卡机

　　卢布尔雅那已经开始使用充值式交通卡乌尔巴纳卡（Urbana）。乘车付费仅限使用卡，所以为了乘车，应事先在 ❶ 或售货亭、巴士车站的自动售票处购卡并充值。

　　购卡费用为 € 2。最多可充值 € 50。用触碰司机座位旁边的读卡机就可以乘车。乘车费用为每次 € 1.20~2.50，可在 90 分钟内任意换乘。乌尔巴纳卡原则上不能退卡，但如果是在 ❶ 购卡，持卡及购卡收据可在 ❶ 办理退卡，返还 € 2 购卡费。

## 租赁自行车的使用方法

**①** 事先在 URL www.bicikelj.si 首页左上的 "Subscribe" 进行注册。设定开始使用时间及 Pin Code，便可获得 Subscriber number。一定要记住这些数字

**②** 前往租车点。终端设备（照片左侧）使用触屏操作。用英语操作按首页右下的 4 号键。按首页 1 号键后开始进行操作

**③** 输入 Subscriber number 及注册时设定的 Pin Code。再输入想要租赁的自行车的号码，然后就可以去取车

**⑥** 还车时，将车放入空车位后落锁即可。将自行车上的凸起处插入车桩即可完成落锁

**⑤** 在道路上开始骑行。基本上所有道路都有自行车专用车道，应按车道行驶，注意安全

**④** 选择自行车号码后，被选车辆的车锁打开。从后边将车取出，便可开始骑行

---

### ●观光车 URBAN

电动观光车，从市政厅前出发，经停卢布尔雅那城堡、普列赤涅克故居、兹维兹塔公园、歌剧院等景点。11:00~17:00 期间 2 小时 1 班，行驶一周用时 1 小时 15~30 分钟。乘车一周 € 8，可以中途下车。

巡游景点的观光车，可使用乌尔巴纳卡乘车

### ●出租车 Taksi

数量很少，即便在大路上也很难沿街打到车。主要的出租车乘车处位于火车站前及高级酒店旁。费用为 1 公里 € 0.77~。

### ●比茨凯留（租赁自行车）BicikeLJ

在巴士总站及各景点周围有自行车租车点。只要租车点上有空车位就可还车，无须将车骑回最初租车的地点。使用时应事先在相关网站上注册。

## 卢布尔雅那　漫　步

卢布尔雅那市区以火车站、长途巴士总站为起点向南延伸。将新城区与老城区分隔开的卢布尔雅尼察河呈弓形流淌，有多座热·普列赤涅克设计的桥梁横跨其上。位于老城区可俯瞰全城的小山上建有卢布尔雅那城堡。景点集中的中心区（Center）为 1.5 公里见方的区域，火车站、卢布尔雅那城堡、蒂沃利公园都位于该区域内。

---

■出租车
Taxi Društvo Ljubljana
TEL（01）2349000
URL www.taxi-ljubljana.si
（斯洛文尼亚语）

■租赁自行车
URL www.bicikelj.si
注册使用时间分 1 周（€ 1）与 1 年（€ 3）两种。使用 1 小时以内免费，2 小时以内 € 1，3 小时以内 € 2。免费使用时，还车 5 分钟后可再次使用。

■卢布尔雅那的 ❶（TIC）
Map p.226-B2
✉ Adamič-Lundrovo Nabrežje 2
URL www.visitljubljana.com
email tic@visitljubljana.com
TEL（01）3061215
📅 6~9 月　　　8:00~21:00
10 月~次年 5 月
　　　　　　　8:00~19:00
🚫 无休
信息多，服务周到。可获取各种团体游介绍、酒店名录以及地图。

采基诺铺城堡
**Cekinov grad** A

国家现代历史博物馆
**Muzej novejše zgodovine**

联合皮乌尼察
**Union Pivnica**
联合体验馆
**Union Experience**

蒂沃利城堡
**Tivolski grad**

蒂沃利公园
**Park Tivoli**

至卢布尔雅那动物园
（2.5公里）

卢布尔雅那蒂沃利车站
**Ljubljana Tivoli**

28路巴士站
（机场方向）
**Trg Osvobodilne fro**

B

机场巴士站
候机楼

卢布尔雅那
列夫大酒店
**Lev** InterContinental

JB餐馆

Pražakova

斯塔里 · 蒂维里尔尔
**Stari** 中央酒店
**Central**

Slamič Prenočišča

Figovec

**Dalmatinova** City

Ana

国家美术馆
**Narodna galerija** Štefanova

现代美术馆
**Moderna galerija**

**Opera Bar**

歌剧院
**SNG Opera in Ballet**

**Opera Klet**

谢施蒂卡
**Šestica**

福德汉堡
**Hood Burger**

联合行政商务大酒店
**Grand Hotel Union Business**

**Grand Hotel**
**Union Executive**

Sloı

**HIT WOK**

贝斯特韦斯特
精品斯隆酒店

特雷索酒店
**Tresor**

方济各会教堂
**Frančiškanska cerkev**

国家博物馆&自然史展示馆
**Narodni muzej Slovenije,**
**Prirodoslovni muzej**

**Cankarjeva cesta**

**Tomšičeva**

**Tram Neak**

**Nama**

**Copova**

**As**

普利舍伦广场
**Prešernov trg**

肉铺桥
**Mesarski mo**

国会大厦
**Parlament**

**Pošta Slovenije**

**Subičeva**

**Parlament**

三重桥
**Tromostovje**

卢布尔雅那大教堂
**Ljubljanska stolnica**

**TIC**

共和国广场
**Trg**
**republike**

**Da Bu Da**

文化中心售票处

**Emonec**

寿司妈妈

**Zvezda**

**Lolita**

**Rustika**

Ika

Kraševka

星之公园
**Park zvezda**

三圣堂
**Cerkev sv. Trojice**

**Kongresni**
**trg**

三重桥

老城区
**Stara**
**Ljubljana**

市政厅
**Rotovž**

可当车
**Vzpenjač**

文化中心
**Cankarjev dom**

库伯酒店
**Cubo**

**Erjavčeva cesta**

斯洛文尼亚爱乐乐团
**Slovenska Filharmonija**

**Mestna Hiša**

**Rustika**

**Ljubljanski grad**

**Gregorčičeva ul.**

阿德霍克青年旅舍
**AdHoc**

鞋匠桥
**Čevljarski most**

**Monstera Bistro**

卢布尔雅那城堡
**Ljubljanski grad**

**Rimska cesta**

弗洛鲁斯
**Foculus**

国立大学图书馆
**Narodna in univerzitetna**
**knjižnica**

茉莉娅 Julija

玛丽和我
**Marley & Me**

**Mraku** **Le Petit**

**Muzikalije**

市立博物馆
**Mestni muzej Ljubljana**

**Namasté**

格雷力酒店
**Galleria**

**Aškerčeva cesta**

法国西革命广场
**Trg francoske**
**revolucije**

**Zoisova cesta**

露天剧场
**Križanke**

圣弗罗里雅努斯教堂
**Cerkev sv. Florija**

罗马城堡
**Rimski zid**

卢布尔雅那嘉年华
**Festival Ljubljana**

圣雅克布桥
**Šentjakobski most**

旅游泽
**Špajza**

**Mirje**

**Jamova cesta**

**Gradaška ul.**

特尔诺夫斯基桥
**Trnovski most**

**Plečnikova hiša**

**Eiprrova ul.**

**Prule**

洗礼者约瑟夫教堂
**Župnijska cerkev**
**sv. Janeza Krstnika**

普列赤涅克故居
**Plečnikova hiša**

**Vogelna ul.**

**Žiherlova ul.**

A

B **Trnovski pristan**

卢布尔雅那

226

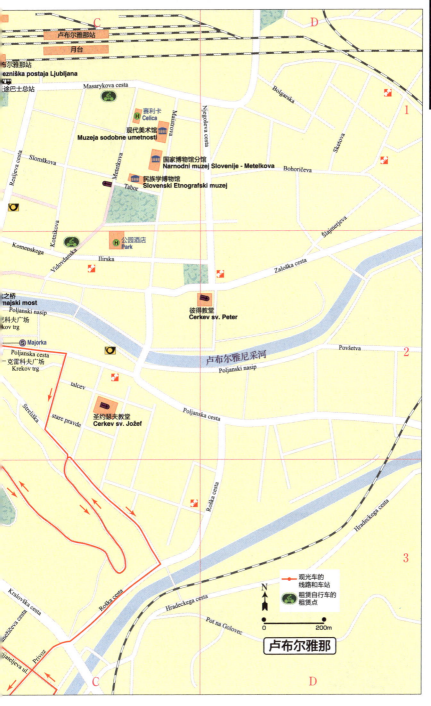

C
卢布尔那站
月台

D

I

布尔雅那站
ezniška postaja Ljubljana

途巴士总站

Masarykova cesta

Bolgarska

Skcetova

赛利卡
Celica

现代美术馆
Muzeja sodobne umetnosti

Maistrova

Njegoševa cesta

Bohoričeva

国家博物馆分馆
Narnodni muzej Slovenije - Metelkova

Slomškova

Resljeva cesta

Metelkova

民族学博物馆
Slovenski Etnografski muzej

Tabor

Šlajmerjeva

Kotnikova

公园酒店
Park

Komenskega

Vidovdanska

Ilirska

Zaloška cesta

之桥
majski most
Poljanski nasip

科夫广场
kov trg

彼得教堂
Cerkev sv. Peter

Majorka

Poljanska cesta

克雷科夫广场
Krekov trg

卢布尔雅尼采河

Poljanski nasip

Povšetva

2

talcev

Strelška

stare pravde

圣约瑟夫教堂
Cerkev sv. Jožef

Poljanska cesta

Roška cesta

Hradeckega cesta

3

观光车的
线路和车站

N

租赁自行车的
租赁点

Kralovška cesta

Roška cesta

Hradeckega cesta

Pot na Golovec

0          200m

卢布尔雅那

Privoz

jateljeva ul.

C

D

227

游览卢布尔雅尼察河

挂满锁头的肉铺桥

粉色的方济各会教堂

## 普列舍伦广场
### Prešernov trg
Prešeren Square ▮ Map p.226-B2

　　位于卢布尔雅那市中心的广场。从广场通往老城区的三重桥头立有 19 世纪诗人弗·普列舍伦（France Prešeren，1800~1849 年）的铜像。出现于€ 2 硬币图案中的普列舍伦写下的诗句"阳光所照之处，再无战争，皆为自由同胞"，在 1991 年南斯拉夫战争之后成为斯洛文尼亚国歌的歌词。广场旁有建于 17 世纪的方济各会教堂，有很多咖啡馆的乔波瓦大街（Čopova）上人流不断。

普列舍伦广场

## 三重桥
### Triple Bridge
Tromostovje ▮ Map p.226-B2

有四只龙守护的龙桥

　　连接新城区与老城区的三座桥梁。卢布尔雅尼察河上的桥梁之中，这些桥梁往来人流最多。自中世纪起，经过多次重修，20 世纪 30 年代建筑师约热·普列赤涅克（Jože Plečnik，1872~1957 年）增建了两座供行人通行的桥，形成了今天人们看到的样子。国立大学图书馆也是他的作品。普列赤涅克为人特立独行，所以生前一直都遭冷遇，现在不仅被认为是建筑师，还被誉为优秀的城市规划大师。

　　老城区有许多文艺复兴式、巴洛克式住宅，新城区多为普列赤涅克设计的，且融入了希腊及伊斯兰风格的建筑，可以步行游览，沿街观赏。三重桥东边有卢布尔雅那市象征的龙桥（Zmajski most），桥栏杆上有龙的图案。

## 肉铺桥
### Butcher's Bridge
Mesarski most ▮ Map p.226-B2

　　位于三重桥与龙桥之间。2010 年落成以后，栏杆上挂满了情侣们祈盼爱情天长地久的锁头，在当地被视为年轻人谈情说爱的地点。桥周围有当地艺术家的青铜雕塑作品，这些作品上也被挂上了锁头。

## 方济各会教堂
### Franciscan Church
Frančiškanska cerkev ▮ Map p.226-B2

　　普列舍伦广场旁的方济各会教堂，设计及装饰受意大利影响，十分精美。建于 1646~1660 年，1736 年雕刻家弗朗西斯科·罗巴（Francesco Robba）修造了祭坛，19 世纪后期画家马泰·朗古斯（Matej Langus）在穹顶天花板上进行了彩绘。

## 卢布尔雅那城堡 　Ljubljanski grad　`Map p.226-B2`
Ljubljana Castle

位于山上的卢布尔雅那城堡建于 1144 年。一直被亲切地称为格勒（Grad）。除了可步行前往，还可以在市政厅前乘坐观光车（→ p.225）或叮当车前往。

自从建立以来，城堡的主人随着历史上的政治斗争而多次变化。13 世纪初，封建领主斯潘海姆男爵（Spanheim）统

从瞭望塔上俯瞰卢布尔雅那城堡

治当地，这里成了权力的象征，1335 年被哈布斯堡皇室继承。除了建于 1489 年的哥特式礼拜堂（Kapela），现存建筑为 16 世纪大地震后重建。

卢布尔雅那城堡曾经成为监狱，1905 卢布尔雅那市出资将城堡购回。城堡内有咖啡馆供游客休息，礼拜堂也是举办婚礼的场所，当地市民对这里都很熟悉。可免费进入城堡领地内，但城堡内的虚拟城堡（Virtualni Grad）、人偶博物馆（Lutkovni muzej）、斯洛文尼亚历史展（Razstava Slovenska zgodovina）、礼拜堂、观景台等收费。从观景台上可以俯瞰卢布尔雅那的街景。

提供语音导览服务，有多国语言可供选择。除此之外，还有工作人员身着传统服装讲述城堡历史的时间机器之旅以及详细介绍城堡监狱史的监狱之旅。导游均使用英语及斯洛文尼亚语。

## 法兰西革命广场　Trg francoske revolucije　`Map p.226-B3`
French Revolution Square

形成于 13 世纪的法兰西革命广场是每年 7~8 月期间举办的卢布尔雅那夏季艺术节（音乐、舞蹈、戏剧的盛典）的主会场。普列赤克将原来的修道院改建为户外剧场之后，艺术节就开始举办。

## 普列赤涅克故居　Plečnikova hiša　`Map p.226-B3`
Plecnik's House

约热·普列赤涅克（1872~1957 年）是斯洛文尼亚的著名建筑师。他在维也纳学习，1911 年在捷克的布拉格参与了布拉格城堡的修复工作。1920 年返回故乡卢布尔雅那，设计了三重桥、国立大学图书馆等当地具有代表性的建筑。普列赤涅克故居原为普列赤涅克的工作室兼居所，现为博物馆对外开放。可参加团体游参观内部，有介绍其生涯及作品的展出。故居北边的施洗约翰教堂的祭坛、图尔诺沃桥的设计以及罗马城墙的修复，均由他完成。位于卢布尔雅那的普列赤克作品，已进入联合国教科文组织世界遗产的暂定名单，将来可能进入世界遗产名录。

卢布尔雅那城市景观设计者的故居

---

■ 卢布尔雅那城堡
☎（01）3064293
URL www.ljubljanskigrad.si
🕐 城堡内展出
6~9 月　　　9:00~21:00
4、5、10 月　9:00~20:00
12 月　　　10:00~19:00
1~3 月、11 月 10:00~18:00
时间机器之旅
7~9 月　　11:00、13:00、
　　　　　15:00、17:00
10 月~次年 4 月的周六、
周日及 5、6 月
　　　　　11:00、15:00
监狱之旅
7~9 月　　　　15:00
10 月~次年 4 月的周六、
周日及 5、6 月　14:00
休 无休
时间机器之旅 10 月~次年 4 月的周一至周五
💰 进入城堡院内免费
城堡内展出
€ 7.50　学生€ 5.20
叮当车与城堡内展出通票
€ 10　学生€ 7
时间机器之旅与城堡内展出通票
€ 10　学生€ 7
监狱之旅与城堡内展出通票
€ 10　学生€ 7
语音导览与城堡内展出通票
€ 10　学生€ 7
📷 可　📹 可
徒步游览，从沃德尼科夫广场（Vodnikov trg）出发，穿过茨利尔梅托多广场（Ciril-Metodov trg），沿小路施图托斯卡街（Študentovska）就能看见写有 Grad 的绿色招牌前行，之后可到达城堡。

■ 叮当车
Map p.226-B2
从龙桥向南，进入老城区后在克莱科夫广场（Krekov trg）南边，乘坐开往城堡入口的叮当车。
🕐 6~9 月　　　9:00~23:00
4、5、10 月　9:00~21:00
12 月　　　10:00~22:00
1~3 月、11 月 10:00~20:00
运行：每隔 10 分钟
💰 单程€ 2.20，往返€ 4
学生单程€ 1.50，往返€ 3

■ 卢布尔雅那夏季艺术节
URL www.ljubljanafestival.si

■ 法兰西革命广场
📷 可　📹 可

■ 普列赤克故居
✉ Karunova 4-6
☎（01）2801604
URL mgml.si/en/plecnik-house
🕐 10:00~16:00
休 周一、1/1、12/25
💰 仅包含展出€ 4，学生€€ 2.50
展出与团体游€ 6，学生€ 4
团体游每逢整点出发。定员为 7 人以内，最好提前到达。
📷 可　📹 不可

■蒂沃利公园
开 自由进入
📷可 🎥可

■国家现代历史博物馆
Map p.226-A1
✉Celovška cesta 23
TEL（01）3009611
URL www.muzej-nz.si
开 10:00~18:00
休 周一、法定节假日
费 €4.50 学生€2.50
每月第一个周日免费
由蒂沃利公园北边的采基诺夫城堡（Cekinov grad）改建而成的博物馆。
📷可 🎥可

■卢布尔雅那动物园
✉Večna pot 70
TEL（01）2442188
URL www.zoo.si
开 4~9月 9:00~19:00
3、11月 9:00~17:00
10月 9:00~18:00
12月～次年2月 9:00~16:30
休 12/25
费 €8 学生€7
📷可 🎥可

**前往施玛尔娜山的方法**

🚌乘8路巴士在萨瓦（Sava）下车。用时约30分钟。下车后沿山路前行。步行45分钟~1小时可到达山顶。
■施玛尔娜山
TEL（01）5116555
URL www.smarnagora.com

## 蒂沃利公园 Park Tivoli

Map p.226-A1~2

Tivoli Park

植被茂密的蒂沃利公园在17世纪时由耶稣会修建。室内外有体育设施，是人们休闲的场所。

公园内还有国家现代历史博物馆（Muzej novejše zgodovine），介绍斯洛文尼亚第一次世界大战至1991年国家独立的现代历史。沿着公园内由普列赤涅克设计的散步路前行，可以到达蒂沃利城堡（Tivolski grad）。

亮丽的蒂沃利城堡

## 卢布尔雅那动物园 Živalski vrt Ljubljana

Map p.226-A2 外

Ljubljana Zoo

位于蒂沃利公园以西、罗杰尼克山背后的动物园。从卢布尔雅那蒂沃利火车站步行45分钟左右可至。主要饲养着阿尔卑斯山及地中海沿岸的动物，共152种。

# 卢布尔雅那 短途旅行

## 施玛尔娜山 Šmarna gora

Map 文前 p.4-B2

Šmarna Mountains

从施玛尔娜山远眺卢布尔雅那市区

施玛尔娜山位于卢布尔雅那市区以北9公里处，海拔669米，每逢周末都会有很多当地市民全家到此游玩。山顶上有教堂及幸福之钟，还可远眺卢布尔雅那市区。天气晴朗时，还能看见山顶积雪的朱利安阿尔卑斯山。

# 卢布尔雅那的博物馆与美术馆

### 国家美术馆

*Narodna galerija*

Map p.226-A1 · 2

◆位于市中心偏西，博物馆、美术馆集中的普莱希尔诺瓦大街。作为国家美术馆，这里收藏着斯洛文尼亚最重要的美术作品，展出创作于14世纪的玛利亚像、加林盖尔的浪漫主义风景画以及里哈德·亚科皮奇、格洛哈尔等印象派画家的作品。建于1896年的旧馆展出斯洛文尼亚艺术，新馆主要展出欧洲艺术。

✉Prešernova 24 TEL（01）2415418 URL www.ng-slo.si
开 周二、周三、周五～周日 10:00~18:00、周四 10:00~20:00
休 周一、1/1、5/1、11/1、12/25
费 常设展€8 学生€5 特别展€7 学生€3
常设展、特别展通票€10 学生€5
📷可 🎥不可

### 现代美术馆

*Moderna galerija*

Map p.226-A2

◆1945年由埃德·拉夫尼卡尔（Edo Ravnikar）修建。主要展出斯洛文尼亚艺术家的现代艺术作品。也会举办特别展。

特别展也很值得一看

✉Cankarjeva 15
TEL（01）2416834
URL www.mg-lj.si
开 10:00~18:00 休 周一、1/1、12/25
费 €5 学生€2.50 每月第一个周日免费
📷可 🎥不可

## 现代美术馆
*Muzej sodobne umetnosti*

◆ 位于市区东部，主要展出斯洛文尼亚艺术家的现代艺术作品。多为特别展，展品中有大量新作。

艺术家们的作品

✉ Maistrova 3　☎（01）2416825
🌐 www.mg-lj.si
🕐 10:00～18:00
🈺 周一、法定节假日
💰 € 5　学生€ 2.50
　　每月第一个周日免费
📷 可　📹 不可

入口位于南侧，不太容易找到

---

## 国家博物馆
*Narodni muzej Slovenije*

◆ 国家博物馆为绿地公园对面的奶油色建筑，建于1885年。馆内展出斯洛文尼亚有史以来出土的大量文物。包括绘制于公元前6世纪的壁画以及罗马时代的宝石、玻璃工艺品等珍贵文物。还设有展出矿物标本及动物标本的自然历史展馆（Prirodoslovni muzej）。在民族博物馆所在的梅特尔科瓦大街（Metelkova）还设有国家博物馆分馆（Narnodni muzej Metelkova）。

出土于卢布尔雅那市内的罗马时期铜像

✉ Prešernova 20　☎（01）2414400　🌐 www.nms.si
🕐 周五～下周三　　　10:00～18:00
　　周四　　　　　　　10:00～20:00
🈺 1/1、5/1、11/1、12/25·26
💰 国家博物馆€ 6　学生€ 4
　　自然史展馆€ 4　学生€ 3
📷 可　📹 不可

● **国家博物馆分馆**　Map p.227-C1

✉ Metelkova 1　☎（01）2307030　🌐 www.nms.si
🕐 10:00～18:00　🈺 周一、法定节假日
💰 € 6　学生€ 4　每月第一个周日免费
📷 可　📹 不可

猛犸象化石

国家博物馆分馆的展区

---

## 民族学博物馆
*Slovenski Etnografski muzej*

◆ 1、2层为特别展展区，3、4层为常设展区。常设展的展品中包括亚洲、非洲的民俗资料，但还是以斯洛文尼亚的展品为主。除了各种展品，还有普图伊嘉年华、蜂箱壁板制作等与民俗有关的影像资料。

藏品丰富

✉ Metelkova 2
☎（01）3008700
🌐 www.etno-muzej.si
🕐 10:00～18:00
🈺 周一、法定节假日
💰 € 4.50　学生€ 2.50
　　每月第一个周日免费
📷 可　📹 不可

普图伊嘉年华上使用的名为克兰特的服装

---

## 市立博物馆
*Mestni muzej Ljubljana*

◆ 距离法兰西革命广场不远。地下有古代遗迹，展品中出土文物的数量很多。但是，展品还是以南斯拉夫时代的文物为主。有铁托时代的招贴画。

展品种类丰富

✉ Gosposka 15　☎（01）2412500
🌐 www.mgml.si（斯洛文尼亚语）
🕐 周二、周三、周五～周日　　10:00～18:00
　　周四　　　　　　　　　　　10:00～21:00
🈺 周一、1/1、11/1、12/25
💰 € 6　学生€ 4
📷 可　📹 不可

---

## 联合体验馆
*Union Experience*

◆ 斯洛文尼亚著名的联合啤酒的体验馆，可了解联合啤酒的历史并参观生产过程。参观以团体游的形式进行，从工厂内的酒吧联合皮乌尼察（p.235）出发，讲解使用英语及斯洛文尼亚语。最后还可以试饮刚刚生产出来的啤酒。

✉ Celovška 22
☎ 041-303050　🌐 union-experience.si
🕐 12:00、14:00、16:00、18:00（周六 14:00、16:00、18:00）
🈺 周日　💰 € 14　学生€ 11.20
📷 可　📹 不可

娱乐信息可以通过置于 ❶ 内，免费领取的英语月刊获取，里面记载了歌剧、音乐会、体育项目、各类嘉年华、画廊和美术馆的特展等，信息量丰富。

## 歌剧院
### SNG Opera in Balet
Map p.226-A2

✉ Župančičeva 1
☎（01）2415959　URL www.opera.si
🕐 事务所
　周一～周五　　10:00~13:00，14:00~18:00
　周六·周日　　10:00~13:00，演出前 1 小时
🚫 无休

## 文化中心
### Cankarjev dom
Map p.226-A2

✉ Prešernova 10
☎（01）2417299　URL www.cd-cc.si
🕐 事务所
　周一～周五　　11:00~13:00、15:00~20:00
　周六　　　　　11:00~13:00、开演前 1 小时~
🚫 周日

## 斯洛文尼亚爱乐乐团
### Slovenska Filharmonija
Map p.226-B2

✉ Kongresni trg 10
☎（01）2410800
URL filharmonija.si（斯洛文尼亚语）
※ 演出票可以通过文化中心的事务所购买

### 售票窗口

## 卢布尔雅那嘉年华
### Festival Ljubljana
Map p.226-B3

✉ Trg francoske revolucije 1
☎（01）2416000　URL www.ljubljanafestival.si
🕐 4~9 月　周一～周五　　10:00~20:00
　　　　　周六　　　　　10:00~13:00、开演前 1 小时~
　10 月~次年 3 月　　12:00~17:00、开演前 1 小时~
🚫 4~9 月的周日、1~3 月的周六·周日

市中心有几家大型酒店，设备齐全舒适。民宿的信息可以通过位于沃德尼科夫广场大的 ❶、三重桥附近的 ❶ 获取，也可以通过旅行社介绍。

## 卢布尔雅那列夫酒店
### Hotel Lev Ljubljana
★★★★★
高档　客房数：173　Map p.226-B1

◆位于卢布尔雅那市中心最高档的酒店，外观看起来时尚现代。内装修奢华大气，成熟稳重。酒店内并设赌场。
🌐 全馆　EV 有

URL www.union-hotels.eu
email lev@union-hotels.eu　✉ Vošnjakova 1
☎（01）3087000　FAX（01）3087500
S A/C 🛁🚻📶 € 190
W A/C 🛁🚻📶 € 210
C/C A D M V

## 库伯酒店
### Cubo Hotel
★★★★
高档　客房数：26　Map p.226-B2

◆酒店的外观建筑给人一种年代感，但是客房的设计却时尚前沿，整体很有品位。酒店内并设的地中海餐馆也十分有人气。
🌐 全馆　EV 有

URL www.hotelcubo.com
email reception@hotelcubo.com
✉ Slovenska cesta 15
☎（01）4256000　FAX（01）4256020
S A/C 🛁🚻📶 € 100~150
W A/C 🛁🚻📶 € 135~185
C/C A D M V

## 联合行政商务大酒店
### Grand Hotel Union Executive & Business
★★★★
高档　客房数 327　Map p.226-B2

◆酒店是利用一栋建于 1905 年的新艺术风格的建筑改建而成的，酒店的入住名册中有大量社会名流。健身养生中心的设施完善。
🌐 全馆　EV 有

URL www.union-hotels.eu
email info@union-hotels.eu
✉ Miklošičeva 1
☎（01）3081270　FAX（01）3081015
S A/C 🛁🚻📶 € 250
W A/C 🛁🚻📶 € 260
C/C A D J M V

## 格雷力酒店
*Hotel Galleria* ★★★★

◆位于老城区中心地带的酒店。客房主色调为白色，给人一种干净整洁的感觉。酒店的中庭被打理得十分漂亮，酒吧等公共设施也很丰富。

全馆　**EV** 有

| 高档　客房数：16　　Map p.226-B3 |
| --- |
| **URL** www.hotelgalleria.eu |
| **email** welcome@hotelgalleria.eu |
| ⊠ Gornji trg 3　**TEL**（01）4213560　**FAX** 无 |
| S A/C 🏠 ➜ □　€ 50~ |
| W A/C 🏠 ➜ □　€ 70~ |
| C/C A D M V |

## 贝斯特韦斯特精品斯隆酒店
*Best Western Premier Hotel Slon* ★★★★

◆酒店名的意思是"大象"。除了酒店的标志以外，店内随处可见大象形象的装饰物。健身中心、SPA 等设施齐全。

全馆　**EV** 有

| 高档　客房数：170　　Map p.226-B2 |
| --- |
| **URL** www.hotelslon.com |
| **email** reception@hotelslon.com |
| ⊠ Slovenska cesta 34 |
| **TEL**（01）4701100　**FAX**（01）2517164 |
| S A/C 🏠 ➜ □　€ 180 |
| W A/C 🏠 ➜ □　€ 200 |
| C/C A D M V |

## 中央酒店
*Central Hotel* ★★★★

◆正如其名，酒店位于市中心，地理位置优越。客房功能齐备，虽然酒店规模不算大，但是桑拿、酒吧等设施齐全。

全馆　**EV** 有

| 高档　客房数：75　　Map p.226-B1 |
| --- |
| **URL** www.union-hotels.eu |
| **email** central@union-hotels.eu |
| ⊠ Miklosiceva 9 |
| **TEL**（01）3084300　**FAX**（01）2301181 |
| S A/C 🏠 ➜ □　€ 135 |
| W A/C 🏠 ➜ □　€ 160 |
| C/C A D M V |

## 公园酒店
*Hotel Park* ★★★

◆靠近住宅区的酒店，安静舒适，去往市中心的交通也比较方便。客房简洁宽敞。顶层有洗衣机、烘干机，支付€ 3 便可使用。

全馆　**EV** 有

| 中档　客房数：207　　Map p.227-C2 |
| --- |
| **URL** www.hotelpark.si |
| **email** info@hotelpark.si　⊠ Tabor 9 |
| **TEL**（01）3002500　**FAX**（01）4330546 |
| S A/C 🏠 ➜ □　€ 65~190 |
| W A/C 🏠 ➜ □　€ 75~200 |
| C/C A D J M V |

## 斯塔里·蒂修里尔旅馆
*Gostilna Stari Tisler* ★★★

◆距离火车站、巴士中心徒步仅需 5 分钟的旅馆。虽然设备不算豪华，但是必要设施还算齐全，住宿费也比较亲民。店内并设了当地菜馆。

全馆　**EV** 有

| 经济型　客房数：12　　Map p.226-B1 |
| --- |
| **URL** www.stari-tisler.com |
| **email** info@stari-tisler.com |
| ⊠ Kolodvorska 8 |
| **TEL**（01）4303370　**FAX**（01）4303375 |
| S W A/C 🏠 ➜ □　€ 70~140 |
| C/C A D J M V |

## 赛利卡
*Celica*

◆利用一栋曾经是监狱，又曾经是画廊的建筑改建而成的青年旅舍。距离车站较近，交通方便。建议提早预约。

全馆　**EV** 无

| 青年旅舍　床位数：94　Map p.227-C1 |
| --- |
| **URL** www.hostelcelica.com |
| **email** info@hostelcelica.com |
| ⊠ Metelkova 8 |
| **TEL**（01）2309700　**FAX**（01）2309714 |
| D 🏠 ➜ □　€ 17~23 |
| S W 🏠 ➜ □　€ 44~66 |
| C/C M V |

## 特蕾索酒店
*Hotels Tresor*

青年旅舍　床位数：128Map p.226-B2

◆这里曾经是一座银行，如今被改建成了青年旅舍。毛巾、洗浴用品免费，青年旅舍会员可以享受折扣。内部提供厨房，设有微波炉和面包机等简易设施，不能做饭。早餐需单独花费€ 2~4。

URL www.hostel-tresor.si

email info@hostel-tresor.si　✉ Čopova 38

TEL（01）2009060　FAX（01）2009069

D A/C ▢ ▢ ▢ ▢ € 15~

S W A/C ▢ ▢ ▢ € 42~

CC M V

全馆　EV 无

---

## 阿德霍克青年旅舍
*AdHoc Hostel*

青年旅舍　床位数：73　Map p.226-B2

◆位于老城区的中心地带，地理位置方便，周边有不少餐馆。多人间的床位数为 6~8 张。厨房和洗衣房等设施完善。

URL www.adhoc-hostel.com

email info@adhoc-hostel.com

✉ Cankarjevo nabrežje 27

TEL 051-268288（手机）　FAX 无

D ▢ ▢ ▢ ▢ € 15.50~21

W ▢ ▢ ▢ ▢ € 40~54

CC M V

全馆　EV 无

---

# 卢布尔雅那的餐馆
## *Restaurant*

　　卢布尔雅那的餐馆没有咖啡馆和酒吧多。不过餐馆的类型丰富，除了斯洛文尼亚菜，还有匈牙利菜、意大利菜、墨西哥菜等供应国际风味的餐馆。大多数餐馆都有英文食谱。

---

## 索科尔
*SoKol*

斯洛文尼亚菜　　　Map p.226-B2

◆既有斯洛文尼亚传统菜肴，又有意面、牛排、海鲜等，种类丰富。主菜的价格在€ 8~23。店员穿着传统服装，深受游客的好评。价位比一般餐馆高。

URL www.gostilna-sokol.com

✉ Ciril Metodov trg 18　TEL（01）4396855

开 周一～周六 7:00~23:00

　　周日、法定节假日

　　　　　　　　10:00~23:00

休 无休

CC D J M V

---

## 玛丽和我
*Marley & Me*

斯洛文尼亚菜　　　Map p.226-B2

◆位于老城区的咖啡餐吧。田园风情的吧台和家具，给人一种舒适的感觉。除了斯洛文尼亚菜以外，菜单上还有不少其他选择。也可以跟店员询问今日推荐的菜式。

URL www.marleyandme.si

✉ Stari trg 9

TEL 083-806610（手机）

开 11:00~23:00

休 无休

CC M V

---

## 谢施蒂卡
*Gostilna Šestica*

斯洛文尼亚菜　　　Map p.226-B2

◆既有农家田园风格的餐位席，又有观赏植物环绕雕刻的餐位席，在不同寻常的意境中就餐很是有趣。主菜的价格€ 11.90~23。有时还会有团餐客人专享的表演秀。

URL www.sestica.si　✉ Slovenska cesta 40

TEL（01）2420855

开 周一～周五　　　　　　10:00~23:00

　　周六　　　　　　　　12:00~23:00

　　周日　　　　　　　　12:00~17:00

休 法定节假日

CC A D J M V

## 施派泽
*Špajza*

◆古典氛围的斯洛文尼亚餐馆。餐馆所在的房屋是一栋拥有 200 年历史的老房子。每天店内的工房还会烤制面包。午餐的价格十分便宜，平时€14，周六·周日 16。

斯洛文尼亚菜　　Map p.226-B3
URL www.spajza-restaurant.si
✉ Gornji trg 28
TEL（01）4253094
⏰ 12:00~22:00
休 无休
C/C A D M V

## 茉莉娅
*Julija*

◆主营斯洛文尼亚地方菜，有伊德里亚名特产伊德里亚馄饨€ 11.90 等。店内以白色为基调，家具也十分考究。夏季的时候坐在店外路旁的露天餐区，十分惬意。

斯洛文尼亚菜　　Map p.226-B2
URL julijarestaurant.com
✉ Stari trg 9
TEL（01）4256463
⏰ 12:00~22:00
休 无休
C/C A D M V

## JB 餐馆
*JB Restavracija*

◆位于火车站附近的餐馆，是一家被列入世界 100 强的餐馆，也是斯洛文尼亚的名店。各类套餐齐全，每人€ 50~95。主菜每盘€ 18~36。

创意菜　　Map p.226-B1
URL jb-slo.com　✉ Miklosicevacesta 19
TEL（01）4307070
⏰ 周一～周五　　　　12:00~23:00
　周六　　　　　　18:00~23:00
休 无休
C/C A D J M V

## 弗茨鲁斯
*Foculus*

◆当地十分受欢迎的比萨屋。使用高温柴火窑一气升温烤制而成的比萨面皮十分薄，内侧可以折起来。共有 60 多种比萨，价格€ 7.10 起。

比萨　　Map p.226-B2
URL www.foculus.si
✉ Greigorčičeva 3
TEL（01）4219295
⏰ 11:00~次日 0:30
休 无休
C/C A D M V

## 联合皮乌尼察
*Union Pivnica*

◆由啤酒屋和 Union 共同经营的 Hub。可以提供 10 种以上的啤酒，0.3L 的价格是€ 2.2~。菜肴的品种也比较丰富，午餐的价格为€ 6~7.50。

斯洛文尼亚菜　　Map p.226-A1
URL union-pivnica.si
✉ Celovška 22
⏰ 周一～周四　　　　11:00~24:00
　周五、周六　　　11:00~次日 1:00
休 周日、法定节假日
C/C A D M V

## 福德汉堡
*Hood Burger*

◆这是一家走高档线路的汉堡店，下单后开始现场烤制。辅料有培根、洋葱、乳酪等，价格在€ 4.5~7.9 不等。大约需要等待 10 分钟。

快餐　　Map p.226-B2
URL www.hoodburger.si（斯洛文尼亚语）
✉ Nazorjeva 4　TEL 040-540411（携带）
⏰ 周一～周五　　　　11:00~24:00
　周六　　　　　　12:00~24:00
　周日　　　　　　12:00~22:00
休 无休
C/C M V

卡姆尼克
★
卢布尔雅那

# 卡姆尼克 *Kamnik*

Map 文前 p.4-B2

■前往卡姆尼克的交通方法

●从卢布尔雅那出发

🚌 5:40～20:15 期间 每天 15 趟车（周六·周日停运）。所需时间 33～46 分钟，€ 2.58。

🚏 5:00～23:05 期间每小时 1～7 趟车（周六·周日、夏季班次减少）。所需时间约 1 小时，€ 3.10。

●从卢布尔雅那国际机场出发

🚏 8:42～15:42 期间每天 5 趟车（周六·周日停运），所需时间 30 分钟，€ 2.70。

●从克拉尼出发

🚏 8:45～15:25 期间每天 5 趟车（6 月下旬～8 月停运）。所需时间约 45 分钟，€ 3.60。

位于格拉乌泥广场的卡姆尼克的 ❶

■卡姆尼克的 ❶

Map p.236-B1

✉ Glavni trg 2

☎ ( 01 ) 8318250

🌐 www.visitkamnik.com

✉ tic@visitkamnik.com

🈺 夏季　　　　9:00～20:00
　冬季
　周一～周五 9:00～16:00
　周六、周日、法定节假日
　　　　　　　9:00～17:00

🈲 1/1、复活节、12/25

租借自行车，前 4 小时 € 4，全天（TIC 关闭为止）€ 8；电动自行车是 4 小时 € 8，全天 € 16。2019 年夏季时导入了公共自行车租赁系统。Wi-Fi 免费。内除了放置有地图、各种小册子以外，还有民宿、酒店的介绍。楼上是美术馆。

位于肖特的大街上的圣母教堂

卡姆尼克是坐落于占据朱利安阿尔卑斯一角的卡姆尼克—萨维尼亚山坳中的溪谷小镇。很早以前这里曾经被称作施泰因，德语是"石头"的意思，后来匈牙利时代由于与意大利通商，这里变成了中世纪重要的贸易枢纽。每年 9 月的第二个周末，小镇会举办国际民族服饰文化遗产节。

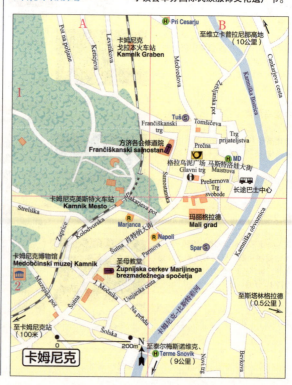

从卡姆尼克博物馆俯瞰卡姆尼克城

位于高台的玛丽格拉德

乘坐从卢布尔雅那出发的巴士沿着卡姆尼克—比斯特彩河北上，便可到达河对岸的长途巴士站。之后沿着马斯特洛娃大街（Maistrova）向西行，便可到达格拉乌泥广场（Glavni trg），广场附近有 ❶。

火车贯穿城市西侧的南北而过，从南开始的车站依次是 Kamnik Mesto、Kamnik Graben。距离格拉乌泥广场最近的火车站是 Kamnik Mesto，不过这两座车站距离市中心都不远。

从格拉乌泥广场向西南延伸的肖特纳大街（Šutna）是过去工会所在位置，现在是整座城市的主要大街。每栋建筑都标记有曾经是制作何物的房屋的铭牌。格拉乌泥广场的南侧有一座在城墙环绕下的高台——玛丽格拉德（Mali grad），意思是小城，仿佛守护着这座城市一样坐落在高台上。斯塔林格拉德（Stari grad）的意思是大城，位于马斯特洛娃大街以东的小山丘上，大约 30 分钟可以登顶。夏季时，山顶上的餐馆会营业。

位于卢布尔雅那近郊的城市，氛围悠闲恬适

## 玛丽格拉德　　Mali grad　Map p.236-B2
Small Castle Kamnik

玛丽格拉德建于卡姆尼克老城的中心地带，是整座城市的地标建筑。虽然这座城市有记载的文献源于 13 世纪以后，但是在这里发现了比文献记载更早的遗迹。城堡内有一栋建于 13 世纪的教堂，从城墙环绕的高台可以俯瞰群山环抱下的城景。

从玛丽格拉德远眺

## 方济各会修道院　Frančiškanski samostan　Map p.236-B1
The Franciscan Monastery

方济各会修道院

位于小路旁的修道院

这座修道院是 15 世纪末由方济各会修建的。院内有雅各布教堂，还有一座图书馆，馆藏内容从神学、人文科学到药学，范围广泛，18 世纪以前出版的书籍有一万册以上。圣雅各布教堂主祭坛旁的礼拜堂是普雷契尼克（Jože Plečnik）大师的杰作。

**MD**
**Hotel MD Kamnik**
Map p.236-B1
✉ Maistrova 13
☎ 041-337263（手机）
URL www.hotelmd.si
email info@hotelmd.si

酒店是利用一栋建于 1830 年的老房子改建而成的，2018 年 11 月重装开业。地处卡姆尼克市中心，十分方便。内设餐馆、酒吧、露台、会议室等。

费 W 无 € 62~
C/C A D M V

■玛丽格拉德（礼拜堂）
✉ Mali grad nn
开 9:00~13:00
休 9 月中旬~次年 6 月中旬
费 € 2.50
📷 可　📹 可
观景台可攀登。

■方济各会修道院
✉ Frančiškanski trg 2
☎ 041-912697（手机）
开 圣雅各布教堂随时开放
休 无休　费 免费
※ 图书馆需要提前一天在 ❶ 预约
📷 可　📹 不可

　　与当地著名的军人、诗人、政治家鲁道夫·梅斯特故居博物馆和米哈美术馆（❶的楼上）共通的门票，两馆通票 € 3.50，三馆通票 € 5
可　不可

## 卡姆尼克博物馆　Medobčinski muzej Kamnik　Map p.236-A2
### Intermunicipal Museum Kamnik

　　图书馆所在建筑为文艺复兴巴洛克风格，可以俯瞰城市街景，也因是 Grad Zaprice 而闻名。宗教改革时期这里曾经是路德派据点。现在是介绍卡姆尼克周边的博物馆。

*利用城堡改建而成的图书馆*

## 卡姆尼克　短途旅行

## 泰尔梅斯诺维克　Terme Snovik　Map 文前 p.4-B2
### Terme Snovik

　　位于卡姆尼克以南 9 公里的温泉。温泉水含有钙、镁、钠等，可以缓解关节疼痛、腰疼等。温泉休闲区设有住宿设施、室内泳池、室外泳池等。

*传统的牧牛部落*

## 维立卡普拉尼那高地　Velika planina　Map 文前 p.4-B2
### Velika Planina

　　维立卡普拉尼那高地位于姆尼克—萨维尼亚山地区，空气清新、风景优美。夏季可以健走，冬季可以滑雪，全年都有适合的户外项目。此外，这里还是著名的牧区，大规模地饲养奶牛，每年 6 月中旬至 9 月中旬，一片田园牧歌的风景十分宜人。早春的时候，会有漫山遍野淡紫色的番红花盛开。周边有餐饮设施和可供住宿的小木屋。

　　从卢布尔雅那或者卡姆尼克出发到达这里，全程有巴士、缆车、缆椅可以乘坐，即便是对体力没有自信的人也不用担心。

## 卡姆尼克的餐馆
### Restaurant

　　城市里没有特别值得一提的餐馆，推荐在酒店的餐馆就餐。伊斯特鲁斯卡浓汤是当地的特色美食，主要使用德式泡菜、豆子、培根高汤、乳酪等烹制而成。

*质朴美味的浓汤*

# 克拉尼 *Kranj*

Map 文前 p.4-B2

★克拉尼

卢布尔雅那

中世纪与现代相融合的城市

心形伴手礼，❶ 内有售

克拉尼也被称为卢布尔雅那的空中玄关，与卢布尔雅那的距离跟机场一样远。小城的历史悠久，可以追溯到 3000 年前的伊利里亚时代。罗马时代这里被称为卡鲁尼乌姆（Carnium），这也是克拉尼的语源。6 世纪至 7 世纪时斯拉夫人移住到此地，这里成了克拉尼斯卡地区的中心城市。同时这里也是交通要道，是萨瓦河（Sava）与科库拉河（Kokra）的汇合之地。虽然后来首都职能逐渐转移至卡姆尼克和卢布尔雅那，但是现在仍旧是继卢布尔雅那、马里博尔之后与采列并列的规模相当的城镇。

## 克拉尼 漫 步

从克拉尼车站出发至老城区徒步约需 10 分钟。铁路与萨瓦河平行而建，过了河便是老城区的入口。

Alpetour 巴士公司的总部设在克拉尼，巴士中心位于城市的北部。沿着布雷威索瓦大街（Bleiweisova cesta）向正南方走便可到达克拉尼酒店。大多数的巴士都可以在克莱纳酒店前停车，如果准备去老城区在这里下车比较近。

斯洛文尼亚广场（Slovenski trg）经常举办各种庆典，也是老城区与新城区的分界点。从这里往北是新城区，往南是老城区。很多景点都分布在位于老城区的格拉乌泥广场（Glavni trg）周边。

克拉尼的老城区

■前往克拉尼的交通方法
●从卢布尔雅那出发
🚌 4:33~23:55 期间 每小时 1~3 趟车（周六·周日减少班次）。所需时间 19~37 分钟，€ 2.58~4.38。
🚆 2:08~23:00 期间 每小时 1~5 趟车（周六减少车次，6 月下旬~8 月停运）。所需时间 40~55 分钟，€ 3.60~5.10。
●从卡姆尼克出发
🚌 5:45~20:21 期间 每小时 1 趟车（周六·周日减少班次）。所需时间 1 小时 9 分钟 ~2 小时。€ 5.08~9.42。
🚆 5:55~14:20 期间 每天 5 趟车。所需时间约 45 分钟，€ 3.60。
●从什科菲亚洛卡出发
🚌 4:57~21:06 期间 每时 1~3 趟车（周六减少班次）。所需时间约 8 分钟，€ 1.28。
🚆 5:10~23:37 期间 每小时 1~4 趟车（周六减少班次）。所需时间约 25 分钟，€ 2.30。
●从布莱德湖出发
🚌 从 Lesce-Bled 站出发，4:44~20:49 期间每小时 1 趟车（周六·周日减少班次）。所需时间 19~38 分钟，€ 2.58~5.67。从 Bled Jezero 出发，5:13~17:47 期间共 6 趟车。所需时间 1~2 小时，€ 4.28。
🚆 5:00~20:37 期间每小时 1~4 趟车（周六·周日减少班次）。所需时间 40 分钟，€ 3.60。
●从博希尼湖出发
🚌 从 Bohinjska Bistrica 站出发，4:53~17:27 期间 6 趟车。所需时间 1 小时 20 分钟 ~2 小时 15 分钟。€ 5.80~10.50
🚆 4:57~19:50 期间每小时 1 趟车（周六·周日减少班次）。所需时间约 1 小时 20 分钟，€ 6.30。
●从克拉尼斯卡戈拉出发
🚌 5:10~21:20 期间 每小时 1 趟车（周六·周日减少班次）。所需时间 1 小时 20 分钟，€ 6.70。
●从卢布尔雅那国际机场出发
🚆 6:00~22:50 期间每小时 1 趟车（周六减少班次、周日停运）。所需时间约 15 分钟，€ 1.80。

■克拉尼的 ❶
Map p.240-B2
✉ Glavni trg 2
☏ (04) 2380450
🌐 www.visitkranj.com
🕐 周一～周六　8:00~19:00
　　周日、法定节假日
　　　　　　　9:00~18:00
🚫 无休、1/1、12/25 短时间

239

萨瓦河以西是仿佛守望者一样守护着老城区的施玛丽艾托纳格拉山（Šmarjetnagora），海拔646米。山顶上有一座圣玛格丽特教堂（Cerkev sv. Marjet）和一家酒店。虽然从老城区徒步至此约需1小时30分钟，但是从这里眺望的风景还是很值得一看的。想要稍稍健走一下，选择这里最合适。

位于山顶的圣玛格丽特教堂

---

## 克拉尼 主要景点

### 普列舍伦故居 Prešernova hiša Map p.240-B2
Prešeren's House

国民诗人普列舍伦的故居。他在45岁的时候在克拉尼开设了律师事务所，直到逝世一直在这里生活了3年左右。如今这里成了收集普列舍伦资料的博物馆，当时屋内的样子也得以再现。

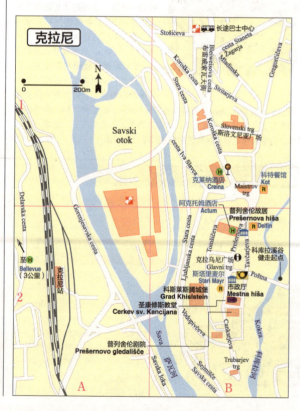

## HOTEL 酒店

**阿克托姆酒店**
**Actum Hotel**
Map p.240-B2
✉ Prešernova 6
TEL 059-082400
FAX 059-082430
URL www.actum-hotel.com
email info@actum-hotel.com
費 ⑤AC🛏🚿 € 75~110
Ⓦ AC🛏🚿 € 100~150
CC ADMV

**克莱纳酒店**
**Hotel Creina**
Map p.240-B1
✉ Koroška cesta 5
TEL（04）2817500
FAX（04）2817599
URL hotelcreina.si
email info@hotelcreina.si
費 ⑤🛏🚿 € 64
Ⓦ🛏🚿 € 80
CC ADJMV

■普列舍伦故居
✉ Prešernova 7
TEL（04）2013983
URL www.gorenjski-muzej.si
開 10:00~18:00
休 周一、1/1、12/25
費 € 3　学生 € 2.30
　三馆共通票 € 7　学生 € 5
📷可　📹可
※普列舍伦故居、市政厅、科斯莱斯腾城堡同为格雷纽斯卡博物馆管理，开馆时间、门票、网站相同

国民诗人普列舍伦故居

■科库拉溪谷健走
　科库拉河流经城市的东侧，从城市到河边健走是最合适不过的。从中央邮局附近出发，向北走。在 ❶ 可以领取行程地图和景点介绍。

河边的健走线路

# 市政厅
## The Town Hall

**Mestna hiša** | **Map p.240-B2**

　市政厅现在作为格雷纽斯卡博物馆被使用，整体建筑共有两个部分，建于文艺复兴时期的 16 世纪至 17 世纪。主要介绍格雷纽斯卡地区民俗习惯等，楼上是民俗展示，楼下展出的是这一地区的考古发现，地下是企划展区。

市政厅内展出的雕塑作品

# 科斯莱斯腾城堡
## Khislstein Castle

**Grad Khislstein** | **Map p.240-B2**

　原本这里是为了防御外敌入侵而建的防御设施的一部分，后来随着年代的发展逐渐向外扩张，成了当地有权势者的宅邸。内部保留有中世纪的湿壁画，一切仿佛还保留着当初的模样。现如今这里与市政厅一样被作为格雷纽斯卡博物馆使用，主要介绍从中世纪到现在人们生活的场景。

再现了上流社会人们居室的模样

■地道之旅
　❶ 主办的特色旅游项目，沿着"二战"时修建的防空洞探索地下世界，全长共 1300 米。所需时间 1 小时。集合地点 ❶
🚋 周六·周日 10:00、周二、周五 17:00
🈺 周一、周三、周四
💰 € 3、学生 € 2.50
※10~11 月嘉年华期间整一个月没有项目

■市政厅
✉ Glavni trg 4
☎（04）2013980
※ 门票参考普列舍伦博物馆

市政厅内的考古学展示

■科斯莱斯腾城堡
✉ Tomšičeva 44
☎ 059-096631（手机）
※ 门票参考普列舍伦博物馆

城堡内是博物馆

# 克拉尼的餐馆
## Restaurant

## 科特餐馆
### Gostilna Kot

◆ 比较传统的斯洛文尼亚菜馆。店内的装饰具有浓郁的乡土风情，面朝广场的露台座位十分舒适。牛排的价格是 € 10~17，维也纳香肠 € 7.30。

**斯洛文尼亚菜** | **Map p.240-B1**
🌐 www.gostilnakot.si（斯洛文尼亚语）
✉ Maistrov trg 4　☎（04）2026105
🚋 周一～周五 7:00~22:00（周六 ~18:00）
🈺 周日　CC Ⓐ Ⓜ Ⓥ

照片中的菜肴特别适合搭配克拉尼名特产肉肠和啤酒一起组合
€ 12.90、小号 € 10.50

## 斯塔里麦尔
### Gostilna Stari Mayr

◆ 位于老城区的家乡菜馆。开业于 1852 年，内装也是古典风格的。午餐是 12:00~15:00，晚餐是 18:00~。牛肉汤 € 9.2、香肠 € 9.2 等。

**斯洛文尼亚菜** | **Map p.240-B2**
🌐 www.stari-maysr.si
✉ Glavni trg 16
☎（04）2800020
🚋 7:00~24:00
　　周日 7:00~22:00
🈺 无休
CC Ⓐ Ⓓ Ⓜ Ⓥ

什科菲亚洛卡
★
卢布尔雅那

# 什科菲亚洛卡 *Škofja Loka*

Map 文前 p.4-B2

什科菲亚洛卡的城镇景观

■前往什科菲亚洛卡的
交通方法
●从卢布尔雅那出发
🚂 4:33~20:25 期间每小时
1~2 趟车（周六·周日减少
车次）。所需时间 16~26 分
钟，€ 1.85~4.58。
🚌 5:10~23:00 期间每小时
1~3 班车（周六减少车次）。
所需时间约 40 分钟，€ 3.10。
●从克拉尼出发
🚂 5:08~21:14 期间每小时 1~2
趟车（周六·周日减少车次）。
所需时间约 8 分钟，€ 1.28。
🚌 5:40~22:40 期间每小时 1~4
趟车（周六·周日减少车次）。
所需时间约 25 分钟，€ 2.30。

■什科菲亚洛卡的 ❶
●Turstično društvo Škofja
Loka（老城区）
Map p.243-B2
✉ Mestni trg 42
☎（04）5120268
🌐 www.td-skofjaloka.si
📧 info@td-skofjaloka.si
🕐 9:00~19:00
　周六·周日 13:00~15:00
　期间休息
　10 月~次年 5 月的周六~
　16:00
🚫10 月~次年 5 月期间的
周日、法定节假日
　除了可以介绍酒店、民
宿、餐馆等，还售卖什科菲
亚洛卡的特产蜂蜜制品等。

用蕾丝编织的样本

什科菲亚洛卡是一座历史
悠久的古镇。神圣罗马帝国奥
托二世曾经将这片土地赠与拜
恩主教。14 世纪时，为了防御
外敌入侵，这里筑起了城堡。
由于水路发达等地形因素，整
个中世纪什科菲亚洛卡都是附
近的经济中心和繁华地带，当
时繁荣昌盛的景象至今依稀可
见。老城区有不少古老的建筑，
仿佛在向人们诉说着历史的故事，百看不厌。

## 什科菲亚洛卡 漫 步

　　什科菲亚洛卡火车站距离镇中心有 3 公里远。如果准备步行前往，
需要沿着奇多利奇瓦大街（Kidričeva cesta）一直向西走，这样便可以到
达长途巴士中心。虽然徒步可至，但是从卢布尔雅那、克拉尼出发到什
科菲亚洛卡的巴士都会在火车站停车，乘坐这些巴士 5 分钟便可到达。
　　长途巴士中心几乎位于镇中心。景点大多集中在赛尔西河
（Selščica）对岸的老
城区内。

人们在普施塔尔地区的河岸边戏水

　　什科菲亚洛卡
分为几个区域，老城
区所在的镇中心其
实并不是这里历史最
悠久的地区。最古老
的地区是斯塔拉洛卡
（Stara Loka），位于
西北方。此外，还有

东部的普施塔尔（Puštal），泊林施采河（Poljanščica）流经这里。这些区域各自构成独立的城中城。老城区被夹在这两个区域之间，从中心地区步行至这两个区域15分钟可抵，如果时间充足不妨去逛一逛。

老城区充满故事的建筑

## 什科菲亚洛卡 主要景点

### 卡普钦桥
**Kapucinski most** Map p.243-B2

Kapucin's Bridge

欧洲最古老的桥——卡普钦桥

卡普钦桥也被称为石桥（Kamniti most），是14世纪中叶利奥·波德修建的。起因是主教骑马走过一座没有栏杆的桥时不幸落马。1888年时进行过修补，是欧洲现存最古老的桥。这座桥的桥拱弧度十分优雅。

■ 什科菲亚洛卡的 ❶
● Razvojna agencija Sora d.o.o.（城东）
Map p.243-B1
✉ Kidričeva cesta 1a
☎（04）5170600
URL www.visitskofjaloka.si
🕐 5~9月　　9:00~19:00
　　10月~次年4月
　　　　　　8:00~16:00
🈲 冬季的周日、法定节假日、1/1、12/25
　提供周边临近地区的旅游信息。

### HOTEL 酒店
巴雷塔
**Hotel garni Paleta**
Map p.243-B2
✉ Kapucinski trg 17
☎ 041-874472（手机）
URL hotel-skofjaloka.si
费 W A C 卫 个 € 62
CC A D M V（手续费5%）

■ 卡普钦桥
自由参观

什科菲亚洛卡

圣尤里教堂
Cerkev sv. Jurija

斯塔拉洛卡城堡
Starološki grad

Turizem Loka

斯塔拉洛卡
STARA LOKA

Grohaljevo naselje

podrubnik

Partizanska cesta

N
0　　　　　200m

赛尔西河
Selščica

Cesta talcev

Kamnitnik

Nama

H Mini

巴雷塔
Paleta

Kapucinski trg 奇多利奇瓦大街 Kidričeva cesta

至什科菲亚洛卡火车站
（2.5公里）

卡普钦桥
Kapucinski most

莫基卡 Čipke Mojca

长途巴士中心
Cankarjev trg

卡斯卡餐馆
Kašča

Stara cesta

霍曼咖啡馆
Homan

什科菲亚洛卡城堡
Škofja Loka Grad

Spodnji trg

Mestni trg

圣雅克布教堂
Cerkev sv. Jakoba

老城区

泊林施采河

普施塔尔
PUŠTAL

Grajska pot

Poljanščica cesta

圣十字架教堂
Cerkev sv. Križ

1

2

A B

圣雅克布教堂的中席

## 圣雅克布教堂    **Cerkev sv. Jakoba**    `Map p.243-B2`
St. Jacob Parish Church

　　圣雅克布教堂是一座建于 1471 年的后哥特式教堂。1532 年钟楼建成至今，一直保留着原有的模样。造于 1694 年的文艺复兴式圣餐台是黑色大理石材质的，几乎同期的作品圣画《橄榄山上的耶稣》也得到了较高的评价。

■圣雅克布教堂
✉ Cankarjev trg 13
☎ (04) 5123300
⊞ 7:00~ 日落
⊟ 无休    ⊡ 随意捐赠
◻ 可

■什科菲亚洛卡城堡
✉ Grajska pot 13
☎ (04) 5170400
URL www.loski-muzej.si
⊞ 夏季　　　 10:00~18:00
　 冬季　　　 10:00~17:00
⊟ 冬季的周一、1 月的周一~
周五、1/1、1/2、复活节的
周一、11/1、12/25
⊡ € 5　学生 € 3
◻ 可　◪ 不可

## 什科菲亚洛卡城堡    **Škofja Loka Grad**    `Map p.243-B2`
Castle of Škofja Loka

　　什科菲亚洛卡城堡耸立在老城区背后，1511 年大地震时以前的城墙几乎全部倒塌，现在的城墙是之后修复重建的，即便这样也已有近 700 年的历史。现在作为什科菲亚洛卡博物馆被使用，主要介绍古镇和周边地区的历史文化和民俗、考古发现等。

建于高处的什科菲亚洛卡城堡与修复展品的人们

---

# 什科菲亚洛卡的餐馆
## *Restaurant*

## 卡斯卡餐馆
*Gostilna Kašča*

◆ 过去这里曾经是城墙的一部分，作为谷仓被使用，后来被指定为文化遗产。主营斯洛文尼亚菜，有伊德里亚地区的传统菜式。

**斯洛文尼亚菜**    `Map p.243-B2`
URL www.gostilna-kasca.si
✉ Spodnji trg 1
☎ (04) 5124300
⊞ 11:00~23:00
⊟ 周日、法定节假日
C/C M V

Loški zvitki    € 5
鸡蛋、蘑菇牛肉卷

## 霍曼咖啡馆
*Homan Café*

◆ 咖啡馆所在建筑是一栋建于 16 世纪的哥特式建筑，也被指定为历史建筑。菜单上是一些简餐，帕尼尼等€ 3.60。传统的糕点、蛋糕也非常美味。

**咖啡馆**    `Map p.243-B2`
✉ Mestni trg 2    ☎ (04) 5123047
⊞ 夏季　　　　　　　 8:00~23:00
　 冬季　　　　　　　 8:00~22:00
⊟ 无休
C/C A D M V

---

# 什科菲亚洛卡的商店
## *Shop*

## 莫基卡
*Čipke Mojca*

◆ 深受当地人喜爱的蕾丝商店。这里有各种纯手工编织的蕾丝，即便只是看看也十分有趣。还有手工编织的首饰。

**蕾丝**    `Map p.243-B2`
URL www.cipkemojca.com（斯洛文尼亚语）
✉ Blaževa 2    ☎ (04) 5155744
⊞ 周一、周二、周四　　　 9:00~16:00
　 周三、周五　9:00~12:00、15:00~18:00
　 周六　　　　　　　　　 9:00~12:00
⊟ 周日    C/C A M V

# 布莱德湖 *Blejsko jezero*

景色美如画卷

Map 文前 p.4-B2

★ 布莱德湖
· 卢布尔雅那

布莱德湖畔的步道

"景色美如画卷。"布莱德湖让这句听起来有些俗套的话变得十分生动。清澈的湖面上倒映着朱利安阿尔卑斯上的主峰、海拔 2864 米的特里格拉夫山，湖上的小岛上有巴洛克式教堂，静静地守护着大自然。

布莱德湖被誉为"阿尔卑斯之眼"，距离奥地利、意大利很近，17 世纪时就成为人们向往的度假胜地，现在仍有大量来自世界各地的游客造访。最好能花上几天时间，在这里观

从布莱德城堡远眺

赏美丽的大自然。

## 布莱德湖 漫 步

长途巴士总站位于布莱德湖东北方向沿岸地区。来自卢布尔雅那方面的巴士经停卢布梁斯卡大街（Ljubljanska cesta）上的巴士车站，如果预订了那一带的酒店，最好在此下车。火车站的话，有湖西岸的布莱德湖站（Bled Jezero）与向东 4 公里处莱斯采的莱斯采布莱德站（Lesce-Bled），但距离景区中心区域都很远。如从卢布尔雅那等主要城市出发，乘坐巴士最为便利。

布莱德湖东西长 2120 米，南北宽 1380

莱斯采布莱德站

---

■ 前往布莱德湖的方法

● 从卢布尔雅那出发

🚌 至莱斯采布莱德（Lesce-Bled），1 天 12~19 班，用时约 1 小时，€ 5.08~9.42。火车站与布莱德中心区域的巴士总站之间，往来巴士车次非常多，用时 15 分钟，车票€ 1.30。

前往布莱德湖站（Bled Jezero），在耶塞尼采（Jesenice）换乘，€ 6.59。

🚆6:00~21:00 期间 1 小时 1~2 班（周六、周日车次减少），用时约 1 小时 20 分钟，€ 6.30。

● 从克拉尼出发

🚌 至莱斯采布莱德（Lesce-Bled），1 天 13~19 班，用时 20~35 分钟，€ 2.58~5.67。

🚆6:37~21:40 期间 1 小时 1~2 班左右（周六、周日车次减少），用时 40 分钟，€ 3.60。

● 从博希尼湖出发

🚌 从博希尼斯卡比斯特利察（Bohiniska Bistrica）至布莱德湖站，4:53~21:14 期间 7 班（周六、周日车次减少），用时约 20 分钟，€ 1.85。

🚆5:10~20:55 期间 1 小时 1 班左右（周六、周日车次减少），用时约 30 分钟，€ 3.60。

● 从约热·普列赤涅克国际机场出发

🚆选择在克拉尼换乘最为便捷。除了公交巴士，还有 Zup Prevozi 公司运营的机场接送巴士可至酒店接送客人。车费为€ 13。需要预约。

■ Zup Prevozi

☎ 031-304141（手机）
🔗 www.zup-prevozi.eu

■ 布莱德湖的 ❶

Map p.246-A2

✉ Cesta Svobode 10
☎（04）5741122
🔗 www.bled.si
🕐 5、6、9、10 月
　周一~周六　8:00~19:00
　周日、法定节假日
　　　　　　9:00~17:00
　7、8 月
　周一~周六 8:00~21:00

---

周日、法定节假日
9:00~17:00
11月~次年4月
周一~周六 8:00~18:00
周日、法定节假日
10:00~16:00
⊠无休
可租赁自行车，1小时
€3.50，3小时€6，6小时€8，
1天€11。

■观光船
9:00~17:00（夏季 8:00~
21:00）期间每隔40分钟开
行，车票€5。11月~次年4
月休息。

■马车
湖畔环游€50左右。前往
布莱德城堡，单程€50左右。

乘马车绕湖一周非常有趣

■布莱德湖的旅行社
●Kompass Bled
Map p.246-B2
⊠Ljubljanska cesta 4
TEL（04）5727500
URL www.bled-booking.com
开周一~周六 9:00~19:00
周六 9:00~15:00
⊠冬季的周日
位于布莱德购物中心
（Trgovski Center Bled）。除了
可以介绍民宿，还可以在夏
季出租自行车以及在冬季出
租滑雪用具。

●Zipline Dolinka
Map p.246-A1
⊠Grajska cesta 16
TEL 031-845900（手机）
URL zipline-dolinka.si
开夏季 8:00~21:00
冬季 8:00~18:00
⊠无休
可乘滑索跨越布莱德湖
附近的萨瓦多林卡河。有可
以在5个地方体验团体游的
滑索，用时2小时~2小时
30分钟。1人€55。

■布莱德城堡
TEL（04）5729782
URL www.blejski-grad.si
开6~8月 8:00~21:00
4、5、9、10月 8:00~20:00
11月~次年3月 8:00~18:00
⊠无休
费€11 学生€7
可 可

米，周长约6公里。沿岸建有步道，慢走两小时左右可绕湖一周。移步
换景，令人不禁驻足观赏。也可以乘坐环湖观光车或马车游览。
位于陡峭悬崖之上，可俯瞰湖水的布莱德城堡（Blejski grad）以及
圣母升天教堂所在的布莱德岛（Blejski otok）也很值得一去。还可以体验
自行车及骑马等户外运动。

### 布莱德湖 主要景点

## 布莱德城堡　　　　　Blejski grad　Map p.247-B
Bled Castle

建于湖畔断崖之上的城堡

建于耸立于
湖面之上、高达
100米的断崖顶
部。山路陡峭，
如果体力不是很
好，建议乘坐马
车前往。从城堡
可以俯瞰布莱德
湖及周边地区，
景色非常壮美。
在早、中、晚前
往，能看到不同的景色，每种景色都美得令人窒息。
城堡1层有罗马式墙壁及哥特式屋脊，2层原为宅邸及教堂，现为博
物馆及餐馆。博物馆介绍布莱德从青铜器时代至今的历史。展品包括拿
破仑统治时期的家具以及中世纪刀剑、枪械等，虽然并非是这里曾经实
际使用过的物品，但同样会让人感受到城堡历史的悠久。

246

## 圣母升天教堂　Cerkev Marijinega vnebovzetja　Map p.247-A
### Church of the Assumption

可以看见教堂及远处的朱利安阿尔卑斯山

布莱德湖中的小岛上有建于8~9世纪的教堂。17世纪时改建为现存带白塔的巴洛克式建筑。此处为斯洛文尼亚非常著名的风景，从19世纪起就成为明信片中具有代表性的图画。教堂内的祭坛上有圣母玛利亚像，两侧为11世纪时布莱德领主亨利克二世（Henrik II）与其妻子库尼贡达（Kunigunda）的肖像。

钟楼建于1534年，有一种说法是，只要敲响钟声，就能实现愿望。传说一名女子从城堡上将一口小钟扔进湖中，以此祈盼自己死去的丈夫能够重生。但是，她的愿望并未得以实现，之后她成为修女，在修道院度过余生。当时的罗马教皇为了让人们的愿望能够永存人间，特意向这座教堂赠送了一口钟。

圣母升天教堂内部

---

## 布莱德湖　短途旅行

### 文特加溪谷　SoteskaVintgar　Map p.250-A1
#### Vintgar Gorge

文特加溪谷是流入文特加附近的拉德乌纳河的一条溪流，有连续多个瀑布。自古就为当地人所知，但成为广为人知的景点还是19世纪末的事情。出生于卢布尔雅那的世界知名地震学家阿尔本·贝拉倡导的保护自然运动蓬勃发展时，这个溪谷

建有供游客行走的步道

---

### ■圣母升天教堂
🚢 前往布莱德湖上的布莱德岛，可从湖边乘船。船分为名为普雷图纳的手划船与电动船两种。电动船从 ❶ 旁边出发，1小时1班左右。往返€11，约15分钟可到达布莱德岛。在岛上停留大约40分钟后返回。普雷图纳1人€14（往返）。乘客达到一定数量后即开船。在旅游淡季，可能等上2小时也凑不够开船需要的人数。上岛停留大约30分钟后乘坐同一船返回，所以一定要记住去时乘坐的船。
TEL (04) 5767979
URL www.blejskiotok.si
🕐 5~9月　　　9:00~19:00
　　4、10月　　9:00~18:00
　　11月~次年3月9:00~16:00
🈵 无休　　€6　学生€4
　　教堂有时会在傍晚时举办音乐会。
📷 可　🎥 部分区域不可

### 前往文特加溪谷的方法
🚌 6月下旬~8月期间从布莱德湖出发，1天4~5班。用时约20分钟。距离布莱德5公里，步行或骑自行车也可到达。有过往车辆较少的线路可供选择。路上有指示牌，可根据指示前行。骑自行车25分钟左右可以到达。

### ■文特加溪谷
✉ Podhom 80, Gorje
TEL (04) 5725266
URL www.vintgar.si
🕐 8:00~17:00
🈵 11月~次年3月
💰 €5　📷 可　🎥 可

---

布莱德湖

N

0　　500m

黑吧青年旅舍
Back Bar & Hostel
登山口

贾内兹商店
Mojster Janez

布莱德城堡
Blejski grad
登山口

Višce

伊泽谢克
Jezeršek
散步路　登山口
普雷图纳码头

Bled Tourist Office
普雷图纳、
电动船码头
卢布梁斯卡大街
Ljubljanska cesta

TNP
（特里格拉夫山国家公园管理处）

至莱斯克布莱德站
(3.5公里)

布莱德湖站
Bled Jezero

布莱德湖
Blejsko jezero

Trgovski Cneter Bled

布莱德p.246

圣母升天教堂
Cerkev Marijlnega
vnebovzetja
普雷图纳
码头

布莱德岛
Blejski otok

斯沃波德路
Cesta Svobode

Vila Istra

普雷图纳码头　Pletna

布莱德别墅酒店
Vila Bled

Penzion Mlino

Straža

至波希尼湖

A　　　　　　　　　B

文特加溪谷入口

文特加溪谷的瀑布

被"发现"，其美丽的自然风光才开始引起人们的注意。除了溪流，由湍急的水流冲出的洞穴以及周围的植被也非常值得观赏。溪谷全长 1.6 公里，脚下易滑，应穿着便于行走的鞋。

## 布莱德湖的酒店
*Hotel*

　　湖周边除了高档酒店之外，还有不少旅行社的特约旅馆。❶ 也有关于布莱德湖周边的住宿设施的介绍，可供参考。11 月～次年 3 月期间停业的酒店居多。

### 托普里斯大酒店
*Grand Hotel Toplice*
★★★★★

◆ 建于湖畔的酒店。酒店内有温泉泳池，还可以租赁自行车。咖啡馆提供布莱德蛋糕。1～2 月期间休息。

🎧 全馆　EV 有

高档　客房数：87　　Map p.246-A2

URL www.sava-hotels-resorts.com
email ghtoplice@hotelibled.com
✉ Cesta Svobode 12
TEL（04）5791000　FAX（04）5741841
S A/C 🚿 🛁 ➡ 🔒 € 183
W A/C 🚿 🛁 ➡ 🔒 € 205
C/C A D M V

## 布莱德别墅酒店
### Hotel Vila Bled
★★★★

◆酒店所在的建筑原本是铁托的别墅。自 1947 年建成以来接待过多国要人。由于酒店紧邻湖面，设有酒店专用的船码头。

(📶)全馆　EV 有

高档　客房数：30　　Map p.247-A

URL www.brdo.si
email vila-bled@brdo.si
✉ Cesta Svobode 18
TEL（04）5753710　FAX（04）5753711
S 🛁💳➡🚗 € 135~180
W 🛁💳➡🚗 € 150~210
C/C A D M V

## 布莱德公园酒店
### Hotel Park Bled
★★★★

◆这座酒店拥有 150 多年的历史，内部设施十分现代化。室内泳池、桑拿、健身中心等设施齐全。桑拿的费用是平时 € 5，周末 € 6。

(📶)全馆　EV 有

高档　客房数：217　Map p.246-B2

URL www.sava-hotels-resorts.com
email hotelpark@hotelibled.com
✉ Cesta Svobode 15
TEL（04）5791800　FAX（04）5791801
S W 🛁💳➡🚗 € 116~220
C/C A D M V

## 布莱德耶洛维察酒店
### Hotel Jelovica Bled
★★★

◆位于巴士中心附近的酒店，内部设有游泳池等设施。2018 年冬季开始进行改造工程，2019 年 5 月重装开业。

(📶)全馆　EV 有

中档　客房数：100　　Map p.246-A1

URL www.hotel-jelovica.si
email jelovica@hotel-jelovica.si
✉ Cesta Svobode 8
TEL（04）5796000　FAX（04）5796010
S 🛁➡🚗 € 100
W 🛁➡🚗 € 152
C/C A D M V

## 布莱德青年旅舍
### Bled Hostel

◆同一栋建筑中共有两家青年旅舍，这两家共用一个前台。多人间的床位数是 3~10 张。厨房设施完备。

(📶)全馆　EV 无

青年旅舍　客房数：66　Map p.246-A1

email spela.fuerst@gmail.com
✉ Grajska cesta 22
TEL 031-523056（手机）
D 🛁➡🚗 € 10~
C/C 不可

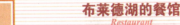
# 布莱德湖的餐馆
## Restaurant

## 布莱德湖公园餐馆
### Restavracija Kavarna Park

◆位于湖畔的餐馆，布莱德湖名物奶油蛋糕（右图，€ 4.20）的卡仕达酱味道浓郁，十分美味。主菜的价格在 € 14.90~32。

斯洛文尼亚菜　　　Map p.246-B2

✉ Hotel Park，Cesta Svobode 15
TEL（04）5791818
开 夏季　　　　　8:00~23:00
　 冬季　　　　　9:00~21:00
休 无休
C/C A D M V

## 伊泽谢克
### Jezeršek

◆餐馆位于布莱德城堡内。位于湖畔的座位风景绝佳。天气好的时候还可以在室外的餐桌就餐。主菜的价格在 € 19~32。葡萄酒的种类很多。

斯洛文尼亚菜　　　Map p.247-B

URL www.jezersek.si　✉ Blejski grad
TEL（04）6203444
开 夏季　　　　　11:00~22:00
　 冬季　　　　　11:00~20:00
休 无休
C/C A D M V

## 普利·普拉宁茨
*Gostilna Pri Planincu*

◆ 1903 年开业的老店。前堂是酒吧，里面是餐馆。酒吧内装饰有来自世界各国的车牌。热腾腾的肉菜价格在€ 9.90~23，十分受欢迎。餐馆还有露台座位。

斯洛文尼亚菜　　Map p.246-A1

URL www.pri-planincu.com
✉ Grajska cesta 8
TEL（04）5741613
🕐 9:00~23:00
休 无休
CC A M V

## 北京饭店
*Kitajska Restavracija Peking*

◆ 湖畔唯一一家中餐馆。厨师长是上海人，菜谱中有酸辣汤面等汤类，价格在€ 2.60~4.50，炒饭€ 6.50~7.50，蔬菜类€ 6.80~8.80，肉菜和鱼€ 8.80~16.50。

中餐　　Map p.246-B2

✉ Narodnih herojev 3
TEL（04）5741716
🕐 12:00~23:00
休 无休
CC A D M V

## 黑吧青年旅舍
*Back Bar & Hostel*

◆ 吉尼斯黑啤的价格是€ 2.50。主要以喝酒为主，夏季时会有轻食提供。酒吧的上层是青年旅舍，每个床位€ 13.5 起。青年旅舍在 5~9 月期间营业。

酒吧　　Map p.247-B

URL back-hostel.com　✉ Grajska 21
TEL 040-743398（手机）
🕐 周一～周五　　6:00~23:00
　　周六　　　　7:00~23:00
　　周日　　　　8:00~23:00
休 无休
CC 不可

---

## 布莱德湖的商店
*Shop*

　　公园酒店的对面是布莱德购物中心（Trgovski Center Bled），除了有纪念品商店之外，内部还有体育用品店、餐馆、酒吧、旅行社等。

## 贾内兹商店
*Manufaktura Mojster Janez*

◆ 位于布莱德城堡内。店内有活字印刷展示，可以印刷带有自己姓名的纪念卡。酒窖内藏有铁托最喜欢的葡萄酒。布莱德城堡特制的葡萄酒是直接从橡木桶中灌装的，可以亲手灌装封瓶，制作一瓶充满回忆的葡萄酒。

纪念卡、红酒　　Map p.247-B

✉ Blejski grad
TEL 031-231308（手机）
🕐 印刷厂
　　夏季　　　　　　8:00~20:00
　　冬季　　　　　　9:00~18:00
　　葡萄酒窖
　　夏季　　　　　　9:00~20:00
　　冬季　　　　　　9:00~18:00
休 无休
CC 不可

## **Information** 在博希尼铁路乘坐蒸汽机车!

斯洛文尼亚的铁路线穿梭于山林之间,沿途风光明媚,其中特别受铁路迷们喜爱的是耶塞尼采(Jesenice)至诺瓦戈里察的博希尼铁路(Bohinijska proga)。经由布莱德湖、博希尼斯卡比斯特里察,穿过科布拉山的隧道,通过莫斯特纳索奇(Mostna Soči)美丽的石桥,延伸至诺瓦戈里察。铁路旁还有奔流于朱利安阿尔卑斯山间的河流。

最初为1904年奥匈帝国修建的特兰斯阿尔皮纳铁路,是当时连接阿尔卑斯山与特里亚斯特湾的主要铁路线。但是随着戈里齐亚与诺瓦戈里察被铁幕隔断,这条铁路也不再像过去那样重要。

现在已经成为地方性铁路,车次不多,而且车站本来就很小,使得这条铁路上的旅途显得格外恬静。

让人总想透过车窗拍摄下沿途的美景

博物馆列车(Muzejski vlak)让这条铁路恢复了生机。蒸汽机车以及车厢都是过去的原物,还有戴着假胡子的乘务员,每到一站都能听到乐手们演奏乐曲——博物馆列车并非只是历史遗作。

有开行于耶塞尼采与诺瓦戈里察之间的列车以及开行于诺瓦戈里察与布莱德湖之间的列车,运营公司、运行时刻及车票价格都不一样。乘坐从耶塞尼采发车的博物馆列车,还可在卡纳尔(Kanal)换乘巴士前往索恰溪谷,参观淳朴的村庄、农田及葡萄酒庄(也可选择只往返乘坐列车)。开往布莱德湖的博物馆列车包含参观布莱德城堡的团体游,均附带午餐。

2019年的运行时刻如下表所示。如果时间允许,建议体验一下博物馆列车。

停在耶塞尼采站的蒸汽机车

博希尼铁路

特里格拉夫山 Triglav
特里格拉夫国家公园 Triglavski narodni park
耶塞尼采 Jesenice
布莱德湖 Bled Jezero
Bohinska Bela
博希尼斯卡比斯特里察 Bohinjska Bistrica
萨瓦博希尼察河 Sava Bohinja
博希尼湖 Bohinjsko Jezero
Kobarid
索恰河 Soča
科布拉山 Kobla
托尔明 Tolmin
Podbrdo
Bača
卡纳尔 Kanal
莫斯特纳索奇 Most na Soči
Grahovo ob Bači
Anhovo
Plave
诺瓦戈里察 Nova Gorica
戈里齐亚 Gorizia
N
0  10km

■运行时刻表(随着时间推移,可能发生变化)
●耶塞尼采~诺瓦戈里察
运行日: 5/4、5/11、5/18、6/1、6/8、6/15、6/22、6/29、7/6、7/20、8/10、8/17、9/7、9/14、9/21、9/28、10/5、10/12、10/19、11/2

| | | |
|---|---|---|
| 9:03 | 耶塞尼采 | 19:53 |
| 9:27 | 布莱德湖 | 19:37 |
| 9:50 | 博希尼斯卡比斯特里察 | 19:00 |
| 11:05 | 莫斯特纳索奇 | 17:32 |
| 11:30 | 加纳尔 | 17:01 |
| 11:59 | 诺瓦戈里察 | 16:35 |

预约: 斯洛文尼亚国铁
URL www.slo-zeleznice.si
费 €79(包含团体游)€45(只包括往返乘车)
●诺瓦戈里察~布莱德湖
运行日: 5/19、6/2、6/16、7/7、9/8、9/15、9/22、10/13

| | | |
|---|---|---|
| 8:45 | 诺瓦戈里察 | 19:45 |
| 9:23 | 莫斯特纳索奇 | |
| 11:05 | 布莱德湖 | 17:48 |

TEL 031-675630
URL www.club.si
费 €90(包含团体游)

251

★博希尼湖
卢布尔雅那

■前往博希尼湖的方法
●从卢布尔雅那出发
🚄没有直达列车，需在耶
塞尼采（Jesenice）换乘。
€ 7.17～12.56。
🚌6:00～21:00 期间约 1 小时
1 班（周末、周日车次减少）。
用时约 2 小时，€ 8.30。
●从克拉尼出发
🚄在耶塞尼采换乘。€ 5.80～
10.50。
🚌6:37～21:40 期间约 1 小时
1 班（周六、周日车次减少）。
用时约 1 小时 20 分钟，€ 6.30。
●从布莱德湖出发
🚄从布莱德湖站 4:31～19:34
期间开行 7 班（周六、周日
车次减少）。用时约 20 分钟，
€ 1.85。
🚌7:14～22:20 期 间 17 班
（周六、周日车次减少）。用
时约 40 分钟，€ 3.60。
●从诺瓦戈里察出发
🚄3:30～19:56期间开行7班（周
六、周日车次减少）。用时约 1
小时 20 分钟～2 小时，€ 5.80。
🚌 没有直达车。
■博希尼湖的 ❶
Map p.252
✉ Ribčev Laz 48
☎（04）5746010
🔗 www.bohinj-info.com
✉ info@bohinj-info.com
🕐7、8 月
　　周一～周六 8:00～20:00
　　周日、法定节假日
　　　　　　　 8:00～18:00
　　9 月～次年 6 月
　　周一～周六 8:00～18:00
　　（11～12 月中旬 9:00～17:00）
　　周日、法定节假日
　　　　　　　 9:00～15:00
🈺无休
　　除了提供旅游信息，还
可以在此预约民宿及山中小
屋。也出售健走及骑行的地
图。有很多不错的伴手礼。
还可办理在博希尼湖钓鱼的
许可。租赁自行车 1 小时
€ 3～，投币寄存箱 1 天 € 2。

信息丰富的 ❶

# 博希尼湖 *Bohinjsko jezero*

Map 文前 p.4-A2

寂静的博希尼湖

博希尼湖著名的黄金鳟鱼

　　博希尼湖位于布莱德湖西南 30
公里处，面积约为布莱德湖的 3 倍。
处于风景壮丽的特里格拉夫国家公
园（Triglavski narodni park）之中。
湖面波光粼粼，在祖母绿色的湖水
中，鱼群来回游弋。每到秋季，湖
畔树木的叶子都会整齐地变换颜色，
冬季则是一片雪景。
　　这里梦幻般的景色也出现在普
列舍伦的诗中，并从很早开始就受到瓦伦丁·沃德尼克、阿加莎·克里斯
蒂等文化人的青睐。现在也吸引着大量来自世界各地的游客到访，夏季
可以健走，冬季可以滑雪。

博希尼湖
Bohinjsko jezero
施洗约翰教堂
Cerkev sv. Janeza Krstnika
船码头
萨瓦博希尼卡河
Sava Bohinjka
杰泽洛酒店
Jezero
兹拉特乌奇彩餐馆
Zlatovčica
中心酒店
Center
洛基奇
Penzion Rožič
Bellevue
加斯佩林酒店
Gasperin
Suha
N
0　　　　200m

利布切夫拉兹

*4 尊登山家铜像*

距离博希尼湖最近的火车站是博希尼斯卡比斯特里察（Bohinjska Bistrica）。至湖边为6公里左右。从火车站前往湖边可以乘坐巴士，大概1~2小时1班。周六、周日及7、8月车次减少。冬季时车站不在火车站前，移至750米外市中心处的巴士站。用时约10分钟，费用€1.80。

从其他城市驶来的巴士，首先在博希尼斯卡比斯特里察停车，之后在湖东南端的利布切夫拉兹（Ribčev Laz）停车，沿湖南岸行驶，最后到达湖西端乌坎茨地区（Ukanc）的博希尼兹拉托洛格（Bohinj Zlatorog）。如果表示自己要去"博希尼湖"，司机一般会在利布切夫拉兹停车，所以应仔细确认自己究竟该在哪里下车。去往湖东岸斯塔拉弗吉纳（Stara Fužina）的巴士较少，不过距离利布切夫拉兹仅1公里多一点，步行完全可至。

乘坐巴士在利布切夫拉兹下车后，北侧立有4尊登山家的铜像，左侧有❶、邮局、餐馆。

湖周边有多条健走线路及自行车骑行线路。建议体验一下。在酒店及旅行社可租借自行车。

利布切夫拉兹与坎普兹拉托洛格之间，除了巴士之外，还有观光船（Turistična ladja）开行。在美丽的湖面上乘船前行，让人心情非常舒畅。船内有英语及德语的讲解。

*博希尼湖畔的施洗约翰教堂*

■在博希尼湖垂钓

可以在萨瓦博希尼卡河体验使用毛钩、假饵垂钓的乐趣。事先在❶购买垂钓许可，遵守每个区域的具体规定，不在规定外区域钓鱼。详情可咨询博希尼垂钓协会。
●Ribiška družina Bohinj
✉Grajska 10
🔗www.bohinj.si/ribolov

■观光船
🚢4~9月 9:30~17:30 期间大概20分钟1班。10月10:50~16:10。单程€9（学生€8），往返€10.50（学生€9.50）。
☎(04) 5747590
📧info@bohinj.si

*航行于湖面的观光船*

萨维察瀑布
**Slap Savica**

高维茨瀑布
**Jama Govic**

斯塔拉弗吉纳
Stara Fužina

Na jami

博希尼湖
**Bohinjsko jezero**

Jezersko polje

艾尔拉
Erlah Ⓗ
博希尼兹拉托洛格

乌坎茨
Ukanc

Naklo

坎普兹拉托洛格
Camp Zlatorog

利布切夫拉兹 p.252

玛丽格勒
**Mali grad**

古城
**Veliki grad**

利布切夫拉兹
Ribčev Laz

N

沃盖尔滑雪中心
**Vogel Ski Center**

0          1km

A          B

博希尼湖

## 沃盖尔滑雪中心
■沃盖尔滑雪中心
TEL (04) 5729712
URL www.vogel.si
可 可

■通往沃盖尔滑雪中心的缆车
6月中旬至9月初
　　　　　　7:30~19:00
9月中旬~10月、滑雪季~6
月中旬　　　 8:00~18:00
均为每30分钟开行。
11月~滑雪季，原则上停运。
单程€16（学生€14）、往返
€20（学生€17）
运行情况可在网站上查询。

■萨维察瀑布
7、8月有巴士开往公
园入口。从利布切夫拉兹出
发，1天7班，用时约20
分钟。从湖畔出发，均为
€1.80。
冬季没有巴士开行。从
乌坎茨出发，步行约45分
钟。从公园入口至瀑布，一
直沿台阶上行，15分钟可至。
24小时
雪天
€3（仅在管理人在时售票）
可 可

# 沃盖尔滑雪中心 Vogel Ski Center　Map p.253-A
### Vogel Ski Center

　　沃盖尔滑雪中心位于博希尼湖南面的沃盖尔山中。从坎普兹拉托洛格南面，可乘缆车前往滑雪中心。终点处海拔1535米。旁边就是沃盖尔滑雪酒店（Skihotel Vogel）及观景台，可远眺博希尼湖。全年营业，但在游客较少的4月及10月至滑雪季节期间，有时会临时停运。

从沃盖尔观景台俯瞰

# 萨维察瀑布 Slap Savica　Map p.253-A
### Savica Waterfall

　　萨维察瀑布为横跨斯洛文尼亚、克罗地亚、塞尔维亚三国的萨瓦河的源头。普列舍伦的作品《萨维察瀑布洗礼》描写的就是这个瀑布，上下落差达78米，呈逆V形落下。夏季有巴士开行，从乌坎茨出发，步行约45分钟可至。

气势磅礴的萨维察瀑布

# 博希尼湖的酒店
## *Hotel*

　　博希尼湖是与布莱德湖齐名的旅游胜地。冬季时还可以享受滑雪的乐趣，因此可供选择的住宿设施比较广泛。大多数的住宿设施都集中在 Bohinjska Bistrica、Ribcev Laz、StaraFuzina、Ukanc 附近，除此以外的区域也有些住宿设施。11月闭馆的地方比较多。

## 杰泽洛酒店　★★★★
### Hotel Jezero

◆位于 Ribcev Laz 巴士站前的酒店。所有客房都带有露台，部分客房有浴缸。室内泳池、健身房等设施齐全。桑拿是单付费的。
全馆　EV 有

| 高档 | 客房数：76 | Map p.252 |
| --- | --- | --- |

URL www.hotel-jezero.si
email info@hotel-jezero.si
✉ Ribčev Laz 51
TEL (04) 5729100　FAX (04) 5729039
S € 60~82
W € 100~144
CC A D M V

## 加斯佩林酒店 ★★★
*Hotel Gasperin*

◆酒店位于镇中心附近，徒步仅需 5 分钟。宽敞的客房全部都带有景观露台。酒店内没有餐馆，可以代订附近的餐馆。10/20~12/20 期间休息。

[全馆] [EV]无

中档　客房数：24　　Map p.252
[URL] www.gasperin-bohinj.com
[email] info@gasperin-bohinj.com
[✉] Ribčev Lza 36a
[TEL] 041-540805（手机）　[FAX]无
[S][W][A/C]　　　€ 80~150
[C/C][A][D][M][V]

## 中心酒店 ★★★
*Hotel Center*

◆位于 ❶ 旁边的酒店。客房都带有露台或者小阳台。并设的餐馆内提供有窑烧的现烤比萨。11 月休息。

[全馆] [EV]无

中档　客房数：12　　Map p.252
[URL] www.hotelcenterbohinj.si
[email] kozomara.doo@siol.net
[✉] Ribčev Lza 50
[TEL]（04）5723170　[FAX]无
[S]　　　€ 53~80
[W]　　　€ 76~130
[C/C][A][M][V]

## 洛基奇
*Penzion Rožič*

◆酒店距离 Ribcev Laz 巴士站徒步 3 分钟的位置。酒店可以提供自行车、摩托车、钓具的租赁服务，桑拿需要花费 € 10。

[公共区域] [EV]无

经济型　客房数：13　　Map p.252
[URL] www.pensionrozic-bohinj.com
[email] rozic@siol.net
[✉] Ribčev Lza 42　[TEL]（04）5723393
[S]　　　€ 46~60
[W]　　　€ 76~103
[C/C][M][V]

## 艾尔拉
*Hiša Erlah*

◆位于 Ukanc 巴士站旁的酒店。内部并设有餐馆。餐馆专门提供当地的特色菜。如果住客提前预约还可以提供鳟鱼。

[全馆] [EV]无

经济型　客房数：7　　Map p.253-A
[email] vanja.sodja@gmail.com
[✉] Ukanc 67
[TEL] 051-215622（手机）　[FAX]无
[W]　　　€ 90~160
※ 单身青年可以享受 25% 优惠
[C/C][D][M][V]

# 博希尼湖的餐馆
*Restaurant*

## 兹拉特乌奇彩餐馆
*Restavracija Zlatovčica*

◆并设于杰泽洛酒店内专门做鱼的餐馆。无论酒店住客多少，餐馆总是很热闹。来这里就餐一定要点一种叫作"金鳟"的鳟鱼，这是一种生活在博希尼湖里的美味鳟鱼。

斯洛文尼亚菜　　Map p.252
[URL] www.hotel-jezero.si
[✉] Ribčev Laz 51
[TEL]（04）5729100
[开] 12:00~22:00（1/1~18:00）
[休] 无休
[C/C][A][D][M][V]

---

**Information**　**纳粹德国的金鳟**

现在栖息在博希尼湖里的河鳟是第二次世界大战时，驻扎在博希尼湖畔的德军带入的物种。由于这种鳟鱼腹部有金色的斑点，因此被称为"金鳟"。单单看鱼的外形比较类似于栖息在美国密歇根河中的鳟鱼——因海明威的小说《大双心河》（*Big Two-Hearted River*）而知名。但目前学术上还不能证明这两个物种有明显的关联。除了有垂钓资格证在湖中钓的鱼之外，餐馆禁止提供鳟鱼。

克拉尼斯卡戈拉
★

卢布尔雅那

# 克拉尼斯卡戈拉 *Kranjska Gora*

Map 文前 p.4-A1

在克拉尼斯卡戈拉沿皮施尼察河步行可到达亚斯纳湖

**■前往克拉尼斯卡戈拉的方法**
🚉 最 近 的 火 车 站 为 向 东
23 公 里 处 的 耶 塞 尼 采 站
（Jesenice）。耶塞尼采不仅为
博 希 尼 铁 路 （→ p.251） 的
起点，还有飞往卢布尔雅那
及 奥 地 利 菲 拉 赫 （Villach）
的飞机。耶塞尼采火车站
前有开往克拉尼斯卡戈拉
的巴士，4:21~22:15 期间 1
小 时 1 班 （周六、周日车
次减少）。用时约 30 分钟，
€ 3.10。

**●从卢布尔雅那出发**
🚌 5:30~19:50 期间约 1 小时
1 班（周六、周日车次减少）。
用时约 2 小时，€ 8.70~10.20

**●从克拉尼出发**
🚌 6:10~20:20 期间约 1 小
时 1 班（周六、周日车次减
少）。用时约 1 小时 20 分钟，
€ 6.70。

博罗乌施卡大街一带为市中心

**■克拉尼斯卡戈拉的 ❶**
Map p.257-A1~2
✉ Kolodvorska 1C
☎ (04) 5809440
🌐 www.kranjska-gora.si
🕐 4 · 5 月、9/15~11/30
　　　　　8:00~16:00
　12 月~次年 3 月
　　　　　8:00~18:00
　6/1~9/14　8:00~20:00
🚫 无休
※寄存行李€ 5

冬季滑雪游客很多

至奥地利 6.5 公里，至意大利 7.5
公里。克拉尼斯卡戈拉位于两国交界
处的深山之中。其历史可以追溯至 14
世纪，第一次世界大战期间，意大利
向奥地利宣战后，作为索恰前线的起
点，其战略重要性急速上升，俄国俘
虏被派往这里打通了乌尔斯奇山口。
现在是著名的滑雪度假胜地。如果是
冬季运动爱好者，一定知道这里是每年滑雪世界杯的举办地。除了滑雪，
这里也是登山等山岳休闲运动的基地，而且人气很高。旺季为 7~8 月。

## 克拉尼斯卡戈拉　漫 步

　　克拉尼斯卡戈拉的巴士站位于城市的北部。沿科罗德沃尔斯卡大
街（Kolodvorska）南下，进入当地最主要的博罗乌施卡大街（Borovška
cesta）。中心区域为步行街，有出售蜂蜜的摊位。
　　博罗乌施卡大街南边有乌尔希施卡大街（Vršiška cesta）。顺着这条
道路沿皮施尼察河（Pišnica）前行，可到达亚斯纳湖。
　　这一带没有什么公共交通工具，骑自行车出行比较方便。可在酒店
或旅行社借到自行车。

克拉尼斯卡戈拉的巴士站

位于科罗德沃尔斯卡大街的 ❶

## 亚斯纳湖　Jezero Jasna　Map p.259-A
Jasna Lake

亚斯纳湖是维利基皮施尼察河与马拉皮施尼察河的合流地点。湖的形状为两个相连的半圆形，南侧的湖水来自维利基皮施尼察河，北侧的湖水来自马拉皮施尼察河。清澈的湖面倒映着特里格拉夫山，野鸭悠闲地在水上游弋。风景让人流连忘返。

亚斯纳湖的红叶也非常美丽

■亚斯纳胡

可步行或骑自行车前往亚斯纳湖。骑自行车，可沿乌尔希施卡大街的坡路骑行5分钟左右。步行需要20分钟。
📷可　🚻可

## 波德科伦　Podkoren　Map p.259-A
Podkoren

位于克拉尼斯卡戈拉以西3公里的村庄。其历史比克拉尼斯卡戈拉更久，曾是阿尔卑斯山地区的交通要地。圣安德鲁教堂（Cerkev sv. Andreja）是村庄的标志性建筑。

村庄附近有名为泽兰奇（Zelenci）的泉水，与博希尼湖的萨维察瀑布（→p.254）一样都是萨瓦河的源流。泉水为祖母绿色，水温长年保持在5℃~6℃。18世纪上半叶的英国化学家汉弗里·戴维曾赞叹泽兰奇的风景说"全欧洲没有比这里更美丽的地方"。

美丽的泽兰奇泉

■波德科伦

🚌 如果乘巴士前往，在巴士站乘坐开往拉特切（Rateče）的巴士，用时约5分钟。约1小时1班（周六、周日1~2小时1班）。车票€1.30。

如果骑自行车前往，可沿萨瓦多林卡河骑行，用时15分钟。至泽兰奇，需沿河再骑行5分钟。
📷可　🚻可

克拉尼斯卡戈拉

萨瓦多林卡河　Savsko naselje　Sava Dolinka

至波德科伦
（3公里）

1

上海 R

滑雪通行证酒店
Skipass

Lipa

H Kompas

Koroška

Ledina

Glaiska

至耶塞尼采
（22公里）

Koroška

Ledina

Borovška cesta

R Pri Martinu

利罗乌施卡尔斯卡大街

R 博尔 Bor

Borovška cesta

利兹涅克故居（民俗博物馆）
Liznjekova domačija

Borovška cesta

华美达度假酒店
Ramada Resort

Kotnik H　Vandot

Ramada Hotel & Suites

博罗乌施卡大街

Gostilna Cvitar

podbreg

皮施尼察河　Pišnica

2

Smerinje

H Vijolica

Požar

H Alpina

Vršiska cesta 乌尔希施卡大街

Korona

N

Miklič

Best Western

至亚斯纳胡
（1公里）

A

0　　　200m

B

257

# 克拉尼斯卡戈拉的酒店
## Hotel

　　无论是高档酒店还是旅馆、民宿，可供选择的范围比较广泛。夏季和冬季旅游旺季的时候必须提前预约。4 月和 11 月很多小旅馆都会休息。

## 华美达度假酒店
*Ramada Resort Kranjska Gora* ★★★★

◆位于滑雪场旁的酒店。曾经被评选为最佳滑雪酒店。酒店内并设有游泳池、桑拿房（另付费），全年都十分受欢迎。

🛜 全馆　 EV 有

| 高档 | 客房数：118 | Map p.257-A2 |
| --- | --- | --- |

URL www.hit-alpinea.si
email ramadakg@hit-alpinea.si
✉ Borovška cesta 99
TEL（04）5884100
FAX（04）5884470
S W 🔲 ➡ € 124~
C/C A D M V

## 滑雪通行证酒店
*Skipass Hotel* ★★★★

◆位于巴士站附近的酒店。客房装修使用大量白木，给人一种温暖的感觉。酒店同时也兼作旅行社。酒店内开设的餐馆（周一休息）备受好评。11 月休息。

🛜 全馆　 EV 有

| 高档 | 客房数：10 | Map p.257-B1 |
| --- | --- | --- |

URL www.skipasshotel.si
email info@skipasstravel.si
✉ Koroška 14c
TEL（04）5821000
FAX（04）5821014
S W 🔲 ➡ € 120~400
C/C M V

# 克拉尼斯卡戈拉的餐馆
## Restaurant

## 博 尔
*Bor Gostilna & Pizzeria*

◆位于华美达酒店对面的餐馆，既有当地的特色菜也有比萨等各式菜品。主菜的价格是€ 8~，比萨€ 6.50~。还有专门的儿童餐，即便是全家人就餐也完全没问题。

| 斯洛文尼亚菜 | Map p.257-A2 |
| --- | --- |

URL www.gostilna-bor.si
✉ Borovška cesta 98
TEL（04）5892088
🕐 4/1~6/15, 9/16~12/20　　12:00~20:00
　　6/16~9/15, 12/21~3/31　　11:00~22:00
休 无休
C/C D M V

## 上 海
*Šang hai*

◆由中国人经营的餐馆，位于镇东北侧购物中心一角处。主菜的价格是€ 6.70~13.50。双人套餐的价格是€ 29.90起。餐馆有专门的英语菜单。可以外卖。

| 中餐 | Map p.257-B1 |
| --- | --- |

✉ Naselje Slavka Černeta 34
TEL 041-827641（手机）
🕐 12:00~23:30
休 无休
C/C A M V

# 特里格拉夫国家公园

位于克拉尼斯卡戈拉与博希尼湖之间的朱利安阿尔卑斯山主峰特里格拉夫山（Triglav）海拔 2864 米。斯洛文尼亚的国徽、国旗上都有这座山的图案，据说每个斯洛文尼亚人在一生当中至少都会登一次这座山。1991 年斯洛文尼亚独立后，首任总统与其内阁们便以朝圣般的心情登上此山。

特里格拉夫山周围是特里格拉夫国家公园，可以体验滑翔伞、攀岩等山岳休闲运动，如果想在短时间内尽可能地领略朱利安阿尔卑斯山之美，建议体验翻越乌尔斯奇山口。

北边起点克拉尼斯卡戈拉海拔 810 米，乌尔斯奇山口海拔 1611 米，落差达 800 米，但也有人骑自行车翻越。6~9 月有从克拉尼斯卡戈拉出发翻越乌尔斯奇山口至特伦塔，再开往博维茨的巴士，建议乘坐。博维茨有开往科巴里德的巴士，可以继续乘车。

沿皮施尼察河进入朱利安阿尔卑斯山

从克拉尼斯卡戈拉经过亚斯纳湖，沿维利基皮施尼察河一直向高处前行。6 公里后，有俄罗斯教堂（Ruska Kapelica）。第一次世界大战期间，需要将军事物资不断运往重要战略地点索恰前线进行补给，所以要保证乌尔斯奇山口全年都可通行。在铺设道路及除雪过程中，因雪崩等原因遇难的俄国俘虏约有 500 人。这座教堂就是为了悼念他们而建。2006 年，斯洛文尼亚政府为了纪念这些死难者，将这条道路改名为"俄罗斯路"（Ruska cesta）。

■翻越朱利安阿尔卑斯山的巴士运行时间
●卢布尔雅那～博维茨
6/23~9/2 每天开行

| 7:30 | 卢布尔雅那 | ↑ | 21:17 |
|---|---|---|---|
| 9:30 | 克拉尼斯卡戈拉 | | 19:05 |
| 10:05 | 乌尔斯奇 | | 18:40 |
| 10:38 | 特伦塔 | | 18:02 |
| 10:52 | 索恰 | | 17:48 |
| 11:04 | 科巴托尼察 | | 17:36 |
| 11:10 | 博维茨 | ↓ | 17:30 |

除此之外，6/1~9/30 期间会增加车次。有从克拉尼斯卡戈拉出发的车次。
运营：阿尔佩旅行 Alpetour Potovialna agencija d.d.
☎（04）2013210
URL www.alpetour.si
💰 克拉尼斯卡戈拉～博维茨€ 6.70
※ 随着时间推移可能会发生变化

★科巴里德
卢布尔雅那

# 科巴里德 *Kobarid*

Map 文前 p.4-A2

**■前往科巴里德的方法**

**●从卢布尔雅那出发**

🚌11:15（周六、周日车次减少）、15:00（仅限夏季）、17:50出发。用时3小时~3小时30分钟，€11.40~11.60。

**●从托尔明出发**

🚌6:15~20:35期间9班（周六、周日车次减少）。用时20~30分钟，€2.70。

**●从博维茨出发**

🚌4:40~19:45期间7班（周六、周日车次减少）。用时约30分钟，€3.10。

**●从诺瓦里戈里察出发**

🚌1天6班（周六、周日车次减少）。基本上所有巴士都需要在托尔明换乘。

**■科巴里德的❶**

Map p. 261 左

✉ Trg Svobode 16

📞 (05) 3800490

🌐 www.dolina-soce.com

🕐 9:00~12:00、13:00~16:00周六、周日、法定节假日及冬季时间缩短，夏季午后时间延长

🚫 11月~次年3月的周日、1/1、11/1、12/25

**●观光巴士**

开行于科巴里德周边村庄的巴士。共有5条线路，1天各1班。6月下旬~8月1日期间运行。可将自行车带上巴士，返回时可骑自行车。

🌐 www.soca-valley.com
soca-valley Hop-on bus

**■传统当地甜品**

**科巴里德斯基特鲁凯利**
Kobariški Štrukelj
夏天割草季节补充营养的传统甜品。每年10月还会举办该甜品的节日庆典。在餐馆也能品尝到。

索怡河上的拿破仑大桥

在索怡河中体验划艇

索怡河发源于朱利安阿尔卑斯山，流入亚得里亚海。意大利语称其为伊松佐河。第一次世界大战中的"伊松佐战役"中，意大利与奥地利反复12次攻防，最后一次战斗就发生在科巴里德。在"卡波雷托战役"中，意大利军队死伤近30万人，还有大量部队被俘。海明威以这场战役为背景写出了小说《永别了，武器》。

科巴里德 **漫 步**

巴士在市中心的斯沃博德广场（Trg Svobode）停车。以斯沃博德广场为中心，向南延伸的是沃拉里切瓦大街（Volaričeva），格莱戈尔奇切瓦大街（Gregorčičeva）与马尔科瓦大街（Markova）贯穿东西。斯沃博德广场北边是科巴里德历史之路（Kobariška zgodovinskapot）的起点。

## Information 《永别了，武器》与科巴里德

欧内斯特·海明威的小说《永别了，武器》描写了第一次世界大战期间一名志愿加入意大利军队的美国青年与一名英国护士相遇、相爱后从部队逃走并计划去往瑞士的故事。小说批判了战争的愚蠢，描写了一对恋人无法左右自身命运的窘迫，可谓是战争文学的经典。故事的背景是让意大利军队遭遇惨败的卡波雷托（科巴里德）之战。海明威的笔下，生动地描绘了败退之中军队陷入混乱的场面，因此大大加深了故事的悲剧色彩。

## 科巴里德博物馆
### Kobariški muzej
**Map p.261 左**

**Kobarid Museum**

在卡波雷托战役中，意大利军队付出了巨大的代价，损失了近 30 万人。奥地利军队也有 2 万人伤亡。当地居民被卷入战争，分别参与到双方军队作战，战死者数量众多。博物馆通过全景模型、战士遗物、照片等形式详细介绍了战争经过。

科巴里德博物馆的外观与入口

## 科巴里德历史之路 Kobariška zgodovinska pot
**Map p.261 右**

**Kobarid Historical Trail**

在科贾克瀑布下戏水

科巴里德历史之路是一条健走线路，以科巴里德市为起点及终点，全长 5 公里，可在了解科巴里德历史的同时欣赏索恰河的自然景色。走完全程用时 2~3 小时。

从斯沃博德广场向东，沿坡路而上，会见到圣安东尼教堂（Cerkev sv. Antona）。教堂的对面是意大利士兵安葬处。这些建筑都是为在卡波雷托战役中死去的意大利士兵而建的。

从这里沿山路向北，能见到山顶之上的托诺措夫城堡（Tonocov grad）。从青铜器时代至 5 世纪都有人居住在城堡中，现在仅存基础部分。从这里跨过索恰河，是意大利军的防线，索恰河上架有行人专用的吊桥。这里虽然经历过战火，但是令人感到讽刺的是风景十分优美，

■ 科巴里德博物馆
✉ Gregorčičeva 10
☎ ( 05 ) 3890000
🔗 www.kobariski-muzej.si
🕐 4~9 月 9:00~18:00
　 10 月~次 年 3 月 10:00~
　 17:00
🚫 无休
💰 € 7　 学生 € 5
💳 可　 🚫 不可

■ 乳酪博物馆
**Map p. 261 右**
当地出产的托尔明乳酪（Tolminc）受欧洲原产地名称保护。在博物馆可了解乳酪的历史并参观制作过程。
✉ ulica 32
☎ ( 05 ) 3841000
🔗 www.mlekarna-planika.si
🕐 10:00~12:00、16:00~18:00
🚫 周日、法定节假日、10
　 月~次年 4 月
💰 € 2.70　 学生 € 1.90

科巴里德

格拉迪奇遗址
Prazgodovinska in Rimska
Naselbina na Gradicu
哈瓦拉酒店 Hvala
Markova
Topli Val 餐馆
波璧卡之家 Hiša Polonka
Kotlar
X Point
斯沃博德广场 Trg Svobode
意大利士兵安葬处 Italjanska Kostnica
科巴里德博物馆 Kobariški muzej
圣安东尼教堂 Cerkev sv. Antona
Breza
0 200m

科巴里德历史之路

科贾克瀑布 Slap Kozjak
N
0　 500m
意大利军队防线 Italjanska Obramna Črta
托诺措夫城堡 Tonocov grad
意大利军队防线 Italjanska Obramna Črta
Kamp Lazar
索恰河 Sotočaka Soče
Kamp Koren
科巴里德历史之路
格拉迪奇遗址 Prazgodovinska in Rimska Naselbina na Gradicu
意大利士兵安葬处 Italjanska Kostnica
拿破仑大桥 Napoleonov most
左边放大图
乳酪博物馆
至乌尔斯诺（7公里）

与科贾克瀑布（Slap Kozjak）一同筑起了科巴里德周边亮丽的自然风景线。

托诺措夫城堡周边的道路曲折起伏，从科巴里德去往科贾克瀑布的道路则比较平坦，如果对自己的体力没有信心，可以从科巴里德出发，蹚过拿破仑桥，徒步至科贾克瀑布然后返回。夏季时瀑布周边可以游泳，可以带上泳衣。

## 科巴里德的酒店
### Hotel

科巴里德的酒店只有下述一家，此外还有不少民宿和公寓。7~8 月期间游客较多，需要提前预约。11 月是淡季。

### 哈瓦拉酒店
#### Hotel Hvala ★★★★

◆位于镇中心的家庭酒店。内装修略显高级。11 月至次年 3 月中旬期间只在周四至周日营业。有两间客房不带浴缸。可以代发溪钓许可证。

 全馆　EV 有

| 高档　客房数：32 | Map p.261 左 |

URL www.hotelhvala.si
email info@hotelhvala.si
✉ Trg Svobode 1
TEL（05）3899300
FAX（05）3885322
S 🛏 € 72~78
S 🛏 € 104~116
C/C A D M V

## 科巴里德的餐馆
### Restaurant

### 波隆卡之家
#### Hiša Polonka

◆科巴里德的郊外有一家知名高级餐馆旗下的啤酒吧，是美食家们必打卡的地方。选用当地食材烹制的菜肴广受好评，是当地人气较高的餐馆。自酿啤酒也很值得推荐。

斯洛文尼亚菜　　Map p.261 左
✉ Gregorčičeva ulica 1
TEL（05）9958194
⏰ 夏季 12:00~20:00，冬季的周四、周五 16:00~22:00、周六 12:00~22:00、周日 12:00~21:00、11 月下旬与冬季的周一～周三 17:00~22:00，只有酒吧营业（有轻食）。
休 周二、11 月上旬、12/25
C/C D M V

### Topli Val 餐馆
#### Restavracija Topli Val

◆位于哈瓦拉酒店内的餐馆。这家于 1976 年开业的餐馆，比酒店的历史还要久远。使用产自亚得里亚海和索恰河的鱼类烹制的菜肴备受好评。国产葡萄酒的种类丰富。

斯洛文尼亚菜　　Map p.261 左
URL www.hotelhvala.si
✉ Trg Svobode 1
TEL（05）3899300
⏰ 12:00~15:00，18:00~21:30
休 周一、11 月～次年 3 月中旬的周二、周三
C/C A D M V

# 伊德里亚 *Idrija*

Map 文前 p.4-B2

伊德里亚
★ 卢布尔雅那

伊德里亚是以手工蕾丝和世界第二大汞矿而知名的城镇

伊德里亚因有世界第二大汞矿，在世界史上占据了重要的地位。据说自15世纪后半叶一位制桶匠人发现了水银之后，这里便开始了汞矿挖掘。小镇也因汞矿业的发展逐渐繁荣昌盛起来。虽然1994年汞矿关闭了，但是周边地区仍旧随处可见豪华的巴洛克建筑。在矿山关闭20余年后，2012年小镇被列为世界文化遗产。

含有水银的矿石、辰砂

## 伊德里亚 漫 步

城市广场（Mestni trg）是老城区的中心，周边有餐馆和四五家手工蕾丝商店。小镇的规模不算大，即便是徒步游览半日足矣。

伊德里亚

0 — 200m
N

约瑟夫酒店 Jožef
冶炼汞博物馆 Topilnica Hg
圣安东教堂 Cerkev sv. Antona s Kalvarijo
圣母开天教堂 Zupnijska sv. Device Marije Vnebovzete
圣特罗吉卡教堂 Cerkev sv. Trojica
矿工之家 Rudarska hiša
弗朗西斯矿口 Jašek Frančiške
伊德里亚蕾丝学校 Čipkarska šola Idrija
（搬家前）
Mestni trg
长途巴士中心
（搬家后）
什卡法瑞餐馆 Gostilna Pri Škafarju
科德尔工作室 Studio Koder
吉维尔克耐格格堡 Gewerkeneggrad
Kosovelova
安东尼巷道 Antonijev Rov

A    B

Vojkova
Arkova
Ro na
Lapajnetova
Prešernova
Gregorčičeva
Idrijca
Študentovska

■ 前往伊德里亚的交通方法
● 从卢布尔雅那出发
🚌6:15~20:05 期间每天12趟车（周六·周日减至7~8趟）。所需时间1小时15分钟，€6.30。

## 世 界 遗 产
阿尔马登与伊德里亚的水银遗产
Dediščina živega srebra, Almadén in Idrija
2012年列入名录

■ 伊德里亚的 🛈
Map p.263-A
✉ Mestni trg 2
☎（05）3743916
URL www.visit-idrija.si
🕐9:00（周六·周日 10:00）~17:00，下班时间夏季延长，冬季缩短
🚫1/1、11/1、12/25
2019年5月移至 Prelovčeva。

### HOTEL 酒店
约瑟夫酒店　Hotel Jožef
✉ Vojkova 9A Map p.263-B
☎ 082-004250
FAX 082-004265
URL www.hotel-jozef.si
email info@hotel-jozef.si
💰🇸🇮🇦🇨 🔲🛁🛀🔤 €69~98
🔲🇼🇦🇨 🔲🛁🛀🔤 €99~130
CC🇦🇲🇻

### RESTAURANT 餐馆
什卡法瑞餐馆
Gostilna Pri Škafarju
Map p.263-A
✉ Sv. Barbare 9
☎（05）3773240
URL www.skafar.si
🕐10:00~21:00（周一至16:00、周五~22:00），周六11:00~21:00（周日~20:00）
CC🇦🇲🇻

### SHOP 商店
科德尔工作室
Studio Koder
Map p.263-A
✉ Mestni trg 16
☎ 040-798203（手机）
URL www.idrija-lace.si
🕐10:00~12:00、16:00~19:00（周六 10:00~12:00）
🚫周日
CC🇦🇲🇻

263

## 安东尼巷道（左栏信息）

■安东尼巷道
Kosovelova 3
031 810194（手机）
www.cudhg-idrija.si
必须参加巷道之旅才能参观。
出发时间
10:00（12月～次年2月期间只限周六·周日、法定节假日），12:00与14:00（只限6～9月），15:00（12月～次年2月只限周六·周日、法定节假日），16:00（只限周六·周日和法定节假日，12月～次年2月期间不出发，7、8月平时也出发）
12月～次年2月
€3　学生€10
可　不可

■冶炼汞博物馆
Arkova 50
10:00～18:00（10月～次年4月～16:00）
1/1、12/25
€8　学生€6
与安东尼巷道的通票€18，学生€16
可　可

■伊德里亚蕾丝学校
Prelovčeva 2
(05) 3734570
www.cipkarskasola.si
9:00～12:00（6月下旬～8月间至15:00）、周三全年～19:00
周日、夏季以外的法定节假日、11/1、12/25
€2.50
可拍远景，不可以直接拍作品
可

类似展示区

■吉维尔克耐格城堡
Prelovčeva 9
(05) 3726600
www.muzej-idrija-cerkno.si
9:00～18:00
无
€7　学生€5
可　不可

---

# 安东尼巷道　Antonijev Rov　Map p.263-A
## Antony's Main Road

安东尼巷道入口

伊德里亚矿山中最古老的巷道，从1500年起便开始开采含汞矿石、辰砂。直到1994年关闭，近500年间共挖掘了700多公里的地下巷道，为了防止地面下沉，从终止挖掘之时便开始依次填埋。现在的旅游团可以参观的范围是1200米。世界上的水银有13%都产自伊德里亚，是欧洲继西班牙之后第二大的水银矿。在长达500年的矿山开采历史中，仅发生过2次事故。

虽说水银是高价的矿物资源，但其利益的95%都被哈斯堡家族所占有，矿工们的生活苦不堪言。另外，矿工们的身体深受水银的侵蚀，平均寿命仅有40岁，还会伴有幻觉等症状。巷道内小教堂右侧的女性雕塑是矿工守护神圣芭芭拉。

# 冶炼汞博物馆　Topilnica Hg　Map p.263-B
## Hg Smelting Plant

博物馆内的展区

这里原本是冶炼汞的地方，2017年被改建成了博物馆。主要从汞的化学物理构造、用途、技术发展等方面来介绍汞，此外还有一些关于终止开采的理由之一——水俣病的相关介绍。从矿石中提取汞之后的溶解设备、粉碎矿石的设备等也有展示，馆内有英文提游。

# 伊德里亚蕾丝学校　Čipkarska šola Idrija　Map p.263-A
## Idrijaldrija Lace school

1876年创办的传统蕾丝学校。6～15岁的青少年和成人作为业余爱好会来这里学习，校内展示的学生作品堪称专业。孩子们的作品展示之后会归还给作者，出售的产品是专业人士的手工蕾丝作品。除了有蕾丝编织表演秀之外，游客也可以亲身体验。

# 吉维尔克耐格城堡　Gewerkenegg grad　Map p.263-A
## Gewerkenegg Castle

建于16世纪的城堡，现在作为市立博物馆被使用。主要展出汞矿山、小镇的历史和世界上的矿物质等。另外，还有名特产手工蕾丝的展示区。

拥有美丽装饰的城堡

# 新戈里察 *Nova Gorica*

Map 文前 p.4-A2

卢布尔雅那
★ 新戈里察

新戈里察站前广场横跨斯洛文尼亚与意大利两国

说到新戈里察，就不能不提到铁幕。第二次世界大战结束后的1947年，签署了《巴黎和约》，戈里察（意大利语：戈里察，德语：盖莱茨）成为意大利领土，东边的地区成为南斯拉夫领土。新戈里察就是在这样的背景下诞生的，但其实朱利安阿尔卑斯山南侧地区本无什么国境线，而是作为一个整体发展起来。自从东西冷战开始，当地人的生活空间由此遭到分割，这座城市也像柏林一样，成为"铁幕"的象征。

之后，南斯拉夫摆脱了苏联的控制，再次开启了与西欧国家的贸易往来，而且规模不断增加。1991年斯洛文尼亚独立，与意大利的关系变得更加紧密。但是，国境对人们的限制则依然存在。

与意大利的边境遗址

2004年，斯洛文尼亚加入欧盟。国境的限制终于被消除。2007年12月21日申根协定在斯洛文尼亚生效。边境检查站随之被撤销，新戈里察与戈里察变得真正可以自由往来。

## 新戈里察　漫 步

从新戈里察站出来后面对的广场就是与意大利的边境线。对面就是意大利。不进入意大利，向左前行，左转进入埃利亚夫切瓦大街（Erjavčeva）然后直行。在典型的欧洲现代规划城市的街区里前行，可以到达大型酒店、邮局、巴士总站所在的市中心。

■前往新戈里察的方法
●从卢布尔雅那出发
🚄 直达车次仅限周六、周日 6:52 出发。用时约 3 小时 25 分钟，€9.56。除此之外，需在塞泽纳（Sežana）或耶塞尼采（Jesenice）换乘。
🚌 5:30~23:00 期间开行 17 班（周六、周日车次减少）。用时 1 小时 45 分钟 ~2 小时 40 分钟，€9.20~10.70。
▶从科巴里德出发
🚌 1 天开行 6 班（周六、周日车次减少）。用时约 1 小时 20 分钟，€6~6.30。
▶从波斯特伊纳出发
🚌 5:55~23:48 期间开行 12 班（周六、周日车次减少）。用时约 1 小时 30 分钟，€6.30~6.70。
●从博希尼出发
🚌 没有直达车次，需在卢布尔雅那换乘。
🚄 4:51~19:54 期间开行 8 班（周六、周日车次减少）。用时约 1 小时 20 分钟，€5.80。

■前往戈里察（意大利）的方法
从新戈里察的巴士总站出发，经过新戈里察，到达戈里察站，8:05~19:50 期间基本上 1 小时有 1 班摆渡车开行。用时 25 分钟，票价 €1.30。

■新戈里察的 ❶
Map p.266-B1
✉ Delpinova 18b
☎ (05) 3304600
🌐 www.novagorica-turizem. com
🕐 8:00~13:00、13:30~20:00（9 月~次年 6 月 ~18:00，中间没有午休）
周六、周日　9:00~13:00
🚫 1/1、复活节、11/1、12/25
※ 租赁自行车 €5（需要 ID）出售名为波旁奇切（Burbončice）的波旁玫瑰口味的松露巧克力。€53.90。

■市内巴士
车次很少，但是免费。可从巴士总站前往火车站、克罗姆贝尔克城堡（4 路）。

"南斯拉夫社会主义联邦共和国"的展板

## 边境线博物馆
## Muzej Državna meja na Goriškem

Map p.266-A1

The museum of the Border-line in the Goriska Region

■ 边境线博物馆
✉ Kolodvorska pot 8
🕐 夏季
　　周一~周五　13:00~17:00
　　周六、周日　12:00~19:00
　　冬季
　　周一~周五　13:00~17:00
　　周六、周日　12:00~17:00
㉿ 1/1、复活节、11/1、12/25
💰 €2　学生€1
🅿可　🚻可
有英语讲解。

■ 克罗姆贝尔克城堡
✉ Grajska 1，Kromberk
📞 (05) 3359811
🌐 www.goriskimuzej.si
🕐 夏季周二~周五
　　10:00~18:00

摆满了各种原南联盟时代的展品

边境线博物馆位于新戈里察火车站。在很长的一段时间，当地人被边境线分隔在两边。火车站正面的广场（Trg z Mozaikom/Piazza Transalpina）在 2007 年以前不能通行，一直是地区分隔的象征。

博物馆介绍了从东西冷战时期至边境线的阻碍得以被去除的当地历史。虽然规模很小，但是能给人带来很多思考。

## 克罗姆贝尔克城堡　Grad Kromberk　Map p.266-B1 外
## Kromberk Castle

新戈里察以东 3 公里处的宅邸。建于 16 世纪末。正方形的宅邸四角

建有圆形的塔，为典型的文艺复兴式建筑。现为戈里察博物馆。

## 科斯塔涅维察修道院
**Samostan Kostanjevica**　　Map p.266-A2

Kostanjevica Monastery

位于新戈里察西南山丘上的方济各会修道院。这座修道院内有长期统治法兰西王国的波旁王朝最后的国王查理十世及其孙子安利·达尔特瓦、路易十六与玛丽·安托马内特的女儿玛丽·特蕾莎的墓葬。

位于山上的修道院

## 戈里察城堡
**Borgo Castello**　　Map p.266-A2

Gorizia Castle

位于意大利戈里察老城区的中心。16世纪初由威尼斯人修建的城堡，保存状态良好。另外，城堡内设有戈里察地域博物馆（MuseiProvinciali di Gorizia），展出第一次世界大战、时尚、考古等主题的展品。

周日、法定节假日
12:00~20:00
冬季周二~周五
9:00~17:00
周日、法定节假日
10:00~18:00
休 周一·周六、1/1、11/1、12/25
费 €4　学生 €2　不可

**■科斯塔涅维察修道院**
✉ Škrabčeva 1
☎ (05) 3307750
URL www.samostan-kostanjevica.si
🕐 9:00~12:00、15:00~17:00（仅限周日、法定节假日下午）
休 1/1、复活节、11/1、12/25
费 墓地 €2（参观仅限墓地）
📷 可　📹 部分区域不可
※ 旁边的波旁玫瑰园，其规模仅次于法国的玫瑰园，为欧洲第二大玫瑰园。仅在5月的波旁玫瑰节时可以入园。€2

**■戈里察城堡**
🕐 周一　　　　9:30~11:30
　　周二~周日　10:00~19:00
休 1/1、12/25
费 €3　可

**■戈里察地域博物馆**
🕐 9:00~19:00　休 周一
费 €6　25岁以下 €3
📷 可　📹 可

---

# 新戈里察的酒店
*Hotel*

**新戈里察市内有两家大型连锁酒店，民宿及客栈不多。也可以选择过境去意大利住宿。**

## 公园酒店　★★★★
*Park Casino & Hotel*

高档　客房数：82　　Map p.266-B1

◆斯洛文尼亚的大型连锁酒店，附带赌场，设备齐全。附近还有同一集团旗下的佩尔拉酒店（Hotel Perla）。

📶 全馆　EV 有

URL www.thecasinopark.com
email hotel.park@hit.si　✉ Delpinova 5
☎ (05) 3362000　FAX (05) 3028470
Ⓢ A/C 📶🛁📺 € 68~85（周末价格高）
Ⓦ A/C 📶🛁📺 € 102~128
C/C Ⓐ Ⓓ Ⓜ Ⓥ

---

# 新戈里察的餐馆
*Restaurant*

## 佩奇沃
*Pecivo*

斯洛文尼亚家常菜　　Map p.266-B1

◆当地的人气餐馆。意面有小份（80克）与大份（120克），€5.50~。每日更新午餐菜单，共有5种，€2.50~8.40。汤、主菜、自助沙拉加甜品的午餐套餐€7。还有咖啡馆，甜品很受欢迎。

✉ Delpinova 16
☎ (05) 3331770
🕐 周一~周五　　　7:30~22:00
　　周六　　　　　8:00~22:00
　　法定节假日　　9:00~21:00
休 周日
C/C Ⓜ Ⓥ

# 亚得里亚海海岸与喀斯特地区

## Obala in Kras

什科茨扬溶洞（→ p.286）被列为世界遗产

# 亚得里亚海海岸与喀斯特地区 Obala in Kras

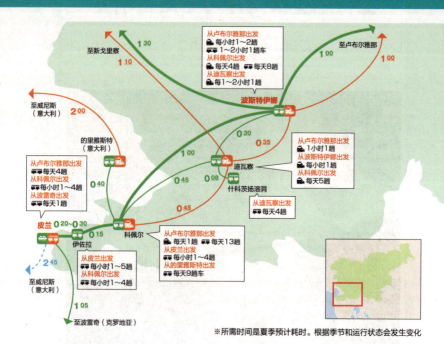

从卢布尔雅那出发
🚌每小时1~2趟
🚈1~2小时1趟车
从科佩尔出发
🚌每天4趟
从迪瓦察出发
🚈每1~2小时1趟

至新戈里察
至卢布尔雅那

波斯特伊娜

至威尼斯
（意大利）

的里雅斯特
（意大利）

迪瓦察

从卢布尔雅那出发
🚌每天4趟
从科佩尔出发
🚌每小时1~4趟
从波雷奇出发
🚌每天1趟

什科茨扬溶洞

从卢布尔雅那出发
🚈1小时1趟
从波斯特伊娜出发
🚌每小时1趟
从科佩尔出发
🚈每天5趟

从迪瓦察出发
🚈每天4趟

皮兰
伊佐拉

科佩尔

从卢布尔雅那出发
🚈每天1趟 🚌每天13趟
从皮兰出发
🚌每小时1~4趟
从的里雅斯特出发
🚌每天9趟车

从皮兰出发
🚌每小时1~5趟
从科佩尔出发
🚌每小时1~4趟

至威尼斯
（意大利）

至波雷奇（克罗地亚）

※所需时间是夏季预计耗时。根据季节和运行状态会发生变化

## ●地理

　　这一地区是位于亚得里亚海最深处威尼斯湾东侧的斯洛文尼亚的亚得里亚海海岸。这里深受意大利的影响，拥有华美的老城风景。这一地区还因"伊斯特拉葡萄酒之路"而闻名，共有近100家酒庄。

　　从亚得里亚海岸稍微深入到内陆一点的地区是喀斯特地区。这里因石灰岩等的侵蚀形成了特殊的地貌，也是喀斯特地貌的语源。这里有以斯洛文尼亚世界遗产什科茨扬溶洞为首的众多溶洞群，还有自然公园。

## ●气候

　　属于地中海气候，虽说夏季最高气温超过30℃的日子较多，但沿岸的度假地温度非常适宜。10月~次年4月期间降水量增多，沿岸地区不会下雪。

## ●美食

　　亚得里亚海海岸和喀斯特地区都是知名的生火腿产地。

　　此外，这一地区还盛产松露和蘑菇。使用新鲜的蘑菇熬制的汤汁、意面、意大利焗饭等是这一地区的特色菜。搭配蘑菇酱的牛排也很美味。

　　特朗红酒、盐也是这一地区的名特产。

## ●线路规划

　　**第一天：** 从卢布尔雅那出发。参观卡尔斯特地区最具代表性的什科茨扬溶洞或者波斯托伊纳溶洞。

　　**第二天：** 移动至皮兰。将行李放在酒店，去往著名的度假胜地波尔托罗的海滩或者盐田。

　　**第三天：** 参观皮兰市内。城区外的城墙上有一个建于小半岛上的观景台，可以眺望老城区的街景。下午乘坐巴士移动至克罗地亚的波雷奇。

什科茨扬钟乳洞的钟乳石

从皮兰的城墙上眺望到的景观

# 皮兰 *Piran*

作曲家朱塞佩·塔尔蒂尼的故乡

Map 文前 p.4-A3

卢布尔雅那

★皮兰

从皮兰酒店远眺皮兰灯塔

皮兰是的里雅斯特湾与皮兰湾之间的半岛上的一座港口城市。人口只有 4000 人，市内的小巷错综复杂，宛如迷宫。

市中心为塔尔蒂尼广场，立有出生在皮兰的作曲家、小提琴家朱塞佩·塔尔蒂尼（Giuseppe Tartini，1692~1770 年）的铜像。皮兰在 13~18 世纪期间受威尼斯共和国统治。广场周围保存着哥特式、文艺复兴式、巴洛克式古建筑，都建于威尼斯共和国统治时期。

古建筑群之中的静谧氛围以及美丽的亚得里亚海风景是最大的看点。很适合在此度假。

朱塞佩·塔尔蒂尼像

## 皮兰 漫步

到达城市边缘的巴士总站后，可以朝皮兰灯塔的方向步行。前进几分钟后，可以看见停泊于码头的船只。沿港口的蔡安卡利耶沃大街（Cankarjevo nabrežje）前行，可以到达市中心的塔尔蒂尼广场（Tartinijev trg）。

塔尔蒂尼广场中央立有朱塞佩·塔尔蒂尼的铜像，周围是塔尔蒂尼酒店、设有 ❶ 的市政厅以及咖啡馆、伴手礼店等。位于广场一角的塔尔蒂尼故居现为博物馆，展出他曾经使用过的小提琴以及他的遗容头模。

位于海边的巴士总站

从广场朝远处可见的圣尤里钟楼方向步行 3 分钟左右，就能到达建于山丘之上的圣尤里教堂，从那里可以俯瞰全城。继续向东，沿坡路向上，有过

■前往皮兰的方法
●从卢布尔雅那出发
🚍🚌乘火车去往科佩尔，在站前的巴士总站换乘开往皮兰的巴士。
🚌1 天开行 4 班（周六、周日车次减少）。用时 2 小时 30 分钟~3 小时，€ 12。
●从科佩尔出发
🚌1 小时开行 1~4 班（周六、周日 1 小时 1~2 班），用时 30~50 分钟，€ 2.70~3.10。
●从伊佐拉出发
🚌1 小时开行 1~4 班（周六、周日 1 小时 1~2 班），用时 20~30 分钟，€ 1.80~2.30。
●从波斯特伊纳出发
🚌7:12~16:10 期间开行 4 班（周六车次减少），用时约 1 小时 45 分钟，€ 7.90~9.90。

■皮兰的 ❶
Map p.272-B1
✉ Tartinijev trg 2
TEL（05）6734440
URL www.portoroz.si
🕐 夏季　　9:00~22:00
　　冬季　　9:00~17:00
🚫 12/25

■皮兰的旅行社
●Maona Tourist Agency
Map p.272-B2
✉ Cankarjevo nabrežje 7
TEL（05）6734520
URL www.maona.si
🕐 5/15~9/15　　9:00~19:00
　　9/16~次年 5/14
　　周一~周五 9:00~15:00
　　周六、周日 10:00~14:00
🚫 冬季的周日，此外不定期
　　夏季有前往威尼斯与伊佐拉的团体游。

●Subaquatic
✉ Šentjak 69, Portorož
TEL 041-602783（手机）
URL www.subaquatic.si
乘坐游览皮兰湾的观光船，通过水面下的窗口观赏海洋世界。巡航皮兰湾。5 月、9 月的周六、周日 10:00、16:00 出发，6~8 月的周日 10:00、14:00、16:15、18:30 出发。用时 1 小时 30 分钟，€ 15。

■城墙
Map p.272-B1 外
🕐 4~10 月　　8:00~21:00
　　11 月~次年 3 月 9:00~17:00
🚫 无　💰 可　💳 可
※ 在自动售货机上购买代金券，放入投币孔，当红色的 × 变成绿色后就可进入。有时会被困住，最好多人同行

从城堡俯瞰皮兰老城区

去曾经保卫皮兰安全的城墙（Mestino obzidje），再向前就是圣方济各教堂及修道院（Samostan in cerkev sv. Frančiška）。

从塔尔蒂尼广场通向灯塔的普雷歇尔诺沃大街（Prešernovo nabrežje）上有很多餐馆，每天直至深夜游客都非常多。

**■圣乔治教堂**
✉ Adamičeva
🌐 www.zupnija-piran.si（斯洛文尼亚语）
🕐 6～8月　　　　10:00~20:00
　 4、10月　　　　10:00~18:00
　 5、9月　　　　 10:00~19:00
　 11月～次年3月
　　　　　　　　  10:00~16:00
🚫 11月～次年3月的周一～周五
💰 €2 　📷 可　📹 可

## 皮兰　主要景点

### 圣乔治教堂　　　　Cerkev sv. Jurija　Map p.272-B1
Church of St. George

　　圣乔治教堂建于1344年，位于可俯瞰皮兰的山丘之上。1637年改建，独特的外观融入了文艺复兴式与巴洛克式风格，一直保持至今。

　　圣乔治教堂旁边是建于1609年的圣乔治钟楼（Zvonik crkve sv. Jurija），有4口大钟，可以登上最顶层观赏景色。140级台阶为2018年6月时改建。台阶上有15处舞蹈场地，以希伯来、希腊、拉丁的大天使以

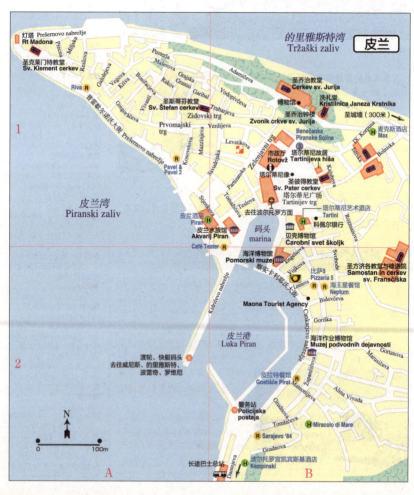

及守护天使的名字命名。钟楼高47米，观景台高25米。可观赏到美丽的风景。

## 海洋博物馆　Pomorski muzej　Map p.272-B2
Maritime Museum

　　海洋博物馆位于塔尔蒂尼广场与港口之间，介绍港口城市皮兰的发展历程、与紧邻港口之间的航线以及当地的制盐历史。还展有很多船只模型及零件。海洋博物馆对面的皮兰水族馆（Akvarij Piran）有大小25个水槽，饲养着特里亚斯特湾北部的海洋动物。贝壳博物馆（Čarobni svet školjk）展出形状、颜色各异的贝壳。还有大量来自皮兰近海的展品。有显微镜可供参观者观察由贝壳形成的海滩细沙，非常有趣。

摆放着各种颜色的贝壳

展出着很多船只模型

## 海洋作业博物馆　Muzej podvodnih dejavnosti　Map p.272-B2
Museum of Underwater Activities

　　非常特别的博物馆，介绍本来无法在水中活动的人类如何克服这一弱点来开展海洋作业。照片资料丰富，可以详细了解奥匈帝国统治时期、南斯拉夫王国、意大利统治时期、南斯拉夫联盟直至今天的海洋作业活动的历史。按年代介绍潜水器材，很值得一看。

展出各个时期的潜水服

## 皮兰　短途旅行

### 波尔托罗　Portorož　Map 文前 p.4-A3
Portorož

　　19世纪后期发展起来的沿海度假地。
　　波尔托罗发源于一个不大的海洋疗法设施，之后成了深受游客喜爱的海滨旅游地及SPA度假地。现在，当地的酒店也大多附带水疗设施。波尔托罗的交通比皮兰更方便，大型酒店的种类与数

波尔托罗的海岸

量也比皮兰更多，所以有很多游客长期停留于此，将这里作为他们在周边地区旅游的据点。

### 瑟切乌列海盐场　Sečovljske soline　Map 文前 p.4-A3
Sečovlj Salina

　　波尔托罗以南靠近克罗地亚的区域有面积达700公顷的天然海盐场。

■ 海洋博物馆
✉ Cankarjevo nabrežje 3
☎（05）6710040
URL www.pomorskimuzej.si
开 7、8月　　　　9:00~12:00
　　　　　　　　17:00~19:00
　9月~次年6月　9:00~17:00
休 周一
费 €3.50　学生€2.50
出示海洋博物馆的门票，在购买皮兰水族馆的门票时可优惠€1　■可　✓不可

■ 皮兰水族馆
Map p.272-B1
✉ Kidričeva 4
☎（05）6732572
开 7、8月　　　　9:00~20:00
　5、6、9月　　9:00~19:00
　10月~次年4月
　　　　　　　　9:00~17:00
休 10月~次年4月的周日
费 €5　出示水族馆门票，在购买海洋博物馆与贝壳博物馆的门票时可优惠€1
■可　✓不可

■ 贝壳博物馆
Map p.272-B1
✉ Tartinijev trg 15
☎（040）840186
URL www.svet-skoljk.si
开 6~9月　　　　10:00~20:00
　10月~次年5月的周一
　　　　　　　　11:00~17:00
休 10月~次年5月的周一、12月~次年2月的周一~周五（法定节假日闭馆）
费 €4　■可　✓不可

■ 海洋作业博物馆
✉ Županičičeva 24
☎ 041-685379（手机）
URL www.muzejpodvodnihdejavnosti.si
开 5/15~9/15　　10:00~20:00
　9/16~次年5/14 10:00~17:00
休 9/16~次年5/14期间的周一~周四
费 €4.50　✓不可

前往波尔托罗的方法
从科佩尔经由伊佐拉开往皮兰的巴士经过波尔托罗。部分车次只到波尔托罗，不开往皮兰。皮兰有从塔尔蒂尼广场出发的车次，乘坐方便。用时约10分钟，€1.30。

前往瑟切乌列海盐场的方法
波尔托罗附近的贝尔纳丁湾有开往海盐场的船只。包含博物馆门票的3小时团体游，€15。冬季原则上停运。

■ 制盐博物馆
URL www.kpss.si
开 4~10月　　　　8:00~21:00
　11月~次年3月
　　　　　　　　8:00~17:00
休 无
费 4~10月€7　学生€5
　11月~次年3月€6　学生€4
■可　✓可

☎ (05) 6721360
🌐 www.thalasso-lepavida.si
✉ lepavida@soline.si

从山上俯瞰广阔的海盐场

至今仍用 700 年前的传统技术制盐，设有制盐博物馆（Muzej solinarstva v Sečovljah）。另外，附近的湿地是著名的候鸟迁徙地并被列为自然公园。5~9 月可以利用这里矿物质丰富的海水与泥进行名为莱帕维达塔拉索 SPA（Lepa Vida Thalasso Spa）的健康治疗。

## 皮兰的酒店
### Hotel

　　城区有几家酒店，还有青年旅舍、民宿等。价格分为 4~9 月旺季价格和 10 月~次年 3 月淡季价格。复活节和 7~8 月以及年末年初价位还会再高一些，请提前确认。夏季的周末游客数量会剧增，请尽早预订。
ℹ 可以介绍民宿。

### 波尔托罗宫凯宾斯基酒店
#### Kempinski Palace Portorož
★★★★★

◆波尔托罗最高档的度假酒店。酒店正前方就是私属海滩。酒店建于 1910 年，是 20 世纪初期优雅的度假风酒店。

📶 全馆　EV 有

高档　客房数: 181　Map p.272-B2 外
🌐 www.kempinski.com
✉ reservations.portoroz@kempinski.com
✉ Obala 45，Portorož
☎ (05) 6927000　FAX (05) 6927950
Ⓢ A/C 📶 🚿 📺 🛁 € 115~
Ⓦ A/C 📶 🚿 📺 🛁 € 150~
C/C A D J M V

### 皮兰酒店
#### Hotel Piran
★★★★

◆皮兰历史最悠久的酒店，开业于 1913 年。海景房的风景绝赞。有餐馆、SPA、共享按摩椅等。

📶 全馆　EV 有

高档　客房数: 103　　Map p.272-A1
🌐 www.hotel-piran.si
✉ info@hotel-piran.si
✉ Stjenkova 1
☎ (05) 6667100　FAX (05) 6667522
Ⓢ A/C 📶 🚿 📺 🛁 € 60~200
Ⓦ A/C 📶 🚿 📺 🛁 € 75~550
C/C A D M V

### 塔尔蒂尼艺术酒店
#### Art Hotel Tartini
★★★

◆面朝塔尔蒂尼广场而建的酒店。大堂宽敞舒适，客房虽然不算宽敞但非常舒适。个别房间带有浴缸。餐馆也非常受欢迎（1 月不营业）。

📶 全馆　EV 有

中档　客房数: 46　　Map p.272-B1
🌐 www.hotel-tartini-piran.com
✉ info@hotel-tartini-piran.com
✉ Tartinijev trg 15
☎ (05) 6711000　FAX (05) 6711665
Ⓢ A/C 📶 🚿 📺 🛁 € 90~130
Ⓦ A/C 📶 🚿 📺 🛁 € 120~300
C/C A D M V

## Information　去往亚得里亚海沿岸邻国

　　伊斯特拉半岛上有意大利、斯洛文尼亚、克罗地亚三国接壤，国境随统治者变更而经常发生变化。第二次世界大战之后，该地区分属意大利与南斯拉夫，后来随着南斯拉夫联盟的解体，原属南斯拉夫的地区又分为克罗地亚与斯洛文尼亚，但文化上受威尼斯的影响最大。

　　在三国接壤的伊斯特拉半岛东北部，有跨国铁路及巴士。意大利一侧的巴士起点为的里雅斯特。中央火车站旁边有巴士总站，有开往乌迪内、蒙法尔科内等紧邻城市以及斯洛文尼亚、克罗地亚的车次。火车可去往隶属喀斯特地貌区域的迪瓦察（Divača）、皮乌卡（Pivka）、威尼斯、普拉、里耶卡。

🔲 意大利 / 克罗地亚之间的巴士
● 卢布尔雅那→的里雅斯特
每天 2:50~20:25 从卢布尔雅那有 13~15 班开行，用时 1 小时 30 分钟~2 小时 15 分钟
● 科佩尔→的里雅斯特
每天 6:00~17:30 从科佩尔有 9 班开行（周六、周日车次减少）
● 卢布尔雅那→科佩尔→波雷奇→罗维尼→普拉
7:10 从卢布尔雅那出发，9:34 到达科佩尔，11:10 到达波雷奇，12:00 到达罗维尼，12:50 到达普拉

## 麦克斯酒店
### Hotel Max
★★

◆ 酒店所在的建筑物是一栋建于 18 世纪的老房子，所有客房都是双人间。客房大多使用暖色系，氛围舒适。除了年末年初，11 月～次年 4 月期间不营业。

 全馆　EV 无

中档　客房数：6　　Map p.272-B1

URL www.maxpiran.com
email info@maxpiran.com
✉ IX. Korpusa 26
TEL 041-692928（手机）　FAX 无
S A/C 📶 📶 ➡ 🖥 € 60~78
W A/C 📶 📶 ➡ 🖥 € 75~118
C/C 不可

# 皮兰的餐馆
## Restaurant

　　来到港口城市皮兰，一定要品尝一下产自亚得里亚海的海鲜。意面和比萨等品种也十分丰富，其中大量使用了番茄和橄榄油，与意大利菜肴十分接近。咖啡馆大多集中在塔尔蒂尼广场附近，时尚的咖啡馆格外吸睛。

## 海王星餐馆
### Restaurant Neptum

◆ 当地人气很很高的海鲜店。主要以海鲜为主，主营斯洛文尼亚菜。主菜的价格是€ 10~，海鲜意面（Špageti z morskimi sadeži）等各种意面的价格是€ 12 起。有带图的菜单。

斯洛文尼亚菜　　Map p.272-B2

✉ Župančičeva 7
TEL（05）6734111
🕐 12:00~16:00, 18:00~22:00
🛏 周二
C/C A D M V

## 皮拉特餐馆
### Gostišče Pirat

◆ 建于港口沿岸的餐馆，共有 2 层，十分宽敞。"Pirat" 在斯洛文尼亚语中是 "海盗" 的意思，餐馆整体以渔船为设计理念，内部装饰了许多航海用品。服务员的态度十分热情。主菜的价格是€ 7.40~。

海鲜　　Map p.272-B2

✉ Župančičeva 26
TEL（05）6731481
🕐 夏季 11:00~23:00
　　冬季 11:00~20:00
🛏 无
C/C A D M V

## 比萨 5
### Pizzeria 5(Petica)

◆ 位于老城区的比萨店，比萨的种类繁多。价格在€ 7~11。小菜有炸鱿鱼（小块软软的炸鱿鱼），此外，章鱼、虾仁的沙拉也很受欢迎。

比萨 & 海鲜　　Map p.272-B2

✉ Župančičeva 6
TEL（05）9014279
🕐 夏季 11:00~24:00
　　冬季 12:00~21:00
🛏 冬季的周二
C/C 不可

# 皮兰的商店
## Shop

## 瑟切乌列海盐场
### Benečanka Piranske Soline

◆ 专门出售产自瑟切乌列海盐场的海盐制品 "Piranske Soline"。既有调料用盐，还有美容等各种其他用途的盐。加入海盐的巧克力、手工皂等加工产品也不错。

盐田商店　　Map p.272-B1

URL www.soline.com
email benecanka@soline.si
✉ IX. Korpusa 2　TEL（05）6733110
🕐 夏季　9:00~21:00
　　冬季　9:00~17:00
🛏 无　C/C A D M V

卢布尔雅那

★伊佐拉

# 伊佐拉 *Izola*

Map 文前 p.4-A3

■ 前往伊佐拉的交通方法
🚌🚊从各地前往科佩尔、博
德纳诺什斯的巴士都会途经
伊佐拉。去往克罗地亚的波
雷奇和意大利的的里雅斯特
的车也会在这里停靠。
● 从卢布尔雅那出发
🚌🚊6:05~15:00 期间 5 班车
（周六·周日减少车次）。所
需时间 1 小时 30 分钟至 2
小时 40 分钟，€11.40~12.60。
● 从科佩尔出发
🚌🚊每 小 时 1~4 趟 车（周
六·周日是每小时1~2趟），
所需时间 15 分钟，€1.80。
● 从皮兰出发
🚌🚊每 小 时 1~5 趟 车（周
六·周日是每小时1~2趟），
所需时间20~30分钟，€2.30。

■ 伊佐拉的 🛈
Map p.277-B1
✉ SončnoNabrežje 4
☎ ( 05 ) 6401050
URL visitizola.com
email tic.izola@izola.si
🗓 6~8 月　　　 9:00~21:00
9 月 ~ 次年 5 月
　　　　　　 9:00~17:00
🈳 无
没有代订住宿设施的服
务，但可以介绍。

2018 年 11 月搬来至此的 🛈

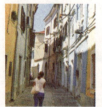

作为博物馆区城被保留下来的
老城区。沿途都是可爱的民居

伊佐拉老城区。以前这里曾经是离岸岛

老城区的港口

伊佐拉是意大利语"岛屿"的
意思，过去这里曾经是伊斯特拉半岛
近海附近的一座小岛。这里的历史
悠久，罗马时代是著名的哈里耶顿
（Haliaetum）海港。中世纪在威尼斯
共和国的统治下成为重要的贸易城市，
16 世纪以后改由奥地利所属成为外港，
这也注定了伊佐拉的衰败。18 世纪以
后在法国统治期间城墙也被陆续拆除，拆除的城墙被用来填海，连接了
内陆与小岛。
　　现如今的伊佐拉是一座集度假与中世纪老城区为一体的小城。虽然
规模不大，但是魅力十足。

## 伊佐拉 漫 步

　　伊佐拉有许多巴士站，其中最常用的站是位于邮局前的巴士站。巴
士司机报站时如果说"伊佐拉"一般指的就是这一站。这里是老城区的
入口，在这里下车可以马上开始城市漫步。
　　老城区不算大，20 分钟足以游览全貌。Ljubljanska 大街、Koprska
大街附近有不少中世纪时期遗留下来的老房子，也被指定为伊佐拉博物
馆 区 域（Ulični muzej Izola）。
老城区的北侧是整座城市的地
标圣莫鲁斯教堂的高塔。

老城区中心地带的维利奇广场

## 圣莫鲁斯教堂   Cerkev sv. Mavra   Map p.277-B1
Church of St. Maurus

伊佐拉的地标教堂。据说这里是 14 世纪便开始建造的教堂，但直到 16 世纪中叶才完成了文艺复兴时期的基础建筑部分。建筑物本身深受威尼斯共和国时期的影响，尖塔也与威尼斯圣马可大教堂的如出一辙。

教堂大厅内有 24 张精美绘画，祭坛右侧是旧约圣经、左侧是新约圣经中的各场景。相对的画之间还有隐藏的共通主题。

钟楼高 39 米，周一至周五 11:00~13:00 期间可以免费登楼。

圣莫鲁斯教堂的大厅

圣莫鲁斯教堂

■圣莫鲁斯教堂
⊠ Trg svetega Mavra
随时  无
随意捐赠
可  不可

■海洋博物馆
⊠ Alme Vivode 3
TEL (05) 6401050
URL visitizola.com
6~8月   9:00~21:00
9月~次年5月 9:00~17:00
1/1、12/25
€3  学生€2
可  可

## 海洋博物馆   Izolana-hiša morja   Map p.277-B1
Izolana-house of the sea

2018 年 11 月刚刚开业的博物馆。主要介绍港口城市伊佐拉的历

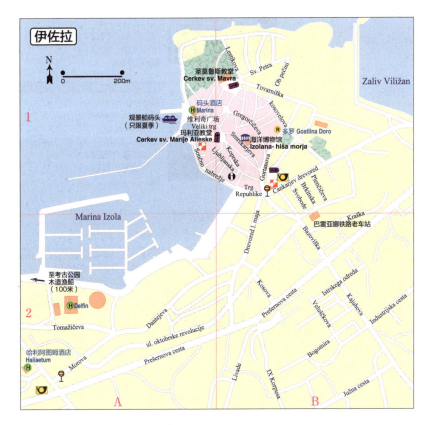

**■木造船的展示**

从老城区向西徒步约15分钟便可到达这座博物馆，馆内展示有一艘充分体现伊佐拉渔业历史的木造船，也是现存唯一的木船，外观经过了修复。是在1955年皮兰造船厂生产的。

展示了许多帆船的模型

展示了许多帆船的模型

史，通过照片、电子屏等形式展示曾经作为城市主要产业的渔业、造船业的历史。此外还展示了在伊佐拉、科佩尔和皮兰这三座港口城市所造的帆船和传统渔船的小模型。这一区域的造船业历史可以追溯到14世纪，直到20世纪中期当地的造船厂还在制造和修理渔民们使用的木质渔船。

## 伊佐拉的酒店
### Hotel

伊佐拉老城区只有一家酒店，其他酒店都在伊佐拉西南地区。此外与皮兰和科佩尔一样，这里的公寓和民宿比较多。

### 哈利阿图姆酒店 ★★★★
*Hotel Haliaetum*

◆与周边的酒店共同构成San Simon Resort。除了年末年初，11月～次年2月期间不营业。

📶全馆 **EV**有

| 高档 | 客房数：52 | Map p.277-A2 |
| --- | --- | --- |

- URL www.bernardingroup.si
- email booking@h-bernardin.si
- ✉ Morova 6A
- TEL（05）6603100  FAX（05）6907010
- Ⓢ A/C 📶 □ 🚻 ➡ □ € 60~100
- Ⓦ A/C 📶 □ 🚻 ➡ □ € 84~140
- ⒸⒸ Ⓐ Ⓓ Ⓜ Ⓥ

### 码头酒店 ★★★
*Hotel Marina*

◆老城区港口前的酒店。海景房相当不错。有付费桑拿。酒店内并设的餐馆是当地人气很高的海鲜店。

📶全馆 **EV**有

| 中档 | 客房数：49 | Map p.277-A1 |
| --- | --- | --- |

- URL www.hotelmarina.si
- email info@hotelmarina.si
- ✉ Veliki trg 11
- TEL（05）6604100  FAX（05）6604410
- Ⓢ A/C 📶 □ 🚻 ➡ □ € 72~174
- Ⓦ A/C 📶 □ 🚻 ➡ □ € 84~239
- ⒸⒸ Ⓐ Ⓓ Ⓜ Ⓥ

## 伊佐拉的餐馆
### Restaurant

### 多罗
*Gostilna Doro*

◆深受当地人喜爱的休闲餐馆，炭火烤肉非常不错。主菜的价格在€7.50~12.50。每日更替午餐套餐附带汤、沙拉、主菜，价格是€7.50。

| 斯洛文尼亚菜 | Map p.277-B1 |
| --- | --- |

- URL facebook.com/GostilnaDoro
- ✉ Trg padlih za svobodo 3
- TEL（05）6417496
- 🕐8:00~22:00
- 🚫1/1、12/25
- ⒸⒸ Ⓓ Ⓜ Ⓥ

# 科佩尔 *Koper*

Map 文前 p.4-A3

铁托广场为观光的中心，有执政官宫殿与圣母升天大教堂

科佩尔面朝亚得里亚海，长期以来都是斯洛文尼亚唯一的贸易港口。位于皮兰以东 17 公里、的里雅斯特以南 21 公里处，历史悠久。

科佩尔曾长期受威尼斯共和国的统治，意大利语名为卡波迪斯特里亚（Capodistria）。本来包括小岛与陆上两个区域，1825 年修建了堤防将小岛与陆地连接在一起，

圣母升天大教堂内部

形成了现在的样貌。从岛内老城区的建筑就能看出当地深受意大利文化的影响并与意大利有着密切的往来。

## 科佩尔 漫 步

在科佩尔火车站的站台下车，对面有车站建筑，蒸汽机车的对面（左侧）为巴士总站。车站有售票处及投币寄存箱，还有旅行社、巴士公司的问询处及售票点。旁边有中央邮局，也是物流中心。西北方向 1 公里左右就是老城区，步行 15 分钟可至。可乘巴士前往超市、泰式按摩店等商业设施所在的大型建筑以及泽莱尼公园（Zeleni Park）的巴士车站，那里就在老城区的旁边。

火车站旁边的蒸汽机车

老城区有典型的罗马式圆形建筑以及威尼斯哥特式建筑，保持着威尼斯统治时

卢布尔雅那
★科佩尔

■ 前往科佩尔的方法
科佩尔是亚得里亚海沿岸的交通枢纽。阿利瓦公司（Arriva）运营着前往科佩尔、伊佐拉、皮兰等地的巴士。可在科佩尔火车站的巴士服务点查询车次。
周 一 ～ 周 五 5:45~19:00（9:30~10:00、16:30~17:00 期间休息）、周六 7:00~13:00（9:30~10:00 期间休息）
周日、法定节假日

● 从卢布尔雅那出发
直达列车 17:45 出发。用时约 2 小时 20 分钟，€9.56~16.14。可在迪瓦察乘换巴士的车次 1 天 4 班（周六、周日车次减少）。
3:25~21:35 期间开行 13 班（周六、周日车次减少）。用时约 1 小时 20 分钟～2 小时 30 分钟，€11.10。

● 从波斯特伊纳出发
直达列车 18:45 出发。用时约 1 小时 20 分钟，€6.99~12.29。
7:12~18:05 期间开行 8 班（周六、周日车次减少）。用时约 1 小时 15 分钟～2 小时，€6.90~8.70。

● 从皮兰出发
1 小时开行 1~4 班（周六、周日 1 小时 1~2 班），用时 30~50 分钟，€3.10。

科佩尔的 ❶
Titov trg 3
Map p.280-A1
TEL（05）6646403
URL www.koper.si
tic@koper.si
6-9 月　　　　9:00~20:00
10 月~次年 5 月　9:00~17:00
无
位于执政官宫殿入口。旁边的房子是开业于 18 世纪并延续至今的药店，现在仍然保持着过去的原貌。

● 执政官宫宫游
每逢整点开始，有英语导游。€3.50，学生 €3。历时 30 分钟。

● 科佩尔卡
可参观大教堂钟楼及执政官宫殿，还可从科佩尔博物馆等 4~10 个景点中选择，并附赠代金券，€12，学生 €10。可在 ❶ 购买。
URL www.koper-card.si

普雷斯莱诺夫广场的喷泉

布洛罗广场的凉廊现为咖啡馆

期的风貌。

景点集中在铁托广场（Titov trg）与不远处的布洛罗广场（Trg Brolo）附近，还有钟楼旁边的圣母升天教堂、15 世纪威尼斯哥特式凉廊（Loža）、执政官宫殿（Pretorska palača）等许多值得一看的建筑。

另外，在老城区每年 7 月会举办民俗节等各种活动，届时会有大量游客造访。

科佩尔既有高楼林立的新市区，也有威尼斯风格的老城区。可以花上一些时间，细细地品味一下这座城市的拥有两种完全不同的魅力。

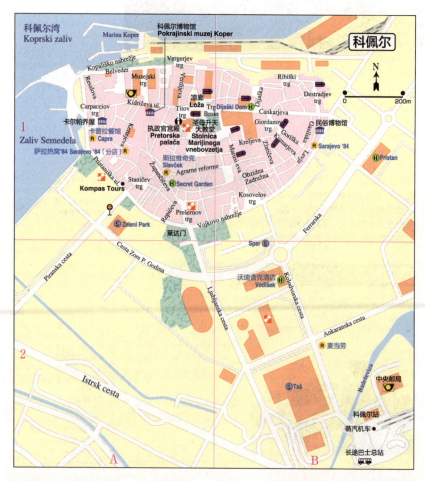

科佩尔湾 Koprski zaliv

科佩尔博物馆 Pokrajinski muzej Koper

科佩尔

Marina Koper

Vergerjev trg

Kopališko nabrežje Belveder

Muzejski trg

Ribiški trg

Destradjev trg

N

0　　　　200m

Reslova

凉廊 Loža

Trg Brolo

Dijaški Dom

Dijaška

Verdijeva

Carpacciov trg

Kidričeva ul.

Titov trg

Cankarjeva

卡尔帕乔屋

Giordanov trg

民俗博物馆

1

卡普拉餐馆 Capra

执政官宫殿 Pretorska palača

圣母升天大教堂 Stolnica Marijinega vnebovzetja

Kreljeva

Goriška

Čisalska

Čevljarska

Zaliv Semedela

Kalejska

斯拉维奇克 Slavček

Agrarne reforme

Secret Garden

Sarajevo '84

萨拉热窝'84 Sarajevo '84（分店）

Zupančičeva

Maršala eva

Obzidna Zadružna

Pristan

Kompas Tours

Staničev trg

Prešernov trg

Kosovelov trg

Pristaniška ul.

Repičeva

Zeleni Park

Vojkovo nabrežje

莱达门

Spar

Ferrarska

Piranska cesta

Cesta Zore P. Godina

Ljubljanska cesta

沃迪舍克酒店 Vodišek

Kolodvorska cesta

Ankaranska cesta

2

Istrsk cesta

麦当劳

Bakulevica

Taš

中央邮局

科佩尔站

蒸汽机车

长途巴士总站

A

B

斯洛文尼亚

● 科佩尔

## 圣母升天大教堂
### Stolnica Marijinega vnebovzetja
**Cathedral of Mary's Assumption**

Map p.280-A1

　　圣纳扎里亚教堂（Cerkev sv. Nazarija）是以科佩尔守护人的名字命名的著名教堂。

　　原为罗马时代的巴西利卡所在地，12世纪时建成现存的教堂。基础部分为哥特式，上层部分为文艺复兴式。内部装饰由18世纪的建筑师乔尔乔·马萨里设计。建于1480年的钟楼高54米。登上204级台阶，可以达观景台。

　　教堂内的绘画中，有维托雷·卡尔帕乔1516年所作的《圣母子像》以及巴洛克画家安东尼奥·赞基所作的《卡纳的婚礼》。

*《圣母子像》*

■圣母升天大教堂
✉ Titov trg
⊞ 随时　休 无
💰 欢迎捐款
● 钟楼
⊞ 9:00~20:00（冬季至17:00）
休 无
💰 € 3.50　学生€ 3
在 ❶ 购票
📷 可　🎥 可

## 科佩尔博物馆
### Pokrajinski muzej Koper
**Koper Regional Museum**

Map p.280-A1

　　建于17世纪初的巴洛克式宅邸。曾经的主人为贝尔格拉莫尼家族，该家族因继承了塔科家族的名字，所以也被称为"帕拉察·贝尔格拉莫尼·塔科"。现为博物馆总馆，主要展出科佩尔及周边地区的考古文物、历史资料以及艺术品。

■科佩尔博物馆
✉ Kidričeva 19
☎ 041-556644
🌐 www.pokrajinskimuzejkoper.si
⊞ 周二~周五　　8:00~16:00
　　周六、周日、法定节假日
　　　　　　　　9:00~17:00
7~8月闭馆时间为19:00
休 周一、1/1、5/1、11/1、12/25
💰 € 5　学生€ 2.50
※ 包含市内各处卡尔帕乔屋€ 5、民俗展览€ 3、美术馆€ 1的两日有效通票€ 6
📷 可　🎥 不可

---

## Information　帕伦扎纳铁路

　　帕伦扎纳铁路连接的里雅斯特与波雷奇，全长123公里。在现在的地图中，帕伦扎纳铁路跨越意大利、斯洛文尼亚、克罗地亚三国，但在刚刚开通的1902年，其全部在奥地利境内。除了旅客，葡萄酒、橄榄等伊斯特拉半岛的农产品也经这条铁路运输。过去使用760毫米宽的窄轨铁路，线路起伏也较大，以当时的蒸汽机车的性能，行车速度还没有人跑得快，有时甚至无法完成爬坡。

　　经过第一次世界大战、大萧条、第二次世界大战，在距今70多年前，这条铁路被废弃，沿途地区也分成多个国家。

　　现在，原来的铁路线路成了很受欢迎的自行车骑行线路。骑上自行车，穿行于葡萄园、橄榄林间，非常畅快。科佩尔火车站旁边有过去曾经使用过的蒸汽机车，可以向人们介绍当地的历史。

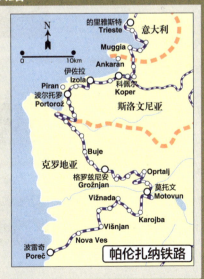

帕伦扎纳铁路

虽然说科佩尔既是交通要道又是度假胜地，但是酒店数量并不多。距离中心城区较远的民宿也需要谨慎预订。如果是自行车或者租车自驾之旅，那么不妨试在农场或者酒庄借宿，也是一种可以深度了解斯洛文尼亚的好方法。

### 沃迪舍克酒店
#### Hotel Vodišek ★★★

◆ 位于老城区东南角的酒店，一层是餐馆。酒店周边也有不少餐馆，还有超市。客房位于上层，房间宽敞。

📶 全馆　EV 有

| 中档　客房数：35 | | Map p.280-B2 |
| --- | --- | --- |

URL www.hotel-vodisek.com
email info@hotel-vodisek.com
✉ Kolodvorska 2
TEL（05）6392468　FAX（05）6393668
S A/C 🏠 📶 🖥 ➡ 🔲 € 52~65
W A/C 🏠 📶 🖥 ➡ 🔲 € 75~95
C/C A D M V

### 秘密花园青年旅舍
#### Secret Graden Hostel

◆ 位于老城区的青年旅舍。多人间共有2个，床位数分别是4张和6张。每张床配有电灯和电源，有专用的柜子。

📶 全馆　EV 无

| 青年旅舍　客房数：20　Map p.280-A1 |
| --- |

URL www.hostel-secretgarden.com
✉ Dimnikarska 1
TEL 051-815821（手机）
D A/C 🖥 📶 🔲 € 15~17
C/C A D M V

### 卡普拉餐馆
#### Capra restavracija in kavarna

◆ 装修时尚，味道备受好评的餐馆。主要提供从海鲜到肉菜的各种时尚地中海菜系的菜肴。主菜的价格在 € 14~20。除了有宽敞的室内餐区之外，还有面朝港口的露台座位。甜品的味道十分高级。夏季建议提前预约。

| 地中海菜 | Map p.280-A1 |
| --- | --- |

URL www.capra.si　email info@capra.si
✉ Pristaniška 3
TEL 041-602030（手机）
🕐 9:00~22:00
（厨房从 12:00 开始）
休 无
C/C M V

### 斯拉维奇克
#### "Slavček" Istarska Klet

◆ 科佩尔周边可以畅饮葡萄酒的小酒馆。当地特色菜炖鱿鱼大约 € 10，炸鱿鱼 € 10，克拉尼香肠 € 8。

| 斯洛文尼亚菜 | Map p.280-A1 |
| --- | --- |

✉ Župančičeva 39
TEL（05）6276729
🕐 夏季　　8:00~22:00
　　冬季　　8:00~21:00
休 周六、4/22~5/3、12/22~ 次年 1/3
C/C 不可

### 萨拉热窝'84
#### Čevabdžinica Sarajevo'84

◆ 炭火烤肉备受好评的餐馆。菜单上主要以烧烤为主，红辣椒 € 4.80~，香肠 € 6.3~。很多地方都有分店，这里还有一家。

| 波斯尼亚菜 | Map p.280-A1 |
| --- | --- |

✉ Gramšijev trg 8
TEL 083-835944
🕐 周日～周五　10:00~22:00
　　周六　　11:00~22:00
休 无
C/C 不可

# 波斯托伊纳 *Postojna*

有形态奇异的钟乳石

Map 文前 p.4-B3

卢布尔雅那

★波斯托伊纳

宛如梦幻世界的波斯托伊纳溶洞

波斯托伊纳溶洞是欧洲规模最大的溶洞，中世纪时附近的居民就已经发现了这里，但是考察队首次进入溶洞是在 1818 年。之后这里便成为斯洛文尼亚著名的旅游胜地，有大量游客来此参观。

这个长达 27 公里的溶洞，从大约 10 万年前开始吸收皮乌卡河的水，经过漫长的岁月，石灰岩不断被侵蚀。洞内形成了形态奇异的钟乳石。据说钟乳石每增长 1 毫米，需要 10~30 年的时间。来到这里会让人感受到大自然的神秘与伟大。

洞螈是波斯托伊纳的吉祥物

## 波斯托伊纳 漫 步

波斯托伊纳火车站位于市中心以东约 600 米处。虽然属于徒步可至的距离，但是火车站位于山上，如果携带行李较大，可能会比较吃力。

长途巴士总站位于市中心。从那里沿铁托大街（Titova cesta）向东北方行进，可以到达建于 18 世纪的圣斯蒂芬教堂（Cerkev sv Štefan）、科姆帕斯波斯托伊纳旅行社（Kompas Postojna）、克拉斯酒店所在的铁托广场（Titov trg）。❶距离广场也很近。去往溶洞，可以从这里沿亚姆斯卡大街（Jamska cesta）前行 1 公里。

波斯托伊纳的市中心——铁托广场

■ 前往波斯托伊纳的方法

● 从卢布尔雅那出发

🚆 4:30~22:28 期间大概 1 小时开行 1~2 班（周六、周日车次减少）。用时约 1 小时，€ 5.80~10.50。

🚌 5:30~19:55 期间 1~2 小时开行 1 班，23:00、23:35（周六、周日车次减少）。用时约 1 小时，€ 6。

● 从科佩尔出发

🚆 直达列车只在 5:25 出发。用时 1 小时 24 分钟，€ 6.99~12.29。其他车次，需要在迪瓦察换乘。截至 2019 年 2 月，科佩尔与迪瓦察之间的线路有可换乘巴士的车次。

🚌 4:51~19:40 期间大概开行 8 班（周六、周日车次减少）。用时约 1 小时，€ 6.70~6.90。

■ 博斯托伊纳的 ❶

Map p.284-A2

✉ Trg padlih

☎ 040-122318（手机）

🕐 夏季　　　　　8:00~20:00
　冬季
　　周一~周五　8:00~18:00
　　周六　　　　9:00~17:00

🚫 冬季的周日

波斯托伊纳的 ❶ 出售当地特产

■ 波斯托伊纳的旅行社

● Kompas Postojna

Map p.284-B2

✉ Titov trg 2a

☎ (05) 7211480

🔗 www.kompas-postojna.si

📧 info@kompas-postojna.si

🕐 5~10 月
　　周一~周五　8:00~19:00
　　周六　　　　9:00~13:00
　11 月~次年 4 月
　　周一~周五　8:00~18:00
　　周六　　　　9:00~13:00

🚫 周日、法定节假日

可以预订住宿地点及出租车。在此购买波斯托伊纳溶洞的门票，可享受 5% 的优惠。

■波斯托伊纳溶洞
☎（05）7000100
🌐www.postojnska-jama.eu
🕙溶洞团体游出发时间
5、6、9月
9:00~17:00 期间的整点
7、8月
9:00~18:00 期间的整点
4、10月
10:00、11:00、12:00、
14:00、15:00、16:00
11月~次年3月
10:00、12:00、15:00
生态箱开放时间
5、6、9月 8:30~17:00
7、8月 8:30~18:00
10月~次年4月
9:30~15:00
展览开放时间
11月~次年3月
10:00~15:00
4月 10:00~17:00
5月 9:00~17:00
6、9月 9:00~18:00
7、8月 9:00~19:00
10月 10:00~16:00
🚫无
💶溶洞团体游
€ 25.80 学生 20.60
生态箱
€ 9.90 学生 € 7.90
展览
€ 9.90 学生 € 7.90
🔲部分区域不可
♿部分区域不可

## 波斯托伊纳 主要景点

### 波斯托伊纳溶洞     Postojnska jama   **Map p.284-A1**
Postojna Cave

　　需参加团体游参观溶洞内部（约90分钟）。乘小火车行驶2公里左右，下车后徒步1.8公里，参观洞内最好看的部分。根据洞窟内高度和宽度的不同，钟乳石的色彩与形态会有微妙的变化，有的形似骆驼、乌龟、男子。其中尤其美丽的是被称为"意大利面"的宛如冰柱的钟乳石以及表面光滑、色泽洁白的"宝石"。到了参观的后半程，在进入"音乐厅"之前，可以见到名为洞螈（Proteus Anguinus）的两栖动物，这种动物的肤色与人接近，所以也被称为"类人鱼"。它已经适应在黑暗中生存，所以眼睛完全退化，可以分别使用鳃和肺来呼吸，据说即使一年不进食也能活下去。洞内温度常年保持在10℃。

　　距溶洞入口50米处，有展示洞中生物的生态箱（Vivarium），也能见到洞螈。

　　售票处南边的建筑内有展览（EXPO Postojna Cave Karst），介绍了溶洞是如何形成的。

### 喀斯特博物馆     Muzej Krasa   **Map p.284-B2**
Karst Museum

　　位于波斯托伊纳市中心的博物馆。介绍喀斯特地貌的形成以及溶洞

内的生物。另外，还展出有在溶洞中发现的16~17世纪的金银器，很值得一看。

有关自然的展区

■ 喀斯特博物馆
✉ Kolodvorska cesta 3
☎ 041-313179（手机）
URL www.muzejkrasa.si
开 夏季　　　　10:00~18:00
　 冬季　　　　10:00~17:00
休 周一
費 € 5　学生 € 3
◎ 可

### 波斯托伊纳　短途旅行

## 洞穴城堡　　Predjamski grad　Map 文前 p.4-B3
Predjama castle

　　距离波斯托伊纳溶洞9公里处，有一个非常特别的洞穴城堡。城堡矗立在高达123米的绝壁之上，下边是河流及恬静的田园风光，让人感觉仿佛进入了童话世界。

　　这里的第一个城堡建于12世纪，现存建筑建于16世纪。内有16~19世纪的家具、绘画，以及再现当时生活的人偶，在城堡中随意走一走也很有趣。

建于绝壁之上的洞穴城堡

城堡内再现了16世纪时的场景

　　还可以进入隐藏于城堡之后的洞穴内探险。洞穴全长13公里，夏季会举办团体游，可在洞穴中前行600米（约30分钟）。但在天气不好的时候洞内会积水，参观会因此暂停）。手持照明设备，在狭窄的洞穴里前行，感觉十分刺激。据说洞中栖息着5000只蝙蝠，偶尔能够见到。

### 前往洞穴城堡的方法
● 从波斯托伊纳出发
没有公共交通工具。如乘坐出租车，从波斯托伊纳出发，用时约30分钟，约€35。骑自行车，用时约1小时。

■ 洞穴城堡
✉ Predjama
URL www.postojnska-jama.eu
开 5、6、9 月　　9:00~18:00
　 7、8 月　　　9:00~19:00
　 4、10 月　　10:00~17:00
　 11 月~次年 3 月
　　　　　　　10:00~16:00
　 5~9月可参观洞穴
　　11:00、13:00、15:00、
　　17:00
休 无（洞穴团体游10月~次年4月）
費 城堡 € 13.80　学生 € 11
　 城堡下面的洞穴
　 € 9.90　学生 € 7.90
◎ 可　　🅿 可

## 波斯托伊纳的酒店
Hotel

波斯托伊纳只有几家酒店，还有几家民宿，可通过康帕斯波斯托伊纳订房。

### 克拉斯酒店
Hotel Kras　　　　★★★★

◆ 位于铁托广场旁边，从巴士总站步行可至。房间较大，所有房间都有电热水壶及小吧台。地下为停车场。
🛜 全馆　EV 有

中档　客房数：27　Map p.284-B2
URL www.hotelkras.si
email info@hotelkras.si
✉ Tržaška cesta 1
☎ (05 ) 7002300
S A/C 📶 🚿 🛁 📶 € 80~90
W A/C 📶 🚿 🛁 📶 € 100~140
C/C D M V

卢布尔雅那
★什科茨扬溶洞

# 什科茨扬溶洞
## *Škocjanske jame*

Map 文前 p.4-A3

可以见到形状奇异的钟乳石

■**前往什科茨扬溶洞的方法**
距离最近的火车站为迪瓦察站。
●**从卢布尔雅那出发**
🚄 4:30~21:03 期间大概 1 小时 1 班（周六、周日车次减少），用时约 1 小时 40 分钟，€ 7.70~13.35。
●**从波斯托伊纳出发**
🚄 5:32~22:07 期间大概 1 小时 1 班（周六、周日车次减少），用时约 35 分钟，€ 3.44~6.96。
🚌 7:12~18:05 期间开行 7 班（周六、周日车次减少），用时 30 分钟，€ 3.60。
●**从科佩尔出发**
🚄 5:25、10:03、14:45、19:20 出发。截至 2019 年 2 月，10:03 与 14:45 的车次由巴士替代。用时约 45 分钟，€ 4.28~8.22。
🚌 4:51~19:40 期间开行 8 班（周六、周日车次减少），用时 33~45 分钟，€ 4.10~4.70。

世 界 遗 产
什科茨扬溶洞
Škocjanske jame
1986 年列入名录
◆什科茨扬溶洞
✉ Škocjan 2 TEL (05) 7082110
URL www.park-skocjanske-jame.si
🎫线路 1（用时 1 小时 30 分钟~2 小时）
6~9 月
10:00~17:00 期间每逢整点
4、5、10 月
10:00、12:00、13:00、15:30
11 月~次年 3 月
周一~～周六 10:00、13:00
周日、法定节假日
10:00、13:00、15:00
线路 2（用时 1 小时~1 小时 30 分钟）
6~9 月 10:00~15:00
4、5、10 月 11:00、14:00
🎫线路 1 无
线路 2 11 月~次年 3 月
💰线路 1 € 16~20
学生€ 12~16
线路 2 € 12.50 学生€ 9
共通券 € 21 学生€ 16
📷 不可

周围的自然景观也很美丽

什科茨扬溶洞位于卢布尔雅那西南约 82 公里处的喀斯特地区。喀斯特地貌一词也源自该地区。这里多石灰岩，受河水及雨水的侵蚀而形成了钟乳石。什科茨扬溶洞出现于约 3 亿年前，公元前 3000~ 公元前 1700 年有人类在此居住。1986 年被联合国教科文组织列为世界遗产。

## 什科茨扬溶洞 漫 步

距离什科茨扬溶洞最近的火车站为迪瓦察（Divača）站。从车站至溶洞游客中心所在的马塔温（Matavun）仅有 3 公里，每天有 4 班免费巴士从火车站发车。步行的话，需要 35 分钟左右。火车站有去往溶洞的指示图。

参观只能通过参加团体游的形式。在游客中心报名。那里有餐馆、咖啡馆、观赏周围景自然景色的观景点，团体游开始前可前往那里等候。还有可免费使用的寄存箱。

参观溶洞有两条线路。线路 1 有导游讲解，可参观千奇百怪的钟乳石以及最大看点采尔克维尼科维姆吊桥（Cerkvenikovim）。线路 2 是沿洞内的莱卡河步行，最后进入溪谷。

洞内大部分区域在 1965 年以前均被莱卡河淹没。莱卡河沿洞穴底部持续流淌，为流入亚得里亚海的蒂马瓦河（Timava）的源头。

线路 1 的洞穴内有高约 15 米的广大空间"格雷特大厅"以及形状奇特的钟乳石。石灰岩阶梯德沃拉纳蓬维克不容错过。这条线路最大的看

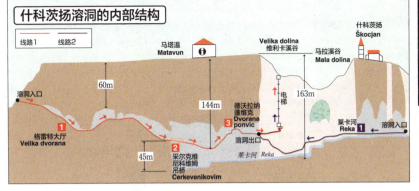

什科茨扬溶洞的内部结构

线路1　线路2

马塔温
Matavun

Velika dolina
维利卡溪谷

马拉溪谷
Mala dolina

什科茨扬
Škocjan

60m

溶洞入口

144m

德沃拉纳
蓬维克
Dvorana
ponvic

电梯

163m

莱卡河
Reka

溶洞入口

**1** 格雷特大厅
Velika dvorana

45m

**2** 采尔克维
尼科维姆
吊桥
Cerkevenikovim

**3** 溶洞出口

莱卡河 *Reka*

---

点是洞内的大溪谷。从高达 45 米的采尔克维尼科维姆吊桥上俯瞰溪谷，会感到十分震撼。线路 2 的洞穴只在 4~10 月期间开放，非常值得参观。

　　所有洞穴内均禁止拍照，仅能在接近洞穴出口处拍照。不过，在返回游客中心的途中，景色非常美丽，还有瀑布，可以拍照。

■参观溶洞的服装

　　溶洞内的气温常年保持在 12℃左右，可按此温度穿着合适的服装。线路 1 需步行约 3 公里，线路 2 需步行约 1.5 公里，落差达 100~144 米，应穿着舒适的鞋子。

**3** 石灰岩阶梯德沃拉纳蓬维克

从观景点俯瞰维利卡溪谷与马拉溪谷

德沃拉纳蓬维克
Dvorana ponvic **3**

参观后半段
必看的钟乳石

溶洞出口

维利卡溪谷
Velika dolina

莱卡河 *Reka*

什科茨扬
Škocjan

*Reka* 莱卡河 **1**
Reka

**2** 莱卡河上架着的桥

采尔克维尼科维姆吊桥
Cerkevenikovim **2**

一定要从高达
45米的吊桥上
俯瞰溪谷

电梯

马拉溪谷
Mala dolina

沿莱卡河参观

溶洞入口

有很多形状独特
的钟乳石

溶洞入口

**1** 格雷特大厅
Velika dvorana

马塔温
Matavun

**1** 溶洞内的莱卡河

Matavun

0　　　　　200m

N

——线路1（地上）　——线路2（地上）
·····线路1（地下）　·····线路2（地下）　□拍照地点

什科茨扬溶洞周边

**1** 格雷特大厅

287

# 斯洛文尼亚东部

## *Štajerska*

马里博尔老城区中心地带的格拉乌尼广场（→ p.291）

# 斯洛文尼亚东部 Štajerska

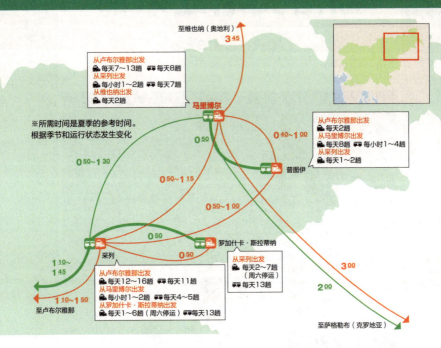

至维也纳（奥地利）
3 45

从卢布尔雅那出发
🚌 每天7～13趟 🚆 每天8趟
从采列出发
🚌 每小时1～2趟 🚆 每天7趟
从维也纳出发
🚌 每天2趟

※所需时间是夏季的参考时间。
根据季节和运行状态发生变化

马里博尔

0 50    0 40～1 00

从卢布尔雅那出发
🚌 每天2趟
从马里博尔出发
🚌 每天8趟 🚆 每小时1～4趟
从采列出发
🚌 每天1～2趟

0 50～1 30

普图伊

0 50～1 15

0 50～1 00

0 50

采列    罗加什卡·斯拉蒂纳

0 50

从采列出发
🚌 每天2～7趟
（周六停运）
🚆 每天13趟

从卢布尔雅那出发
🚌 每天12～16趟 🚆 每天11趟
从马里博尔出发
🚌 每小时1～2趟 🚆 每天4～5趟
从罗加什卡·斯拉蒂纳出发
🚌 每天1～6趟（周六停运）🚆 每天13趟

1 10～
1 45

1 10～1 50
至卢布尔雅那

3 00

2 00

至萨格勒布（克罗地亚）

## ●地理

斯洛文尼亚东部地区曾经是奥匈帝国的一部分——施蒂利亚地区（Štajerska）。这一地区与奥地利第二大城市格拉茨之间的来往十分紧密，至今两城市之间往来的人仍不少。最东北部地区匈牙利人居多。

马里博尔、采列以及普图伊仍旧保留有奥地利统治时期的老街景。每一座城市规模都不算大，有一天时间足矣。

采列的街景

## ●气候

这一地区位于内陆，因此是典型的大陆性气候。最佳旅游季节是5-9月。冬季平均最低气温在0℃以下，从3月中旬开始阳光明媚的日子居多。

## ●温泉

斯洛文尼亚东部地区温泉较多，大多具有缓解关节疼痛的功效，部分温泉还是知名的饮用水。整个欧洲地区当然包含斯洛文尼亚，泡洗温泉的时候需要穿着泳装。

## ●线路规划

第一天：从卢布尔雅那移动至采列。将行李置于酒店之后，移动至普图伊，当天可往返。
第二天：采列市内观光结束之后，移动至马里博尔。享受当地的红酒。
第三天：参观马里博尔市内，前往维也纳或者萨格勒布。去往维也纳的路上还可以经由世界遗产赛姆林铁路，透过车窗可以欣赏美丽的山景。去往萨格勒布的巴士每天有7~8趟，直达列车是19:52出发。

位于马里博尔的"世界上最古老的葡萄树"

# 马里博尔 *Maribor*

斯洛文尼亚著名的葡萄酒产地

Map 文前 p.5-C1~D1

老城区的中心格拉乌尼广场

马里博尔是斯洛文尼亚的第二大城市。其历史可以追溯到旧石器时代，但作为城市则起源自 12 世纪神圣罗马帝国的克恩顿公爵在皮拉米达山上修建的城堡，被称为布尔克因戴尔马尔克。1845 年，维也纳与的里雅斯特之间的铁路开通，之后城市快速发展，形成了现在的规模。2012 年被定为欧洲文化首都（European Capital of Culture），现在是斯洛文尼亚发展最快的城市。

世界上最古老的葡萄树

马里博尔也是著名的葡萄酒产地，德拉瓦河（Drava）畔有世界上最古老的葡萄树。另外，郊外还有滑雪度假胜地，游客很多。

梅斯特尼公园
Mestni park

至皮拉米达山
（350 米）

马里博尔城堡
Mariborski grad

斯沃博德广场
Trg Svobode

UNI Youth Hostel

马里博尔市中心
宜必思酒店
Ibis Styles Maribor
City Center

施洗约翰大教堂
Stolna župnija
Maribor

方济各会教堂
Frančiškanska cerkev

Mercure Maribor
City Center

罗什马林
Rožmarin

市政厅
Rotovž

古葡萄树
Stara trta v Mariboru

格拉乌尼广场
Glavni trg

马里博尔城市酒店
City

长途巴士总站

马里博尔站

帕尔蒂赞斯卡大街
Partizanska cesta

犹太人地区

德拉瓦河

N

0        150m

马里博尔

## ■前往马里博尔的方法

### ●从卢布尔雅那出发

🚄直达列车 1 天 7~13 班，在兹达尼莫尼斯特（Zidani Most）换乘的车次 4~17 班。用时 2 小时 ~3 小时 10 分钟，€ 9.56~16.14。

🚌8:20~20:00 期间大概 8 班（周六、周日车次减少），用时 40 分钟~3 小时 30 分钟，€ 11.40~12.90。

### ●从普图伊出发

🚄5:07~20:06 期间开行 9 班（周六、周日车次减少），用时 45 分钟~1 小时。也有在普拉盖尔斯科（Pragersko）换乘的车次，1 天 5 班。€ 3.44~6.96。

🚌4:50~22:10 期间 1 小时大概 1~4 班（周六、周日车次减少），用时 50 分钟，€ 3.60。

### ■从采列出发

🚄5:25~次日 0:21 期间大概 1 小时 1~2 班（周六、周日车次减少），用时 45 分钟~1 小时 5 分钟，€ 5.80~10.50。

🚌1 天大概 7 班（周六、周日车次减少），用时 50 分钟~1 小时 50 分钟，€ 6.30。

### ●从萨格勒布（克罗地亚）出发

🚄直达列车 7:25 出发。用时约 3 小时，€ 12。

🚌1 天 3~9 班，用时约 2 小时，49~100Kn。

## ■前往奥地利的方法

前往奥地利，每天有 2 班列车经由格拉茨开往维也纳。中途会经过世界遗产塞默灵铁路。至格拉茨用时约 1 小时。至维也纳用时约 3 小时 45 分钟。

马里博尔站

从桥上可远眺马里博尔老城区全貌

■ 马里博尔的 ❶
URL www.maribor-pohorje.si
email tic@maribor.si
　提供马里博尔与波霍里耶的旅游咨询服务以及市内酒店、餐馆的名单。老城区的 ❶ 出售当地特产并出租自行车，古葡萄树的 ❶ 出售当地出产的葡萄酒。
● 老城区
Map p.291-A1
✉ Partizanska cesta 6a
☎ (02) 2346611
🕐 4~10月
　周一~周五 9:00~19:00
　周六、周日、法定节假日
　　　　　　9:00~17:00
　11月~次年3月
　周一~~周五 9:00~19:00
　周六、周日、法定节假日
　　　　　　10:00~15:00
🈚 无
● 古葡萄树
Map p.291-A2
✉ Vojašniška 8
☎ (02) 2515100
🕐 5~9月 9:00~20:00
　10月~次年4月
　　　　　　9:00~18:00
圣诞节、新年前后时间缩短
🈚 无

老城区的 ❶ 位于方济各会教堂附近

马里博尔有历史悠久的犹太人居住区

建于19世纪末的新文艺复兴式中央邮局

# 马里博尔　漫 步

斯沃博德广场与帕尔蒂赞斯卡大街

马里博尔火车站与长途巴士总站位于市区东部。沿帕尔蒂赞斯卡大街（Partizanska cesta）向西步行约10分钟，可以到达老城区。经过标志性建筑方济各会教堂（Frančiškanska cerkev）就到达斯沃博德广场（Trg Svobode）。

广场周边除了方济各会教堂，还有历史悠久的葡萄酒庄（Vinag）及马里博尔城堡，建议从这里出发参观市区。广场西南的老城区有施洗约翰大教堂与市政厅（Rotovž）等当地的地标性建筑。

市区北部有市立公园，一直延伸至皮拉米达山。山比较陡峭，但可以远眺风景。

市区南侧有德拉瓦河（Drava）流过，夏季有很多人在河上划皮艇。河畔有供人们休闲的场所。北岸有犹太人地区（Židovski trg），向西有"古葡萄树"。

德拉瓦河南岸也为市区，但距离滑雪场所在的波霍里耶只有5公里，可从火车站或老城区乘坐市内巴士前往。这一带有带SPA设施的酒店以及民宿。

从皮拉米达山眺望

马里博尔广域图

## 马里博尔 主要景点

### 马里博尔城堡    Mariborski grad   Map p.291-A1
**Maribor Castle**

现为博物馆的马里博尔城堡

马里博尔城堡为当地城墙的组成部分，15世纪后半叶由神圣罗马帝国皇帝腓特烈三世修建。之后经过多次扩建，现在可以见到巴洛克式教堂、庆典大厅以及洛可可式楼梯等不同时代的建筑装饰。

### 方济各会教堂
**Frančiškanska cerkev**   Map p.291-A2
**Franciscan Church**

标志性的双塔

方济各会教堂是19世纪至20世纪由维也纳建筑师理查德·乔丹设计并主持修建的。内部的绘画基本上为匈牙利画家费伦茨·普尔金斯卡伊所作，湿壁画与花窗玻璃为画家斯塔奈·克莱加尔创作。

### 施洗约翰大教堂   Stolna župnija Maribor   Map p.291-A2
**Church of John the Baptist-Cathedral**

施洗约翰大教堂最初为建于12世纪的罗马式建筑，现存的哥特式建筑建于14~15世纪。耸立于正面的高57米

内部为哥特式风格

位于市区边缘的僻静之处

的钟楼是18世纪时重建的，之前的建筑毁于雷击。

### 古葡萄树   Stara trta v Mariboru   Map p.291-A2
**The Old Vine in Maribor**

奥地利的格拉茨的施泰因马克州立博物馆内有这株古葡萄树的绘画作品。这幅画大约是在1657年至1681年期间绘制的，与现在葡萄树所在的位置和建筑如出一辙。因此人们判断这棵葡萄树最少有450年的历史，经过鉴定确实如此。同时被吉尼斯世界纪录收录为"世界上最古老的葡萄树"。

馆内藏有产自当地的130种葡萄酒

---

■ 马里博尔城堡
✉ Grajska 2
☎（02）2283551
URL www.museum-mb.si
email info@pmuzej-mb.si
🕑 周二～周六　10:00～18:00
　　周日　　　　10:00～14:00
🚫 周一、法定节假日、12/24·31
💰 €5　学生€3.50
⭕可 ❌不可

■ 方济各会教堂
✉ Vita Kraigherja 1
☎（02）2285110
URL www.bazilika.info（斯洛文尼亚语）
🕑 早晨～日落
🚫 无
💰 欢迎捐款
⭕可 ❌可

方济各会教堂的内部

■ 施洗约翰大教堂
✉ Trg Slomškov 20
☎（02）2518432
URL www.stolnicamaribor.si（斯洛文尼亚语）
🕑 早晨～日落
🚫 无
💰 欢迎捐款
⭕可 ❌不可

位于博物馆入口处的古葡萄树

■ 古葡萄树
✉ Vojašniška 8
☎（02）2515100
URL www.staratrta.si
email stara-trta@maribor.si
🕑 5～9月　　　9:00～20:00
　　10月～次年4月
　　　　　　　　9:00～18:00
🚫 无
💰 免费
　　建筑物内是展示马里博尔及其周边地区葡萄酒历史的小型博物馆。提供葡萄酒试饮，三种酒€4.90～。
⭕可 ❌可

# 马里博尔的酒店
## Hotel

　　马里博尔虽说是斯洛文尼亚的第二大城市，但中心城区的酒店数量却出奇的少。民宿、旅馆等住宿设施大多集中在南侧的波霍列高原。波霍列还有不少天然 SPA 度假酒店。

## 马里博尔城市酒店　★★★★
### Hotel City Maribor

◆于 2011 年开业的现代化酒店。五层有屋顶咖啡馆和餐馆，景观非常不错。有些客房带有浴缸。健身中心等设施齐备。

📶全馆　EV有

| 高档　客房数：78 | Map p.291-B2 |
| --- | --- |
| URL www.hotelcitymb.si | |
| email info@hotelcitymb.si | |
| ✉ Kneza Koclja 22 | |
| TEL（02）2927000　FAX（02）2927004 | |
| S A/C 🚿 🖥 🍴 € 125~160 | |
| W A/C 🚿 🖥 🍴 € 180~500 | |
| C/C A D M V | |

## 马里博尔市中心宜必思酒店　★★★
### Ibis Style Maribor City Center

◆2018 年 3 月由旧奥勒尔酒店改建而成的酒店。3 公里外有体育中心，可以花费€ 12，享用那里的游泳池和桑拿。

📶全馆　EV有

| 中档　客房数：70 | Map p.291-A1~2 |
| --- | --- |
| URL www.accorhotels.com | |
| email hb2e0@accor.com | |
| ✉ Volkmerjev prehod 7 | |
| TEL（02）2506700　FAX（02）2518497 | |
| S A/C 🚿 🖥 🍴 € 53~95 | |
| W A/C 🚿 🖥 🍴 € 68~135 | |
| C/C A D M V | |

# 马里博尔的餐馆
## Restaurant

## 罗什马林
### Rožmarin

◆最受当地人好评的马里博尔最高级的餐馆。餐馆涉猎的范畴很广，从地中海菜到多国美食。两道菜的套餐价格是€ 24~，三道菜€ 31~。旗下还有牛排屋和比萨店。

| 创意菜 | Map p.291-A2 |
| --- | --- | --- |
| URL www.rozmarin.si | | |
| ✉ Gosposka 8 | | |
| TEL（02）2343180 | | |
| 开 周一～周四 | | 11:00~22:00 |
| 周五、周六 | | 11:00~23:00 |
| 休 周日、法定节假日 | | |
| C/C D J M V | | |

# 马里博尔的商店
## Shop

## 维纳谷
### Vinag

◆葡萄酒专卖店，拥有硕大的地下酒窖。周一至周五 15:00 开始，周五、周六 15:00 和 18:00 有葡萄酒试饮活动。所需时间为 30 分钟至 1 小时，每人€ 7~（含三杯）。

| 葡萄酒 | Map p.291-A1 |
| --- | --- | --- |
| email Vinag.klet@gmail.com | | |
| ✉ Trg Svobode 3 | | |
| TEL 030-203527（手机） | | |
| 开 周一～周四 | | 10:00~20:00 |
| 周五、周六 | | 10:00~21:00 |
| 周日 | | 12:00~18:00 |
| 休 法定节假日 | | |
| C/C A D M V | | |

# 采列 *Celje*

## 斯洛文尼亚著名的葡萄酒产地

Map 文前 p.5-C2

从采列城堡俯瞰采列市区

采列古称"塞雷亚",建成于古罗马皇帝克劳狄时代。中世纪时,神圣罗马帝国皇帝路德维希四世设立了采列伯爵领,采列为其中心城市并从那时一直发展至今。19世纪中叶,这里开始铺设铁路,采列成为仅次于卢布尔雅那、马里博尔的重要城市。

## 采列 漫 步

市中心位于采列站西侧。与火车站相连的克莱科夫广场与普莱谢莱诺希大街(Prešerenova)基本上横贯整个老城区。

中长途巴士总站位于老城区北部。沿巴士站站前的阿什凯尔契瓦大街(Aškerčeva)一直向南步行,5分钟左右可以到达火车站。

老城区里除了有圣丹尼尔教堂与圣塞西莉亚嘉布遣会教堂·修道院,还有与水塔相连的部分城墙以及采列现代历史博物馆等景点。沃德尼科瓦大街(Vodnikova)上的采列银行为斯洛文尼亚著名建筑师约热·普列赤涅克的代表作。

## 采列 主要景点

### 采列城堡
**Old Castle of Celje**

**Stari grad Celje** `Map p.296-B 外`

采列城堡建于13世纪,14世纪时成为采列伯爵的居城,之后修建了宅邸与23米高的弗雷德里克塔。城堡建于老城区东南的山丘上,可俯瞰采列全城。

位于山上的采列城堡

### ■ 前往采列的方法
#### ▶从卢布尔雅那出发
🚄直达列车1天12~16班,在兹达尼莫斯特换乘的车次1天4~14班。用时1小时10分钟~2小时,€6.99~17.49。

🚌9:30~20:10期间开行11班(周六、周日车次减少)。用时1小时15分钟~2小时,€7.50~7.90。

#### ▶从马里博尔出发
🚄1:15~22:25 期间大概1小时开行1~2班(周六、周日车次减少)。用时50分钟~1小时15分钟,€6.50~10.50。

🚌1天开行4~5班(周六、周日车次减少)。用时50分钟~1小时30分钟,€6.30。

#### ▶从普图伊出发
🚄7:35、14:11出发。用时50分钟~1小时10分钟,€5.80~10.50。在普拉盖尔斯科(Pragersko)换乘的车次,1天2~12班。

### ■ 采列的 ❶
Map p.296-A
✉ Glavni trg 17
☎ (03) 4287936
🔗 www.celje.si
✉️ tic@celje.si
🕐 4~9月　　　10:00~19:00
　1~3、10、11月
　　周一~周六10:00~17:00
　　周日、法定节假日
　　　　　　　10:00~13:00
　12月　　　　10:00~20:00
❌ 无
内有4世纪罗马时代的住宅遗址,可参观马赛克。

### ■ 采列城堡
🚕单程约€3.50。2019年夏季开始运营公交系统。
✉ Cesta na grad 78
☎ (03) 5443690
🕐 4月 9:00~19:00
　5、9月 9:00~20:00
　6~8月 9:00~21:00
　3、10月 9:00~18:00
　2、11月 9:00~17:00
　1、12月 10:00~16:00
❌ 无
💰 €6　学生€2
💳 可　🅿️ 可

■采列博物馆
✉ Muzejski trg 1
☎（03）4280962
🔗 www.pokmuz-ce.si
🕐 3~10月　　　10:00~18:00
　 11月~次年2月
　　 周二~周五10:00~16:00
　　 周六　　　 9:00~13:00
🚫 周一、法定节假日、11月~
　 次年2月的周日
💰 €5、与采列城堡的通票
　 €7
📷 可　🚭 不可

■圣丹尼尔教堂
✉ Slomškov trg 2
☎（03）5443280
🕐 随时
🚫 无
💰 欢迎捐款
📷 可　🚭 不可

■圣塞西莉亚嘉布遣会教堂·
修道院
✉ Breg 18
☎（03）5442205
🕐 礼拜前后
🚫 无
💰 欢迎捐款
📷 可　🚭 可

## 采列博物馆　　Pokrajinski muzej Celje　Map p.296-A
Celje Regional Museum

利用古建筑开设的博物馆

　　采列博物馆所在建筑建于15世纪末至16世纪初，初为哈斯堡王朝的省厅。第二次世界大战后成为采列与周边地区的综合博物馆。向西步行200米左右，可以到达分馆。

## 圣丹尼尔教堂　　Cerkev sv. Danijela　Map p.296-A~B
Abbey Church of St. Daniel

　　建于13世纪初的哥特式教堂。初为罗马式建筑，19世纪时进行了大规模改建，成了现在的样子。教堂中题为《慈悲圣母》的花窗玻璃为画家斯塔内·克雷加尔创作。

## 圣塞西莉亚嘉布遣会教堂·修道院　　Map p.296-A~B
Kapucinski samostan sv. Cecilije

Capuchin Church and Monastery of St. Cecilia

　　位于半山腰，有91级台阶。1609年，崇尚清贫的嘉布遣会修道士来到采列。他们重新审视自己的信仰生活，在此修建教堂，潜心忏悔。台阶为19世纪时修建。

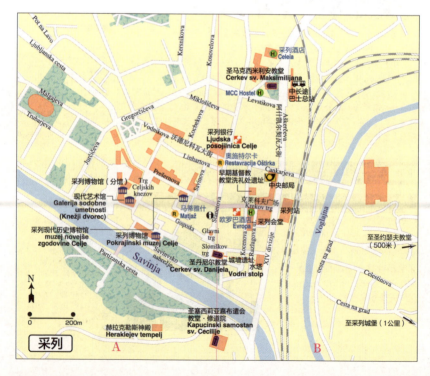

# 采列的酒店
## Hotel

以采列的城市规模来看，酒店的数量并不算多。也可以考虑从马里博尔、普图伊、罗加什卡·斯拉蒂纳出发来这里一日游。

## 欧罗巴酒店
### Hotel Evropa ★★★★

◆位于采列火车站附近的酒店。虽然是开业于 1873 年的采列最古老的酒店，但内装修是近年刚刚更新过的，设备也比较齐全。

🛜 全馆　EV 有

高档　客房数：62　　Map p.296-B
URL www.hotel-evropa.si
email info@hotel-evropa.si
✉ Krekov trg 4
TEL（03）4269000
S A/C 🚿 🛗 → 🖥 € 64~97
W A/C 🚿 🛗 → 🖥 € 96~126
C/C A D M V

## 采列酒店
### Hotel Celeia ★★★

◆位于中长途巴士中心的斜对面酒店。客房崭新、简洁干净。一层是餐馆和运动酒吧。

🛜 全馆　EV 有

中档　客房数：52　　Map p.296-B
URL www.hotel.celeia.si
email info@hotel.celeia.si
✉ Mariborska cesta 3
TEL（03）4269700
S 🚿 → 🖥 € 54
S A/C 🚿 → 🖥 € 65
W 🚿 → 🖥 € 83
W A/C 🚿 → 🖥 € 99
C/C A D M V

# 采列的餐馆
## Restaurant

## 马蒂雅什
### Gostilna Matjaž

◆位于老城区的餐馆。虽然所有菜单都是斯洛文尼亚语，但是店员们都精通英语。有午餐，主菜的价格在 € 5.90~14.90。

斯洛文尼亚菜　　Map p.296-A
✉ Gospoaska 16　TEL（03）5441170
🕐 9:00~16:00
🛑 周六·周日·法定节假日
C/C 不可

## 奥施特尔卡
### Gostilna Oštirka

◆可以花很少的钱品尝到传统的斯洛文尼亚菜。即便是一个人也可以轻松就餐。主菜的价格是€ 8.50~22。€ 15 的套餐也不错。9:00~14:00 的午餐套餐是€ 5~6。

斯洛文尼亚家常菜　　Map p.296-B
URL ostirka.com
✉ Linhartova ulica 7
TEL 08-2015553
🕐 周一~周四　　　　　8:00~22:00
　　周五·周六　　　　　8:00~23:00
🛑 周日　C/C C M V

普图伊 ★

卢布尔雅那

# 普图伊 *Ptuj*

Map 文前 p.5-D2

从普图伊城堡眺望的普图伊老城区风光

主要景点普图伊城堡

普图伊距离匈牙利边境也不远，是一座历史悠久的小城。据说最早在这里开始建造城市的是凯尔特人。罗马时代这里曾经被称为"普埃图博"，因支持韦帕斯西等事件登上了历史舞台。此后城市又遭到了匈奴人的破坏，被阿瓦尔族人统治随后逐渐发展，6世纪时开始有斯拉夫人居住在这里——现在城市的雏形便是从这一时代开始。这座至今仍保留有中世纪城市景观的美丽小城，会给游人留下深刻的印象。

■前往普图伊的交通方法
除了从马里博尔出发的巴士以外，车次较少
●从卢布尔雅那出发
8:58、17:15（周一～周五）出发。所需时间约 2 小时 30 分钟，€ 11.36~16.14。还有在 Pragersko 等地换乘的车次，每天 4~9 趟车。
●从马里博尔出发
7:00~22:10 期间 8 趟（周六·周日减少），所需时间 40-50 分钟，€ 3.44。
4:50~22:10 期间每小时 1~4 趟车（周六·周日减少），所需时间约 50 分钟，€ 3.60。
●从采列出发
10:30、18:50（周一～周五）发车。所需时间约 1 小时，€ 7.60~10.50。

■普图伊的 ⓘ
Map p.298
✉ Slovenski trg 5
☎ (02) 7796011
URL www.ptuj.info
email info@ptuj.info
🕐 9:00~18:00
🚫 1/1、11/1、12/25
有关于狂欢节的影音展示。4~10 月提供免费的租借自行车。

## 普图伊 漫 步

　　普图伊火车站正对着奥索伊妮科巴大街（Osojnikova cesta），出了车站朝左走。从长途巴士站前的广场向右，可以到达普图伊红酒窖，再继续往前是老城区。

克雷德是冬季驱赶恶灵，带来春季的气氛

斯洛文尼亚广场（Slovenski trg）是城市的中心，广场上有城市塔（Mestni Stolp）。西北方的小山丘上矗立有普图伊城堡。普图伊的另一个魅力是普图伊温泉，位于德拉瓦河的对岸。

## 普图伊　主要景点

### 普图伊城堡（普图伊博物馆）
**Ptujski grad**　　　　　　　　　　　Map p.298

Ptuj Castle

普图伊城堡位于可以俯瞰整座城市的小山丘上。城堡始建于 9~10 世纪，形成现在的建筑规模是在文艺复兴时期和巴洛克时代。现在城堡作为博物馆对外开放，主要介绍周边地区的文化历史，也有关于普图伊狂欢节的展示。

普图伊城堡的内部如今变成了博物馆

### 圣乔治教堂
　　　　　　　　Cerkev sv. Jurija　Map p.298

St. George Church

圣乔治教堂建于普图伊的老城区中心街区。从 4 世纪开始，便是这一地区的主教堂。其间经历了多次的改建与增建，现如今很多建筑物已经很难分辨出是哪一时代所建的。有些地方有罗马时代的痕迹，整体是哥特式建筑。1763 年制作的弥撒座席出自普图伊家具匠人之手，每个座席都各有不同，十分罕见。

### 普图伊温泉
　　　　　　　　Terme Ptuj　Map p.298 外

Ptuj Hot Spring Thermal Spa

普图伊温泉位于德拉瓦河的西侧。弱碱性温泉水富含碳酸、钠等，对于关节疼痛、神经疾病等有神奇的功效。除了室内温泉之外，还有夏季限定的室外温泉池、桑拿、酒店等大型度假园区。

■普图伊城堡
✉ na Gradu 1
☎（02）7480360　URL pmpo.si
email ptujski.grad@pmpo.si
🕐 10/15~4/30　　9:00~17:00
　　5/1~10/14　　9:00~18:00
　　7、8 月的周六日
　　　　　　　　9:00~20:00
🚫 1/1、复活节、11/1、12/25
💰 学生 €3 €6
💳 可　🏧 不可

圣乔治教堂

■普图伊温泉
✉ Pot v Toplice 9
☎（02）7494500
URL www.sava-hotels-resorts.com
🕐 室内温泉
　　周一 ~ 周五 8:00~22:00
　　周六·周日、法定节假日
　　　　　　　　7:00~22:00
　　室外温泉池
　　（只在 5/1~9/15 期间开业）
　　　　　　　　9:00~22:00
🚫 无
💰 一日券周一 ~ 周五 €15
　　周六·周日·法定节假日
　　€16　💳 可　🏧 不可

## 普图伊的酒店
### *Hotel*

酒店的数量虽然并不多，但是民宿不少，就城市规模来看可选择的空间比较大。可以通过 ❶ 介绍民宿。在普图伊温泉悠闲度过假期也是一个不错的选择。

### 米特拉酒店　　　　★★★
*Hotel Mitra*

◆ 1786 年创办的老店。酒店内并设的咖啡馆提供自家烘焙的咖啡，地下室还有红酒窖。有 SPA 和桑拿。
📶 全馆　　EV 有

中档　客房数：29　　Map p.298
URL www.hotel-mitra.si
email info@hotel-mitra.si
✉ Prešernova 6　☎（02）7877455
☎ 051-603069
Ⓢ A/C 🛁 📺 🚪 🛜 €58~73
Ⓦ A/C 🛁 📺 🚪 🛜 €85~112
C/C D M V

## 波埃托维奥酒店
### Hotel & Casino Poetovio
★ ★ ★

中档　房间数：27　　Map p.298

◆距离巴士总站很近。房间装修很时尚，设备齐全，配有大屏幕电视。内有赌场。

🛜 全馆　　EV 有

URL www.admiral.si

email info@hotel-poetovio.si

✉ Vinarski trg 5

TEL（02）7798211

Ⓢ A/C 🛏 ➡ □ € 33~68

Ⓦ A/C 🛏 ➡ □ € 60~78

C/C Ⓜ Ⓥ

---

 **普图伊的餐馆** *Restaurant*

---

## 艾玛迪斯餐馆
### Gostilna Amadeus

◆位于老城区西侧的餐馆，主营地方特色菜。菜肴主要以肉类为主，价格在€ 8~26，鱼类菜肴的价格在€ 9~28。特制酱汁牛排价格是€ 19，非常受欢迎。

斯洛文尼亚菜　　　　Map p.298

✉ gostilna-amadeus.si

✉ Prešernova 36

TEL（02）7717051

🕖 周一、周三~周六　　12:00~22:00
　　周日、法定节假日　　12:00~16:00

🈺 周二、1/1、11/1、12/25

C/C Ⓐ Ⓓ Ⓜ Ⓥ

---

## 泰塔弗里达
### Teta Frida

◆位于梅斯图尼广场的咖啡馆。有巧克力、蛋糕、冰激凌等各式甜品，精选天然材料，不使用防腐剂及添加剂。

咖啡　　　　　　　　Map p.298

✉ Mestni trg 2

TEL（02）7710235

🕖 周一至周五　　　　7:00~20:00
　　周六　　　　　　　9:00~22:00
　　周日、法定节假日　9:00~20:00

🈺 无休

C/C Ⓜ Ⓥ

---

 **普图伊的商店** *Shop*

---

## 普图伊酒窖
### Vinoteka Ptujska Klet

◆开业于1239年的老字号酒窖。获奖的当地葡萄酒价格实惠，提供试饮，葡萄酒可以装在塑料瓶里售卖。

葡萄酒　　　　　　　Map p.298

URL www.pullus.si　　✉ Vinarski trg 1

TEL（02）7879827

🕖 周一~周五　　　　9:00~17:00
　　周六　　　　　　　8:00~12:00

🈺 周日、法定节假日

C/C Ⓐ Ⓜ Ⓥ

# 罗加什卡·斯拉蒂纳
## *Rogaška Slatina*

Map 文前 p.5-C2

罗加什卡·
斯拉蒂纳 ★
卢布尔雅那

■前往罗加什卡·斯拉蒂纳的方法

乘坐火车与巴士的起点都在采列。

●从采列出发

🚌 7:05~19:40 期间开行 7 班（周六停运，周日 2 班），用时约 50 分钟，€ 3.44。

🚃 5:30~22:13 期间大概开行 13 班（周六、周日车次减少），用时约 50 分钟，€ 4.10。

罗加什卡·斯拉蒂纳在斯洛文尼亚为数不多的温泉度假地中规模较大，设施齐全。11 世纪时作为温泉地区开始为人所知，这里的温泉自古也被用于饮用，早在 17 世纪时温泉水就已被商业利用。水中富含镁元素，有促进新陈代谢的功效。近年来，其排毒的功效也开始受到关注，有很多来自俄罗斯的客人长期在此疗养。

在疗养中心饮用温泉水

充满绿色的兹德拉维利什基广场

阿芙罗狄蒂的商铺

### 罗加什卡·斯拉蒂纳 漫 步

罗加什卡·斯拉蒂纳的长途巴士总站

罗加什卡·斯拉蒂纳火车站位于市区南部。从车站出来，向右沿道路前行，3 分钟左右可到达长途巴士总站，5 分钟左右可以到达市中心的兹德拉维利什基广场（Zdraviliški trg）。

罗加什卡·斯拉蒂纳的疗养设施基本上都集中在兹德拉维利什基广场一带，数量非常多。大型酒店基本上都附设游泳池。

在民宿住宿的游客可从广场沿采里斯卡大街（Celjska cesta）向北，去名为罗加什卡·利维埃拉（Rogaška Riviera）的温泉泳池。

在多纳特酒店的疗养中心（Medical Center）可饮用温泉水。

五颜六色的花卉装点着广场

■罗加什卡·斯拉蒂纳的 ❶
Map p.302-B1
✉ Zdraviliški trg 1
☎ (03) 5814414
📠 (03) 8190154
🔗 www.rogaska-tourism.com
✉ info@turizem-rogaska.si
📅 7、8 月
周一～周五 9:00~19:00
周六、周日 8:00~12:00
9 月～次年 6 月
周一～周五 8:00~16:00
周六 8:00~12:00
❌ 9 月～次年 6 月的周日

罗加什卡·斯拉蒂纳的 ❶

**萨瓦大酒店**
**Grand Hotel Sava**
Map p.302-B1
✉ Zdravilišti trg 6
☎ (03) 8114000
FAX (03) 8114732
URL www.rogaska.si
email info@rogaska.si
費 S AC 🅿 💳 🏊 🅿
€ 75～240
W AC 🅿 💳 🏊 🅿
€ 150～320
费用包含两餐
CC A D M V

**多纳特大酒店**
**Grand Hotel Donat**
Map p.302-B1
✉ Zdravilšiki trg 10
☎ (03) 8113000
URL www.ghdonat.com
email info@ghdonat.com
費 S AC 🅿 💳 🏊 🅿
€ 121～450
W AC 🅿 💳 🏊 🅿
€ 162～600
费用包含两餐
CC A D M V

■疗养中心
✉ Zdravilški trg 9
URL www.rogaska-medical.com
email info@rogaska-medical.com
开 周一～周六
　　　　　　　7:00～13:00
　　　　　　　15:00～19:00
周日、法定节假日
　　　　　　　7:00～13:00
　　　　　　　16:00～19:00
过多饮用会引起腹泻，需要
注意。
休 无　費 饮用泉水€ 3
🅿 可　🚗 可

罗加什卡·斯拉蒂纳

---

**罗加什卡·斯拉蒂纳** 主要景点

**疗养中心** **Medical Center** Map p.302-B1
Medical Center

"Donat" 碳酸水的源泉。可以品尝两种富含镁元素的源泉。

---

## 罗加什卡·斯拉蒂纳的餐馆
### Restaurant

**松采**
**Restavracija Sonce**
◆ 处于绿树环抱之中，在当地很受欢迎。露天座位非常舒适。菜品种类丰富，从汉堡、比萨到鱼类都有。主菜€ 8.10~20.90。

| 斯洛文尼亚菜 | Map p.302-A1 |
| --- | --- |
✉ Celjska cesta 9　☎ (03) 8192160
开 周一至周五　　　　　10:00～21:00
　 周六、周日、法定节假日
　　　　　　　　　　　 12:00～21:00
休 12/25　CC A D M V

---

**Information** 罗加什卡·斯拉蒂纳的伴手礼

　　罗加什卡·斯拉蒂纳特产是斯洛文尼亚著名企业利用尖端科技生产的化妆品。品牌名为阿芙罗狄蒂（Kozmetika Afrodita），种类很多，有加入了蜂蜜及葡萄籽的产品。只有在这里才能买到美容院使用的高端产品。

　　另外，产生于17世纪中叶的玻璃工艺品也很著名，罗加什卡水晶品牌 Rogaška Crystal 在欧洲各地都很受欢迎。

# 【斯洛文尼亚的历史】

斯洛文尼亚早在旧石器时代就有人类居住，但是直到 6 世纪初的时候，现在的斯洛文尼亚人的祖先，也就是南斯拉夫民族才来到这里定居。他们在 620 年前后，以克拉根福特（今属奥地利）为中心，建立了卡兰塔尼亚公国。但是，此后长达 1000 年的历史当中，斯洛文尼亚都深受德意志的影响。

第一次世界大战中，随着奥匈帝国的解体，斯洛文尼亚与塞尔维亚、克罗地亚一起实现了独立，但不久就加入了南斯拉夫联邦。1989 年开始，东欧各国发生剧变，斯洛文尼亚在 1992 年正式从南斯拉夫独立。2004 年加入欧盟，2007 年开始使用欧元，不断加强着与西欧国家之间的关系。

在普图伊及施科弗亚罗卡等城堡，可以见到深受奥地利文化影响的家具及装饰品

## 历史年表

| | |
|---|---|
| 公元前 4 世纪前后 | 凯尔特人在现在的斯洛文尼亚定居 |
| 公元前 2 世纪前后 | 成为罗马帝国的省 |
| ↑ 公元前 公元后 | |
| 6 世纪前后 | 南斯拉夫民族南下。在现在的斯洛文尼亚地区定居 |
| 7 世纪前后 | 以克拉根福特（今属奥地利）为中心的卡兰塔尼亚公国诞生 |
| 8 世纪前后 | 基督教传播至此 |
| 1358 年 | 斯蒂奇纳农奴起义 |
| 13 世纪前后 | 威尼斯共和国统治伊斯特拉半岛 |
| 14 世纪前后 | 哈布斯堡王朝统治斯洛文尼亚地区 |
| 16 世纪前后 | 宗教改革 |
| | 新教牧师出版斯洛文尼亚语语法书 |
| 1809 年 | 签署《维也纳和约》，伊利里亚省独立 |
| 1836 年 | 诗人弗·普列舍伦出版《萨维察的瀑布》 |
| 1848 年 | 民族之春 |
| 1914 年 | 第一次世界大战爆发 |
| 1918 年 | 第一次世界大战结束 奥匈帝国解体 |
| 1929 年 | 改称南斯拉夫王国 |
| 1939 年 | 第二次世界大战爆发 |
| 1945 年 | 第二次世界大战结束 铁托领导游击队建立"南斯拉夫社会主义联邦共和国" |
| 1980 年 | 铁托去世 |
| 1989 年 | 柏林墙倒塌 |
| 1991 年 | 斯洛文尼亚宣布独立 爆发"十日战争"，南斯拉夫军队撤出 |
| 1992 年 | 斯洛文尼亚共和国作为独立国家正式获得承认 |
| 2004 年 | 加入欧盟 |
| 2007 年 | 引入欧元 |

15 世纪以后哈布斯堡王朝统治着采列

卢布尔雅那的普列舍伦铜像

南斯拉夫时期的招贴画（卢布尔雅那市立博物馆）

项目策划：王欣艳　翟　铭
统　　筹：北京走遍全球文化传播有限公司　http://www.zbqq.com
责任编辑：王佳慧　林小燕
封面设计：中文天地
责任印制：冯冬青

**图书在版编目（CIP）数据**

克罗地亚和斯洛文尼亚/日本《走遍全球》编辑室
编著；马谦译. --北京：中国旅游出版社，2021.1
　（走遍全球）
　ISBN 978-7-5032-6603-4

Ⅰ.①克… 　Ⅱ.①日… 　②马… 　Ⅲ.①旅游指南－克
罗地亚②旅游指南－斯洛文尼亚 　Ⅳ.①K955.539
②K955.549

中国版本图书馆CIP数据核字（2020）第222363号

北京市版权局著作权合同登记号　图字：01-2020-1081
审图号：GS（2020）3269号　本书插图系原文原图

书　　名：克罗地亚和斯洛文尼亚

作　　者：日本《走遍全球》编辑室编著；马谦译
出版发行：中国旅游出版社
　　　　　（北京静安东里6号　邮编：100028）
　　　　　http://www.cttp.net.cn　E-mail: cttp@mct.gov.cn
　　　　　营销中心电话：010-57377108，010-57377109
　　　　　读者服务部电话：010-57377151
制　　版：北京中文天地文化艺术有限公司
经　　销：全国各地新华书店
印　　刷：北京金吉士印刷有限责任公司
版　　次：2021年1月第1版　2021年1月第1次印刷
开　　本：889毫米×1194毫米　1/32
印　　张：10
印　　数：4000册
字　　数：448千
定　　价：108.00元
ＩＳＢＮ　978-7-5032-6603-4